中国特色社会主义经济理论丛书

M

A NEW EXPLORATION OF "CAPITAL" AND
THE EXPLANATION OF THE "FINAL PART"

《资本论》新探与"终篇"解说

罗雄飞◎著

—

本书由江西财经大学资助出版

经济管理出版社
ECONOMY & MANAGEMENT PUBLISHING HOUSE

图书在版编目（CIP）数据

《资本论》新探与"终篇"解说 / 罗雄飞著．

北京：经济管理出版社，2024. -- ISBN 978-7-5096

-9977-5

Ⅰ．A811.23

中国国家版本馆 CIP 数据核字第 2024VG8595 号

组稿编辑：王光艳

责任编辑：王光艳

责任印制：张莉琼

出版发行：经济管理出版社

　　　　　（北京市海淀区北蜂窝 8 号中雅大厦 A 座 11 层　100038）

网　　　址：www.E－mp.com.cn

电　　　话：（010）51915602

印　　　刷：北京市海淀区唐家岭福利印刷厂

经　　　销：新华书店

开　　　本：710mm×1000mm / 16

印　　　张：20.5

字　　　数：336 千字

版　　　次：2024 年 12 月第 1 版　2024 年 12 月第 1 次印刷

书　　　号：ISBN 978-7-5096-9977-5

定　　　价：68.00 元

前　言

　　《资本论》是一部皇皇巨著，原理部分约 230 万字，如果加上马克思当作"艺术的整体"之另一部分即《剩余价值理论》，估计超 300 万字。要全面系统解说这部著作，一般的学者是难以做到的。当然，这种解说性著作也是有的，如卢森贝的《〈资本论〉注释》，国内学者也有类似著作。对这样一部巨著进行全面系统的解说，篇幅过少的话，是否忠实于原著难以让人信服。如果篇幅过多，甚至超过原著，对于读者来说，还是难以静心系统地学习，往往是根据临时的研究需要，翻看相应部分。再加上自《资本论》出版以来，理论上或文本解读方面的争论很多，莫衷一是。因此，这种解说发挥的作用也难以达到作者的预期。笔者从 2005 年开始研究《资本论》，且从事《资本论》教学十多年。科研和教学的经验表明，要让普通学者特别是对《资本论》有兴趣的大学生、研究生在较短的时间内对这部著作达到一定的认识高度，重点在于通过理论说明引导读者理解《资本论》的基本方法、首要主题、篇章结构和内在逻辑，同时需要细致学习《资本论》的一些重要节点，全面解说《资本论》，既没有必要也难以做到。笔者的做法是，首先让学生系统阅读《〈政治经济学批判〉序言》《〈政治经济学批判〉导言》和 1858 年《马克思致恩格斯》信中关于《政治经济学批判·第一分册》的"简单纲要"、1868 年 1 月马克思在书信中自己交代的"三个崭新的因素"[①]，以及《资本论》的序和跋，尤其是要求把《〈政治经济学批判〉导言》当作理解《资本论》的一把钥匙。对于《〈政治经济学批判〉导言》，2023 年笔者出版了《马克思〈〈政治经济学批判〉导言〉解说》，作为姐妹作品，本书着重《资本论》的导论性理论说明，并选取《资本论》

[①] 《马克思恩格斯〈资本论〉书信集》，人民出版社 1976 年版，第 249 页。

经典原文的部分内容进行详细的解说。

如何读懂《资本论》，关键是把握马克思的思想方法特别是他的独特的思维方式。以往人们对《资本论》的研究或解读，总体上看是解释学范式。西方马克思主义的一些流派往往在马克思理论之外确立一个理论支点，在此基础上应用西方主流的思维方式或黑格尔的抽象思辨的辩证法解读《资本论》。由于外在化的理论支点不同、思维方式不同，得到的结论也就不同，彼此几乎不可能达成共识。苏联传统教科书实质上也是一种解释学，就是用恩格斯的思想方法和思维方式解读《资本论》。恩格斯解读《资本论》的思想方法主要体现在《卡尔·马克思的〈政治经济学批判〉》（书评）和附录在《资本论》第三卷后面的《〈资本论〉第三卷增补》中，还有就是《反杜林论》的"政治经济学"部分。恩格斯基于历史唯物主义依照逻辑和历史相统一的原则，大致是把《资本论》的逻辑展开与商品经济的历史发展顺序相对应，这种理解方式在基本内容、基本观点方面是与马克思表达的思想相一致的，并且这样跟经济发展史对照起来有助于减少理解方面的困难，对《资本论》的传播和工人运动的实践具有积极的作用。但是，由于恩格斯忽视了《〈政治经济学批判〉导言》和1858年4月马克思关于《政治经济学批判·第一分册》的系统交代，对马克思强调的"三个崭新的因素"也没有足够重视，因而在理论逻辑和不少具体理论方面，留下了不少争论空间。列宁指出：自《资本论》出版半个世纪以来，没有一个马克思主义者是理解马克思的！！不理解黑格尔的全部逻辑学，就不能完全理解《资本论》，特别是它的第一章。① 由于列宁的这个论断，在苏联和其他社会主义国家，开始形成解读《资本论》的另一思路。苏联的理论家伊利延科夫是这方面的代表，他出版了《马克思〈资本论〉中抽象和具体的辩证法》一书，在一定程度上修正了恩格斯关于逻辑与历史相统一的理解方式。他更多地把《资本论》的逻辑看成资本主义生产的"生命机理"，把历史发展线索看成类似树干中的"年轮"，这种"年轮"虽然具有历史顺序的形式，但实质上只是"生命机理"展现出来的一种历史线索，并且是与资本主义

---

① 列宁：《哲学笔记》，人民出版社1956年版，第191页。列宁所说"第一章"也就是中文通行版本第一卷的第一篇。

生产这一主体紧密联系在一起，从而把价值规律内置到资本主义生产这一主体中。因此，开篇阐明的价值规律不再是以历史上前资本主义的简单商品经济为基础。① 这种看法在苏联受到不少人的支持，还产生了很大的国际影响，该书被译成了 18 种文字。受这种看法的影响，国内学术界开始形成与苏联的《政治经济学教科书》不一样的认识。还有一些学者如陈俊明走得更远一些，更多地回到黑格尔的《逻辑学》理解《资本论》，以此解读《资本论》的终篇。②

关于《资本论》的解读范式，跟政治经济学关系较密切的还有法国的阿尔都塞和日本的见田石介。阿尔都塞把《资本论》看作一种结构分析，但是，由于受西方战后的后现代主义和文化多元化思想影响，他更多地把现实社会的系统结构看作一种"地质结构"，强调在一个结构框架中存在不同的色层。因此，他认为《资本论》基于唯物史观进行的分析，只是马克思应用他抽象出来的"对象概念"建构的一种认识框架，而不是对客观事实的全面反映。因为不同理论的反映角度、层次、内在联系不同，其得出的"对象概念"就不同，理论结论也就不同。这种看法一定意义上把《资本论》看作一家之言，否定了它的权威性。在阿尔都塞看来，科技、政治、经济、文化、宗教是多元并进的，每个特殊社会因此形成特殊的有机整体，因此，不存在必然的社会发展趋势。阿尔都塞强调，所谓必然性通过偶然性为自己开辟道路是一种"令人惊异的机械论"，是借助"术语交错""短路"形成的"荒谬推理"。③ 他也不承认资本主义生产具有本质与现象的关系，事实上是否定经济基础的决定作用。他把系统结构分析跟马克思的唯物史观对立起来，完全抛弃唯物史观理解《资本论》。他以此质疑恩格斯"历史与逻辑相统一"的原则，把结构分析跟他认定的恩格斯的"历史主义"完全对立起来。阿尔都塞指出：恩格斯把"恰恰表现出马克思的一致

---

① ［苏］伊利延科夫：《马克思〈资本论〉中抽象和具体的辩证法》，郭铁民译，福建人民出版社 1986 年版。具体思想参看罗雄飞：《〈资本论〉简论与导读》，经济管理出版社 2010 年版，第 88—96 页。

② 陈俊明为此写了一系列论文，出版了《〈资本论〉终篇研究》《〈资本论〉基本理论在终篇的具体化——〈资本论〉终篇再研究》两部著作。笔者曾经发表两篇论文进行了商榷，参看罗雄飞：《马克思〈政治经济学批判〉导言解说》，经济管理出版社 2023 年版的附录二。

③ ［法］路易·阿尔都塞：《读〈资本论〉》，李其庆等译，中央编译出版社 2008 年版，第 98—99 页。

性概念的理论力量的东西当作由概念产生的缺陷"①。他的这种见解虽然抓住了恩格斯忽视的一些东西，整体而言，比恩格斯更加远离《资本论》中马克思思想的本来面目。

见田石介的代表作是《〈资本论〉的方法》一书，他同样否定历史与逻辑相统一的原则，认为《资本论》最初的逻辑并不是对简单商品生产自我发展为资本主义生产的反映。他认为马克思一开始就是在典型的、纯粹的自由竞争资本主义条件下讨论商品的价值属性及其历史联系。他把恩格斯提出的这一原则当作"逻辑＝历史说"加以批判，认为简单商品生产不是《资本论》的逻辑起点。他认为《资本论》的方法包含基于分析与综合的具有形式逻辑意义的"分析方法"和以抽象范畴和具体范畴相互包含、互为前提为特征的"本真意义上"的辩证法方法。他认为后者以前者为基础，但后者是把握资本主义生产内在机理的基本方法。他强调历史分析方法不是《资本论》的基本方法，即便是价值形式的发展，也仅是从价值本性、价值概念引出价值的种种形态，而不是对价值形式的历史发展的把握。他甚至提出马克思经济学的研究对象是"生物有机体"，因而把《资本论》看成"解剖学"。应该说，见田石介的见解是较为接近马克思的，他对恩格斯的反思也有些道理。但是，他没有真正把握马克思两个思维行程相结合的方法，没有搞清两种方法的相互关系，因而不能不被人看成"二元论"，以致他自己也感叹其见解"很难被一般人所理解"②。

以上分析表明，《资本论》之所以难懂，主要是因为大多数人总是用自己所理解、所掌握的思想方法解读《资本论》，而不愿意深入了解天才的马克思给我们提供了怎样的思想方法。因此，真想读懂《资本论》，就必须真正回到马克思留下的文献材料，搞清马克思是怎样把《资本论》写出来的。因此，本书的上篇旨在回到马克思的方法论思想对《资本论》的基本理论问题进行新的探索，而《〈政治经济学批判〉导言》是马克思写作《资本论》的方法论思想最为集中的地方，可以说是理解《资本论》的一把钥匙。因此，《马克思〈〈政治经济学批判〉导言〉解说》一书与本书是姐妹关系。

---

① ［法］路易·阿尔都塞：《读〈资本论〉》，李其庆等译，中央编译出版社2008年版，第70页。

② ［日］见田石介：《〈资本论〉的方法》，张小金等译，中国文史出版社2005年版，第306页。具体思想参看罗雄飞：《〈资本论〉简论与导读》，经济管理出版社2010年版，第100-101页。

希望有兴趣的读者在阅读本书和《资本论》之前，认真研读马克思的《〈政治经济学批判〉导言》和其他与方法论思想相关的文献。

对于《资本论》的解说，从宽泛的意义而言已经有很多，除了卢森贝的著作和国内解说性专门著作，林岗主编的"马工程"教材《〈资本论〉导读》也属于解说性质，各种政治经济学教材的资本主义部分，在一定意义上也可以看成《资本论》的解说。因此，原理部分的大部分内容可以借助已有的前人成果来把握，似乎也没有重复劳动的必要。

马克思认为："本书第一章，特别是分析商品的部分是最难理解的。"① 这里要理解到位确实很难，对这个开篇能否理解到位，直接关系到对全书的逻辑和结构的理解。不过，结合学过的政治经济学教材，把握基本的具体内容并不是多难。这里之所以难以理解到位，且长期争议很大，主要是涉及如何看待马克思《资本论》的基本的方法论思想。因此，我们不打算专门解说这部分内容，而是用一个专题从理论上阐明如何看待"开篇"。此外，以附录的形式对其中的一些难点加以解说。第三卷中涉及的商品价值转化为生产价格的问题，长期以来存在所谓"转形问题"的争论。事实上，广义的转形问题，就是整个《资本论》的内在逻辑转变和基本原理具体化的问题。由于现有的《资本论》只是对资本一般的论述，只是资本主义生产的基本原理，连资本之间的竞争和市场作用机制都还没有论述，无论价值规律、剩余价值规律，还是生产价格规律，都是以所有商品供求相等为理论分析的前提，因此，需要将《资本论》的逻辑进一步具体化、现实化，增强其对现实经济关系的解释力。所以，广义转形问题确实存在。这是难度很大的理论拓展问题，不是既有的具体内容的理解问题。至于狭义的转形问题，实质上是一个伪问题，问题的产生首先是人们不理解马克思的思想方法和《资本论》的逻辑展开方式，而一些人试图用时髦的数理逻辑生硬地检验《资本论》的逻辑合理性，由于马克思在某些环节的表述有点过于简略，那些人对文本表述的思想内涵无法理解，从而把不是问题的问题加以夸大，甚至企图以此否定整个《资本论》。对于这方面内容，普通学

---

① 马克思：《资本论》第1卷，人民出版社1975年版，第7页。这里说的"第一章"就是现在的第一篇。

者不必过于在意。我们没必要在这方面耗费时间。如果对这个问题确实有兴趣,可以参看笔者的"马克思劳动价值论中所谓'转形问题'证伪"一文①。第三卷第三篇"利润率趋于下降的规律",争议也是比较大的。其实,严格按照马克思的理论前提和逻辑,这里并没有什么特别难读懂的地方。问题是马克思设想的理论价格,跟我们熟悉的市场价格存在很大区别。《资本论》考察市场价格,是基于"流通的简单形式",货币是指金属货币,流通是商品换金属货币或金属货币换商品,撇开了流通的进一步规定,也撇开了货币流通的"属于较高级的运动并由这种运动所规定的东西"②。因此,这里的市场价格是基于价值规律或生产价格规律的内在要求设定的,在商品经济的历史上当然能找到它的原型,但这种价格跟现代市场价格差别很大。以不变价格或可变价格计价,事实上是在现代货币制度下基于效用和支付关系形成的价格关系,不变价格计价无疑是基于同质等量使用价值其价格相等的原则,按可变价格计价也是蕴含同样的原则。《资本论》中基于劳动时间形成的价格总额绝不会跟现代市场价格总额相等。因此,要使《资本论》中的原理具体化、现实化,需要拓展一些理论环节,既不能简单地与现代市场价格对照,也不能用当代的实证的数据检验说明利润率趋于下降的规律。

本书解说的具体内容是《资本论》第三卷第七篇,即"各种收入及其源泉"。这是《资本论》原理部分的"终篇"。之所以选择第三卷第七篇进行解说,是因为该篇在《资本论》中具有特殊地位,对于我们理解《资本论》具有特殊意义。如果说《〈政治经济学批判〉导言》是《资本论》第一部手稿的"正要证明的结论"③,那么,该篇可以说在《资本论》定稿中处于同样重要的地位。从《资本论》原理部分的逻辑展开来看,它从价值规律向剩余价值规律、生产价格规律、各种收入关系的转化过程,就是资本主义生产的特殊规律从一般表现形式到特殊本质再到现象层面的展开,也是基本原理不断具体化和现实化的过程。这个逻辑展开过程是应用科学抽象法通过严格的科学论述来说明的。在《资本论》第三卷中,第四篇阐明了"商

---

① 罗雄飞:马克思劳动价值论中所谓"转形问题"证伪,《当代经济研究》2015年第6期。
② 《马克思恩格斯全集》第29卷,人民出版社1972年版,第303页。
③ 《马克思恩格斯全集》第13卷,人民出版社1962年版,第7页。

品资本和货币资本转化为商品经营资本和货币经营资本（商人资本），第五篇阐明了"利润分为利息和企业主收入。生息资本"，第六篇阐明了"超额利润转化为地租"。这三篇已经对主要的收入关系进行了详细的阐明。从科学的论述进程来看，剩余价值一般与各种收入的关系已经得到很好的阐明。那么，为什么还要安排第七篇论述"各种收入及其源泉"呢？

第一，马克思的写作风格是科学论述与理论批判紧密结合，在《资本论》原理部分，经过系统的、科学的论证之后，有必要集中展现出隐含在科学论述中的批判性主题。《资本论》的首要主题是"政治经济学批判"，从它的书名就可以看出来。它最初叫《政治经济学批判》，1862 年年底改为《资本论——政治经济学批判》。前后两种名称其实并没有根本差别，第一个名称较笼统一些，第二个名称更精准，它把间接批判与直接批判做了区分，"资本论"就是通过科学论述对以往政治经济学进行间接批判，"政治经济学批判"则是对以往政治经济学进行直接批判，《资本论——政治经济学批判》就是间接批判与直接批判的完美结合，从而实现对以往政治经济学的彻底批判。所以，马克思认为这两部分构成了一个完美的"艺术的整体"。所谓对以往政治经济学的间接批判，就是通过严肃的科学论证，科学地揭示出资本主义生产的特殊规律和内在"生命机理"，在马克思看来，科学的论述就是意味着对不科学理论的彻底批判。对此，我们比较《〈政治经济学批判〉导言》第二部分即"生产与分配、交换、消费的一般关系"，就会看得更加清楚。在这里，正文都是对生产与分配、交换、消费的一般关系的科学论证，只有引言部分体现了对以往政治经济学的批判。然而，依照马克思的写作风格来理解，恰恰是这个引言部分，是这一部分的主题所在。正像《〈政治经济学批判〉导言》第一部分马克思所批判的一样，以往经济学家把资本主义生产看作生产一般，因而趁机把资本主义生产关系的价值立场"塞进"了所谓的一般经济规律中。马克思对"生产与分配、交换、消费的一般关系"的科学论证表明，那些经济学家虽然把生产一般捧上了天，事实上还是停留在自己的观念中，他们实际上对生产的一般关系一窍不通。通过这种类比不难看出，《资本论》原理部分的终篇跟这里的引言处于类似地位，正是这个"终篇"，体现了《资本论》原理部分的首要主题。

第二，第三卷第七篇集中体现了马克思指出的《资本论》的"三个崭新的因素"。在 1868 年 1 月 8 日《马克思致恩格斯》中，马克思强调《资本论》有三个崭新因素：一是从剩余价值一般出发，科学地说明各种收入形式；二是在商品二重性基础上提出了劳动二重性，这是批判地理解问题的全部秘密；三是科学地理解了工资的性质。马克思在"终篇"批判三位一体公式，批判斯密教条，揭示竞争的假象，论证分配关系和生产关系的统一，都是基于"三个崭新的因素"科学说明剩余价值与各种收入的关系。如果没有这"三个崭新的因素"，马克思就不能把不变资本和可变资本区分开来，就不能把握剩余价值的性质；就不能在把握劳动过程与价值增殖过程统一的基础上说明不变资本的存在性问题，从而正确把握资本主义生产的整个基础；就不能把劳动价值论从微观上升到宏观，把握两大部类的关系。没有这些，对以往政治经济学的批判就不可能彻底，不可能到位。

第三，第三卷第七篇在马克思强调的"艺术的整体"中具有一种特殊地位。马克思认为，三位一体公式是把资本主义的"社会生产过程的一切秘密都包括在内"的公式。[①]《资本论》对以往政治经济学的批判，最终归结为对这个三位一体公式的批判。因而围绕三位一体公式的批判，既出现在《资本论》原理部分的终篇，又出现在《剩余价值理论》（《剩余价值学说史》）的结尾。这两个部分虽然思想内容高度一致，但还有不同的侧重。《剩余价值理论》结尾部分作为附录的标题是"各种收入及其源泉，庸俗经济学"，显然这里侧重对庸俗经济学的批判，因而在具体内容上大幅增加了对资本—利息这个公式的剖析。原理部分的终篇是侧重对古典劳动价值论的批判性分析，且突出了科学的劳动价值论如何科学处理剩余价值一般与各种收入的关系，展现的是马克思劳动价值论对古典劳动价值论的超越。因此，从两部分内容的关系来看，"终篇"就具有多重意义。它作为文献综述，可以看作《资本论》原理部分的写作基础。"论资本"作为对以往政治经济学的间接批判，"终篇"是这种批判的主题所在，也是原理部分的必要总结和批判性升华。而《剩余价值理论》对以往政治经济学的直接批判，是以科学的原理为基础，这个原理的批判意义集中体现在"终篇"，因

---

① 马克思：《资本论》第 3 卷，人民出版社 1975 年版，第 919 页。

此，"终篇"可以说是《剩余价值理论》的全部批判的基础。并且，《剩余价值理论》对以往政治经济学的批判，并不是单纯依照学说史逐个进行批判，如重农学派，对它的批判分布在不同章节，对斯密经济学的批判也是分散开来的，因此，这种批判似乎是仿照黑格尔的《哲学史讲演录》来安排的，这样整个《剩余价值理论》实际上可以区分为两个方面。它体现着从古典经济学发展为庸俗经济学的历史进程，同时体现着马克思的科学的劳动价值论内在"生命机理"的不同环节及其相互关系。由此可见，原理部分的终篇和《剩余价值理论》最后的附录部分，都与《剩余价值理论》的总体内容息息相关。这种安排使《资本论》的两大部分相互渗透、互为条件，从而使整个原理部分与文献批判部分成为一个"艺术的整体"。

本书分上篇和下篇，上篇是"关于《资本论》的理论说明"，结合马克思经济学的方法论思想，阐述 9 个专题，力求通过这 9 个专题，帮助读者理解《资本论》的理论特色、基本方法、内在逻辑、整体结构和现实意义等。下篇是"《资本论》原理部分的终篇解说"，对"终篇"各章进行分段，每个段落加上小标题。对每段进行简要的导读，然后对照经典原文加以解说。解说中添加的文字不多，力求与原文对应，忠实于原文，不过多发挥，主要是使文本的内在逻辑进一步清晰化，对一些过长的段落进行了分拆，对极少数的段落进行了必要调整（这在"导读"中预先交代）。为了使逻辑更加清晰，对有些内容需要必要的解释和补充，凡是这种解释性、补充性内容，加上（）以示区别［经典原文中有少量用（）括起来的解释性内容，书中没有另行标示，读者需要对照原文阅读］。经典原文中有少数文字的用法，与当代有些差异，如"那末""象"等，这种由于历史原因留下的痕迹，一仍其旧。在解说中则依照当前的要求进行更正处理。总体来看，这种解说在很大程度上是一种注释。当然，在忠实经典原文的前提下对一些文字也进行了小幅调整，以方便读者阅读和理解，因此，并不能完全当作注释看待。

本书篇幅比较适中，对于想读懂《资本论》的读者来说，希望本书对其能有所帮助。这也是笔者十多年教学经验的总结，作为《马克思〈政治经济学批判〉导言〉解说》的姐妹作品，这两部书都可以作为《〈资本论〉选读》之类课程的参考书。

目录

| 1

关于《资本论》的
理论说明

马克思对黑格尔哲学的创造性转化及其
在《资本论》中的体现

—— 基于马克思《对黑格尔的辩证法和整个哲学的批判》①的思考

　　《资本论》与德国古典哲学息息相关②，其隐含的政治经济学方法论思想更是与黑格尔哲学有密切联系。马克思指出，黑格尔的《逻辑学》对于《资本论》"在材料加工的方法上帮了……很大的忙"③。在《资本论》第一卷出版之际，马克思又强调《资本论》是"德国科学的辉煌成就"，它的成功是德国"全民族的功绩"。④他还认为《资本论》"使'德国精神'获得了荣誉"⑤。对此，列宁是高度重视的。他强调"不钻研和不理解黑格尔的全部逻辑学，就不能完全理解马克思的《资本论》，特别是它的第一章，因此，半个世纪以来，没有一个马克思主义者是理解马克思的！！"⑥然而，无论是马克思还是列宁，对《资本论》与黑格尔哲学的关系并没有略微完整地说明。一些后世学者依据这些零星的文字和自己的理解，试图用黑格尔的哲学或逻辑学直接"解释"《资本论》。他们忽略了马克思是一位批判精神极强的思想家，他不可能照搬别人的基本理论或以之为理论支点开展自己的学术研究。

　　《对黑格尔的辩证法和整个哲学的批判》是《1844年经济学哲学手稿》中的一节。在这里，马克思是在批判黑格尔主义哲学的基础上，创造性地

---

① 马克思：《1844年经济学哲学手稿》，人民出版社2000年版，第94–119页。
② 参看罗雄飞：《马克思经济学的方法思想》，经济日报出版社2017年版，第20–77页。
③ 《马克思恩格斯〈资本论〉书信集》，人民出版社1976年版，第121页。
④ 《马克思恩格斯〈资本论〉书信集》，人民出版社1976年版，第202页。
⑤ 《马克思恩格斯〈资本论〉书信集》，人民出版社1976年版，第244页。
⑥ 列宁：《哲学笔记》，人民出版社1956年版，第191页。

把黑格尔哲学中的两个"积极的环节"转化为唯物主义的思想方法和独特的社会发展理论。这些思想在很大程度上成为他写作《资本论》的指导思想。本书打算在阐明马克思对黑格尔主义哲学批判性超越的基础上，简要说明黑格尔哲学与《资本论》的思想联系。

一、马克思对黑格尔主义哲学的批判

马克思对黑格尔主义哲学的批判，是从反思青年黑格尔派开始的。他把青年黑格尔派和黑格尔的《精神现象学》《逻辑学》结合起来考察。马克思指出："现代德国的批判（青年黑格尔派）着意研究旧世界（黑格尔哲学）的内容，而且批判（现代德国的批判，青年黑格尔派）的发展完全拘泥于所批判的材料（只是在具体内容上不同于黑格尔哲学），以致对批判的方法采取完全非批判的态度。"① 也就是说，青年黑格尔派的不同代表只是从黑格尔哲学中片面地发展不同侧面的思想，有人突出"人"，有人突出"实体"，还有人把现实的人当作抽象的"自我意识"或"唯一者"。他们虽然总体上更加凸显了抽象的人本主义，一定意义上淡化了黑格尔哲学的宗教色彩，但依然抽象地理解人，依然把现实的人神圣化，因而都属于"神圣家族"中的不同成员。特别是他们对黑格尔抽象思辨的辩证法完全采取非批判的态度，"还是拘泥于黑格尔的逻辑学"②。在马克思看来，"如何对待黑格尔的辩证法这一表面上看来是形式的问题（思维形式），而实际上是本质的问题"③，因为如何对待黑格尔辩证法直接涉及唯物主义还是唯心主义这一基本问题。

对于青年黑格尔派，马克思在这里对费尔巴哈给予了充分肯定。他认为，只有费尔巴哈"从根本上推翻了旧的辩证法和哲学"④，"费尔巴哈是唯一对黑格尔辩证法采取严肃的、批判的态度的人；只有他在这个领域内做出了真正的发现，总之他真正克服了旧哲学"⑤。在这时的马克思看来，

---

① ② ③　马克思：《1844 年经济学哲学手稿》，人民出版社 2000 年版，第 94 页。

④　马克思：《1844 年经济学哲学手稿》，人民出版社 2000 年版，第 95 页。

⑤　马克思：《1844 年经济学哲学手稿》，人民出版社 2000 年版，第 96 页。从马克思的哲学思想来看，这里的"旧哲学"应该是传统的本体论哲学，包含传统的唯物主义和唯心主义。

费尔巴哈的伟大功绩在于：①证明了黑格尔哲学不过是变成思想的并且经过思考加以阐述的宗教，不过是人的本质的异化的另一种形式和存在方式，从而，哲学同样应当受到谴责；②创立了真正的唯物主义和现实的（实证的、历史的）科学，因为费尔巴哈使"人与人之间的"社会关系成了理论的基本原则；③把基于自身并且积极地以自身为基础的肯定的东西（现实的人及其对象化）同自称是绝对的肯定的东西的那个否定的否定（绝对观念的抽象的扬弃运动）对立起来。总的来说，在黑格尔哲学那里，现实的、感性的、实在的、有限的、特殊的东西不是真实的存在，只是抽象精神的现象，因而他"只是为历史的运动找到抽象的、逻辑的、思辨的表达"[①]，黑格尔哲学中呈现的历史"还不是作为一个当作前提的主体的人的现实的历史"[②]。而在这时的马克思看来，费尔巴哈不仅把宗教和黑格尔哲学看作现实社会的异化表现形式，似乎还基于现实的人的实践活动解答了人与自然的关系，进而解答了人类社会发展的根本问题。因此他断言：费尔巴哈通过对黑格尔辩证法的批判，从而论证了"要从肯定的东西即从感觉确定的东西出发（从自然和人的实践出发）"[③]。

这里需要指出的是，马克思对费尔巴哈哲学的认识有一个变化过程。在《神圣家族》出版之前，马克思对费尔巴哈是高度肯定的。他曾表示："费尔巴哈的警句只有一点不能使我满意，这就是：他过多地强调自然而过少地强调政治，而这一联盟（自然与政治或社会的紧密联系）是现代哲学能够借以成为真理的唯一联盟"[④]，德国人"对国民经济学的批判，以及整个实证的批判，全靠费尔巴哈的发现给它打下真正的基础，从费尔巴哈才开始了实证的人道主义的和自然主义的批判……费尔巴哈的著作是继黑格尔的《现象学》和《逻辑学》以后包含着真正理论革命的唯一著作"[⑤]。马克思当时还认同恩格斯关于费尔巴哈彻底批判了黑格尔哲学的看法，《神圣家族》强调："到底是谁揭露了'体系'的秘密呢？是费尔巴哈。是谁摧毁了概念的辩证法即仅仅为哲学家们所熟悉的诸神的战争呢？是费尔巴哈。

①② 马克思：《1844 年经济学哲学手稿》，人民出版社 2000 年版，第 97 页。

③ 马克思：《1844 年经济学哲学手稿》，人民出版社 2000 年版，第 96 页。

④ 《马克思恩格斯全集》第 27 卷，人民出版社 1972 年版，第 442-443 页。

⑤ 马克思：《1844 年经济学哲学手稿》，人民出版社 2000 年版，第 4 页。

是谁不是用'人的意义'（好像人除了是人之外还有什么其他的意义似的！）而是用'人'本身来代替包括'无限的自我意识'在内的破烂货呢？是费尔巴哈，而且仅仅是费尔巴哈"①。这里还强调，只有费尔巴哈才是从黑格尔的观点出发而结束和批判了黑格尔的哲学，甚至断言："唯灵论和唯物主义过去在各方面的对立已经在斗争中消除，并为费尔巴哈永远克服。"②

可是，《神圣家族》出版不久，马克思对费尔巴哈的看法便发生重大转变。1845 年春，马克思拟定了《关于费尔巴哈的提纲》，开始着手批判费尔巴哈。在《德意志意识形态》中，马克思明确指出："当费尔巴哈是一个唯物主义者的时候，历史在他的视野之外；当他去探讨历史的时候，他不是一个唯物主义者。在他那里，唯物主义和历史是彼此完全脱离的。"③ 这种突然的转变意味着此前马克思对费尔巴哈的思想存在某种"误读"。后来马克思发现，他极为赞赏、高度评价的那些内容，仅在费尔巴哈的《哲学改革临时纲要》和《未来哲学原理》中存在一些猜测，这些猜测"对费尔巴哈的总的观点的影响微乎其微，以致只能把它们看作是具有发展能力的萌芽"④。也就是说，马克思此前误以为"费尔巴哈把形而上学的绝对精神归结为'以自然为基础的现实的人'"⑤，而事实上，费尔巴哈谈到的是"一般人"（抽象的人或自然主义的人），而"不是'现实的历史的人'"⑥。并且，马克思最初就注意到，后来无意间忽略的自然与政治的"联盟"问题正是费尔巴哈的根本缺陷，费尔巴哈不仅过少谈论"政治"，他实质上停留于理想化的资本主义，属于小资产阶级的空想社会主义。费尔巴哈凸显的人本主义，仍然是抽象的或自然主义的人本主义，现实的历史的社会关系并没有真正成为"理论的基本原则"，也没有基于人的实践和人本主义对人类历史的发展做出理论解释。马克思之所以有这种误读，是因为他看到费尔巴哈的那些萌芽性思想之后，便把自己对黑格尔哲学的批判性思考成果统统"挂"到了费尔巴哈的名下（马克思大加赞赏的费尔巴哈的思想，正是他本

① 《马克思恩格斯全集》第 2 卷，人民出版社 1957 年版，第 118 页。
② 《马克思恩格斯全集》第 2 卷，人民出版社 1957 年版，第 120 页。
③ 马克思：《费尔巴哈》，人民出版社 1988 年版，第 22 页。
④ 马克思：《费尔巴哈》，人民出版社 1988 年版，第 19 页。
⑤ 《马克思恩格斯全集》第 2 卷，人民出版社 1957 年版，第 177 页。
⑥ 马克思：《费尔巴哈》，人民出版社 1988 年版，第 20 页。

人在批判黑格尔哲学时阐述的思想）。正因为这样，10多年后马克思谈到《神圣家族》时才会感慨：那时"对费尔巴哈的迷信现在给人造成一种非常滑稽的印象"①。

在反思青年黑格尔派之后，马克思指出"黑格尔有双重错误"②。由于马克思把黑格尔的《精神现象学》看成"黑格尔哲学的真正诞生地和秘密"③，而《逻辑学》被认为是《精神现象学》的方法论，因此，对黑格尔哲学的双重错误的批判主要是结合《精神现象学》和《逻辑学》进行的。

在马克思看来，财富、国家权力等是现实的人的异化的存在形式，由于劳动异化，所以凌驾于个人之上。而在黑格尔那里，它们仅是抽象思维（现实的人成为抽象思维）的异化、外化的存在形式，"它们是思想本质"④，并且凌驾于一切现实存在之上。而"哲学家"作为抽象思维的化身，"把自己变成异化的世界的尺度"⑤。因此，整个抽象精神的对象化及其复归的运动，"不过是抽象的、绝对的思维的生产史，即逻辑的思辨的思维的生产史"⑥。因此，抽象精神的异化、外化只不过是"抽象的思维同感性的现实或现实的感性在思想本身范围内对立"⑦。"在这里，不是人的本质以非人的方式（外在的对象化形式）同自身（现实的人）对立的对象化，而是人的本质以不同于抽象思维的方式（观念的感性形式）并且同抽象思维对立的对象化"⑧。这是马克思指出的黑格尔哲学的第一个根本错误。

概括起来，就是把现实的人、现实的社会、现实的自然，看成抽象精神的现象，而对象性的抽象精神的运动，只不过是"哲学家"头脑中依照辩证法规律展开的抽象思维的思辨运动。对于抽象精神来说，它没有现实的对象性存在，而"非对象性的存在物，是一种非现实的、非感性的、只是思想上的即只是想象出来的存在物，是抽象的东西"⑨。因此，"对于人的已成为对象而且是异己对象的本质力量（体现人的本质力量的异化的现实存在）的占有，（在黑格尔那里，）首先不过是那种在意识中、在纯思维中即在抽象中发生的占有，是对这些作为思想和思想运动的对象的占有"⑩。

① 《马克思恩格斯全集》第31卷，人民出版社1972年版，第293页。
②④⑤⑥⑦⑧⑩ 马克思：《1844年经济学哲学手稿》，人民出版社2000年版，第99页。
③ 马克思：《1844年经济学哲学手稿》，人民出版社2000年版，第97页。
⑨ 马克思：《1844年经济学哲学手稿》，人民出版社2000年版，第107页。

这种占有不会触动任何现实的社会关系。

黑格尔之所以只限于思想运动，不触及根本的现实问题，这跟他对资本主义现实的态度密切相关。从理论上看，涉及黑格尔哲学的第二个根本错误。这个错误就是"非批判性"。马克思指出："在《现象学》中，尽管已有一个完全否定的和批判的外表，尽管实际上已包含着往往早在后来发展之前就先进行的批判，黑格尔晚期著作的那种非批判的实证主义和同样非批判的唯心主义……已经以一种潜在的方式，作为萌芽、潜能和秘密存在着了。"[1] 也就是说，黑格尔哲学中的批判性、革命性，仅是形式上的，实质是非批判的。这是因为，在黑格尔看来，感性、宗教、国家权力等虽然是抽象精神的异化的存在形式，而抽象精神却又是它们的本质，因而，它们"是精神的本质"[2]。对于抽象精神来说，"它在自己的异在（异化的感性存在形式）本身中也就是在自身"[3]。也就是说，对于黑格尔哲学而言，异化、外化的存在形式是抽象精神的现象，作为精神本质的现象，它与精神本质是相符合的。因而，异化仅仅是形式上的异化，而不是本质的异化。对于黑格尔而言，异化的扬弃"主要地具有扬弃对象性的意义"[4]，即否定对象的现实性，而不是扬弃现实的异化的社会关系。在他那里，"作为意识的意识（纯粹的意识、自我意识）所碰到的障碍不是异化了的对象性，而是对象性本身"[5]。在黑格尔看来，道德、宗教等精神世界及其发展，不过是抽象精神的自我外化及其扬弃，因而正是通过这个外化的形态确证这样的精神世界具有本质的合理性，从而"把这个世界（伦理、道德、宗教的特定形式）冒充为自己的真正的存在"[6]。这样，在扬弃例如宗教之后，在承认宗教是自我外化的产物之后，抽象精神又在作为宗教的宗教中找到自身的确证，从而把宗教看成具有精神本质的合理存在。基于这一点，马克思指出黑格尔哲学是"虚假的实证主义……虚有其表的批判主义"[7]。在他那里，"一个认识到自己在法、政治等等中过着外化生活的人，就是在这种外化生

---

① 马克思：《1844年经济学哲学手稿》，人民出版社2000年版，第99-100页。
② 马克思：《1844年经济学哲学手稿》，人民出版社2000年版，第100页。
③ 马克思：《1844年经济学哲学手稿》，人民出版社2000年版，第103页。
④ 马克思：《1844年经济学哲学手稿》，人民出版社2000年版，第108页。
⑤⑥⑦ 马克思：《1844年经济学哲学手稿》，人民出版社2000年版，第109页。

活本身中过着自己的真正的人的生活"①。以此类推，凡是在异化的外在形式中被确证合乎精神本质的东西，如宗教、道德、政治、法、国家等，在黑格尔看来都是"真正的知识和真正的生活"②。依照这样的逻辑，"否定的否定不是通过否定假本质来确证真本质，而是通过否定假本质来确证假本质或同自身相异化的本质"③。因此，异化的存在形式反而取得了合理性保障。这样，通过抽象思辨的辩证法，辩证的转化没有否定任何东西，只是把它们变成了绝对知识的不同环节。"这种思想上的扬弃，在现实中没有触动自己的对象，却以为实际上克服了自己的对象"④。事实上，"黑格尔既同现实的本质（规定）相对立，也同直接的、非哲学的科学或这种本质（规定）的非哲学的概念（实证科学的概念）相对立。因此，黑格尔是同它们的通用的概念（从现实存在中抽象出来的概念）相矛盾的"⑤。

黑格尔把现实的人和现实的自然界都归结为神秘的主体—客体（绝对精神），把绝对精神的对象化运动看成"在自身内部的纯粹的、不停息的圆圈"⑥。那么，再谈论宗教、国家等的适应性是没有意义的，因为考察的仅仅是形式问题，因此所谓的批判或实证只能是"原则的谎言"⑦。

二、马克思对黑格尔哲学的创造性转化

马克思认为，在异化这个规定内，"黑格尔辩证法的积极的环节"⑧有两个方面。这两个方面也是马克思对黑格尔哲学的创造性转化的切入点，由此将黑格尔哲学导向了唯物主义辩证法和基于实践人本主义的社会和人的发展理论。

（一）将抽象思辨的辩证法转化为唯物主义辩证法

对于抽象精神的扬弃运动，马克思将黑格尔的概念运动的辩证法导向

①②③⑦　马克思：《1844年经济学哲学手稿》，人民出版社2000年版，第110页。
④　马克思：《1844年经济学哲学手稿》，人民出版社2000年版，第111页。
⑤⑧　马克思：《1844年经济学哲学手稿》，人民出版社2000年版，第112页。
⑥　马克思：《1844年经济学哲学手稿》，人民出版社2000年版，第114页。

了基于自然界的唯物主义和事物之间的辩证关系，初步确立了唯物主义辩证法的基本原则。这是马克思以扬弃的态度继承黑格尔哲学的一个重要方面。

唯物主义辩证法是对黑格尔的抽象的精神运动的唯物主义颠倒。这是在批判黑格尔逻辑学的基础上实现的。在马克思看来，黑格尔的逻辑学中隐含了"积极的东西"。这就是特定的概念和普遍的、固定的思维形式虽然被看成超乎人和自然的抽象精神的产物，但它们在一定意义上又是"人的本质普遍异化的必然结果，因而也是人的思维普遍异化的必然结果"①。马克思为什么得出这样的结论呢？因为在马克思看来，这是抽象精神的辩证运动必然得出的结论。依照扬弃的原则，扬弃了的对象性存在是特定的本质，扬弃了的特定本质就成为逻辑学的抽象概念，而抽象的逻辑概念的扬弃……便达到绝对观念，然而，绝对观念也是必须扬弃的。如果绝对观念自我扬弃，达到的恰恰是它的对立面的对象性存在的本质，即与抽象相对立的基于感性存在形式的规定性，从而达到实在的自然界。因此，"全部逻辑学都证明，抽象思维本身是无，绝对观念本身是无，只有自然界才是某物"②。这样，抽象精神的辩证运动，也就翻转为仅仅是实在的自然界的辩证关系的反映。

然而，在黑格尔那里，辩证法并没有依照自己的要求推理下去。在黑格尔看来，"绝对的东西是精神，这是绝对的东西的最高定义"③。因此，绝对观念不存在自我扬弃的问题。因此，黑格尔提出了一种模棱两可的说法。他强调：绝对观念、抽象观念"从它与自身统一（绝对观念或抽象观念与观念的感性存在形式的统一）这一方面来考察就是直观"，它"在自己的绝对真理中决心……把自身作为自然界（具有感性形式的观念的自然）从自身释放出去"。④这样，绝对观念把作为抽象、作为思想物而隐藏在它里面的自然界从自身释放出去，所谓自然因此直接成为可以直观的抽象观念。事实上，依照黑格尔的逻辑，绝对观念从自身释放出去的只是抽象的自然界（具有感性形式的观念的自然），只是实在的自然界的思想物，因而作为

---

① 马克思：《1844 年经济学哲学手稿》，人民出版社 2000 年版，第 114 页。
②④ 马克思：《1844 年经济学哲学手稿》，人民出版社 2000 年版，第 115 页。
③ 马克思：《1844 年经济学哲学手稿》，人民出版社 2000 年版，第 119 页。

自然的自然即实在的自然在黑格尔哲学中没有独立的地位，只能是抽象精神的感性存在形式。

绝对观念如此奇妙而怪诞的举动，使黑格尔主义者伤透了脑筋。一方面，从黑格尔哲学的实质来看，观念的自然界的本质只能是精神，"精神是自然界的真理"①。作为观念的自然界只能是精神的外化和异化的存在形式，它们"无非始终是那种放弃自身并且决心成为直观的抽象思维"②，"真实的东西毕竟是观念"③。因此，对于唯心主义者来说，作为实在的自然界，就它在现实的、感性的存在形式上不同于其自身所隐藏的神秘的意义（抽象精神的意义）而言，它们作为离开这些抽象概念（观念的自然）并不同于这些抽象概念的自然界（现实的自然界），就是无，即证明自己是虚无的无。总之，现实的自然界的感性存在形式是无意义的，或者只具有应被扬弃的观念的外在性意义。另一方面，从扬弃的意义来说，也就是从辩证法的革命性要求来说，抽象思维者（神圣的哲学家）又似乎应该承认："感性、同在自身中转动的思维相对立的外在性（感性的存在形式），是自然界的本质"④。因为黑格尔本人在这里似乎"决心承认自然界是本质，并且转而致力于直观"⑤。如果这样，观念的绝对性也就被扬弃了，例如，人作为自然存在物，依照这个看法，精神不再是他的本质，与此相反，作为自然存在物的人或感性的外在性成为他的能够被抽象出来的"精神"的本质。但是，黑格尔并没有达到这一点，他看到了感性的外在性的独立意义，却又不愿意赋予它本质意义。黑格尔强调：自然界（具有感性形式的观念的自然界）并非只在相对的意义上对绝对观念说来是外在的，"而是外在性（具有感性形式的外在性如月亮的感性特性）构成这样的规定，观念在其中表现为自然界"⑥。在这里，感性的外在存在形式具有外在性规定，相对于抽象精神来说，不再是抽象的存在，而观念依然是感性存在的本质，它以感性的外在形式表现为自然界。基于这种认识，在黑格尔主义者看来，自然界的这种独立存在是有缺陷的存在。因为自然界必须具有精神本质却又外

---

① 马克思：《1844年经济学哲学手稿》，人民出版社2000年版，第119页。
② 马克思：《1844年经济学哲学手稿》，人民出版社2000年版，第115页。
③④⑥ 马克思：《1844年经济学哲学手稿》，人民出版社2000年版，第118页。
⑤ 马克思：《1844年经济学哲学手稿》，人民出版社2000年版，第116页。

在地在一定意义上独立于那个精神本质。可见，黑格尔哲学在绝对观念转化为自然哲学的问题上，必然会陷入恩格斯所说的辩证法的革命性与体系的保守性之间的矛盾。

在马克思看来，观念的自然界是现实的、可以被直观的、有别于抽象思维的自然界的思想异在，它们"无非就是自然界（现实的自然界）诸规定的抽象概念"①。因此，"哲学家"直观整个自然界（观念的自然界），不过是在感性的、外在的形式下重复逻辑的抽象而已，他重新把自然界（观念的自然界）分解为这些抽象概念。因此，"哲学家"对自然界（观念的自然界）的直观，不过是把对自然界（现实的自然界）的直观抽象化的确证活动，不过是他有意识地重复他的抽象概念的产生过程。在这种认识的基础上，马克思将黑格尔逻辑学中的辩证法创造性地转化为从客观现实出发的辩证法。这就是唯物主义辩证法。这种转化是在批判的基础上依据黑格尔哲学的扬弃逻辑得出的必然结果。这种唯物主义辩证法随后被马克思应用到社会历史的发展方面（在马克思看来，社会存在是人化自然，也就是自然的第二形态），成为唯物史观的基本方法。

（二）将抽象精神的对象性活动还原为现实的人的实践活动

将抽象精神的对象性活动还原为现实的人的实践活动，这是马克思以扬弃的态度继承黑格尔哲学的又一重要方面。

在黑格尔那里，"人的本质本身仅仅被看作抽象的、思维着的本质，即自我意识"②，现实的人仅仅被看成抽象精神，这个抽象精神能上升为伦理、道德、宗教等社会生活中的精神形态，黑格尔还把意识看成对象性存在物的精神本质，而对象性存在仅仅是具有理性的自我意识外化、对象化的产物，仅仅是自我意识的现象。绝对精神则把自我意识和意识统一起来，成为主体—客体相统一的绝对的观念。在这里，作为能动的主体而又具有对象性外化能力的自我意识处于非常重要的地位。

---

① 马克思：《1844年经济学哲学手稿》，人民出版社2000年版，第117页。
② 马克思：《1844年经济学哲学手稿》，人民出版社2000年版，第113页。

黑格尔"设定人＝自我（自我意识）"①，而在马克思看来，"自我（自我意识）不过是被抽象地理解的和通过抽象产生出来的人"②。因此，"被抽象化和固定化的自我（自我意识），就是作为抽象的利己主义者的人，他被提升到自己的纯粹抽象、被提升到思维的利己主义"③。正因为如此，马克思就有理由在一定意义上把黑格尔哲学看成抽象的人本主义的体现。然而，黑格尔不但把人抽象化了，还把人神圣化了，抽象精神显示的神性的过程，被当成"人的神性的过程"④。因为具有意识的对象性存在不是仅限于人创造的社会存在物或者说人化自然，还包括作为自然的自然，即纯粹的自然界。因此，被抽象化的人成了"神人"，而主体—客体高度统一的绝对精神成了哲学化的"上帝"。整个黑格尔哲学也就像费尔巴哈所指出的那样，成了哲学化的宗教。

对此，马克思首先在批判的基础上把绝对精神、自我意识还原为现实的人。在马克思看来，黑格尔哲学中抽象精神在其抽象形式上作为辩证法的运动，可以理解为"真正人的生命（的表现）"⑤，因为抽象运动以及对象性存在的异化"毕竟是人的生命的抽象、异化"⑥。这是"对人的自我产生的行动或自我对象化的行动的形式的和抽象的理解"⑦。马克思通过这种还原，从黑格尔哲学中抢救出人本主义，把它转化为实践人本主义，把它跟唯物史观结合起来，同时把从观念出发的劳动异化理论转化为历史发展过程中的异化，从而将初步确立的超越传统唯物主义和唯心主义的社会发展理论（一种历史哲学或社会学哲学，经济哲学是这种哲学在经济关系方面的体现）变成异化的社会关系分析和经济关系分析的基础。

在马克思看来，抽象精神通过扬弃展现出来的对象性运动，在积极的意义上可以把抽象精神的对象化理解为"人的现实的对象化"⑧，而把对象的扬弃和收回理解为"人通过消灭对象世界的异化的规定、通过在对象世界的异化存在中扬弃对象世界（的异化）而现实地占有自己的对象性本

---

①②③　马克思：《1844 年经济学哲学手稿》，人民出版社 2000 年版，第 102 页。

④⑤⑥　马克思：《1844 年经济学哲学手稿》，人民出版社 2000 年版，第 113 页。

⑦　马克思：《1844 年经济学哲学手稿》，人民出版社 2000 年版，第 114 页。

⑧　马克思：《1844 年经济学哲学手稿》，人民出版社 2000 年版，第 112 页。

质”①，因而体现了“实践的人道主义的生成”②，这与无神论和财产意义上的“共产主义”是一致的。这是从黑格尔哲学中能够理解到的自我意识外化、异化、对象化所蕴含的积极意义。在这个意义上，可以“把人的自我异化、人的本质的外化、人的非对象化和非现实化理解为自我获得，本质的表现，对象化、现实化”③，意思就是现实的劳动异化是人作为自然存在物发展为“人”的必要环节，异化的过程同时就是“人”的生成过程。在马克思看来，从这个角度来说，黑格尔所谓的抽象精神的异化、外化，是“在抽象的范围内（在抽象精神的抽象运动即抽象思辨中）……把劳动理解为人的自我产生的行动，把人对自身的关系（人在劳动和整个实践中对自身的关系）理解为对异己存在物（外化的对象性本质）的关系，把作为异己存在物的自身的实现（人和社会在异化劳动方式下的发展）理解为生成着的类意识和类生活（导向人的解放和人的类生活的活动）”④。

在将抽象精神的对象性活动还原为现实的人的实践活动基础上，马克思对现实的人的实践进行了概括说明，并基于人的对象化实践说明了现实社会关系的异化。

在马克思看来，人直接地是自然存在物，是有生命的高级动物。一方面，这种人具有自然力、生命力和能动性，这些力量作为天赋和才能、作为欲望，存在于人身上；另一方面，人作为自然的、肉体的、感性的、依赖于外部对象才能生存的自然存在物，与动植物一样，是“受动的”（依赖外在条件的）、受制约的和受限制的存在物。这种现实的人，不同于抽象的自我意识，这种人有现实的、感性的对象作为自己生命表现的对象；或者说，人只有凭借现实的、感性的对象才能表现自己的生命。因此，这种人的实践活动总是处于一定的外部环境中，反映着人与自然和人与社会的相互关系。在马克思看来，人之所以进行使自然人化的对象性活动，创造出社会存在或者说社会财富，正是由于人作为依赖外部条件的、感性的存在物，处于作为主体的人与作为外部环境的客体之间的矛盾关系之中，二者形成一种“张力”，这种“张力”能够激发人们发挥出创造性本质力量的

---

①② 马克思：《1844年经济学哲学手稿》，人民出版社2000年版，第112页。
③④ 马克思：《1844年经济学哲学手稿》，人民出版社2000年版，第113页。

"激情"，而这样的"激情、热情是人强烈追求自己的对象的本质力量"①。这种现实的人，作为具有精神或创造性本质力量的自然存在物，"是自为地存在着的……类存在物"②，也就是说，他作为类存在物是社会性存在物，在一定的社会关系中能够发挥创造性本质力量，促进自身自为地发展，并促进社会的发展。"他必须既在自己的存在（客体化存在和主体性存在）中也在自己的知识中确证并表现自身"③。对于这种人而言，他所需要的对象或者经过加工改造，或者采用特定方式进行利用，总之不能是直接呈现出来的自然对象。与此相应，人的感觉如眼睛、耳朵的感觉（观察、感受外在对象的能力）也有一个自我生成的过程。因此，"自然界，无论是客观的（客观的自然）还是主观的（人的自然），都不是直接地同（发展了的）人的存在物相适合地存在着"④。现实的人作为"人的"存在物（具有创造性本质力量的高级动物），一方面通过对象性活动使客观的自然人化，另一方面也改变着人自身，激发出人的各种潜能。正是在这个意义上，马克思强调："正象一切自然物必须形成一样，人也有自己的形成过程即历史，但历史对人来说是被认识到的历史，因而它作为形成过程是一种有意识地扬弃自身的形成过程。历史（社会的历史）是人的真正的自然史"⑤。

　　然而，基于人的对象性实践活动得以实现的社会发展，必然要经历一个漫长的劳动异化阶段。马克思强调，劳动异化是社会发展过程的"中介"，这个中介是人道主义得以实现的必要环节，通过扬弃这种"中介"，"积极地从自身开始的即积极的人道主义（现实的、实践的、彻底的人道主义）才能产生"⑥。这是因为人道主义的实现必须具备必要的物质前提。对此，马克思指出，作为向理想社会过渡的人道主义的无神论和财产意义上的"共产主义"，"决不是人所创造的对象世界（人类创造的物质文明）的消逝、舍弃和丧失……决不是返回到非自然的、不发达的简单状态（人因贫困高度受限制的状态）去的贫困。恰恰相反，它们（丰富的社会财富）倒是人的本质的或作为某种现实的东西的人的本质的现实的生成，是对人来说的真正的实现"⑦。也就是说，人道主义的彻底实现是以人的本质力量

　　①②③④⑤　马克思：《1844 年经济学哲学手稿》，人民出版社 2000 年版，第 107 页。
　　⑥　马克思：《1844 年经济学哲学手稿》，人民出版社 2000 年版，第 112 页。
　　⑦　马克思：《1844 年经济学哲学手稿》，人民出版社 2000 年版，第 112–113 页。

的对象性存在即现实的物质财富的极大丰富为条件的，贫穷不是社会主义。人类历史发展过程中的这种异化，是人作为单纯的自然存在物最终发展成为真正意义的人必须经历的阶段。人作为自然存在物成长为真正的 "人"的历史过程是从制造生产工具开始的，一旦由于生产的发展形成相对稳定的分工关系，自然的生命活动就逐步转化为谋生手段，那么，劳动的异化也就开始了，这种最初的异化就是人类的本质的异化，这是人的全面异化的开端。直到人的实现达到这样的程度，即对象性的社会财富足以保证所有人的自由全面发展的需要，那时，具有潜在智慧的动物才最终发展成为合乎人的自然本性的社会存在物，即真正意义的人。到了这个时候，"人类社会的史前时期就以这种社会形态（资本主义社会）而告终" ①。

在《对黑格尔辩证法和整个哲学的批判》中，马克思还对人的发展和社会发展的关系进行了初步的说明。在他看来，人作为单纯的自然存在物发展成为真正意义的 "人" 的过程，只能是从客观的自然界出发的现实发展过程。人和他所处的环境最初都是纯粹的自然界，在自然的环境中，作为主体的人既拥有他的本质的（具有创造性本质力量的）、现实的、自然的对象即现实的生命，他的自我外化又设定一个现实的但以外在性的形式表现出来的因而不从属于他的本质，这种与他的本质相独立并且凌驾其上的对象世界，发展成为一种异化的对象世界。可见，这种人的对象性活动即促使自然人化、创造社会存在的活动，在受外部环境限制、制约的条件下，脱离最初的自然状态之后必然表现为异化的活动。这没有什么神秘之处，相反，抽象精神对现实存在的支配作用倒是神秘莫测的。在马克思看来，"现实的、肉体的……人通过自己的外化（对象化自身）把自己现实的、对象性的本质力量设定为异己的对象" ②，这不是抽象精神的自我规定，而是体现着人的 "对象性的本质力量（例如人的眼睛、耳朵等）的主体性" ③，这些本质力量的活动是真正的、现实的对象性的活动，它 "证实了它的活动是对象性的自然存在物（现实的人）的活动" ④。现实的人作为对象性本质力量，他不是凭空创造现实对象，这种人 "本来就是自然界" ⑤，他作为具

---

① 《马克思恩格斯全集》第 13 卷，人民出版社 1962 版，第 9 页。
②③④⑤ 马克思：《1844 年经济学哲学手稿》，人民出版社 2000 年版，第 105 页。

有本质力量的自然存在是被对象设定的，即受自然环境制约，他是在自然界中创造对象，使自然人化。一旦这种对象性活动创造出高度发达的生产力和高度丰富的社会财富，劳动异化就可能最终消除，从而恢复人的自然本性。因此，马克思指出："彻底的自然主义或人道主义，既不同于唯心主义，也不同于唯物主义，同时又是把这二者结合的真理……只有自然主义能够理解世界历史的行动。"①马克思的使命就是揭示人和社会的发展机理，即现实的人的对象性实践活动或者说劳动，不断释放自身的本质力量，使自然不断人化，从而促进了人和社会的发展。这与传统的唯物主义和唯心主义对"世界历史"的解释是根本不同的。

总之，马克思把抽象精神的对象化活动还原为现实的人的历史的实践活动，即科学实践和生产实践，这种活动也就是现实的劳动，首先表现为异化劳动。现实的人在社会关系中充分释放自己的本质力量，从而使对象化的社会财富高度丰富，劳动异化才能消除，那时，作为人的第二本性的自私性就会消除，从而回归先天的自然本性。②在这个过程中，劳动异化是必要的"中介"，因此，马克思强调："自我异化的扬弃同自我异化走的是同一条道路。"③马克思还指出："有这样一种认识：感性意识不是抽象感性的意识，而是人的感性的意识；宗教、财富等等不过是人的对象化的异化的现实，是客体化的人的本质力量的异化的现实；因而，宗教、财富等等不过是通向真正人的现实（异化被消除的现实）的道路。"④这里表达的是同样的意思。

从马克思这里阐述的思想来看，他在19世纪40年代初给予费尔巴哈高度的赞扬，事实上表达的是马克思本身的思想，这些思想是马克思自身思想发展方向的宣示。马克思的哲学博士学位论文体现的是一种具有实体论色彩的自我意识哲学（受鲍威尔和斯特劳斯的双重影响，大体上可以归入青年黑格尔主义），随后在费尔巴哈的启发下，马克思形成了基于唯物主义

---

① 马克思：《1844年经济学哲学手稿》，人民出版社2000年版，第105页。

② 马克思早年把人性区分为"经验的本性"和"永恒的本性"，他认为经验之恶的实质"就在于个人囿于他的经验的本性而违背自己永恒的本性"（参看《马克思恩格斯全集》，人民出版社1982年出版，第40卷第81页）。

③ 马克思：《1844年经济学哲学手稿》，人民出版社2000年版，第78页。

④ 马克思：《1844年经济学哲学手稿》，人民出版社2000年版，第100页。

立场的实践的人道主义。其核心思想是：具有对象性本质力量的社会化的个人，在人与外在环境的矛盾运动中产生思维活动，并通过实践增长其知识，改造自然和社会，使自然人化，人和社会因此不断取得进步，最终实现人的自由全面的发展和合乎理想的社会关系。在马克思看来，社会存在物（被人们认识且被利用的自然的生产力和所有劳动成果）就是作为人的本质力量的物象化（客观化）存在形式的第二自然，它是自然的一种存在形式，也是人的一种外在化的客观存在形式，社会化的人类的对象化的创造性本质力量是一切社会存在物的共同本质。它们体现着人与自然的统一，而不是人对自然的片面征服。人们对社会的改造，则是自然人化的深化。

马克思对黑格尔哲学的创造性转化显示出两个重要特征。

第一，包括人在内的自然界被当作先在性存在，它是人和社会发展的出发点，是人通过实践释放其本质力量的前提，也是主客体矛盾运动的唯物主义前提。但是，马克思并不追问自然界是如何生成的，更不追问世界的"本源"。

在马克思看来，设定自然界最初不存在，对现实生活着的人是无意义的，因为自然界不存在，人也就不存在。至于人为什么具有智慧和创造性本质力量，以至能够通过对象性实践推动人和社会的发展，同样是不需要理论的证明。因为人类的历史无可辩驳地证明人就是这样的高级动物，假定将来某个时期整个人类突然丧失了智慧，从理论上说，这个可能也是有的，但是，真出现这个情况，人类就回到不如普通动物的状态，这样再追问人为什么有智慧或创造性本质力量，同样也没有意义了。另外，人类有限的知识无法说明自然界的发生、发展。并且，即使自然界存在某种东西，如存在某种草药可以治疗癌症，如果人类没有癌症，那么人类永远也就认识不到这种草药的存在。因此，人类只能从自身需要出发，通过人在现实环境中能动的实践获得必要的知识，并通过有目的的活动使自然人化，从而获得满足需要的手段。基于这种认识，马克思把哲学的重心放在人和社会的发展方面，因为人和社会的发展都是人类的实践结果，这方面的全部内容都是思维和实践可以把握住的。

这一点涉及马克思对待哲学的基本态度。马克思在《〈黑格尔法哲学批判〉导言》中指出："不在现实中实现哲学，就不能消灭哲学。"①从马克思批判黑格尔哲学时阐发的思想来看，所谓在现实中实现哲学，就是从人们在现实中的对象性实践出发，从知识的生成、生产力的发展出发，基于实践的人道主义说明人和社会的发展机理。所谓"消灭哲学"，就是消灭以往的本体论哲学，使独立的哲学失去存在的价值，只能渗透在历史学、社会学、人类学、法学或经济学等实证科学中，更多地发挥认识论和方法论的作用。1846 年，马克思在《德意志意识形态》中指出："对实践的唯物主义者……来说，全部问题都在于使现存世界革命化，实际地反对并改变现存的事物。"②这跟"消灭哲学"的思想是高度一致的。这里的"革命化"，更多地包含通过科学实践和生产实践改造自然和社会的思想，而不仅仅是一句革命的口号。正是在这种意义上，马克思宣称："在思辨终止的地方，在现实生活面前，正是描述人们实践活动和实际发展过程的真正的实证科学开始的地方。关于意识的空话将终止，它们一定会被真正的知识所代替。对现实的描述会使独立的哲学失去生存环境，能够取而代之的充其量不过是从对人类历史发展的考察中抽象出来的最一般的结果的概括。这些抽象本身离开了现实的历史就没有任何价值……这些抽象与哲学不同，它们绝不提供可以适用于各个历史时代的药方或公式"③；"只要……按照事物的真实面目及其产生情况来理解事物，任何深奥的哲学问题……都可以十分简单地归结为某种经验的事实"④。在马克思看来，对人类历史发展的这种考察，是"人和自然界之间、人和人之间的矛盾的真正解决，是存在和本质、对象化和自我确证、自由和必然、个体和类之间的斗争的真正解决。它是历史之谜的解答，而且知道自己就是这种解答"⑤。可见，马克思力图超越"独立的哲学"回到"人类历史发展"解答人们的实践活动和实际发展过程。恩格斯一再强调，哲学不能成为一门独立的科学，只能渗透在实证科

---

① 《马克思恩格斯全集》第 1 卷，人民出版社 1956 版，第 459 页。

② 马克思：《费尔巴哈》，人民出版社 1988 年版，第 19 页。

③ 马克思：《费尔巴哈》，人民出版社 1988 年版，第 17 页。

④ 马克思：《费尔巴哈》，人民出版社 1988 年版，第 20 页。

⑤ 马克思：《1844 年经济学哲学手稿》，人民出版社 2000 年版，第 81 页。

学中。这个结论性论断是合乎马克思思想的精神实质的。①

马克思关于人的对象性实践以及人和社会的发展的思想表明，人们与外在环境的矛盾运动（包括人与自然的矛盾和社会矛盾）提供了人们的思维活动和实践活动的动力，决定着思维和实践的水平，决定着社会存在的具体样态。因此，存在与思维的关系是现实的实践关系，不是两个范畴的抽象关系，不能抽象地理解存在与思维的决定关系或被决定关系。总之，存在与思维的关系这个原本是判定唯物主义还是唯心主义的基本立场问题，马克思更多地从人的社会化实践以及人和社会的发展方面进行具体化理解，使它从属于人类社会的发生、发展问题，从而不再是超越实证科学的抽象的哲学问题。这是马克思同时超越传统的唯物主义和唯心主义的要旨所在。在马克思看来，一切基于某个最一般概念通过抽象推理建立的体系性哲学，都是不科学的。因此，他在《关于费尔巴哈的提纲》中提出了同时超越传统唯物主义和唯心主义的理论任务。

第二，马克思将黑格尔的辩证法进行了唯物主义的颠倒，成为唯物主义辩证法。一方面，这种辩证法反映着客观自然界的辩证联系和相互作用；另一方面，它又体现在人的对象化实践中，反映着人们在实践中获得的各种知识的关系，成为人们的认识活动的原则，也反映着基于人的对象化实践的人和社会的客观发展进程和内在规律。就后者而言，它与抽象精神的扬弃运动相类似。从马克思把自然科学和社会科学当作同一门科学来看，马克思也是把前者即自然的辩证法与人的实践联系在一起，因为自然存在物之间的有机联系是通过人们的科学实践作为科学知识被人们认识到的，并且转化为决定着社会发展的生产力，从而使自然人化（成为第二自然）。因此，马克思认为把自然和政治（社会发展）结合起来"是现代哲学能够借以成为真理的唯一联盟"②。

事实上，体现着个人的需要或社会需要的且来源于自然的知识，并不是人们对现存事物的简单反映，它体现着具有创造性本质力量的"劳动者"的主体性、能动性和决定性作用。例如，从摩擦生电的电学一般原理，到

---

① 恩格斯在《反杜林论》《费尔巴哈与德国古典哲学的终结》《自然辩证法》中似乎又构建了一种体系性哲学，这与他自己关于哲学的基本看法不太协调。

② 《马克思恩格斯全集》第27卷，人民出版社1972年版，第443页。

火力发电、风力发电、水力发电、核发电等特殊的电学原理，再到具体的众多的各种发电厂，这里辩证联系着、展开着的所有电学知识，都是自然人化的成果，都是人们"劳动"的成果，并且随着知识的发展而发展。当然，有些知识仅仅是对现存的自然事物的反映，不过，即便是这种知识的获得，同样是以个人或社会的需要及人们的能动性为条件的。

三、黑格尔哲学与《资本论》

马克思的劳动价值论与黑格尔哲学关系密切。可以说，它虽然肯定了古典经济学的理论贡献，从古典劳动价值论继承了基于唯物主义的从具体到抽象的研究范式和关于价值规律的基本观点，而就价值立场、理论出发点和形而上学的思维方法而言，就如何基于价值规律把握资本主义生产而言，古典经济学跟庸俗经济学一样，更多的是马克思批判的对象。从整体来看，马克思劳动价值论的真正思想渊源，与其说是古典经济学，不如说是德国古典哲学，特别是黑格尔哲学。《资本论》的思想方法及其内在逻辑与黑格尔的《逻辑学》《精神现象学》《法哲学》息息相关。当然，正像前文阐明的那样，马克思不是简单化地把黑格尔的逻辑和思想运用于《资本论》，而是较为彻底地超越了黑格尔哲学。

马克思从唯物主义立场出发，把被黑格尔神秘化的"绝对精神"（具体化为意识和自我意识），或者说把青年黑格尔派的自我意识哲学中的"自我意识"，直接看成从事现实的实践活动的社会化的人类的"对象性本质力量"，即人类的创造性本质力量（认识、利用自然和基于自然提供的条件进行再创造的力量）。具有对象化的创造性本质力量的社会化的人及其现实的实践活动，是马克思全部理论的出发点。

联系前文不难得出这样的结论：马克思对于哲学和人类社会发展的这种看法，在很大程度上正是对黑格尔哲学的创造性转化的成果。这些思想成果奠定了《资本论》的方法论思想，成为马克思写作《资本论》的指导思想。正因为如此，《资本论》与黑格尔哲学间接存在重要的理论联系。这主要体现在"一般人类劳动"、异化劳动和从抽象上升到具体的叙述方式方面。

（一）黑格尔哲学的实践人本主义转向与"一般人类劳动"

马克思对黑格尔哲学的创造性转化一个重要方面是将黑格尔哲学转向实践人本主义，将抽象精神转化为人类现实实践中的"对象化本质力量"。在马克思的劳动价值论中，人的"对象化本质力量"体现为社会化的"一般人类劳动"（相当于黑格尔哲学中的"绝对精神"或"自我意识"，但不再是抽象精神的活动，而是现实的社会化的人进行的现实的对象性活动），这种劳动作为社会劳动物化为商品的价值（相当于黑格尔哲学中的"意识"，但不再是抽象精神的存在形式，而是现实的社会化的人的实践成果的体现），商品成为人的外化、异化的存在形式，价值是商品的内在本质。价值关系表现为现实的商品、货币之间的关系，进而成为基于普遍的交换关系的社会权力关系。它体现了生产商品的劳动者的必要力量的付出，也体现了这一商品对社会财富所具有的支配权力。货币这种交换价值形式作为价值的表现形式，是这种"社会权力"的最集中体现。《资本论》正是基于这些基本思想揭示资本主义生产的本质，以及资本主义时代基于典型的异化劳动的社会关系和基本矛盾。

从社会化的人的"对象化本质力量"出发理解"一般人类劳动"（按通常的习惯似乎可以采用"一般劳动"的术语），不仅需要把握劳动的抽象共性，还必须从劳动的社会性、现实一般性和主体性来把握劳动的一般性。因此，对于一般人类劳动的把握不同于单纯的形式逻辑思维。马克思指出，仅把劳动的"共性"抽象出来给出一个"一般劳动"的定义，这只是具体劳动的抽象表达。因此，它不是马克思劳动价值论中的一般人类劳动（在马克思看来，斯密的一般劳动或劳动一般在一定程度上与一般人类劳动相一致，因为它事实上限于生产商品的劳动）。马克思认为，一般人类劳动虽然也具有普遍性、抽象性（撇开具体劳动的具体方式）的内涵，但把握这种抽象性、普遍性的方式是非常特别的。

为了阐明一般人类劳动，马克思设定了一种源于现实和历史而又更加普遍化的"假设性"场景，即"普遍化的简单商品经济"场景。在这里，假定一切劳动产品都是商品，所有人都是商品生产者和购买者，所有商品供求相等（用西方经济学的术语来说就是一般均衡）。并且，通过单位商品价值与劳动生产率成反比的规定把生产率进步撇开（不考虑劳动的复杂程度差异）。需要特别强调的是，这种一般人类劳动是从资产阶级社会发达的商品生产中抽象出来的，由于分工如此发达，以至单个劳动者的劳动不再是完整的劳动，只是同一产品生产过程的一个细小的环节，因而作为现实的劳动充分简单化了，因为简单化而事实上同质化了。由于劳动的简单化、同质化，劳动者转岗或跳槽非常容易，因而劳动的具体方式可以忽略。因此，这里的"简单商品生产者"的劳动被假定为只有量的差别，没有质的差别。在这里，人们的经济活动严格遵循价值规律。如果说价值和价值规律是商品和商品生产的内在本质，那么，这里的"普遍化的简单商品经济"场景，就是价值规定和价值规律的物象化存在形式。

由于这种"场景"中展现的一般人类劳动是从资产阶级社会发达的商品生产中抽象出来的，因而具有现实一般性。它不再是一种抽象的范畴，而是具有感性的存在形式，可以用直观的方式加以观察，是生产货币这种财富一般的现实手段。正是基于这种劳动的现实一般性，资本家在雇用普通工人时越来越忽视特殊的技能，从理论上看就是把所有工人当作无差别的劳动者，按劳动力价值付给工资。另外，这种劳动的一般性是在物象化条件下从社会关系的整体上加以把握的，由于劳动分工非常发达，商品交换对整个社会的生产生活具有支配作用。因此，这种一般人类劳动是充分社会化的劳动，可以称为一般社会劳动。对于一般人类劳动的充分的社会性，是无法用劳动的抽象共性来表达的，必须通过"普遍化的简单商品经济"场景加以展现。在这种场景中，商品二重性、劳动二重性的矛盾不再是概念之间的抽象矛盾，而是作为生命有机体的活生生的社会关系的内在矛盾。最终，这种一般人类劳动既是人类的创造性本质力量的体现，体现着现实的人所具有的"精神"，体现着社会财富的精神本质，又作为社会劳动体现着特定的社会关系，即便物化为商品价值，依然以物的关系体现着人们的社会关系，或者说体现着一定的社会权力关系。因此，它作为一个经济学范畴，是一种具有主体性的范畴。

这种一般人类劳动是历史发展的产物，是生产高度社会化的表现，它已经消除了人类生活的、自然的、历史的联系，表现为内在"精神"本质的联系，同时又抽象掉了劳动的时代特征，成为商品经济的一般范畴。正如上文已经交代的那样,《资本论》是在"普遍化的简单商品经济"的场景中阐明价值规律的。这个场景不是空想出来的,它实质上就是发达的资本主义生产的实现条件,是从分工和交换极为发达的现实的资本主义商品生产中抽象出来的。这是一种"科学的抽象法"。为了实现这种抽象,马克思把资本主义生产的企业法人当作"简单商品生产者"。这种"简单商品生产者"既是生产资料的所有者,又是"劳动者"(雇佣工人被雇用,他们的劳动力属于资本家,受资本家的意志支配,资本家能够像支配自己的身体一样支配雇佣劳动者。在这个意义上,作为资本化身的资本家同时是劳动者,他在简单流通中即商品市场有理由把商品直接当成"自己的"劳动产品)。这样,资本与雇佣劳动的关系被抽象掉了,资本主义生产的时代特征和特殊性质被抽象掉了。

总之,一般人类劳动是充分的社会性、现实性与抽象一般性、主体性的统一。马克思对于一般人类劳动的考察,以发达的分工和交换为条件,忽视了个别劳动的具体差异,忽视了各部门的具体劳动条件和加工过程的差别。在这个意义上,一般人类劳动才符合马克思关于人的本质和对象化本质力量的认识。劳动的这种一般性只有在商品生产居于支配地位的发达市场经济中才具有现实意义。因此,对于一般人类劳动的分析必须基于发达的资本主义商品生产,但作为一般人类劳动,又必须撇开资本主义生产的时代特征和特殊性质。可见,马克思认为,经过理论抽象后,资本主义生产成为一种普遍化的简单商品经济关系,而这种简单商品经济关系首先是资本主义生产的一般形式。

资本主义社会之前的人类劳动,作为社会劳动,还只能从基本性质方面考察,劳动的社会性还没有在现实生活中充分表现出来。因而,价值规律也只能是萌芽性、征兆性的,对人们的经济生活还没有起支配作用。因为"人是社会关系的总和",是具有社会属性的人,因而从实质来看,从抽象意义来看,一切人类劳动都是社会劳动。而从简单商品的交换关系来看,劳动的社会性得到了进一步的展现。但仔细考察起来,前资本主义时代的劳动还带着人作为自然存在物的痕迹,内在"精神"的本质联系还没有充分显示出来,人们之间的关系在很大程度上受自然条件的制约,更多地表现为人与人的直接人身关系,劳动的具体方式对人们的社会生活具有决定性意义（一个木匠或铁匠，只能把属于具体劳动方式的特殊手艺当作终身职业。尽管农奴、奴隶或某些自给自足的劳动者未必固定于某种具体劳动，他们与独立的手工业者相比，社会联系却更加微弱，只有满足了主人和自身需要之后的剩余产品才参与到更广泛的社会联系中）。不过一般人类劳动由于抽象掉了时代特征和特殊性质，在一定意义上还是适用一切时代，因而可以用价值规律近似地考察历史上的简单商品生产，甚至可以近似地考察非商品生产的劳动关系，例如，农奴与农奴主的关系。在未来的理想社会，人与人的关系尽管已经超越了物与物的关系，与劳动异化和劳动的间接社会化相联系的价值范畴已经不适用了，然而，在物质财富的生产方面，依然遵循时间节约的原则，即用最少的时间、最高的效率把物质财富生产出来，因而价值规律的一些因素还是会继续保留下去。一般人类劳动依然作为人化自然的"精神"本质具有理论意义。

（二）黑格尔异化理论的现实化与《资本论》中的劳动异化

在黑格尔哲学中，抽象精神的对象性存在形式，就是抽象精神的异化、外化。由于黑格尔哲学中人＝自我意识，因而抽象精神可以说是现实的人被抽象化的存在形式。在这个意义上，马克思把黑格尔哲学看成具有宗教神秘色彩的抽象的人本主义思想，因此抽象精神的对象化活动，也就是抽象精神的"劳动"，抽象精神的外化、异化也就是抽象的"劳动异化"。在马克思看来，黑格尔哲学中的"劳动异化"，仅仅是形式的异化，不是本质的异化。因为黑格尔那里的异化的存在形式作为精神的现象，它是精神本质的现象化存在形式，与内在的精神本质是相符合的。因此，从原则来看，对于资本主义社会现实中如宗教、国家、财富等异化的存在形式，黑格尔并不是持批判的态度，而是持辩护的态度。马克思对黑格尔哲学创造性转化的主要方面之一，就是把抽象精神的异化、外化，转化为人和社会发展进程中现实的本质的异化，转化为现实社会关系的异化。因而，他对劳动异化的社会现实持实质性的批判立场。

费尔巴哈作为青年黑格尔派的重要代表人物，他去除了黑格尔哲学中的宗教神秘主义，在一定意义上恢复了唯物主义。但是，他更多的是在自然方面显示了唯物主义立场。在社会方面，他虽然零星地触及人的现实的实践关系，并且把宗教看成现实社会异化的思想反映，然而，他的出发点是自然人，把资本主义价值观看成自然人的自然本性。因此，费尔巴哈谈论现实社会关系的异化，是从观念出发。他并没有从现实的人的实践活动出发科学地说明劳动异化及其社会关系的全面异化问题。

马克思在《1844年经济学哲学手稿》中系统阐述了劳动异化理论。马克思指出："人怎么使他的劳动外化、异化？这种异化又怎么以人类发展的本质为根据？我们把私有财产的起源问题变为外化劳动对人类发展进程的关系问题，就已经为解决这一任务得到了许多东西。因为人们谈到私有财产时，认为他们谈的是人之外的东西。而人们谈到劳动时，则认为是直接谈到人本身。问题的这种新的提法本身就已包含问题的解决。"①在这里，马克思把劳动异化问题当作关乎人类社会发展、私有财产的起源和性质的根本问题。他认为结合劳动异化来解答这些问题，把私有财产和人们的现实劳动联系起来，也就把握住了解决问题的正确思路。

马克思的劳动异化理论是从四个方面加以阐述的。第一个方面是人的类本质异化。"原始的人"作为自然存在物处于自然界中，这是人和人类社会发展的起始点和前提。由于人类具有的创造性本质力量发展起来，人能够制造工具、发展生产手段，从而导致社会化的生产分工发展起来，固定下来。这样，"原始的人"表现出来的自由的生命活动，便转化为谋生手段，不再体现个人的自由意志和兴趣。这时，劳动异化就已经发生了，人类基于自然存在物的自由、平等的天性丧失了，潜在的独立性不仅受生产力不发展的限制，同时受生产力发展带来的劳动异化的压制。第二个方面和第三个方面是劳动产品的异化和劳动过程的异化。由于异化的加深，家庭、私有制和国家产生了，私有制和劳动异化互相决定、互相加强，以致人类的劳动产品成为具有主体性的独立力量，成为与劳动者相对立并且反过来统治劳动者的力量；而劳动过程及其社会联系显示出来的社会力量反过来支配劳动者，把他们变成服务于机器和劳动的社会联系的"工具"，甚至变成极为被动的"螺丝钉"。第四个方面是社会关系的异化。劳动产品不属于

---

① 马克思：《1844年经济学哲学手稿》，人民出版社2000年版，第63页。

劳动者，一定属于另外的"非劳动者"，劳动过程支配劳动，一定是有人支配着劳动过程，因此，一旦劳动产品和劳动过程的异化发展起来，必然导致社会关系的异化，从而导致社会上一部分人作为占有生产资料的"非劳动者"压迫、支配劳动者。这种劳动异化到资本主义社会发展成为最典型的形态，那时，人与人的自然关系乃至直接的人身关系都消除了，人与人的关系完全表现为物与物的关系。

马克思的劳动异化理论从人的现实的对象性活动出发，基于人的现实的实践和社会联系说明了劳动异化，进而围绕人的对象性本质力量的释放和人类社会的发展说明了人自身的发展，把人的发展过程看成自我异化和扬弃异化的历史发展过程。可以说，马克思的这个劳动异化思想同样体现他对于黑格尔哲学的双重错误的克服。它既是对黑格尔和费尔巴哈的劳动异化思想的继承，又是对它们的超越。在马克思那里，劳动异化不再是抽象精神的外化、异化，也不再是形式的异化，更不是费尔巴哈那样从观念出发理解劳动异化和社会关系的异化。马克思把劳动异化问题看成现实的人的实践活动的异化，看成人类历史进程中必要的"中介"，看成现实社会生活的本质的异化。

这种劳动异化理论体现了马克思对黑格尔哲学的超越（也是对费尔巴哈的超越），与马克思的社会发展理论和唯物史观紧密相关，又直接体现在劳动与资本的关系中。它渗透在马克思的经济思想中，甚至可以说，在一定意义上，劳动异化问题事实上就是《资本论》的主题所在。《资本论》从一般人类劳动出发，说明了资本主义生产的性质和资本主义社会的经济运动规律，进而说明了人类社会的一般发展趋势。在这里，马克思把发达的英国资本主义生产当作具体的研究对象，用解剖典型的"科学抽象法"把握这种资本主义生产。与此同时，发达的英国资本主义生产又被当作私有制下的异化劳动的典型。

在《资本论》的开篇，资本主义生产的本质特征被抽象掉了，资本只是作为商品和货币隐蔽地显示着自己的"权利"。这里呈现出一种普遍化的简单商品经济关系，但是，这种经济关系已经体现着劳动的异化。隐含在商品和货币中的价值作为物化的异化劳动成为支配着劳动者乃至它的所有者且独立于个人之外的社会化的物的力量（在这里，异化不再是形式的异化，而是现实社会关系对人的本质的异化）。因此，"一般人类劳动"是一切社会存在的本质，价值及其对象化存在形式是这种本质在特定历史阶段的物化和异化的表现方式。从社会关系来看，对于所有者来说，隐含在商品和货币中的价值，实质就是在普遍的交换关系中受到社会承认的"社会权力"，是以劳动异化为基础的社会权力，因而是劳动异化的表现。

马克思在阐述"商品的拜物教性质及其秘密"时指出："桌子一旦作为商品出现，就变成一个可感觉（使用价值）而又超感觉（价值）的物了。它不仅用它的脚（使用价值）站在地上，而且在对其他一切商品的关系上用头（价值）倒立着，从它的木脑袋里生出比它自动跳舞还奇怪得多的狂想。"①在这里，桌子作为使用价值，用脚站立在地上，看得见摸得着；而作为商品、作为价值，却用头（价值）倒立着，成为一种难解之谜。在马克思看来，劳动产品一旦采取商品形式，就具有谜一般的性质，正是因为一般人类劳动取得了对象性的物的形式，而劳动的社会规定"借以实现的生产者的关系，取得了劳动产品的社会关系的形式"②，因此，"商品形式在人们面前把人们本身劳动的社会性质反映成劳动产品本身的物的性质，反映成这些物的天然的社会属性，从而把生产者同总劳动的社会关系反映成存在于生产者之外的物与物之间的社会关系"③。对于"开篇"呈现的这种"商品生产者的社会"来说，"崇拜抽象人的基督教，特别是资产阶级发展阶段的基督教，如新教、自然神教等等，是最适当的宗教形式"④。这是人类劳动的"类本质"普遍异化的社会形式，"只有当实际日常生活的关系，在人们面前表现为人与人之间和人与自然之间极明白而合理的关系的时候……只有当社会生活过程即物质生产过程的形态，作为自由结合的人的产物，处于人的有意识有计划的控制之下的时候，它才会把自己的神秘的纱幕揭掉"⑤。

在这里，尽管资本主义生产还没有在理论形式上确立，这种充满形而

---

① 马克思：《资本论》第 1 卷，人民出版社 1975 年版，第 87~88 页。
② 马克思：《资本论》第 1 卷，人民出版社 1975 年版，第 88 页。
③ 马克思：《资本论》第 1 卷，人民出版社 1975 年版，第 88~89 页。
④ 马克思：《资本论》第 1 卷，人民出版社 1975 年版，第 96 页。
⑤ 马克思：《资本论》第 1 卷，人民出版社 1975 年版，第 96~97 页。

上学的微妙和神学怪诞的"商品生产者的社会"，显然不同于历史的现实的简单商品生产。并且，就形式而言，马克思的劳动价值论和古典的劳动价值论似乎具有相同的形式，也就是说，基于渔夫与猎人的分工、交换关系的商品生产和"开篇"的普遍化简单商品经济关系，似乎出发点是相同的。事实上，它们具有的差别是根本性的差别。古典劳动价值论是把抽象人本主义的观念作为出发点，作为资本主义生产的理想形态。而《资本论》开篇描绘的是劳动普遍异化的关系，因而这个生产前提是应该受到批判的。因此，对这里隐含的"形而上学的微妙"及其理论意义必须联系马克思对黑格尔哲学的超越才能真正合理地把握。

基于雇佣劳动和剩余价值规律的资本主义生产，是异化劳动的典型，其内在逻辑的辩证转化，遵循异化劳动的要求。资本家是资本的人格化，劳动者是雇佣劳动的人格化，地主则是土地垄断权的人格化。包括资本家和地主在内，所有的人都屈从于异化劳动即资本的要求，被当作资本的生产资料是异化劳动的对象性存在形式，它把土地和劳动臣服于它的统治。所以，马克思强调："资本是已经转化为资本的生产资料，这种生产资料本身不是资本，就象金和银本身不是货币一样。社会某一部分人所垄断的生产资料，同活劳动力相对立而独立化的这种劳动力的产品和活动条件，通过这种对立在资本上被人格化了。不仅工人的已经转化为独立权力的产品（这种产品已成为它们的生产者的统治者和购买者），而且这种劳动的社会力量及其有关的形式，也作为生产者的产品的属性而与生产者相对立。"[1] 从异化劳动的观点来看，在资本主义生产方式下和在资本主义生产方式占统治的范畴、起决定作用的生产关系下，充满神学怪诞的劳动成果统治劳动者的"这种着了魔的颠倒的世界……更厉害得多地发展起来"[2]。在资本主义生产的三位一体公式中，异化劳动获得最充分、最完美的表现。在这里，"资本主义生产方式的神秘化，社会关系的物化，物质生产关系和它的历史社会规定性直接融合在一起的现象已经完成：这是一个着了魔的、颠倒的、倒立着的世界"[3]，而这里的阶级关系成为异化劳动的社会形式，在这个世界

---

① 马克思：《资本论》第 3 卷，人民出版社 1975 年版，第 920 页。
② 马克思：《资本论》第 3 卷，人民出版社 1975 年版，第 935 页。
③ 马克思：《资本论》第 3 卷，人民出版社 1975 年版，第 938 页。

里，资本先生和土地太太作为社会的人物，同时直接作为单纯的物，在兴妖作怪。

从马克思的劳动异化观点来看，"生产条件对生产者的统治""只有在资本主义生产方式中"才具有典型意义。①因此，在马克思看来，对于奴隶的生产、农奴的生产、原始共产主义的生产、古代城市公社的生产、行会制度下的生产来说，"这种神秘化……是被排除的"②。马克思在《资本论》中的这一说明，与他在1858年4月2日《致恩格斯》中的说明是高度一致的。可见，整个《资本论》都是资本主义生产这一异化劳动的现实表现在理论上的反映。

（三）黑格尔的辩证法与《资本论》的叙述方法

马克思经济学要求首先把典型的具体研究对象当作一个"生命有机体"。对于资本主义生产这个具体研究对象而言，要求把生产、分配、交换、消费当作"生命有机体"的不同环节。一方面要求基于历史发展的一般趋势把握生产力及其物质生产对资本主义生产的基础性、决定性意义；另一方面要求基于资本主义所处的特定时代像对待"生命有机体"的各个生理环节一样，在认识资本主义生产的特殊性质和基本经济规律的基础上把握这些环节的相互决定作用。

《资本论》把英国资本主义生产当作具体研究对象。依照马克思的政治经济学方法，对具体对象的研究必须坚持两个思维行程相统一的原则。要把握那时的英国资本主义，首先必须通过"从具体到抽象"的研究，层层深入，把握不同"生理"层面的经济关系，把不同层面的经济关系抽象成相应的经济学范畴。这一过程更多地依照形式逻辑的规则来进行。把现象的、本质的经济关系剖析清楚之后，还必须暂时撇开资本主义生产的本质特征，抽象出商品经济的一般规律和一般范畴，这样得到的商品经济的一般范畴，既适用历史上的简单商品生产，也适用资本主义的商品生产。这种抽象不是单纯的形式逻辑方式的抽象，马克思把它称为"科学抽象法"，

①② 马克思：《资本论》第3卷，人民出版社1975年版，第940页。

就是借鉴科学实验的做法，通过人为设定的实验条件从发达的资本主义生产中把商品经济的一般规定和一般原理"剥离"出来。这样剥离出来的一般范畴和一般原理，不再是商品经济的抽象共性，它反映着商品经济的最发达状态，在发达的商品经济社会，这些一般范畴和一般原理除体现抽象共性外，还具有现实一般性和充分的社会性。这种研究完成之后，需要将这些研究成果联系起来，当作"生命有机体"来把握它们之间的内在逻辑关系，并依照"从抽象上升到具体"的原则，把具体研究对象及其内在的有机的联系完整地在理论上再现出来。它以辩证转化的方式体现着有机体的内在"生命机理"。

这种辩证转化克服了黑格尔辩证法的抽象思辨性，它基于科学的实证研究体现唯物主义辩证法的原则要求。因此，"从抽象上升到具体"展现的整个《资本论》的逻辑，呈现的是"生命有机体"的不同"生理"层面的关系，在形式上和黑格尔哲学的逻辑次序是相符合的。因此，"材料的生命一旦观念地反映出来，呈现在我们面前的就好像是一个先验的结构"[1]。当然，《资本论》作为"生理解剖"的"科学报告"，里面也会引证一些历史材料，使"生命机理"的辩证转化与历史转化相互对照，而实质上，《资本论》的逻辑并不是依照历史逻辑展开，其中的价值形式的发展、简单商品生产到资本主义商品生产等历史发展，在理论上仅仅具有形式的意义。它不是对商品经济发展史的实证的归纳研究，而是对资本主义生产的具有哲学色彩的分析，是基于历史哲学和经济哲学的阐明。

一方面，两个思维行程相统一的原则，批判地继承了古典经济学的经验实证的研究范式，坚持了唯物主义的基本立场和原则。另一方面，又在批判性超越的基础上把黑格尔的辩证法及黑格尔哲学的某些方法论思想引进到政治经济学的方法中。"从抽象上升到具体"就体现了抽象精神对象化运动的原则，抽象精神的对象化就是精神的外化和异化，它的自在自为的运动就是基于精神本质"创造"对象性存在并加以扬弃的运动，而对象化（物象化）现象总是精神本质的存在形式。这里蕴含基于本质把握现象的原则和物象化的思维特征。《资本论》"从抽象上升到具体"的内在逻辑，作

---

① 马克思：《资本论》第1卷，人民出版社1975年版，第23—24页。

为叙述的方法，体现一般人类劳动的外化和异化，从价值规律到剩余价值规律、生产价格规律进而到各种收入形式的展开，类似于异化劳动的自在自为的展开过程，而不同层面的辩证转化类似于对象性存在形式的扬弃。这里揭示了内在的本质、基本原理与现象的关系。而普遍化的简单商品经济关系、典型的自由竞争资本主义生产，作为物象化存在形式，仅仅是内在本质和基本原理（价值规律）的理论上的表现形式，不是历史中实在的情形。在历史和现实中，不存在普遍化的简单商品经济关系。与剩余价值规律相应的生产情形，在现实中也是不存在的，因为体现剩余价值生产的产业资本，必须恰好等于全社会平均的资本有机构成（从静态看有存在的可能性，从动态看没有存在的可能性）。并且，它似乎和商业资本、土地资本、货币资本等没有任何联系，它把自己的产品直接拿到市场上跟货币交换，它的产量恰好等于一般均衡条件下的需求……现实中哪里可能存在这样的剩余价值生产呢？一直到生产价格规律，与现实的生产条件才较为接近，那也是在平均的条件下进行的考察。

《资本论》的叙述方法和内在逻辑，必须基于一般人类劳动的异化的本质与现象的关系来把握，必须把与价值规律、剩余价值规律等相应的生产场景看成异化劳动本质的对象化（物象化）存在形式。当然，这里的内在规律是马克思用 "科学抽象法"、基于唯物主义原则揭示出来的具体研究对象的内在的 "生命机理"，不是抽象的精神的抽象表现形式。而一般人类劳动也是对现实的人们的实践活动及其创造性本质力量的反映。劳动异化则是历史的异化，也是现实社会存在和社会关系的本质异化，不是形式的异化。人们通过实践发挥出创造性本质力量，不断改造现实，最终才能消除这种异化。如果这样理解，从方法论思想来看，《资本论》既是对黑格尔哲学的继承，又是对黑格尔哲学的超越。因此，离开黑格尔哲学无法真正理解《资本论》；简单化地拘泥于黑格尔的《逻辑学》等，也不可能真正理解《资本论》。

最后需要说明的是，把具体研究对象当作 "生命有机体"，把 "从抽象上升到具体" 的文本逻辑即叙述方式看成具体研究对象的内在 "生命机理"。这种基于 "科学抽象法" 对具体研究对象的把握方式，使黑格尔的异化理论转化为真正的科学。如果说马克思的唯物史观把劳动异化转化为基于人们的现实实践的历史问题，那么，基于"科学抽象法"揭示资本主义生产的"生命机理"，事实上，就是把劳动异化问题转化成了一个科学问题。马克思正是用科学的方法剖析了资本主义生产这一最具典型意义的劳动异化关系。

四、结束语

我们这里把《1844 年经济学哲学手稿》与《资本论》直接联系起来进行研究，得到的结论对于我们科学把握"早期马克思"和"晚期马克思"的关系具有一定的启发。1843 年，马克思在批判黑格尔的法哲学的过程中认识到，只有在"市民社会"即物质的生活关系的总和的基础上，才可能真正把握法的关系或国家的形式，从而初步确立了唯物史观，开启了基于人的现实的实践把握人和社会的发展的理论探索。因此，他在《德意志意识形态》中强调："依靠从黑格尔那里继承来的理论武器，是不能理解……人的经验的物质的行为的"，"根据经验去研究现实的物质前提"，才能提出真正批判的唯物主义世界观，对于这样的唯物主义世界观，我们"已在《德法年鉴》中，即在'黑格尔法哲学批判导言'和'论犹太人问题'这两篇文章中指出了"，然而，"当时由于这一切还是用哲学词句来表达的，所以那里所见到的一些习惯用的哲学术语，如'人的本质''类'等等，给了德国理论家们以可乘之机去不正确地理解真实的思想过程，并以为这里的一切都不过是他们的穿旧了的理论外衣的翻新"。[1] 马克思关于《德法年鉴》中两篇文章的自我评价对《1844 年经济学哲学手稿》同样适用。在这部手稿里，虽然充满"人的本质""类本质""异化"等当时流行的哲学术语，但我们这里对节选内容的研究表明，马克思在批判黑格尔主义哲学的基础上，已经阐发了自己全新的思想。[2] 这些思想进一步发展了此前已经初步确立的唯物史观，并基于唯物史观把抽象的劳动异化问题转换成了历史发展问题。这些思想对于"成熟的马克思"的作品如《资本论》具有重要的指导意义。

---

① 《马克思恩格斯全集》第 3 卷，人民出版社 1960 版，第 261–262 页。
② 《1844 年经济学哲学手稿》的其他部分也应该这么看。那种认为这部手稿是马克思的不成熟、不科学的作品的观点，是值得商榷的。

马克思对政治经济学的研究是在 1843 年初步确立了唯物史观后开始的，因为初步确立了唯物史观，他才认识到"对市民社会的解剖应该到政治经济学中去寻找"①。此后，马克思一方面研读了大量的经济学著作，做了大量的经济学笔记，另一方面对黑格尔主义哲学进行了持续的批判。这种哲学批判或者说哲学上的自我清算，是服务于政治经济学研究的，旨在为经济关系的分析提供全新的方法论思想。因此，如果把 1857 年以后看成《资本论》的写作阶段，那么，从《资本论》的方法论思想来看，1843—1857 年可以说是马克思为写作《资本论》的方法论思想探索阶段。马克思在谈到《德意志意识形态》的写作动机时指出，在发表我的正面阐述政治经济学原理的著作之前，"先发表一部反对德国哲学和那一时期产生的德国社会主义的论战性著作，是很重要的。为了使读者能够了解我的同迄今为止的德国科学根本对立的政治经济学的观点，这是必要的"，这是在"《政治经济学》出版以前必须完成的"工作。②可见，这一时期的哲学批判与马克思的政治经济学研究是紧密联系在一起的。具体而言，对政治经济学的方法论思想的探索又可以分为两个阶段，1843—1846 年主要是从历史发展方面探索理解社会经济关系的根本，1847—1857 年主要是探索把握特定的资本主义生产的方式方法。如果这样理解，那么，《1844 年经济学哲学手稿》可以说是《资本论》的方法论思想的奠基，《〈政治经济学批判〉导言》则是《资本论》方法论思想的最集中体现，也是这个方法论思想成熟的标志。这种对《资本论》的方法论思想的探索过程，就是对黑格尔主义哲学的批判和创造性转化过程。因此，进一步重视马克思较早时期的哲学批判，对深化《资本论》的研究具有极为重要的意义。就《资本论》的方法论思想而言，不理解黑格尔主义哲学特别是它的逻辑学，就无法真正理解《资本论》；而拘泥于黑格尔哲学及其逻辑学，也无法真正理解《资本论》。关键是要把握马克思是如何实现黑格尔哲学的创造性转化的。

---

① 《马克思恩格斯全集》第 13 卷，人民出版社 1962 年版，第 8 页。
② 《马克思恩格斯〈资本论〉书信集》，人民出版社 1976 年版，第 8 页。

唯物史观与《资本论》

马克思是在唯物史观的指导下研究资本主义生产的，这是学术界的共识。但是，如何理解唯物史观？唯物史观对资本主义生产的研究如何发挥指导作用？这是被学术界长期忽视的问题。这里说明了唯物史观的两个维度，在此基础上阐明了唯物史观的指导地位及其对《资本论》结构的影响。

一、唯物史观的两个维度

在《〈政治经济学批判〉序言》中，马克思对自身唯物史观的形成过程和基本思想进行了集中的经典的表述。传统的教科书往往把这里的唯物史观解读成人类历史发展的基本原理，事实上，这种解读存在严重的片面性。我们看看《资本论》第一卷第二版跋中马克思对俄国评论家关于《〈政治经济学批判〉序言》中的唯物史观的评论文章的评论，这种片面性就显而易见了。俄国评论家指出："在马克思看来，只有一件事情是重要的，那就是发现他所研究的那些现象的规律。而且他认为重要的，不仅是在这些现象具有完成形式和处于一定时期内可见到的联系中的时候支配着它们的那种规律。在他看来，除此而外，最重要的是这些现象变化的规律，这些现象发展的规律，即它们由一种形式过渡到另一种形式，由一种联系秩序过渡到另一种联系秩序的规律……马克思把社会运动看作受一定规律支配的自然历史过程……但是有人会说，经济生活的一般规律，不管是应用于现在或过去，都是一样的。马克思否认的正是这一点。在他看来，这样的抽象规律是不存在的……根据他的意见，恰恰相反，每个历史时期都有它自己的规律……经济生活呈现出的现象，和生物学其他领域的发展史颇相类似……各种社会机体象动植物机体一样，彼此根本不同……由于各种机体的整个结构不同，它们的各个器官有差别，以及器官借以发生作用的条件不一样等等，同一个现象却受完全不同的规律支配……马克思给自己提出的目的是，从这个观点出发去研究和说明资本主义经济制度……这种研究的科学价值在于阐明了支配着一定社会机体的产生、生存、发展和死亡以及为另一更高的机体所代替的特殊规律"。①在这个评论家看来，马克思的唯物史观包括两个方面：一是社会发展的"自然历史过程"的"一般规律"，二是特定历史阶段的特殊规律，每个特殊历史阶段都像动植物机体一样，都有自己的特殊规律。他强调，马克思研究资本主义经济制度的出发点是资本主义社会的特殊规律。对此，马克思给予了高度的肯定。马克思还承认，由于《资本论》体现的是具有特殊规律的资本主义生产这一"机体"的内在机理，因而从文本逻辑来看像是一个先验的结构。

对于唯物史观的两个维度，在《〈政治经济学批判〉导言》中，马克思基于生产、分配、交换和消费的一般关系的分析，进行了理论的论证。由此得出了总的结论："生产、分配、交换、消费……构成一个总体的各个环节，一个统一体内部的差别。生产既支配着生产的对立规定上的自身，也支配着其它要素。过程总是从生产重新开始。交换和消费是不能起支配作用的东西，那是自明之理。分配，作为产品的分配，也是这样。而作为生产要素的分配，它本身就是生产的一个要素。因此，一定的生产决定一定的消费、分配、交换和这些不同要素相互间的一定关系。当然，生产就其片面形式来说也决定于其他要素。例如，当市场扩大，即交换范围扩大时，生产的规模也就增大，生产也就分得更细。随着分配的变动，例如，随着资本的集中，随着城乡人口的不同的分配等等，生产也就发生变动。最后，消费的需要决定着生产。不同要素之间存在着相互作用。每一个有机整体都是这样。"②这里虽然仅就生产、分配、交换和消费的一般关系而言，由于物质的生产直接体现着生产力的地位和作用，对整个唯物史观同样适用。这里对生产力、生产的作用进行了双重的说明。归根到底，一般意义的生产既支配着生产的对立规定上的自身（特定历史阶段的生产），也支配着其

① 马克思：《资本论》第1卷，人民出版社1975年版，第20页。
② 《马克思恩格斯全集》第12卷，人民出版社1962年版，第749-750页。对于引文的理解，可以参看笔者的《马克思〈政治经济学批判〉导言〉解说》，经济管理出版社2023年版，第46-47页。

他要素。对此，马克思进行了反复说明。他强调即使把生产和消费看作一个主体的或者许多单个个人的活动，基于一定生产力的物质生产"也是居于支配地位的要素"①；即使说生产总是以生产要素的分配为前提，并且硬是把这种分配区别于生产，只要上溯到最原始的生产，这些生产要素便表现为生产的自然前提的物质条件，因而后一时期被分配的生产要素也"就是生产的历史结果"②，它们被生产出来之后才能作为生产要素进行分配；因此，"（物质的）生产方式，不论是征服民族的，被征服民族的，还是两者混合形成的，总是决定新出现（的生产要素）的分配"③。但是，如果把特定历史阶段的特定性质的生产当作动植物一样的"生命机体"，基于一定生产力的物质生产与其他要素的关系只能是相互决定的关系。这种相互决定作用可以扩展为整个社会结构的分析。对于特定时代的某个社会而言，基于一定生产力的物质生产、生产关系、上层建筑、意识形态及其传承下来的思想理念，都是处于相互决定的关系。

对此，恩格斯晚年也是在一定程度上认识到的。他强调不能把唯物史观当作"套语"或"教条"，应该重视各种因素的"交互作用"。通过反思，恩格斯还提出了历史合力论。他指出："经济状况是基础，但是对历史斗争的进程发生影响并且在许多情况下主要是决定着这一斗争的形式的，还有上层建筑的各种因素……这里表现出这一切因素的交互作用"。④历史合力论的提出，注意到了社会机体各个环节的相互决定作用，这是对其原先所理解的唯物史观的重要补充。

二、唯物史观在《资本论》中的指导地位

唯物史观在《资本论》中的地位如何？这在《〈政治经济学批判〉序言》中得到最集中的体现。《〈政治经济学批判〉序言》是马克思"六册计

---

① 《马克思恩格斯全集》第 12 卷，人民出版社 1962 年版，第 744 页。
② 《马克思恩格斯全集》第 12 卷，人民出版社 1962 年版，第 747 页。
③ 《马克思恩格斯全集》第 12 卷，人民出版社 1962 年版，第 748 页。
④ 《马克思恩格斯全集》第 37 卷，人民出版社 1971 年版，第 460–461 页。1894 年恩格斯致瓦·博尔吉乌斯的信中，再次强调：既要从"归根到底"的意义上理解经济基础的决定作用，又要把握社会整体联系中各个环节的"相互作用"。

划"的总序言，其核心思想正是唯物史观。

《〈政治经济学批判〉导言》作为"六册计划""正要证明的结论"[①]，除了第二部分基于生产、分配、交换和消费的一般关系分析了唯物史观的两个维度，第一部分关于以往经济学出发点的批判，以及关于"生产一般"的批判，也是从唯物史观出发的。第三部分的政治经济学的方法，更是与唯物史观息息相关。在马克思看来，隐含特定时代的意识形态思想的"现代经济学"，它的各种范畴，即使是最一般的范畴如劳动一般，也必须是特定时代的理论反映。而政治经济学的具体研究对象，必然表现为生产力与生产关系的有机统一。值得注意的是，第四部分列出了唯物史观有待进一步研究的"八条提纲"，提示了把握唯物史观需要进一步深入研究的一些重大理论问题。这些理论问题如果得到系统解答，将有助于消除把唯物史观当作"套语"或"教条"的做法。如果《〈政治经济学批判〉导言》当初跟《〈政治经济学批判〉序言》一起发表在 1859 年的《政治经济学批判》的前面，那么，它们就构成一个整体。从它们的整体来看，首先阐述的是唯物史观的基本思想，其次是基于唯物史观阐明：研究对象是什么？如何看待这个研究对象？如何把握这种研究对象？最后是对唯物史观的补充说明。由此可见，唯物史观正是贯穿马克思经济学著作的方法论思想的灵魂所在。《〈政治经济学批判〉导言》第二部分的思想更是表明，马克思的唯物史观在《资本论》及其手稿中获得了进一步的发展。

《资本论》的第一部手稿——《经济学手稿（1857—1858 年）》相对来说是更多结合人类社会的历史发展趋势把握资本主义生产的。因此，关于社会发展的论述在这里更突出。正是在这里，马克思提出了人类社会发展的三阶段思想。马克思指出："人的依赖关系（起初完全是自然发生的），是最初的社会形态，在这种形态下，人的生产能力只是在狭窄的范围内和孤立的地点上发展着。以物的依赖性为基础的人的独立性，是第二大形态，在这种形态下，才形成普遍的社会物质变换，全面的关系，多方面的需求以及全面的能力的体系。建立在个人全面发展和他们共同的社会生产能力

---

① 《马克思恩格斯全集》第 13 卷，人民出版社 1962 年版，第 7 页。

成为他们的社会财富这一基础上的自由个性，是第三阶段。"① 这一思想把社会的发展看成生产力和人的发展相互促进的进程，看成人不断摆脱异化获得自身解放和人的个性自由全面发展的历史进程。马克思从所有制角度基于欧洲历史把人类历史发展划分为五个阶段思想，应该是从三阶段理论派生出来的。在这部手稿中马克思指出："随着社会生产力日益发展，工艺，从而简单劳动更昂贵。"② 如果不是对人类社会的发展理解得非常透彻，是不可能得出如此具体而又具有前瞻性的结论。另外，从资本主义生产的内在"生理结构"来看，这部手稿显得还不是那么完善。总的来看，这里已经显示了唯物史观的两个维度。

1867 年出版了第一卷的《资本论》定稿与第一部手稿相比，类似三阶段理论的历史探讨被删除，经济学说史的内容主要集中在第四册，总的来看，原理部分似乎更加突出了资本主义生产的主题，而进一步模糊了历史发展的线索，因此，作为资本主义生产的"生理结构分析"得到了完善，从而显得更像纯粹的经济学著作。然而，如果依照《〈政治经济学批判〉导言》阐明的唯物史观的两个维度来看，那么，唯物史观的指导地位并没有被削弱。1867 年，马克思在谈到关于《资本论》的评论应该如何处理时指出，《资本论》用唯物主义方法考察了实际的经济关系，"证明现代社会，从经济上来考察孕育着一个新的更高的形态""消灭了所有专家的社会主义，也就是所有乌托邦主义"；它把对现代运动、现代社会发展过程的最后结果的表述，与现实经济的实际发展相对区别开来。③ 可见，在马克思看来，唯物史观在《资本论》定稿中依然居于指导地位。实质上，《资本论》中自由王国在必然王国基础上确立起来④的思想，也就是现代社会发展过程最后结果的表述，但在这里显得非常隐蔽。

上述分析表明，马克思的政治经济学研究不同于历史分析，但又离不开唯物主义的历史分析。它以动态发展的社会历史为基础，又把对经济关系的分析定格在一定历史时点，是对纯粹的、典型的自由竞争资本主义经

---

① 《马克思恩格斯全集》第 46 卷（上），人民出版社 1979 年版，第 104 页。
② 《马克思恩格斯全集》第 46 卷（下），人民出版社 1980 年版，第 460–461 页。
③ 《马克思恩格斯〈资本论〉书信集》，人民出版社 1976 年版，第 244–245 页。
④ 马克思：《资本论》第 3 卷，人民出版社 1975 年版，第 926–927 页。

济关系的历史截面分析，因此，这种分析虽然联系到人类社会的历史发展和经济范畴的历史发展，而对定格的社会结构分析本质上是"非发展"的，但这种"非发展"不能理解为"静态"，这是由研究对象的特性决定。因此，只有把握了唯物史观的两个维度，我们才能充分理解唯物史观与《资本论》的密切关系。

总之，正像恩格斯指出的那样，马克思的政治经济学"本质上是建立在唯物主义历史观的基础上的"①。马克思的唯物史观解答了人类历史的一般发展问题，同时体现着特定社会有机体的内在"生理关系"。就此而言，一方面，唯物史观作为思想方法被运用于资本主义生产的考察，指导着《资本论》及其手稿的写作；另一方面，《资本论》又是唯物史观具体化和进一步完善，是唯物史观第二个维度的集中体现，尽管只是在经济基础这个特定环节的体现。因此，《资本论》的第一部手稿——《经济学手稿（1857—1858 年）》可以看成唯物史观最终完成的标志。

三、唯物史观与《资本论》的结构

正像马克思提到的那位俄国评论家所指出的那样，马克思的唯物史观具有两个维度，既是把社会运动看作受一定规律支配的自然历史过程，因而要求基于"一般规律"把握历史发展进程，又要求把特定历史时期当作动植物一样的"机体"，要求整体性把握特定"生命机体"的特殊规律。从这种唯物史观出发，马克思首先要求把经济问题当成社会问题，把经济关系当成社会关系，并且要求从人类历史发展进程把握特定经济关系的性质和特征。但是，这种基于历史进程对特定社会的把握，更多的是在研究过程实现的，这种研究有些方面并不能直接在文本中体现。文本中能够体现的主要是资本主义生产的特殊规律。这是通过对"生命有机体"的剖析揭示出来的。

《资本论》把资本主义生产方式当作"活的生命体"，把商品当"细胞"，其基本方法可以理解为"社会有机结构分析方法"。这种方法可以进

---

① 《马克思恩格斯全集》第 13 卷，人民出版社 1962 年版，第 526 页。

一步具体化为"生理解剖"以及在此基础上的模拟实验，是一种以有机结构分析为核心的实验科学主义的方法，并遵循从抽象上升到具体的方法论原则。它要阐明的不是猴体如何演变为人体，也不是"活的生命体"如何成长的问题，而是被定格的"静态"的"活的生命体"的内在机理和内在的"动态"运动规律及运动趋势。因此，其研究对象一方面是"静态"的，是"生命体"的特定的典型的定格在一定时段的存在状态；另一方面是"动态"的，是运动着的"活的生命"。尽管选择的"解剖"对象可以是同一"生命体"不同成长阶段的典型，可以分别进行"解剖"，从而使经济学的分析与对象的历史发展对应起来。但马克思已经"解剖"的只是自由竞争资本主义的纯粹的、典型的状态，这是资本主义生产的本质较为纯粹的体现。

当然，正像马克思指出的那样，这种"静态"的"生命运动"也能反映出历史发展的线索。因此马克思强调，虽然农奴逃往城市是城市生成的历史前提，对发达的城市制度的考察，并不需要从这种"已被扬弃"的历史前提着手[1]；"历史形式的资产阶级经济，包含着……对早先的历史生产方式加以说明之点……要揭示资产阶级经济的生产规律，无须描述生产关系的真实的历史……正确的考察（资本主义生产）同样会得出预示着生产关系的现代形式被扬弃之点，从而预示着未来的先兆"[2]。也就是说，把资本主义生产当作"生命有机体"来剖析，也会呈现出形式上的历史线索。俄罗斯经济学家伊利延科夫把这种形式上的历史线索比喻为树的"年轮"[3]。

可见，马克思对资本主义生产进行剖析得到的理论成果，虽然形式上似乎可以找到一条历史线索，内容上也有一些历史的考察，例如，关于资本原始积累的内容（这些内容主要是用历史的转化验证或补充逻辑的辩证转化）。从总体来看，应该看成资本主义生产的"生理结构"的体现。对此，马克思在《〈政治经济学批判〉导言》中阐明"分篇原则"时有过专门的交代。马克思强调，资本作为资产阶级社会支配一切的经济权力，在他的著作中"必须成为起点又成为终点"，而经济范畴的安排取决于"它们在

---

① 《马克思恩格斯全集》第46卷（上），人民出版社1979年版，第456–457页。
② 《马克思恩格斯全集》第46卷（上），人民出版社1979年版，第458页。
③ 罗雄飞：《〈资本论〉简论与导读》，经济管理出版社2010年版，第90–92页。

现代资产阶级社会内部的结构"。①

因此，《资本论》的内在逻辑及其结构可以说是现代资产阶级社会内部结构的反映。它可以用下图表示：

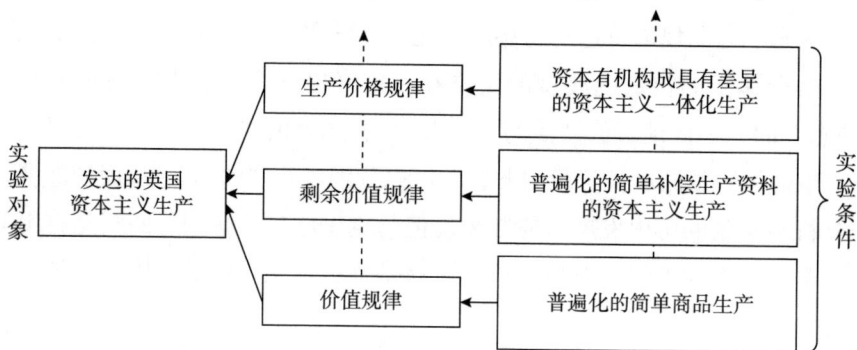

在这里，发达的英国资本主义生产是《资本论》的具体研究对象，被当作一种"生命有机体"，价值规律、剩余价值规律、生产价格规律是内在"生命机理"的不同层次，而"实验条件"是价值规律、剩余价值规律、生产价格规律的物象化的表现形式。

---

① 《马克思恩格斯全集》第 12 卷，人民出版社 1962 年版，第 758 页。

《资本论》的研究对象与首要主题

笔者关于《资本论》的研究对象与主题的观点可以参看"论马克思经济学的研究对象"①"《资本论》的基本方法与主题"②"关于《资本论》研究对象及相关问题的再认识"③三篇文章,后两篇文章还被收进《马克思〈《政治经济学批判》导言〉解说》④的附录二。因此,这里仅对最必要的内容做些说明。

一、资本主义生产是《资本论》的研究对象

依照马克思的唯物史观,生产力发展到一定历史阶段产生的资本主义生产,必然表现为生产力与生产关系的有机统一。这种资本主义生产作为资产阶级社会的经济基础事实上就是《资本论》的研究对象,是这一社会的财富生产中各种关系的总和,马克思偶尔也称其为生产关系的总和。然而,这种生产关系的总和作为经济基础,不能理解为生产关系的简单相加。它体现为特定的社会经济结构,可以看成经济的社会形态意义上的生产方式,即包含生产力和生产关系两个方面。这可从《〈政治经济学批判〉导言》的整体思想推论出来,马克思在《资本论》中更加明确地指出:"这种生产的承担者对自然的关系以及他们互相之间的关系,他们借以进行生产

---

① 罗雄飞:论马克思经济学的研究对象,《马克思主义与现实》2012 年第 5 期。
② 罗雄飞:《资本论》的基本方法与主题,《当代经济研究》2017 年第 7 期。
③ 罗雄飞:关于《资本论》研究对象及相关问题的再认识,《经济纵横》2021 年第 3 期。
④ 罗雄飞:《马克思〈《政治经济学批判》导言〉解说》,经济管理出版社 2023 年版。

的各种关系的总和，就是从社会经济结构方面来看的社会。"① 基于这种理论认识，这种生产尽管首先表现为物质生产，却不能单从物质生产方面把握，也不应该单从生产的社会关系方面把握。

在《〈政治经济学批判〉导言》中，马克思对《资本论》的研究对象进行了系统的说明，它的前三个部分主要内容可以分别概括为："政治经济学的研究对象是什么？""应该如何看待这种研究对象？""应该如何把握这种研究对象？"②

第一部分，马克思开宗明义指出："面前的对象，首先是物质生产。在社会中进行生产的个人，——因而，这些个人的一定社会性质的生产，自然是出发点。"③ 他还指出："现代资产阶级生产……事实上是我们研究的本题。"④ 马克思的政治经济学遵循概念即对象的原则，因此，"摆在面前的对象"与"出发点""研究本题"是一致的，可以说，研究对象的不同提法。这里作为研究本题的特定物质生产，以资本和雇佣劳动的关系为基础，生产力成为资本的生产力。因此，生产关系与生产力处于对立统一的关系中，形成有机联系的社会有机体，即一定的社会经济结构。由此出发，马克思批判了以往的政治经济学把脱离特定社会关系的生产一般当作研究对象。在马克思看来：他们只看到生产的共同规定，而忘记不同时代的生产活动的本质差别，并且把特定的市民社会关系当作基于抽象人本主义的超时空关系，从而人为地把生产与分配割裂开来。

第二部分，马克思高度重视物质生产，把生产、分配、交换和消费的一般关系当作有机整体。这是对特定生产方式起决定作用的基础，特定社会的生产关系必须结合这个物质生产的一般关系来考察，必须从这个物质生产的一般关系出发基于一定的时代特征来说明生产关系或经济制度。片

---

① 马克思：《资本论》第3卷，人民出版社1975年版，第925页。在《资本论》第1卷的第33个注释中，马克思又把社会经济结构表述为"一定的生产方式以及与它相适应的生产关系"。据此，张仲朴和冯文光最早指出，马克思在这里对《序言》中"生产关系总和"构成社会经济结构的说法进行了"巧妙的修改"。许兴亚和吴易风等教授也都指出过这一点。许兴亚教授因此认为，《序言》中的社会经济结构或经济基础包括人对自然的关系方面。

② 罗雄飞：《马克思〈《政治经济学批判》导言〉解说》，经济管理出版社2023年版，第48页。

③ 《马克思恩格斯全集》第12卷，人民出版社1962年版，第733页。

④ 《马克思恩格斯全集》第12卷，人民出版社1962年版，第735页。

面对待生产关系是不行的，把特定社会性质的生产当作生产一般也是不行的。可以说，这部分的主题正是强调应该如何科学地看待研究对象。这里首先用大量篇幅论证了生产和消费的一般关系——这里暂时忽略生产的历史规定性即特定的生产关系。他强调，基于一定生产力的物质生产"是居于支配地位的要素"①。显然，要揭示特定的资本主义生产的规律，不能忽略这种居于支配地位的要素，仅联系这种物质生产也是不够的。这里谈到的生产和分配尽管偏重一般关系，还涉及资本主义生产的社会性质，因为这里的分配不仅包含生产资料的分配，而且大部分人一出生就由"社会分配"指定专门从事雇佣劳动。尽管如此，马克思强调，单纯从特定历史阶段的生产资料所有制即生产要素的分配出发来理解经济活动是一种"平庸的提法"②。这里谈到的交换和流通与我们现在所理解的交换或流通也不一样，它直接包含企业内部的分工和企业之间的协作关系等，在很大程度上体现了人与自然的关系。从整个第二部分的论述来看，作为资本主义生产基础的物质生产，它的各个环节是相互统一、相互渗透、相互决定的。因而必须将它看成生命有机体。就特定的历史生产而言，这种物质生产与生产关系是难以分割的。从一般历史进程来看，物质的生产总是居于支配地位，各个环节呈现的社会关系是由物质生产的水平和特征决定的，因此，人们必须在这个前提下考察特定的社会关系；而对于特定社会的生产如资本主义生产来说，生产、分配、交换和消费连同相应的生产关系，作为生命有机体的不同环节，存在相互决定关系，并形成一种"合力"，而生产力发展水平归根到底起着最终的决定作用。很显然，如果用传统教科书观点看待，这里似乎"过多"谈论物质生产，而"过少"谈论生产关系。总之，这里着重说明了如何看待资本主义生产中具有决定意义的"物质生产"这个基础性问题，理解了这个基础性问题，才能揭示物质生产与生产关系有机统一的资本主义生产的内在规律。

第三部分基于唯物史观阐明了政治经济学方法和劳动等范畴的现实一

---

① 《马克思恩格斯全集》第12卷，人民出版社1962年版，第744页。
② 《马克思恩格斯全集》第12卷，人民出版社1962年版，第747页。前文指出："如果有人说，既然生产必须从生产工具的一定的分配出发，至少在这个意义上分配先于生产，成为生产的前提。"所谓平庸的提法应该是指这一说法。

般性之后，从资产阶级社会出发，阐明了《资本论》的分篇原则。这里所说的资产阶级社会，是作为当时 "历史上最发达的和最复杂的生产组织"① 而言的，因此，这里的资产阶级社会跟资本主义生产、资本主义生产方式、资本主义的社会经济结构大致是相同的。这种资产阶级社会作为有机的 "主体"，它在头脑中作为被思维的整体，作为分篇的依据，显然就是《资本论》的研究对象。在马克思看来，就基本的原则而言，要把握这个研究对象，首先要把握这种社会形式中的 "普照的光" 或 "特殊的以太"，就像从畜牧业出发理解畜牧民族的社会关系、从农业耕作出发理解农耕社会的社会关系一样，首先从规模化的工业生产这种特殊的物质生产方式出发，才能真正把握资产阶级社会的内部结构和各种关系。当然，这种 "普照的光" 应该是居于支配地位的 "一定的生产" 和与之相应的居于支配地位的 "它的关系" 的有机统一。因此，对资本主义生产的研究从起点到终点必须始终围绕着支配一切的资本，对于这种资本来说，生产资料成为生产关系的物质承担者，因此，物质生产与生产关系是无法分开的。总之，尽管政治经济学不是工艺学，但它还必须首先从生产力的发展水平及其物质生产的时代特征来把握特定时代的社会关系。当然，对具体研究对象的把握必须采取马克思阐明的政治经济学方法。

总的来看，《〈政治经济学批判〉导言》把包含物质生产在内的资本主义生产作为研究的出发点和对象。这个对象包含生产、分配、交换和消费及各个环节体现出来的一般关系和特定的社会关系，这些环节基于一定生产力的物质生产和生产的特定社会性质不可分割地有机联系着，而一定社会的 "普照的光" 首先决定于物质生产的方式。对于这种研究对象，必须首先基于一般历史进程把握物质生产发展的支配作用，同时需要从社会有机体理论出发把握不同环节的相互决定作用。

《资本论》的第一部手稿正是在这些思想指导下完成的。在这里，马克思强调，"以资本为基础的生产，一方面创造出一个普遍的劳动体系……另一方面也创造出一个普遍利用自然属性和人的属性的体系，创造出一个普遍有用性的体系，甚至科学也同人的一切物质的和精神的属性一样，表现为

① 《马克思恩格斯全集》第 12 卷，人民出版社 1962 年版，第 755 页。

这个普遍有用性体系的体现者。"①基于这种思想，马克思在这里还详细说明了自然科学的发展和人的需要的发展是资本主义生产的条件。他又强调资本创造出资产阶级社会，也就"创造出社会成员对自然界和社会联系本身的普遍占有"，因此，它"摧毁一切阻碍发展生产力、扩大需要、使生产多样化、利用和交换自然力量和精神力量的限制"；然而，"资本不可遏止地追求的普遍性，在资本本身的性质上遇到了界限，这些界限在资本发展到一定阶段时，会使人们认识到资本本身就是这种趋势的最大限制，因而驱使人们利用资本本身来消灭资本"。②对于这种资本主义生产，显然无法片面地从我们现在所理解的生产关系来把握，而必须从生产力与生产关系的对立统一及其矛盾运动来把握。这种指导思想对后来的《资本论》写作应该是依然适用的。

最后需要指出的是，马克思最终完成的《资本论》在具体内容方面与最初的构想具有差异，它只是最初构想中最基本的部分。尽管如此，我们并不能因此认为《资本论》的定稿和最初构想的研究对象不同。事实上，马克思最终并不是放弃了其他方面的写作计划。他曾强调，他能够完成的部分只是"政治经济学原理"的东西，这是精髓，"至于余下的问题……别人就容易在已经打好的基础上去探讨了。"③不过，由于马克思首先抽象掉具体的生产条件来说明最基本的经济关系，《资本论》作为资本一般的说明，生产力及其物质生产方式的具体作用是暂时被忽略的。然而，随着资本理论的具体化，这方面因素必然得到更多的考察。因此，我们不能限于既有的内容看待《资本论》的研究对象。④

二、政治经济学批判是《资本论》的首要主题

要认识《资本论》的首要主题，首先必须认识古典经济学、庸俗经济

① 《马克思恩格斯全集》第46卷（上），人民出版社1979年版，第392-393页。
② 《马克思恩格斯全集》第46卷（上），人民出版社1979年版，第393页。
③ 《马克思恩格斯〈资本论〉书信集》，人民出版社1976年版，第170页。
④ 马克思在《〈政治经济学批判〉序言》中谈到"分篇"时固然把分篇顺序称为考察资产阶级经济制度的次序，可他并非仅仅把资产阶级经济制度看成《资本论》的研究对象。马克思总是把研究对象看成生命有机体，而片面的生产关系或经济制度不足以成为活生生的生命有机体。因此，把握马克思经济学的研究对象必须完整领会《〈政治经济学批判〉导言》。

学乃至一些空想社会主义的经济思想，特别是蒲鲁东主义的主题。这是因为，一般来说，《资本论》的首要主题就是对以往政治经济学（包括空想社会主义的经济思想）的批判。从《资本论》的最基本结构来看，由资本主义生产的基本原理部分和剩余价值学说史批判部分构成，尽管长期以来这两部分在国内外通常是分开出版的，马克思本人却把包含这两大部分的全部四册内容（后来出版的《资本论》全三卷相当于"四册计划"中的前三册）看成"一个艺术的整体"①。可以说，这两部分都是围绕着以往政治经济学进行的理论批判。剩余价值学说史批判，是基于前三册科学地阐明的基本原理，对以往的学说进行的直接批判或评论。而前三册（现在通行的《资本论》全3卷）对资本主义生产基本原理的阐明，揭示了资本主义生产的本质、基本矛盾、经济规律和一般趋势。这可看成对以往政治经济学的价值立场和形而上学的思想方法的间接批判。因此，前三册与第四册的关系是间接批判与直接批判的关系，整个《资本论》作为"一个艺术的整体"，是对以往政治经济学的间接批判与直接批判的艺术统一。

我们把《资本论》原理部分的首要主题看成经济学说史的主题，把政治经济学批判当作"四册计划"的共同的主题，是符合马克思的写作风格和《资本论》的旨意的。事实上，马克思从1843年开始着手研究政治经济学之后，就决意"推翻迄今存在的全部利润学说"②，这有很多材料可以说明。因此，这部著作最初的书名是《〈政治经济学〉批判》，直到1862年年底才改名为《资本论——政治经济学批判》。而在马克思看来，正面建构和理论批判是一体两面的，不应该决然分开。正因为这样，马克思的不少著作都是建构和批判同时进行的，《〈政治经济学批判〉导言》最典型。例如，《〈政治经济学批判〉导言》第一部分论述政治经济学研究对象是什么，通篇都是批判，正面论述仅仅是两句结论性的表述；第二部分旨在批判以往经济学家孤立、抽象看待生产、分配、交换和消费，则是除引言外通篇进行了正面的论述。《资本论——政治经济学批判》虽然正面论述与理论批判相对分开，但依然是围绕共同的主题。只有这样理解，两部分才可能成为艺术的整体。

---

① 《马克思恩格斯〈资本论〉书信集》，人民出版社1976年版，第196页。
② 《马克思恩格斯〈资本论〉书信集》，人民出版社1976年版，第121页。

原理部分一方面建构起了一种科学的经济学理论，阐明了资本主义生产的客观经济规律；另一方面确实蕴含一种政治经济学批判的意蕴。通过《资本论》的逻辑转化，以简单商品生产形式表现出来的自由、平等和以"劳动"为基础的所有制的王国转化为资本主义生产，价值规律因而转化为剩余价值规律。这样，一方面使这里的渔夫、猎人们的原始状态的"美妙的"关系即"市民社会"关系（渔夫和猎人的这种"市民"关系原本就是18世纪资本主义生产关系的意识形态化的理论形式）失去现实的基础，从而与现实的资本主义生产关系相矛盾；另一方面这种转化揭示出资本主义生产的本质，并从资本主义生产的本质中，必然地引申出各种收入的真正源泉，从而动摇了人们对资本主义现实关系永恒与和谐的信仰，进而揭示了人类社会的必然发展趋势。正是在这个意义上，马克思强调："庸俗经济学以为，政治经济学科学与其他一切科学的特征差别在于，后者力图说明被掩盖在日常现象后面的，因而按其形式总是与日常现象（例如太阳围绕地球运动的现象）相矛盾的本质，而前者则宣称日常现象单纯转化为同样日常的观念是科学的真正事业。"[1] 马克思告诉我们，他的经济学研究相对于庸俗的政治经济学，是一场哥白尼革命。而通过哥白尼革命让人们了解到资本主义生产的内在本质，那么，"相信现存制度的永恒必要性的一切理论信仰，还在现存制度实际崩溃以前就会破灭"。[2]

以往的政治经济学包括古典经济学和庸俗经济学。它们总是"把资本主义制度……看作社会生产的绝对的最后的形式"[3]，或者"把资本看作永恒的和自然的生产方式……竭力为资本辩护"[4]。基于这样的目的，以往经济学家一方面从抽象人本主义出发，把私有制、分工、自由的交换与竞争当作事实，把这样的"事实"当作历史的起点和理论前提。另一方面他们把特定的社会关系归结为物的自然属性，"从而使物神秘化"[5]。他们"把资本的使用价值存在方式——劳动资料——本身说成是资本"[6]。总之，正像马克思指出

---

① 《马克思恩格斯全集》第47卷，人民出版社1979年版，第631页。
② 《马克思恩格斯〈资本论〉书信集》，人民出版社1976年版，第283页。
③ 马克思：《资本论》第1卷，人民出版社1975年版，第16页。
④ 《马克思恩格斯全集》第46卷（上），人民出版社1979年版，第457页。
⑤ 《马克思恩格斯全集》第46卷（下），人民出版社1980年版，第202页。
⑥ 《马克思恩格斯全集》第49卷，人民出版社1982年版，第3页。

的 "把表现在物中的一定的社会关系当作这些物本身的物质自然属性，这是……打开随便一本优秀的经济学指南时一眼就可以看到的一种颠倒"。① 基于这种颠倒的认识，他们提出所谓生产要素理论，资本的一切部分都在同样程度上带来利润 "这种幻觉"，便被看成合理的。他们把资本主义生产和简单商品生产混为一谈，因而 "把对资本主义占有形式的任何侵犯说成是对任何一种以劳动为基础的所有制的侵犯，甚至说成是对一切所有制的侵犯"；这是因为，"从洛克到李嘉图的一般法律观念都是小资产阶级所有制观念"。②

庸俗经济学不同于古典经济学的地方，就是把类似简单商品生产的关系和条件假定为不需要论证的理论前提，把劳动价值的概念完全抛去，直接从要素价值论出发进行辩护式说明，因而较古典经济学更加庸俗，同时更加隐蔽地把资本主义意识形态理想确立为经济学的前提。一些空想社会主义的经济思想似乎跟上述资产阶级经济学家的思想完全相反，他们对现实的资本主义生产关系持批判的否定态度，然而，他们的出发点同样是小资产阶级的所有制观念，因而同样是基于资本主义意识形态。

应该说，为了在思想上引导无产阶级的斗争，提高他们的阶级觉悟，在当时的历史环境下，对上述错误思想或者资本主义意识形态的批判具有重要现实意义，因此，政治经济学批判成为《资本论》的首要主题，是与时代任务相适应的。

深入的研究表明，《资本论》虽然深刻地揭露了剩余价值的秘密，但并不是停留在这种对剩余价值的秘密的揭露，更不是在此基础上抽象地谴责剥削，简单化地要求消灭资本主义的剥削关系。这样理解《资本论》，与它的精神实质存在一些偏差。马克思晚年强调：完全不同意瓦格纳单纯把利润看成资本家对工人的 "剥取" 和掠夺。在马克思看来，资本家是资本主义生产的 "必要的职能执行者……他不仅'剥取'……而且迫使进行剩余价值的生产……帮助创造属于剥取的东西"；并且，"资本家只要付给工人以劳动力的实际价值，就完全有权力，即符合于这种生产方式的权力，获得剩余价值"。③ 马克思还指出：按照价值规律，剩余价值应该 "归资本家，

---

① 《马克思恩格斯全集》第 49 卷，人民出版社 1982 年版，第 56 页。
② 《马克思恩格斯全集》第 49 卷，人民出版社 1982 年版，第 144 页。
③ 《马克思恩格斯全集》第 19 卷，人民出版社 1963 年版，第 401 页。

而不归工人"①。总之,《资本论》首先是针对资本主义意识形态及其形而上学的思想方法的政治经济学批判。对资本主义生产本质的科学揭示,在很大程度上是与这种理论批判的需要紧密联系在一起的。

三、《资本论》与马克思经济学的关系

前文的分析表明,对《资本论》可以从两个方面来把握:一是从政治经济学批判方面;二是从资本主义生产的客观规律方面。《资本论》揭示了资本的本质、资本主义生产的基本矛盾、经济规律和一般趋势,但是,从马克思所处的时代环境和历史使命来看,《资本论》更多的是作为批判的武器发挥作用。马克思的其他著作如《德意志意识形态》《哲学的贫困》等,同样可以充当批判的武器。因此,理论批判是《资本论》的主色调。它对资本主义生产的基本原理的揭示,可以说是服务于政治经济学批判的需要,着重于蕴含在资产阶级经济学中的资本主义意识形态和思想方法的批判。并且,只有把政治经济学批判当作原理部分和学说史部分的共同主题,这两部分才可能成为内在逻辑相互贯通的"艺术整体"。当然,对于无产阶级运动的领导者来说,《资本论》也是有助于帮助他们把握经济形势和社会形势,但实事求是地说,这应该不是马克思写作《资本论》的主要考虑。

对于当代社会来说,基于《资本论》的马克思经济学,虽然理论批判仍然是一项重要任务,而相对来说,运用马克思揭示的资本主义生产的客观规律,把握资本的本质,分析资本主义社会的现实矛盾、经济状态和经济发展趋势,也就具有更多的现实意义。从这个方面来说,当代的马克思经济学应该应用马克思提供的基本原理,更多地分析、研究经济问题,如世界金融危机、信息技术革命条件下资本主义经济发展的新特征等。即便在批判方面,对资本的现实批判也大幅凸显。另外,在社会主义市场经济条件下,还需要运用《资本论》中商品市场经济的一般规定和一般原理,为国内经济发展和经济政策的制定提供指导。

---

① 《马克思恩格斯全集》第19卷,人民出版社1963年版,第408页。

如何理解《资本论》的
"三个崭新的因素"

　　马克思指出了《资本论》的"三个崭新的因素",马克思对《资本论》的这一看法与恩格斯的看法似乎有些差异。恩格斯在马克思墓前的讲话中提到马克思的两大理论贡献:一是发现了人类历史的发展规律,即唯物史观;二是发现了现代资本主义生产方式和它所产生的资产阶级社会的特殊的运动规律,即剩余价值的生产。也就是说,在恩格斯看来,《资本论》的理论贡献主要是发现了剩余价值的生产。事实上,马克思自己的评价和恩格斯的评价各有侧重。恩格斯更加侧重基本的结论,而马克思更加重视思想方法。这一点恩格斯自己也是很清楚的。在1845年,恩格斯提议批判李斯特时谈到:"我是想从实际方面对付李斯特,阐明他的体系的实际结论……我也知道你个人的爱好,我估计,你批判他的理论前提会比批判他的结论更着重一些。"[①]这里基于马克思指出的"三个崭新的因素",说明《资本论》的主要理论成就。

一、"三个崭新的因素"之文献分析

　　1867年8月24日,马克思在《致恩格斯》的信中提到:"我的书最好的地方是:(1)在第一章就着重指出了按不同情况表现为使用价值或交换价值的劳动的二重性(这是对事实的全部理解的基础);(2)研究剩余价值时,撇开了它的特殊形态——利润、利息、地租等等。"[②]1868年1月8日,

---

① 《马克思恩格斯〈资本论〉书信集》,人民出版社1976年版,第5页。
② 《马克思恩格斯〈资本论〉书信集》,人民出版社1976年版,第225页。

马克思在《致恩格斯》的信中进一步指出："这部书中的三个崭新的因素：
（1）过去的一切经济学一开始就把表现为地租、利润、利息等固定形式的
剩余价值特殊部分当作已知的东西来加以研究，与此相反，我首先研究剩
余价值的一般形式，在这种形式中所有这一切都还没有区分开来，可以说
还处于融合状态中。（2）经济学家们毫无例外地都忽略了这样一个简单的
事实：既然商品有二重性——使用价值和交换价值，那么，体现在商品中
的劳动也必然具有二重性，而象斯密、李嘉图等人那样只是单纯地分析劳
动，就必然处处都碰到不能解释的现象。实际上，这就是批判地理解问题
的全部秘密。（3）工资第一次被描写为隐藏在它后面的一种关系的不合理
的表现形式，这一点通过工资的两种形式即计时工资和计件工资得到了确
切的说明。"①

在这两个场合，马克思事实上是向恩格斯说明《资本论》的主要创新
所在或者说主要的理论价值所在。1867 年，马克思强调了两点：一点是劳
动二重性，另一点是首先研究剩余价值的一般形式，再从一般形式上升到
剩余价值的特殊形式。1868 年，在重申前两点的基础上，增加了一个创新
点，即把工资看成不合理的劳资关系的表现，也就是把工人的工资与他在
生产过程形成的商品价值区分开来。并且，前两点的顺序改变了，这说明
马克思本人很难区分这两点哪个更重要，因为它们是同一个思想方法的两
个方面，两个必要的支点。最初之所以没有把工资理论当作一个"崭新因
素"或"最好的地方"之一，大概在马克思心中这似乎仅仅是一个小小的
"技术性"创新，而不像前两点与全新的思想方法紧密地联系着。

马克思提出的"崭新因素"，是与同时期或之前的各种经济理论相较
而言的。在马克思看来："劳动时间决定价值这一点……在李嘉图本人那
里……还'不明确'"，李嘉图没有"把它同劳动日和劳动日的变化正确地
联系起来"。②并且，"古典经济学总是把特殊形态和一般形态混淆起来，所
以在这种经济学中对特殊形态的研究是乱七八糟的"③。他还指出："李嘉图
阐述利润问题的同时却与自己（正确的）价值定义发生了矛盾；这种矛盾

---

① 《马克思恩格斯〈资本论〉书信集》，人民出版社 1976 年版，第 249–250 页。
② 《马克思恩格斯〈资本论〉书信集》，人民出版社 1976 年版，第 249 页。
③ 《马克思恩格斯〈资本论〉书信集》，人民出版社 1976 年版，第 225 页。

使他的学派完全放弃了基础，并成为最讨厌的折衷主义"①。这种"崭新的因素"也是蒲鲁东等的理论所不具备的。在马克思看来，"蒲鲁东把人们的头脑搞得十分混乱……他们不了解，商品中包含的无酬劳动也是一个同有酬劳动一样重要的价值要素，现在这个价值要素采取了利润等等的形式。他们根本不知道工资是什么东西"②。

二、"三个崭新的因素"与《资本论》的方法创新

从《资本论》的思想方法来看，三个"崭新因素"是环环相扣、相辅相成的。在马克思看来，首要的"崭新因素"就是基于资本的本性和剩余价值规律，依照从抽象上升到具体的原则把握资本主义生产的整体性关系。这个"崭新因素"直接贯穿《资本论》原理部分的大部分内容。

在《资本论》第一卷（暂时撇开开篇）中，论述的是"资本主义的生产过程"，事实上，这里论述的并不是现实的资本主义生产，而是马克思谈到三个"崭新因素"时所强调的"剩余价值的一般形式"的生产。为了考察"剩余价值的一般形式"的生产，这里设定了严格的生产条件：其一，体现剩余价值生产的产业资本，恰好等于全社会平均的资本有机构成（从静态看，在现实中有存在的可能，但很难真正找出来；从动态看，可以说在现实中完全没有存在的可能性）。其二，这种产业资本与商业资本、土地资本、货币资本等没有任何联系，从事生产的资本把自己的产品直接拿到市场上与货币交换。其三，它的产量恰好等于一般均衡条件下的需求……只有在这种现实中几乎不存在的生产条件下，这种产业资本生产的商品的价格才可能与自身的价值相一致。在这种比较纯粹的条件下，才可能清晰地考察不变资本、可变资本和剩余价值的关系，从而科学说明劳动力价值的再生产，以及绝对剩余价值生产和相对剩余价值的生产，并在此基础上说明资本积累，即剩余价值转化为资本。

论述了"剩余价值的一般形式"的生产之后，进一步考察产业资本的

---

① 《马克思恩格斯〈资本论〉书信集》，人民出版社 1976 年版，第 130 页。
② 《马克思恩格斯〈资本论〉书信集》，人民出版社 1976 年版，第 242 页。

有机构成的差异，以及许多资本的竞争，从而论述剩余价值向利润、平均利润的转化。最后说明货币资本、土地资本等如何参与产业资本创造的"平均利润"的分割，从生产要素的垄断权成为"平均利润"再分配的依据出发说明剩余价值为什么是各种收入的真正源泉。

必须注意的是，要阐明剩余价值转化为利润，利润转化为平均利润等，还涉及"资本的流通过程"，"因为资本周转等等在这方面是起作用的"。①事实上，如果暂时撇开理论逻辑的严密性，主要着眼利润的源泉来考察现实的各种收入关系，那么，单从首要的"崭新因素"来看，是可以跳过第二卷，看第一卷（暂时撇开开篇）和第三卷就行了。因此，可以说，第二卷是相对独立的。

如果不看现在通行的《资本论》第三卷，只是停留在《资本论》第一卷或前两卷，是体会不到马克思所说的这个居于首要地位的"崭新因素"的极端重要性，甚至产生疑问。恩格斯最初看到《资本论》第一卷的清样时，就产生某种担心。在他看来，马克思对剩余价值的说明与世俗的观念很不一致，难以让人信服。为此，他特意提醒马克思：至于剩余价值的产生，工厂主和庸俗经济学家马上会一起反驳你，"我对你没有注意这一点还是感到惊奇……最好是预先把它排除"。②对此，马克思回应称："这个问题只能在第三册（现在的第三卷）里加以叙述"，"如果我想把所有这一类怀疑都预先打消，那我就会损害整个辩证的阐述方法"。③马克思后来还坦言：在现实的生产中，"'直接的'价值规定在资产阶级社会中的作用是多么小"④。

对于《资本论》原理的大部分内容而言，把握了首要的"崭新因素"，就能大致上理解资本的本性和剩余价值规律。可是，关于价值规律对剩余价值规律的基础性作用应该如何把握呢？这就涉及第二个"崭新因素"，即劳动的二重性问题。

马克思强调："商品中包含的劳动的这种二重性，是首先由我批判地证

---

① ③ 《马克思恩格斯〈资本论〉书信集》，人民出版社1976年版，第219页。
② 《马克思恩格斯〈资本论〉书信集》，人民出版社1976年版，第218页。
④ 《马克思恩格斯〈资本论〉书信集》，人民出版社1976年版，第250页。

明了的。这一点是理解政治经济学的枢纽"①。在《〈政治经济学批判〉导言》中，马克思指出，劳动一般作为现代经济学的范畴，亚当·斯密已经提出了。那么，马克思在这里为什么要强调劳动二重性是"首先由我批判地证明了的"？两种说法是否相互矛盾？要理解这个问题，就必须把握两人对劳动一般的理解差异。在亚当·斯密那里，从思维方式来看，劳动一般是依照形式逻辑的要求从各种具体劳动中抽象出来的"共性"。由于他把渔夫与猎人的分工、交换关系假定为理论前提，也就是假定独立、自由、平等、互利的这种分工、交换关系在全社会具有普遍性。因而，亚当·斯密提出的劳动一般，事实上是一般的社会劳动。但总的来看，这种劳动一般或者说一般劳动，依然是一个僵化的范畴。而在马克思那里，劳动一般作为一般人类劳动的简称，它不仅具有抽象共性和充分的社会劳动性质，从思想方法来看，这种劳动一般不是从各种具体劳动中抽象地提取出劳动的共同特征，而是资产阶级社会发达商品生产的理论反映，这种反映撇开了资本主义生产的基本特征，保留了它的实现条件。它表明生产商品的劳动分工非常发达，大多数劳动已成为同质的"简单劳动"，劳动者接受简单培训就可以上岗，转岗变得非常方便。因此，劳动"不再是在一种特殊性上同个人结合在一起"②，不是作为具体劳动的规定赋予个人某种特殊的职业。这种一般劳动，虽然在抽象意义上体现了各种具体劳动的共性，但不是一个僵化的范畴。它作为理论前提的广泛的分工、交换，不是理论的假定，而是对现实的反映。因此，它是现实中充分发展的社会劳动，具有现实的一般性，是现实的一般社会劳动。正因为这样，马克思强调，它"不仅在范畴上，而且在现实中都是创造财富一般的手段"③。不仅如此，一般人类劳动还体现着人类的创造性本质力量，它不仅基于具体劳动创造具体的财富，还作为一般劳动创造现实的"财富一般"（作为货币的财富），人类创造的社会存在物是人的客体化的存在形式，一般人类劳动就是这些社会存在物的本质，正是在这个意义上，它们是社会关系的物质承担者。而在广泛的分工、交换条件下，一般人类劳动成为异化劳动，人与人的关系表现为物

---

① 马克思：《资本论》第 1 卷，人民出版社 1975 年版，第 55 页。
②③ 《马克思恩格斯全集》第 12 卷，人民出版社 1962 版，第 755 页。

与物的关系，异化劳动作为异化的力量统治着劳动者甚至所有的人。因此，马克思的一般人类劳动是具有主体性的范畴。

劳动二重性之所以是理解政治经济学的枢纽，是因为它对马克思的整个劳动价值论起到了至关重要的作用。一方面，劳动二重性直接决定了商品的二重性，进而决定了商品的相对价值形式与等价形式的价值关系，这是科学理解货币的起源和职能的基础。另一方面，劳动二重性是把商品生产过程中的价值转移与价值创造区分开来的基础。有了这种区分，才能把不变资本和可变资本区分开来，从而明确剩余价值的真正源泉。在此基础上才能理解两大部类的关系。总之，没有劳动二重性，就无法从抽象上升到具体把握资本主义生产的内在"生命机理"。

第三个"崭新因素"的关键点是确定了劳动力商品的特殊的使用价值与价值创造的联系。这种商品在使用过程中不仅能补偿劳动力商品的价值，还能创造剩余价值。这是价值规律转化为剩余价值规律的必要条件。李嘉图正是因为不明确这点，以致陷入了一种二律背反的理论困境中。如果把工资看成劳动的价格即劳动创造的全部价值的货币表现，那么，利润的源泉就迷失了，把它看成生产要素的产物，从而把生产要素神秘化，这与劳动价值论是相违背的；如果把利润看成劳动价值的一部分，那么，资本和劳动的交换就没有对全部的劳动价值进行支付，这违背价值规律的等价交换原则，同样与劳动价值论相违背。马克思把劳动力商品的价值和劳动力商品的使用新创造的价值区分开来，价值规律和剩余价值规律才获得了逻辑一致的理论解释。

三、从"三个崭新的因素"看马克思对古典劳动价值论的超越

古典劳动价值论的出发点是作为资本主义意识形态的抽象人本主义，基本的价值立场是为资本主义生产辩护；它的经验实证基础是历史上的简单商品经济关系，这种简单商品经济关系被当作普遍的理想的关系。

古典劳动价值论肯定了劳动是价值的源泉，思想方法上坚持了唯物主义的基本原则，甚至触及了资本主义生产中经济利益的矛盾关系，这是它

具有一定科学性的地方。但是，由于支撑古典劳动价值论的"实证经验"是历史上的简单商品经济关系，加上基本的价值立场和形而上学的思想方法。理论上必然存在许多局限。这主要体现在以下几个方面：①古典劳动价值论从它的价值立场出发，基于抽象人本主义的独立、自由、平等、互利的社会关系，被当作人的自然本性或基于自然本性的契约关系，从这种理念出发，古典劳动价值论把资本主义生产当作合乎人自然本性的、永恒的理想的生产关系，这必然把资本主义生产当作超时空的一般的生产，因而把资本主义生产中生产要素作为物质承担者所隐含的生产关系的属性，当作生产资料、土地等物的属性，把生产资料和资本混为一谈，从而把生产要素神秘化。②只是对"劳动一般"给出了一个抽象的定义，不理解"劳动一般"如何创造财富一般并形成商品的价值，事实上，古典劳动价值论没有对商品的价值给出质的说明，仅是把劳动时间的费用抽象地当作商品的价值，并用劳动时间进行量的说明，因而仅是把劳动时间当作商品的通约手段。这样，它就无法理解物化劳动与活劳动的根本区别。③不能从劳动价值出发说明商品的价格，更不能说明利润、地租、利息等收入形式与商品内在价值的关系，因而只能求助于三位一体的"要素价值论"。因此，古典劳动价值论既不能理解工资，也不能理解利润及其派生的形式。

一些小资产阶级空想社会主义者如蒲鲁东，对古典劳动价值论的结论曾经进行质疑，揭示了资本主义生产的矛盾和罪恶。但是，他们的质疑只停留在现象层面，并且，在思想方法上没有超越古典劳动价值论的基本的价值立场，其思维方式尽管吸收了黑格尔的辩证法，实质上还是属于形而上学方面。

马克思的劳动价值论不同于空想社会主义，它作为一种科学的理论真正实现了对古典劳动价值论的超越：①马克思的劳动价值论基于资产阶级社会发达的商品生产阐明了一般人类劳动的现实一般性和充分的社会性，把它当作具有主体性、能动性的创造财富一般的现实手段。在此基础上，基于劳动的二重性说明了商品的二重性及价值"实体"的质的规定，进而说明货币的本质。在这里，劳动时间不再局限于量的规定和财富的通约手段。这就在最基础的层面克服了古典劳动价值论的重大缺陷。不仅如此，由于这里的一般人类劳动是从资产阶级社会剥离出来的，由此得到的价值规定被当作资本主义社会最抽象的财富规定；并且，这里生产简单商品的劳动被当作异化劳动，与资本的本性具有直接的内在联系。因此，马克思劳动价值论的逻辑前提与古典劳动价值论完全不同，这超越了古典劳动价值论的基本的价值立场。②马克思关于工资和商品价值的内在构成的说明，阐明了剩余价值的真正源泉，并将劳动价值论从李嘉图学派的濒临破产的处境中拯救出来，同时结合劳动二重性说明了价值转移与价值创造的关系，进而说明了资本主义的再生产和两大部类的宏观关系。③马克思的劳动价值论依照从抽象上升到具体的思想原则，阐明了剩余价值的一般形式与利润、平均利润、利息、地租等收入形式的内在关系，说明了商品价值与生产价格的关系，从而将劳动价值的逻辑贯彻到底。这就厘清了价值与价格的关系。这是古典劳动价值论没能做到的，也是古典劳动价值论滑向要素价值论和效用价值论的理论根源。

正是由于马克思的劳动价值论对古典劳动价值论的这种超越，它不仅对资本主义生产具有强大的解释力，也使它获得了对以往经济学的充分的批判能力。在马克思后来写作《资本论》的"四册计划"中，前三册侧重对于古典劳动价值论的超越，这种超越是在科学揭示资本主义生产的本质和内在规律的基础上实现的；第四册是对以往经济学史进行全面、系统、深刻的批判。马克思把这四册看成"艺术的整体"，并且强调："要达到这一点，只有用我的方法。"①可见，马克思对自己的思想方法是很自信的。我们只有真正基于马克思的思想方法来理解《资本论》的主题和内在逻辑，才能理解整个四册内容为什么是一个"艺术的整体"。

---

① 《马克思恩格斯〈资本论〉书信集》，人民出版社 1976 年版，第 196 页。

《资本论》的科学思维方法与原理部分的内在逻辑

对《资本论》的基本思维方法的理解不同，对原理部分的内在逻辑的理解也就不同。把《资本论》看作资本主义生产史或商品生产历史在理论上的再现，自然是依照相应的历史线索把握《资本论》的逻辑。如果把《资本论》所研究的发达的资本主义生产当作"生命有机体"，也就相应地把《资本论》的内在逻辑看成其内在"生命机理"或"生理结构"的理论表现。因此，这里需要把《资本论》的科学思维方法与内在逻辑结合起来考察。

一、《资本论》的科学思维方法

在马克思看来，庸俗经济学只是遵循经验实证主义方法，将日常观念条理化，即从日常现象归纳出一定的范畴和"法则"，抽象地加以运用；古典经济学虽然能通过对经验现象的剖析，把握经济现象的本质，却又将通过这种方式获得的认识，不经过任何中间环节，抽象运用于各种现实经济活动分析。因此，以往的政治经济学都具有抽象唯物主义特征。与之不同的是，马克思的思维方法超越了黑格尔逻辑学的神秘性和抽象思辨性，超越了庸俗经济学和古典经济学的抽象唯物主义及其历史的、经验的实证研究，将黑格尔的辩证法与近代实验科学的基本精神结合起来，使之实证化、科学化。这种思维方法可以从认识对象和认识方式两个方面加以把握。就认识对象而言，必须是特定的、客观的、典型的对象，是某类事物的成熟状态，类似一种"生命有机体"。就认识方式而言，依照这种思维方法的要求，一切知识，无论是较为"抽象"的知识，还是较为具体的知识，都必须从特定条件中得出。而针对特定认识对象的内在机理及其外化的整个知识体系，必须遵循"从抽象上升到具体"的原则在理论上整体性再现出来。对于认识的科学进程，虽然以对象的客观存在和认识条件为前提，认识主体的能动性始终具有决定性作用。

马克思的这种科学而独特的思维方法集中体现在《资本论》中。在这里，发达的英国资本主义生产被视为具体研究对象。为揭示其生命机理，马克思抽象了三种认识条件（相当于科学实验条件），即"普遍化的简单商品生产""普遍化的简单补偿生产资料的资本主义生产""资本有机构成具有差异的资本主义一体化生产"。马克思通过这些具体的认识条件，分别揭示了价值规律、剩余价值规律和生产价格规律，同时展现了它们之间的辩证关系，进而阐明了各种收入的源泉。其中，价值规律是在"普遍化的简单商品生产"中被认识到的，因而是商品生产的"具体的"一般（具有感性的存在形式），不是形式逻辑意义上的抽象一般，并且是基于广泛分工和交换的异化劳动的体现。这里的"个人"是市场主体的符号，类似企业"法人"。由于市场主体被抽象为"个人"，劳动产品被当作"个人"的产品，生产资料简单补偿所涉及的雇佣关系和生产条件的差异都被暂时忽略了。一方面，这一规律只有在发达的资本主义生产中才具有现实一般性，正像"劳动一般"只有在发达的市场经济中才成为生产具有现实性的财富一般的手段一样。另一方面，就像"劳动一般"在形式逻辑层面可以看成适应一切时代的"简单范畴"一样，脱离《资本论》的逻辑来看，价值规定和价值规律也可以看成或多或少适合一切形式的商品生产。资本主义商品经济与简单商品经济的关系类似人体与猴体的关系，两者的共同特征（价值规定与价值规律）并不是抽象归纳出来的，而是通过解剖"人体"得到的。剩余价值规律是在"普遍化"的自由竞争的资本主义生产条件下被认识的，这里暂时忽略了资本有机构成差异对分配的影响。当企业内部的生产关系取代"个人"成为主要考察对象之后，价值规律便转化为剩余价值规律。为阐明生产价格规律，马克思设置的认识条件与发达资本主义生产的现实条件已经相当接近了，这就充分体现了生产资料垄断对剩余价值分配的影响，在此基础上，各种收入可以基于劳动价值得到合理解释。总之,"从抽象上升到具体"的过程,虽然与商品经济发展的历史过程相符合,但两者仅在形式转化方面相一致。

当然,现实的研究更加宽泛,包含历史的研究和相关思想史的研究。不过,作为研究成果的理论形态所能体现的,总体上是具体研究对象的"生命机理"的逻辑展开。

二、作为资本主义生产的"生命机理"的内在逻辑

《资本论》是资本主义生产这一"生命有机体"在理论上的再现,它的内在逻辑是其"生命机理"的反映。依照其"生理结构"及其各部分的相互关系,大体上可以分为"细胞论""本质论""现象论"三部分,另外,还有一个"导论"部分,我们把它当作第四部分。前"三论"遵循从抽象上升到具体的叙述脉络,从资本主义生产的本质来看,真正把自由竞争资本主义作为"活的生命体"进行研究,集中体现在"本质论"和"现象论"中,这两部分在逻辑上成为一个整体。"导论"也就是《资本论》的最后一篇,即第三卷第七篇。

"细胞论"是《资本论》的开篇。马克思指出,"对资产阶级社会说来,劳动产品的商品形式,或者商品的价值形式,就是经济的细胞形式"①,这是我们把"开篇"看成"细胞论"的经典依据。之所以这里的商品形式被看成资本主义生产的"细胞",是因为这里撇开了资本主义生产的本质特征,这里的单个商品对于资产阶级社会的财富而言"表现为……元素形式"②。而从另一方面来看,这里呈现的普遍化的简单商品经济关系虽然脱离了现实的资本主义生产,具有商品经济一般的意义。它首先还是从现实的资本主义生产中剥离出来的一般形式,因而在一定意义上可以认为,这里的商品(货币也是这样)具有资本的属性,它是资产阶级经济的细胞,是资产阶级财富的元素。当然,作为商品经济一般,"开篇"还是相对独立于资本主义生产,所以马克思把它看成论述资本主义生产的"绪论性章节"。

---

① 马克思:《资本论》第 1 卷,人民出版社 1975 年版,第 8 页。
② 马克思:《资本论》第 1 卷,人民出版社 1975 年版,第 47 页。

　　"细胞论"包含三章，第一章"商品"，论述了商品二重性、劳动二重性、价值形式和商品拜物教。从这一章的结构来看，逻辑主线是商品二重性——价值形式——商品拜物教，劳动二重性似乎只是对商品二重性的派生性说明。而实质上，劳动二重性具有决定性意义，马克思把它看成政治经济学的枢纽。这里的一般人类劳动实质上是一般社会劳动，它是生产具有现实性的财富一般的现实手段，作为财富一般的生产主体，其具有主体性。它不同于单纯的抽象劳动，由于人们生产的物质财富只有在社会关系中才可能成为现实性财富一般，抽象的财富一般范畴对于现实生活是没有意义的，因而财富一般的社会性是与劳动一般的社会性相适应的。因此，一般人类劳动作为生产现实性财富一般的手段，只能是一般社会劳动，财富的社会一般性和劳动的社会一般性是随着历史发展而发展的，到了资本主义社会，它们才取得充分的社会性和现实一般性。既然劳动二重性如此重要，为什么在这一章中似乎被刻意淡化处理呢。这是因为这里暗含了劳动异化的前提，它实质上反映的是从劳动异化出发的生产。劳动二重性体现出来的劳动关系，表现为商品的价值关系，表现为商品之间的关系，商品作为异化劳动的化身，成为独立的社会力量。通过价值形式，商品内在二重性的矛盾，外化为相对价值形式与等价形式的矛盾，从而形成一种发达的商品货币关系，支配着人们的生产和生活。正是这种劳动的异化，处于异化力量统治下的人们也就像崇拜神一样崇拜商品和货币，因而产生商品拜物教和货币拜物教。

　　在第一章的基础上，第二章和第三章阐明了货币的发生和职能。

　　"本质论"可以分为狭义和广义两种情况。狭义的"本质论"包括《资本论》第一卷的第二篇到第七篇，也就是从第四章到二十五章，共22章。这里论述了剩余价值一般的生产及其向资本的转化（资本积累）。第四章"货币转化为资本"，体现了价值规律向剩余价值规律的辩证转化，也就是从资本主义生产的一般形式转化为经过"科学抽象"的产业资本的典型形式的资本主义生产。这种"科学抽象"化的资本主义生产在现实中几乎是不存在的。因为这里体现剩余价值生产的产业资本，必须恰好等于全社会平均的资本有机构成（从静态来看有存在的可能性，从动态来看没有存在的可能性）。并且，它似乎和商业资本、土地资本、货币资本等没有任何联系，它把自己的产品直接拿到市场上跟货币交换，产量恰好等于一般均衡条件下的需求。

提出资本的总公式和总公式的矛盾，也就是要求把资本主义生产的一般形式中暂时撇开的资本主义生产的基本特征还原出来，因此，劳动力的买卖，劳动成为雇佣劳动，也就作为资本主义生产的前提条件出现了。第五章阐明了劳动过程和价值增殖过程，第六章对不变资本和可变资本进行了科学区分。这两章都是在劳动二重性的基础上获得说明的。有了劳动二重性，再加上科学的工资理论，价值转移与补偿、价值的创造就可以得到科学的说明，同时把它们作为商品价值的形成过程进行统一的论述。在这个基础上，剩余价值率、工作日的情况、剩余价值量都能合乎逻辑地加以阐明。接下来，引入劳动生产率结合协作、分工和机器生产的发展，说明了相对剩余价值的生产，并具体说明剩余价值生产和工资的一些具体形式，如劳动力价格与剩余价值生产的关系、剩余价值率的各种形式、计时工资、计件工资、工资的国民差异等。最后从逻辑和历史两个方面阐明了资本积累问题。这样，剩余价值一般的生产、资本主义的占有规律作为资本主义生产的本质便得到了充分的、逻辑严密的论证。

广义的"本质论"可以包含整个《资本论》第二卷。第二卷总共有三篇，即"资本形态变化及其循环""资本周转""社会总资本的再生产和流通"，分为21章。这里揭示了资本的流通过程对剩余价值生产的影响，并且这里的所有内容，都是在商品价格与价值原则上相一致的基础上得到阐明的。因此，在一定意义上，第二卷可以看作"本质论"的一部分。但是，对于资本主义生产的"现象"方面来说，第二卷可以说是资本主义现实生产的基础。这里把资本主义生产从典型的、独立的产业资本的生产扩展为社会总资本的生产，在价值与价格原则上相一致的基础上通过两大部类关系说明了资本主义总生产过程，彰显了资本主义生产的整体面貌。这就为剩余价值规律辩证转化为生产价格规律确立了必要的条件。并且，在第二卷中，马克思结合两大部类的实物补偿和价值补偿关系，用了长达30多页的篇幅批判斯密的不变资本还原思想。① 这与第三卷的内容是息息相关的。因此，在一定意义上，第二卷可以包含到"现象论"中。

----

① 马克思：《资本论》第2卷，人民出版社1975年版，第401—434页。

　　《资本论》第三卷的前六篇，可以看成关于资本主义生产的现象层面的说明，它从资本主义生产的本质关系出发，对生产当事人及其理论上的代言人从现象得出的"日常观念"，做出合乎价值规律的说明。"现象论"也可以分为两部分。《资本论》第三卷第一篇"剩余价值转化为利润和剩余价值率转化为利润率"，第二篇"利润转化为平均利润"，第三篇"利润率趋向下降的规律"，这三篇构成第一部分，其核心是阐释等量资本取得等量利润的原则和利润率趋于下降的趋势。《资本论》第三卷第四篇"商品资本和货币资本转化为商品经营资本和货币经营资本（商人资本）"，第五篇"利润分为利息和企业主收入。生息资本"，第六篇"超额利润转化为地租"，这三篇构成第二部分。其核心是对剩余价值表面化了的各种独立形态即商业利润、利息、企业主收入、地租等分别进行了阐释，揭示了这些独立形态与剩余价值的内在逻辑关系，分析了不同资本家之间瓜分剩余价值的问题。

　　《资本论》第三卷的最后一篇即"各种收入及其源泉"具有独立的意义。它既是原理部分的"终篇"，在一定意义上也可以看成整个《资本论》（包含剩余价值理论史）的"导论"。如果把剩余价值学说史看成文献综述，且在逻辑上与"导论"按我们通常的思维习惯连接起来便会发现，马克思在同一个标题下从不同角度两次阐述了同一个主题，即原理部分的终篇和剩余价值学说史的总结性附录。这样，在理论批判与论资本的原理之间便确立了一种双轨并行的"转换点"，使两部分成为一个"艺术的整体"。这是一种非常独特的逻辑安排，这种安排从批判和建构两个方面对"斯密教条"进行了最有力的批判。作为原理部分的终篇，它对理论建构中隐含的政治经济学批判，以及马克思劳动价值论如何超越古典劳动价值论，进行了集中的总结；它同时为直接批判以往的剩余价值学说提供了指导。正是鉴于它在《资本论》中的特殊地位，我们在下文就此进行了较为详细的解说。

三、科学思维方法的双重理论意义

　　这里的科学思维方法既是把握资本的本质和资本主义生产的经济运动规律乃至一般的市场经济关系必须遵循的思想方法，也是把握《资本论》

原理部分的内在逻辑和批判性主题的思想方法。

一方面，马克思对黑格尔哲学进行了创造性转化，形成了唯物主义辩证法和基于实践的人本主义的社会发展理论，形成了唯物史观的基本观点，从而把握了人类社会的发展规律和一般发展趋势。在此基础上，马克思把资本主义生产当作生命有机体，结合历史的劳动异化问题，深入剖析了作为异化劳动典型的资本主义生产的内在机理，在价值规律的基础上说明了剩余价值的生产及剩余价值一般如何转化为各种特殊形式。根据这个基本原理，通过原理的具体化拓展，可以说明资本主义生产的各个方面，包括资本、土地所有制、雇佣劳动及其复杂的工资形式、宏观经济层面的财政与税收的分配和调节作用、国际经济关系、世界市场等；可以说明资本主义生产从自由竞争到垄断竞争、普遍的股份化等发展情况；对于历史上非资本主义生产方式的生产和未来理想社会的生产也有借鉴意义。它不同于那种从实证经验中简单归纳出来的工具性理论，这是基于社会发展理论的原理性经济学理论。它把经济问题当作社会问题来把握，把经济关系当作最基本的社会关系来把握，因而理论原理可以随着社会的发展而发展，具有开放性和很大的拓展空间。这种科学的理论思维方法是我们研究商品经济和市场关系不可或缺的。对我们把握资本主义国家的经济形势、国际经济关系乃至社会主义市场经济都具有指导意义。

另一方面，基于这种科学的思维方法形成的《资本论》的内在逻辑，它不仅是资本主义生产的理论反映，同时隐含政治经济学批判的理论意义。从"开篇"的普遍化的简单商品经济关系来看，它首先是资本主义生产的一个侧面，在撇开资本主义生产的基本特征的条件下，它反映了简单流通层面的商品所有者之间的关系，并体现了资本主义生产最基本的规律即价值规律。但是，"开篇"的理论意义并非仅此而已，对此，我们还需要从政治经济学批判的角度来考察。在古典经济学那里，基于渔夫与猎人分工的类似普遍化的简单商品经济情形被看成"自由、平等和以'劳动'为基础的所有制的王国"①，作为理论前提，这里事实上是把抽象人本主义作为政治经济学的出发点，隐含了古典经济学维护资本主义社会的价值立场。马

---

① 《马克思恩格斯全集》第29卷，人民出版社1972年版，第305页。

克思在"开篇"设定的普遍化的简单商品经济关系虽然从形式上看与古典经济学相同，但其隐含的理论内涵却完全不同。它不仅是资本主义生产简单流通的反映，还隐含人类劳动普遍异化的实质，这里体现的不是一种理想的社会关系，而是一个拜物教的"世界"。因此，这里已经隐含了对古典经济学的出发点和价值立场的批判。价值规律向剩余价值规律的辩证转化，则以无声的"逻辑语言"宣告了虚幻的理想王国是不可能在现实中真正存在的。

还需要指出的是，《资本论》逻辑所体现的剩余价值规律向生产价格规律的辩证转化，也就是剩余价值一般向利润、平均利润、各种收入形式的辩证转化。这种辩证转化不仅是资本主义生产内在机理的理论反映，还隐含对古典经济学的"斯密教条"的批判，依据这种理论逻辑，马克思对以往经济学的三位一体公式进行了彻底的批判。

因此，准确把握《资本论》的科学思维方法，有助于我们更好地理解《资本论》的政治经济学批判这一主题。应该说，《资本论》和《德意志意识形态》有相同的理论任务，也就是对资本主义意识形态的批判。《德意志意识形态》通过对青年黑格尔派的理论批判，达到了对基于抽象人本主义的德国意识形态的批判。《资本论》通过对以往政治经济学的出发点、思想方法和价值立场的揭示，同样达到了对隐含在以往经济学中的资本主义意识形态的批判。马克思在《资本论》中通过逻辑和历史的必然，揭示了资本主义生产中劳动异化的现实和社会关系的本质，揭示了物物关系背后的人与人的对立。马克思在《〈政治经济学批判〉导言》指出，这种批判也就是对巴师夏、凯里、蒲鲁东等的批判。[①]巴师夏、凯里把资本主义生产关系看成和谐的关系；蒲鲁东主义者简单否定商品货币关系，要求用劳动券彻底贯彻抽象人本主义精神。他们的出发点都是基于抽象人本主义的资本主义的意识形态。

---

① 参看《马克思恩格斯全集》第 12 卷，人民出版社 1962 年版，第 734 页。

《资本论》的逻辑起点

——如何理解《资本论》开篇的简单商品经济关系

　　《资本论》开篇即第一卷的"第一篇 商品和货币",在这里呈现一种普遍化的简单商品经济关系。如何看待这种经济关系?学术界存在很大分歧。不少学者把它看成历史上的简单商品经济关系的理论抽象。有的学者把这里的范畴如商品、货币、价值看成商品经济的一般规定,但是,他们并没有进一步依照马克思的政治经济学方法探讨这种一般规定或商品生产一般,也没有揭示这种商品生产一般与资本主义生产的关系。这就令人难以理解《资本论》中的资本是如何"成为起点又成为终点"[①]的。

　　对于《资本论》的开篇,笔者"论《资本论》的逻辑起点"一文[②]曾经系统论述了这一问题,并在学术界得到了广泛关注。此文侧重从《资本论》的整体性关系方面加以阐述;这里侧重"开篇"本身,对此前的论述是一种补充。

一、《资本论》开篇的理论意蕴:基于文本的多维考察

　　在马克思的著作中,直接涉及《资本论》开篇的文献材料比较丰富。除了《资本论》定稿的开篇本身和《〈政治经济学批判〉导言》[③],主要还有

---

　　① 《马克思恩格斯全集》第 12 卷,人民出版社 1962 年版,第 758 页。
　　② 罗雄飞:论《资本论》的逻辑起点,《政治经济学评论》2014 年第 1 期。还可以参看罗雄飞:《马克思〈政治经济学批判〉导言〉解说》,经济管理出版社 2023 年版,第 191–228 页。
　　③ 《〈政治经济学批判〉导言》中有关一般劳动、货币等范畴的把握方式的内容与"开篇"直接相关,其他内容作为政治经济学的方法论思想与"开篇"的关系也很密切。

《经济学手稿（1857—1858 年）》的"货币章"部分[1]，1859 年出版的《政治经济学批判》[2]，1858 年 4 月 2 日《马克思致恩格斯》[3]（信的主要内容是关于《政治经济学批判·第一分册》的"简单纲要"），"I. 价值"[4]，"政治经济学批判第一分册第二章初稿片段和第三章开头部分"[5]，收在《马克思恩格斯全集》第 49 卷中的"价值形式"[6]部分，马克思修改过的《资本论》法文版中的第一篇"商品和货币"的片段[7]。对于如何理解《资本论》的开篇，如果仅阅读《资本论》定稿的开篇，由于材料的局限，难免陷入盲人摸象的境地。如果全面阅读马克思留下的这些文献材料，哪怕先撇开《资本论》定稿的开篇（第二部分进行集中论述），在以往丰富的文献材料的基础上，也足以把握"开篇"内容的基本属性。

　　《经济学手稿（1857—1858 年）》"货币章"部分的主要目录：（A）蒲鲁东主义的"劳动货币"概念是站不住脚的。货币是产品的商品形式的发展的必然结果——（1）蒲鲁东主义者不了解生产、分配和流通之间的内在联系以及生产关系的首要作用。（2）蒲鲁东的流通理论同他的错误的价值理论的联系。货币的产生是交换发展的必然结果。（3）既不同于资本主义前的各种社会形态又不同于未来的共产主义社会的资产阶级社会的一般特征。（4）资产阶级社会条件下社会关系的物化。（5）货币的价值形式因交换的发展而发展。资产阶级社会中生产的社会性和共产主义制度下生产的社会性的区别。（6）贵金属作为货币关系的承担者。（B）商品流通和货币流通——（1）商品流通和货币流通是相互制约的。（2）货币在商品流通和货币流通中的三种基本职能和三者之间出现的矛盾。[8]只要看一眼这个目录，

---

[1]　《马克思恩格斯全集》第 46 卷（上），人民出版社 1979 年版，第 53-189 页。

[2]　《马克思恩格斯全集》第 13 卷，人民出版社 1962 年版，第 3-177 页。事实上，这个《政治经济学批判》就是马克思谈到的《政治经济学批判·第一分册》，它的内容包括第一章"商品"和第二章"货币或简单流通"。

[3]　《马克思恩格斯全集》第 29 卷，人民出版社 1972 年版，第 299-306 页。

[4]　《马克思恩格斯全集》第 46 卷（下），人民出版社 1980 年版，第 411-412 页。"价值"这个第一章的标题随后改成了"商品"，这里是关于商品章的简要说明。

[5]　《马克思恩格斯全集》第 46 卷（下），人民出版社 1980 年版，第 427-518 页。

[6]　《马克思恩格斯全集》第 49 卷，人民出版社 1982 年版，第 149-178 页。

[7]　《马克思恩格斯全集》第 49 卷，人民出版社 1982 年版，第 185-201 页。

[8]　参看《马克思恩格斯全集》第 46 卷（上）的目录，人民出版社 1979 年版。《马克思恩格斯全集》中文版第 2 版目录是简化的目录，不能体现内容特征。

就不难发现，马克思在"开篇"对货币的论述并没有离开资本主义生产的社会条件，而恰恰是从"资产阶级社会的一般特征"来看待简单流通。马克思在阐述这个一般特征时首先强调："一切产品和活动转化为交换价值，既要以生产中人的（历史的）一切固定的依赖关系的解体为前提，又要以生产者互相间的全面的依赖为前提。每个人的生产，依赖于其他一切人的生产；同样，他的产品转化为他本人的生活资料，也要依赖于其他一切人的消费。价格古已有之，交换也一样；但是，价格越来越由生产费用决定，交换渗入一切生产关系，这些只有在资产阶级社会里，自由竞争的社会里，才得到充分发展，并且发展得越来越充分。"①

在 1859 年出版的《政治经济学批判》中，第一篇的标题是"资本一般"，"商品""货币或简单流通"两章被包括在第一篇中。可见，它们作为绪论性章节，虽然不同于现实的资本主义生产，并且具有商品生产一般的意义，但是，在《资本论》的内在逻辑关系中，这里的商品必须是资产阶级财富的元素形式或者说细胞形式②，货币也是已经具有资本性质的货币，这里的商品货币关系是资本主义生产的一般形式，尽管独立地考察，它们对历史上的简单商品生产也是或多或少适用的。

在 1858 年 4 月 2 日马克思致恩格斯的信中，马克思特意向恩格斯详细介绍了即将出版的《政治经济学批判·第一分册》的基本思想，并称为这部分内容的"简单纲要"。由于《资本论》开篇正是在《政治经济学批判·第一分册》的基础上改写而成的，因此，我们可以用这个"简单纲要"中马克思的提示来理解《资本论》的开篇。笔者在《马克思〈《政治经济学批判》导言〉解说》一书的附录一③中，对此进行了详细的解说。这是理解《资本论》开篇极为重要的材料，有志研究《资本论》的读者应该高度重视。需要特别指出的是，在这里马克思强调"价值规定只是资产阶级财富的最抽象的形式，这种规定本身已经假定……一切不发达的、资产阶级前的生产方式（在这种生产方式中，交换还没有完全占支配地位）的解体"④，

① 《马克思恩格斯全集》第 46 卷（上），人民出版社 1979 年版，第 102 页。
② 《资本论》第一卷的"第一版序言"和正文的第一句话，就表达了相同的思想。可见，《资本论》手稿和早期出版部分与定稿的基本思想是一致的，马克思的修改主要限于文字表述和内在逻辑的进一步梳理。
③ 罗雄飞：《马克思〈《政治经济学批判》导言〉解说》，经济管理出版社 2023 年版，第 89-99 页。
④ 《马克思恩格斯全集》第 29 卷，人民出版社 1972 年版，第 300 页。

这里的商品、货币关系所体现的自由、平等和以"劳动"为基础的所有制的王国，"是资产阶级社会的表面，这里掩盖了产生简单流通的各种较深刻的过程"①。马克思的论断表明，"开篇"中的价值规定是以资本主义生产为基础的，从提出价值规定开始，就假定它仅是资本主义生产的内在规定，因为交换完全占支配地位，价值规定才具有严格的意义。否则，它只是具有萌芽或征兆的意义。而"开篇"中的简单流通是资产阶级社会的简单流通，它是资产阶级社会的表面，它的背后隐含较深刻的资本主义生产过程。

我们一开始列出的文献资料中，类似的论述还有不少，从历史学眼光来看，可以说材料非常丰富。为了简略起见，这里不一一引证。③

除了上述较为完整地涉及"开篇"的文献，其他场合也有一些涉及"开篇"的论述。在《经济学手稿（1861—1863）》关于资本的生产过程的阐述中，马克思就谈到："作为我们出发点的，是在资产阶级社会的表面上出现的商品，它表现为最简单的经济关系，资产阶级财富的要素。对商品的分析也说明了它的存在包含着一定的历史条件……这只有在历史上特定的生产方式即资本主义生产方式的基础上才会产生……我们是从这一事实出发的：在资本主义生产的条件下，商品是财富的这种一般的、基本的形式。"④马克思这里强调的是，商品生产和商品流通尽管存在社会生产的不同历史阶段，商品作为财富的一般的、基本的形式或多或少适用不同的历史阶段，但作为《资本论》的出发点，只能是资本主义生产条件下的商品，它是资产阶级社会表面上出现的商品，是资产阶级财富的要素。

二、"开篇"作为逻辑起点的商品货币关系是资本主义生产的一般形式

"开篇"阐明的是商品经济的一般规定，因此，要理解"开篇"，首先

---

① 《马克思恩格斯全集》第 29 卷，人民出版社 1972 年版，第 305 页。

③ 《马克思恩格斯全集》第 46 卷（下），人民出版社 1980 年版，第 429–431、447、453–454、462–480 页。

④ 《马克思恩格斯全集》第 47 卷，人民出版社 1979 年版，第 37 页。

要依据马克思的思想方法理解他是如何把握这些一般规定的。

"开篇"中呈现了一幅普遍化的简单商品经济关系情景:所有的人都是商品生产者,所有的劳动产品都是商品,交换完全支配着每个人的生产生活,生产资料归个体劳动者所有,劳动成果归劳动者所有,所有商品的供求达到均衡即全社会的生产达到一般均衡,在一般均衡条件下生产商品的社会必要劳动时间决定该商品的价值,商品交换体现着等价交换的原则。因此,在这里,价值规律得到最充分的展现,呈现出来的是"自由、平等和以'劳动'为基础的所有制的王国"。[①]

从形式来看,这种情形是标准的简单商品经济关系,但它却不是历史上存在过的简单商品经济关系。在资本主义社会之前的生产方式中,生产生活具有自给自足的特征,商品交换处于补充地位,对社会的生产生活不具有支配作用,往往是剩余产品才成为商品。哪怕是犹太人那种商业民族,尽管从局部来看交换支配着人们的生活,从全局来看,整个民族只能生活在自给自足的各个民族的缝隙中。显然,前资本主义社会的简单商品经济不符合这里的理论假设。在资本主义社会的相当长时期依然顽强存在着的简单商品生产,也不符合这里设定的理论模型。资本主义社会的简单商品生产,只是历史的残余,是历史发展还未克服的遗物继续在这里存留着。不过,它的生产性质从属于资本主义生产的性质,必须服从资本主义生产的规律,生产者也往往比照资本主义生产关系来看待自己的各项收入,把它们分成工资、利润和地租。就形式和性质的关系而言,这种简单商品生产是与"开篇"的简单商品经济关系相一致。但是,这种历史的遗物同样是对整个社会经济生活的补充,不可能具有普遍的意义,它也不是交换支配社会生产和生活的基础。

从理论来看,这种普遍化的简单商品经济关系作为商品经济的一般形式,体现着商品经济的一般特征,或多或少适用一切历史阶段。这是因为,它不但与历史的或现实的简单商品经济在形式上相一致,即便是价值规定和价值规律这种内在的本质规定,在历史的或现实的简单商品经济中也是征兆性或者说萌芽性地存在。但在《资本论》中,从内在的理论逻辑来看,它只能是资本主义生产的一般形式。在第一部分我们已经了解到,在马克

---

① 《马克思恩格斯全集》第29卷,人民出版社1972年版,第306页。

思那里，这种普遍化的简单商品经济关系体现着"资产阶级社会的一般特征"；这里的商品是资本主义社会的财富的元素形式，货币已经具有资本性质；并且，在分析货币或简单流通时，马克思首先假定资本主义社会以前的一切生产方式都已经解体了。总之，在《资本论》中作为理论出发点的商品是在资产阶级社会的表面上出现的商品，其表现为最简单的经济关系，却又是资产阶级财富的要素；这种商品是资本主义生产条件下财富的一般的、基本的形式，货币是从这种商品交换中产生的财富的抽象一般（撇开了财富不同的使用价值和具体特性）的形式。

"开篇"的普遍化简单商品经济关系，作为资本主义生产的一般形式，从马克思的《〈政治经济学批判〉导言》关于劳动一般、货币等一般规定的论述中可以得到说明。① 马克思在这里围绕劳动和货币对把握商品经济一般范畴的方式进行了详细说明。从劳动、商品、货币三个一般范畴来看（商品是与劳动、货币同样古老的范畴，依照马克思对货币的理解，有了产品的交换也就有了货币，同时也就有了商品，因为产品用于交换，也就成为商品，相互交换的两个商品，其中一个成为个别的价值形式，也就是货币的胚芽），作为抽象的范畴，作为简单的一般范畴，它们的出现要大大早于资本这个比较具体的范畴。它们在资本主义社会之前早已存在，并且它们在人们的思想中被明确认识到，也是先于资本这个比较具体的范畴。所以，马克思说从简单范畴上升到比较具体的范畴，与历史发展的顺序是一致的。然而，尽管劳动、货币作为简单范畴在历史上早已存在，马克思也进而认识到价值和价值规律在资本主义社会之前具有萌芽性、征兆性意义。但是，在《资本论》中，这些或多或少适用不同时代的一般规定，只能作为"现代社会"的一般规定或一般原理来把握。马克思在论述劳动的现实一般性时，对此进行了充分的说明。在他看来，劳动的现实一般性意味着劳动的简单化、发达的劳动分工和劳动转岗很容易，因此，"劳动不仅在范畴上，而且在现实中都成了创造财富一般的手段"② ；而货币作为具有现实一般性的规定，没有历尽一切经济关系，因而不能作为一切经济关系的抽象共性，

① 罗雄飞：《马克思〈〈政治经济学批判〉导言〉解说》，经济管理出版社 2023 年版，第 56—64 页。
② 《马克思恩格斯全集》第 46 卷（上），人民出版社 1979 年版，第 42 页。

它只有在最发达的商品生产社会状态下才表现出它的充分力量。它们作为一般规定都是发达资本主义社会的现实存在，而不仅是抽象存在的概念。正是在这个意义上，劳动一般、货币及相应的商品、价值、交换价值、价格、价值规律等商品经济的一般规定或基本规律，都必须在资本主义生产的一般形式中加以把握。马克思在理论上阐述商品和货币时之所以首先假定前资本主义的生产方式解体了，不存在了，就在于商品交换只有在资产阶级社会才能发挥出对生产生活的支配作用。

依照马克思把握商品经济的一般规定的方式，"开篇"中的一般规定与"主流思维方式"所理解的一般规定具有根本区别。在这里，一般人类劳动作为劳动一般，不同于形而上学的抽象劳动，它同时具有抽象一般性、现实一般性、主体性和充分的社会性。抽象一般性就其撇开劳动的具体形式而言，也是形而上学意义的抽象劳动；就现实一般性而言，它不是抽象的，意味着发达的分工、劳动的简单化和同质化、劳动转岗很容易，这是现实存在着的"一般劳动"，因而在现实中成为创造财富一般的手段；由于这种一般劳动是现实的社会实体，它作为异化劳动，是一种人格化的存在，因而具有主体性；充分的社会化是以商品交换对生产和生活起支配作用为前提的。因此，在马克思那里，劳动二重性不同于形而上学的具体和抽象的区分，它的侧重点不在于这种区分，而在于作为现实存在的一般的社会劳动与具体的私人劳动的区分，只有在资本主义生产的一般形式中劳动的这种二重性才充分显露出来。因此，基于一般人类劳动的价值规定，同样不能看成超时空的抽象规定，它"只是资产阶级财富的最抽象的形式"①，也就是说，不能把单纯抽象劳动意义的一般劳动（这只是具体劳动的抽象形式）的凝结理解为价值，只有凝结在交换居于支配地位的商品中的一般人类劳动才转化为价值，因为这种物化劳动才具有现实一般性、主体性和充分的社会性，才具有完整的一般人类劳动的属性。在资本主义社会中，价值也不仅仅是商品属性的抽象规定，因为商品的内在二重性及其对立关系通过交换可以转化为商品和货币的外在关系，金银作为货币，它们以特殊商品的形式充当一般等价物，因而成为财富一般的化身，成为价值的公认的物

---

① 《马克思恩格斯全集》第29卷，人民出版社1972年版，第300页。

象化存在形式。马克思所说的财富一般，同样不是抽象规定，而是现实的一般财富，也就是货币。因此，在马克思看来，从生产目的来说，资本主义生产不是生产使用价值，而是生产货币。正是在这个意义上，货币作为一般规定，只有在发达的资本主义生产中才具有充分的意义。

此外，马克思在《资本论》的开篇中就明确指出，这里的商品是资产阶级财富的元素形式。也就是说，这里的商品作为商品，不是抽象的规定，而是具有资本的属性。这是因为它虽然具有简单商品的形式，而事实上处于资本主义生产的一般形式的条件下。但是，"开篇"的商品不同于资本主义生产中批量生产的商品，它作为资产阶级财富的元素，抽象掉了资本主义生产的本质特征，内在价值不能区分为不变资本、可变资本和剩余价值三个组成部分。它是被当作经过完整生产过程单个地生产出来的产品，它的生产和交换严格地与价值规律相一致，它的生产条件具有绝对的、平均的生产条件的意义，它的价格只能是价值的货币表现，因而不存在价格与价值的偏离。并且，这里撇开了资本主义生产的雇佣劳动关系。因此，它是资本主义商品，却又仅是资产阶级财富的元素形式。所谓元素，意味着其内在的价值规定和相应的一般人类劳动，可以很容易转化为资本的规定，因为它已经具有严格意义的异化劳动的规定。资本主义生产就是基于异化劳动的生产。

商品经济的一般形式及其一般规定如何从资本主义生产中抽象出来呢？这是通过科学抽象法来实现的。在马克思看来，"开篇"的情形只是"假定自己的劳动是最初的占有过程"[①]，它暂先撇开了资本与雇佣劳动的关系，把"个体商品生产者"当作资本主义社会的市场主体或特殊生产部门的符号，把资本主义商品的生产和交换当作这种"个体商品生产者"独自完成的。正因为如此，马克思强调具有社会依赖性的个人"作为私有的个人进行生产"，应该"看作某种特殊需要体系和社会活动的某种特殊部门的实现"。[②]"它本身是资产阶级社会即发达的交换价值的社会的历史产物"[③]，因为这种情况下交换价值支配着生产关系和交往关系的总和。马克思在分析价值规律向资本主义生产转化时强调：价值规律呈现出来的简单商品经

---

① 《马克思恩格斯全集》第 46 卷（下），人民出版社 1980 年版，第 463 页。
② 《马克思恩格斯全集》第 46 卷（下），人民出版社 1980 年版，第 471–472 页。
③ 《马克思恩格斯全集》第 46 卷（下），人民出版社 1980 年版，第 464 页。

济关系，在一定意义上可以说"纯粹是一种虚构"，它"是由资本主义生产的假象产生的错觉"，甚至可以说"在历史上从来不曾有过"。①

事实上，在资本主义生产的表面的简单流通中，商品所有者遵循等价交换的规律，同时把商品当作"自己生产"的商品。实质上这个商品是他雇佣的工人生产出来的，他只是生产的组织者和监督者，但在简单流通中这种"自己生产"的商品与简单商品一样，商品价值由一般人类劳动决定。如果这样理解，被抽象掉的是现实的资本主义生产过程，而流通过程被当作纯粹的商品交换领域，并且商品交换限于商品与金属货币的交换，暂时撇开货币的进一步发展。

需要指出的是，"开篇"的商品货币关系只能是资本主义生产的一般形式（以商品生产的一般形式反映着资本主义生产的一般条件），这在《资本论》定稿中也是可以看出来的。

在"开篇"的"商品的拜物教性质及其秘密"这个部分中，马克思指出，在"开篇"显示的"商品生产者的社会"②里，生产者把他们的产品当作商品，从而当作价值来对待，而且通过这种物的形式，把他们的私人劳动当作同等的人类劳动来相互发生关系。这种"商品生产者的社会"不同于古亚细亚的、古希腊罗马的等等的生产方式，因为在那些生产方式中，商品生产处于从属地位，劳动生产力处于低级发展阶段，人与人和人与自然的关系处于很狭隘状态。而在未来社会物质生产过程成为自由结合的人的产物时，就会揭开拜物教的神秘面纱。结合前文从鲁滨逊到自由人联合体的论述来看，这里列举的与"商品生产者的社会"不同的生产方式虽然没有提到封建的生产方式，它应该是包含在"等等的生产方式"中。而"开篇"的"商品生产者的社会"显然属于资本主义社会的一般形式，体现着资本主义生产的一般特征。正因为如此，在马克思看来，这种普遍化的简单商品经济关系是人类生活发展的"完成的结果"，在这种社会中人们已经在观念上把商品货币关系看成不变的了，商品货币关系取得了社会生活的自然形式的固定性，因此，货币的表现导致了商品价值性质的确定，价格的分析导致了价值量的决定，物的关

---

① 《马克思恩格斯全集》第26卷（Ⅲ），人民出版社1974年版，第416页。
② 马克思：《资本论》第1卷，人民出版社1975年版，第96页。

系表现着社会关系，同时掩盖着真实的社会关系。①马克思的理论分析就是从这种"完成结果"开始的，而资产阶级经济学的各种范畴也是基于这种社会形式形成的。正因为这种理论上呈现的社会形式是资本主义社会的一般形式，它是劳动异化的一种典型状态。因此，劳动产品成为可感觉而又超感觉的物，商品具有神秘的性质，以致存在商品拜物教，而这种拜物教的根源就在于社会关系表现为物与物之间的关系（这是人类社会特定阶段的一般特征），劳动产品成为价值的物象化存在形式，并且成为社会关系的物质承担者。

在《资本论》原理部分的终篇中，马克思论述了资本主义生产方式的两个特征。在马克思看来，劳动产品转化为商品，成为"产品的占统治地位的、决定的性质"②，是资本主义生产方式的两个特征之一。在这里，产品作为商品、商品作为资本主义生产的产品的性质贯穿着产品必须通过并由以取得一定社会性质的一定的社会过程。这个过程已经包含劳动力成为商品和以此为基础的生产当事人之间的一定关系即资本主义的生产关系。如果撇开这点（劳动力成为商品及其资本主义生产关系），产品作为商品、商品作为资本主义生产的商品，"就会得出全部（商品的）价值决定和全部生产由价值来调节"，而价值规律通过竞争和压力来实现；它作为商品生产和交换的内在规律，作为盲目的自然规律，对单个当事人起作用，在生产的各种偶然变动中维持着生产的社会平衡。③马克思强调，这里已经包含作为整个资本主义生产方式特征的生产社会规定的物化和生产物质基础的主体化。可见，马克思正是撇开劳动力成为商品及其资本主义生产关系之后，在产品普遍成为商品、商品作为资本主义生产的商品（作为资本主义财富的元素形式）的资本主义生产的一般形式中阐明价值规律的，并且把它和资本主义生产方式的第二个特征即剩余价值的生产区别起来。

"开篇"对商品拜物教的阐明和"终篇"关于资本主义生产的两个特征的论述，都体现了"开篇"中普遍化的简单商品经济关系是资本主义生产的一般形式。马克思在《资本论》中的这些论述，与他的政治经济学的方法论思想相匹配。

---

① 参照马克思：《资本论》第1卷，人民出版社1975年版，第92页。
② 马克思：《资本论》第3卷，人民出版社1975年版，第994页。
③ 马克思：《资本论》第3卷，人民出版社1975年版，第995页。

三、对作为逻辑起点的"开篇"的科学认识具有重要意义

马克思在《资本论》(严格来说应该称为《资本论——政治经济学批判》)第一卷的"第一版序言"中强调:"万事开头难,每门科学都是如此。所以本书第一章,特别是分析商品的部分,是最难理解的。"①可见,没有真正把握马克思的思想方法,是难以真正理解"开篇"的;而反过来,不能真正理解"开篇",就谈不上把握了《资本论》的思想方法,也难以理解《资本论》各部分的逻辑关系和内容主旨。因此,科学把握《资本论》开篇作为逻辑起点的理论意义,深入理解"开篇"的内涵,对整体性理解《资本论》是极为重要的。

一方面,是否把"开篇"看成资本主义生产的一般形式,直接关系到对马克思的政治经济学方法的理解。

马克思的政治经济学方法与唯物史观及其唯物辩证法息息相关,可以说是唯物辩证法在经济学这门实证科学中的具体化。

1842—1843年,马克思通过莱茵省的几场辩论,产生了唯物史观的萌芽。1843年通过对黑格尔的法哲学的批判,马克思初步确立了唯物史观(随后发表在《德法年鉴》的两篇论文体现了这个认识成果),从而认识到物质的生活关系的总和对于包含社会经济结构和上层建筑的整个社会关系和思想意识形态的基础作用,认识到政治经济学的极端重要性。这驱使马克思在巴黎开始研究政治经济学。他在研究中发现,有必要批判以往的政治经济学。他同时发现,这种批判首先需要科学的思想方法。因此,正是在这个批判过程中,经过1843—1857年的漫长探索,马克思形成了独特的政治经济学方法。这对马克思经济学起到了奠基作用。这个过程可以分为两个时期。1843—1847年在历史发展的一般趋势和基本原理方面确立了唯物史观,《德意志意识形态》集中体现了这方面的思想成果。在1847—1857年,进一步将唯物史观拓展到特定历史阶段的"社会有机体"的社会结构分析方面,赋予了唯物史观更加丰富的内容,使之成为完善的社会历史分

---

① 马克思:《资本论》第1卷,人民出版社1975年版,第7页。这里的"第一章"就是通行版本的第一篇,也就是学者以简称形式所说的"开篇"。

析的科学理论，同时将它渗透到政治经济学这门实证科学中，形成科学的政治经济学方法。写作《哲学的贫困》是这一探索的开始。所以马克思强调，在《哲学的贫困》中"处于萌芽状态的东西，经过二十年的研究之后，变成了理论，在《资本论》中得到了发挥"；他还强调，为了给科学的社会主义扫清道路，"必须断然同唯心主义的政治经济学决裂"，而蒲鲁东是"这个唯心主义政治经济学的最新的体现者"。①事实上，马克思把以往政治经济学包括古典经济学和庸俗经济学都看成"唯心主义政治经济学"，而《资本论》又是与"真实历史发展"和科学社会主义紧密联系在一起。在马克思所说的"二十年的研究"过程中，《〈政治经济学批判〉导言》既是前十年的总结，又是后十年即《资本论》写作过程的开端。

《1844年经济学哲学手稿》可以说是马克思的唯物史观和经济学思想的诞生地和秘密所在。它的主题是应用劳动异化理论对以往政治经济学进行批判，而黑格尔的劳动异化思想（这时马克思还误以为费尔巴哈基于实践的人本主义超越了黑格尔）是从抽象人本主义的观念出发的，因此，需要从思想方法上超越黑格尔的辩证法和整个哲学，把从观念出发的劳动异化思想改造为历史发展中的异化问题，因此，这里已经渗透着1843年批判黑格尔的法哲学时初步确立的唯物史观②，并基于这种唯物史观阐明了"自

---

① 《马克思恩格斯全集》第19卷，人民出版社1963年版，第248页。

② 马克思在《〈政治经济学批判〉序言》中指出：我对黑格尔法哲学的批判性分析"得出这样一个结果：法的关系正像国家的形式一样，既不能从它们本身来理解，也不能从所谓人类精神的一般发展来理解，相反，它们根源于物质的生活关系，这种物质的生活关系的总和，黑格尔按照18世纪的英国人和法国人的先例，概括为'市民社会'，而对市民社会的解剖应该到政治经济学中去寻求。"（《马克思恩格斯全集》第13卷，人民出版社1962年版，第8页）。马克思在《德意志意识形态》中指出："依靠从黑格尔那里继承来的理论武器，是不能理解……人的经验的物质的行为。由于费尔巴哈揭露了宗教世界是世俗世界的幻想（世俗世界在费尔巴哈那里仍然不过是些词句），在德国理论面前就自然而然地产生了一个费尔巴哈所没有回答的问题：人们是怎样把这些幻想'塞进自己头脑'的？这个问题甚至为德国理论家开辟了通向唯物主义世界观的道路，这种世界观没有前提是绝对不行的，它根据经验去研究现实的物质前提，因而最先是真正批判的世界观。这一道路已在'德法年鉴'中，即在'黑格尔法哲学批判导言'和'论犹太人问题'这两篇文章中指出了。但当时由于这一切还是用哲学词句来表达的，所以那里所见到的一些习惯用的哲学术语，如'人的本质''类'等等，给了德国理论家们以可乘之机去不正确地理解真实的思想过程，并以为这里的一切都不过是他们的穿旧了的理论外衣的翻新。"（《马克思恩格斯全集》第3卷，人民出版社1960年版，第261–262页）。这个论断对1844年的手稿也是适用的。这些论述表明，在1844年写作手稿之前，马克思就初步形成了唯物史观。

我异化的扬弃同自我异化走的是同一条道路"①的思想,这就为唯物史观作为历史发展的基本原理得到最终确立开辟了道路。在马克思看来,"异化借以实现的手段本身就是实践的"②,私有财产的起源问题就是"外化劳动对人类发展进程的关系问题"③,私有财产的普遍本质体现着异化劳动的结果,而资本主义社会是劳动异化达到典型的状态。因此,无论是唯物史观还是政治经济学批判和资本逻辑的说明,都是同劳动异化问题息息相关的。

在一定意义上,可以说《1844年经济学哲学手稿》构成了《资本论》的底色,《资本论》在很大程度上是把资本主义生产当作典型的劳动异化问题来研究,它与政治经济学批判紧密联系在一起。但是,要把资本主义生产作为劳动异化的典型状态来研究,仅仅把劳动异化唯物主义化、历史化是不够的,仅仅在历史发展基本原理方面确立唯物史观的指导地位也是不够的。要揭示资本主义生产的内在规律和本质规定及一般发展趋势,不能从观念出发,也不能简单化地依照历史发展线索来说明,这是一个理论难题。经过长时间的探索,马克思借鉴自然科学特别是生理解剖学,最终基于科学抽象法形成了独特的政治经济学方法。它把资本主义生产看成《资本论》的研究对象,并且把它看成"生命有机体";把价值规律、剩余价值规律、生产价格规律及收入分配问题当作"生命有机体"的不同侧面,把不同的规定或范畴当成"生命有机体"的不同环节;通过从具体到抽象的研究把握研究对象各方面的具体内容,然后基于从抽象上升到具体的原则和唯物辩证法,把握不同层面的辩证转化关系和内在各个环节的有机联系,从而把发达资本主义生产作为具有许多规定和关系的内涵丰富的总体在理论上(精神上)再现出来,并揭示其生命机理和"生理结构"。对于这些关于政治经济学的对象和方法的思想来说,《〈政治经济学批判〉导言》"比在任何地方都更详细"地进行了集中的阐明。④

从马克思经济学的方法论思想发展来看,《〈政治经济学批判〉导言》

---

① 马克思:《1844年经济学哲学手稿》,人民出版社2000年版,第78页。

② 马克思:《1844年经济学哲学手稿》,人民出版社2000年版,第60页。

③ 马克思:《1844年经济学哲学手稿》,人民出版社2000年版,第63页。这里有"作为异化劳动的结果的私有财产的普遍本质"的说法。

④ 《马克思恩格斯全集》第46卷(上),人民出版社1979年版,第525页。

是这方面的总结，同时是《资本论》写作的出发点。我们必须把"开篇"看成从发达资本主义生产中抽象出来的一般形式，把这里的劳动、价值、商品、货币等看成资本主义生产条件下具有现实一般性和充分社会性的一般规定。它们从属于资本，具有资本的属性。我们还必须把普遍化的简单商品经济关系看成资本主义生产内在的最基本规律——价值规律的物象化表现形式。这样，我们才能理解《〈政治经济学批判〉导言》对马克思写作《资本论》的指导意义。这对于把握《资本论》的分篇原则（特别是原理部分）和内在逻辑具有直接的影响，因而也对整体上理解《资本论》具有直接的影响。

另外，把《资本论》开篇普遍化的简单商品经济关系看成资本主义生产的一般形式，对于把握《资本论》（严格来说应该称为《资本论——政治经济学批判》）的首要主题，即把握政治经济学批判在这部经典著作中的地位，具有极其重要的意义。

政治经济学批判是《资本论》的首要主题。如果依照马克思的"四册计划"和《1861—1863年经济学手稿》的内容，把关于资本主义生产的原理部分和文献部分当作"艺术的整体"①，再参照《〈政治经济学批判〉导言》中"生产与分配、交换、消费的一般关系"的正文与引文（内容是对以往经济学的批判）的关系②，那么，政治经济学批判作为《资本论》的首要主题就更加明确了。只有围绕政治经济学批判这个主题，才能把两大部分联结为一个"艺术的整体"。③

以往的政治经济学普遍存在两个方面的重大谬误④：一是把抽象的人本

---

① 《马克思恩格斯〈资本论〉书信集》，人民出版社1976年版，第196页。

② 这里的正文是对生产、分配、交换和消费的一般关系的科学论述，引文是对以往政治经济学关于生产、分配、交换和消费的一般关系的错误思想的批判。从整体上看，科学论述体现一种间接批判方式（这里的论述对马克思经济学的构建并没有多少具体意义，只蕴含某种方法论意义），因此，引文正是这一部分的主题所在。

③ 从政治经济学批判这个主题来看，《政治经济学批判》和《资本论——政治经济学批判》这两个标题并没有实质的区别，因为对资本的科学论述也就是对以往政治经济学的间接批判，科学论述在马克思那里也是作为一种批判方式，关于经济学说史中的各种理论的批判，则是基于科学论述的直接批判，因此，可以统称为政治经济学批判，当然，后者的表述更准确一些。从马克思的写作风格来看，科学论述和理论批判常常作为两个必要的方面紧密结合在一起，这是马克思文献的一个显著特征。

④ 对于这两个重大谬误，马克思在《〈政治经济学批判〉导言》的第一部分"生产"中进行了系统的批判（《马克思〈政治经济学批判〉导言〉解说》，经济管理出版社2023年版，第5—20页）。

主义或自然主义的人本主义当作理论的出发点或逻辑前提，事实上是从意识形态化的观念出发。古典经济学把渔夫和猎人的分工、交换关系当作出发点，因为全社会被假定为两个人，他们的分工、交换关系体现的正是自由、平等和以劳动为基础的所有制的王国，他们的自利利人的分工、交换关系就是卢梭描绘的社会契约关系，价值规律就是这种"市民社会"的基本规律。庸俗经济学虽然抛弃了劳动价值论，事实上古典经济学的出发点依然保留在它的理论前提中，即独立、自由、平等的理性经济人，处于一种完全竞争和完全信息的竞争环境中。这种理论前提正是对渔夫和猎人的分工、交换关系的抽象归纳。二是把资本主义生产当作生产一般，撇开现实的生产关系考察生产要素的配置，进而论证依据要素的所有权获得收入具有自然规律一样的合理性。古典经济学试图把劳动价值论和这种"生产一般"的认识协调起来，试图在劳动价值论的基础上阐明依据生产要素的所有权获得收入的合理性，试图阐明资本主义生产关系合乎抽象人本主义的本质要求。庸俗经济学则是在类似的理论前提下忽略古典经济学的劳动价值论直接论证生产一般和要素收入。

从形式来看，《资本论》开篇的普遍化的简单商品经济关系与古典经济学和庸俗经济学的出发点或理论前提完全相同，实质上它们有根本差异。以往经济学基于抽象人本主义，把这种出发点或理论前提看成神圣的理想的社会关系，试图阐明资本主义生产及其现实关系合乎人类的自然本性或内在本质，因而是和谐的理想的生产方式。在《资本论》开篇，普遍化的简单商品经济关系作为资本主义生产的一般形式，它被看成异化劳动的表现。资本主义生产是异化劳动的典型，普遍化的简单商品经济关系虽然还没有展现出现实的社会关系的异化，生产资料还没有成为现实的统治劳动的力量，却依然是一种劳动异化的形式。由于生产力和劳动分工的发展以及商品生产的普遍化，人的类本质已经异化，自由的生命活动成为谋生手段，充分社会化的劳动过程及其社会联系作为独立的社会力量使个体劳动者屈从。并且，这种经济关系作为资本主义生产的一般形式，从理论逻辑来看，以这种形式存在的价值规律必然辩证转化为剩余价值规律。从历史来看，作为这种理论形式的历史原型的简单商品经济同样通过资本的原始积累必然转化为资本主义生产。因此，在马克思看来，这既是辩证的转化，又是历史的转化。正因为如此，马克思指出："在论述资本主义生产方式甚至商品生产的最简单的范畴时，在论述商品和货币时，我们已经指出了一种神秘性质，它把在生产中以财富的各种物质要素作为承担者的社会关系，变成这些物本身的属性（商品），并且更直截了当地把生产关系本身变成物（货币）。一切已经有商品生产和货币流通的社会形态，都有这种颠倒。但是，在资本主义生产方式下和在资本这个资本主义生产方式的占统治的范畴、起决定作用的生产关系下，这种着了魔的颠倒的世界就会更厉害得多地发展起来。"①

可见，《资本论》开篇的商品货币关系作为资本主义生产的一般形式，已经隐含对以往经济学的出发点或理论前提的彻底批判。在这里，既借助了劳动异化理论对以往经济学进行批判，又克服了黑格尔、费尔巴哈等从观念出发通过抽象思辨把握劳动异化理论的缺陷。《资本论》开篇的商品货币关系是应用科学抽象法抽象出来的资本主义生产的一般形式，它在一定意义上是进一步发展出异化的资本主义社会现实关系的前提和出发点。但是，这不是从观念出发，而是从现实的研究对象出发。

对于以往经济学的另一重大谬误来说，理论的批判同样离不开对《资本论》开篇的科学把握。把"开篇"的商品货币关系看成资本主义生产的一般形式，也就是把资本主义生产看成"生命有机体"，把价值规律向剩余价值规律、生产价格规律的辩证转化看成这种有机体的"生命机理"，并基于这种"生命机理"科学把握各种收入的本质及其源泉。这就为三位一体公式或要素价值论的批判奠定了坚实的基础。马克思正是在科学阐明资本主义生产的基本原理之后，在第三卷第七篇集中地彻底地批判了以往经济学特别是古典经济学（剩余价值理论的最后的附录则是侧重对庸俗经济学的批判）的"斯密教条"，从而动摇了以往经济学把"生产一般"和资源配置看成政治经济学研究对象的基础。

《资本论》开篇隐含的对以往经济学的两大谬误的批判意义，与《〈政治经济学批判〉导言》中的"生产"部分关于以往经济学的批判相互吻合。

---

① 马克思：《资本论》第3卷，人民出版社1975年版，第934—935页。

《资本论》"终篇"的逻辑地位

这里的"终篇",是指《资本论》原理部分的最后一篇,即《资本论》第三卷的第七篇,这篇的总标题是"各种收入及其源泉",包括第四十八章、第四十九章、第五十章、第五十一章、第五十二章,共 5 章。第五十二章"阶级"只有 1 页多,属于未完成状态。所谓"逻辑地位",是指这篇内容在《资本论》的整体性逻辑进程中的地位。这里简单介绍学术界的研究情况,然后阐述把握"终篇"逻辑地位的思想方法和"终篇"对整体性理解《资本论》的重要性。

一、"终篇"研究存在的一些问题

如果按照《〈政治经济学批判〉导言》第二部分的"引文"与"生产与分配、交换、消费的一般关系"正文部分的关系,来看待"终篇"与《资本论》原理部分的其他内容的关系;如果基于马克思交代的《资本论》的"三个崭新因素",把《资本论》看成超越古典劳动价值论的一种理论成果,并且把马克思初步完成的《资本论》全四册(拟分三卷出版,包含现版《资本论》原理部分总三卷的内容和剩余价值学说史部分)看成"艺术的整体"。那么,原理部分的终篇在《资本论》中的逻辑地位确实非常重要,它集中体现了《资本论》原理部分的批判性主题,也可以说是后文对以往政治经济学进行全面系统的总评总论式辨析的理论基础。

然而,从总体来看,学术界对"终篇"并没有足够重视,学术上的研究也不是很充分。

主要的研究成果集中在"斯密教条"方面。1986 年之前,黄仲熊、邹柏松、陆立军、章先春的论文具有代表性,此后 10 年在这方面的研究成果几乎没有。1997 年以后约有 16 篇论文讨论了这个问题,主要是围绕按生产要素分配的实践要求如何看待马克思对"斯密教条"的批判进行了学术争鸣。

张守一、赵家祥、李淑梅、陈光洁论述了马克思对三位一体公式的批判,王肖帆着重探讨了马克思批判三位一体公式的唯物史观意蕴,丁丰正基于社会主义市场经济的收入分配规律阐述了对待三位一体公式的批判性吸收观点。

此外,2017 年,颜鹏飞在《政治经济学评论》第 9 期发表了"《资本论》第三卷第七篇导读"一文,对终篇进行了系统的导读。2014 年,胡钧、张晨在《改革与战略》第 5 期发表了"资本主义的生产总过程:各种收入及其源泉"一文,结合资本主义生产的总过程,基于马克思的科学理论对各种收入及其源泉进行了论述。

与整个学术界对"终篇"相对忽视相比,陈俊明可以说是高度重视"终篇"的研究,关于"终篇"他发表了 15 篇系列论文(系列论文之外还发表多篇关于"终篇"的论文),出版了《〈资本论〉终篇研究》(暨南大学大学出版社 1996 年)和《〈资本论〉基本理论在终篇的具体化——〈资本论〉终篇再研究》(中央编译出版社 2012 年)两部专著。

在陈俊明看来,"终篇"是资产阶级生产总体的现实关系在精神上的再现,"终篇研究和再现的是资产阶级财富总体"[1]。他把《资本论》分为逻辑起点、逻辑过程和逻辑终点三个部分。他把《资本论》开篇即第一卷第一篇看成逻辑起点,这个起点被看成对资产阶级生产的细胞的研究;《资本论》第三卷第七篇即原理部分的终篇,被归入逻辑的"终点范畴";其他各篇被看成资产阶级生产发展过程在理论上的表现,这个逻辑过程与历史过程相统一(从起点到终点也反映了这种统一)。它们"正好形成一个完整的逻辑圆圈"[2]。它们既是资产阶级生产的客观逻辑的圆圈,又是体现这种客观逻辑理论上的逻辑圆圈,因此,政治经济学批判的逻辑圆圈也包含其中。从客观逻辑来看,如果把资产阶级生产类比葡萄生产,这个逻辑圆圈大致相当于葡萄的种子、葡萄的生长过程、处于成熟形态的结满成熟葡萄

---

①② 陈俊明:《〈资本论〉终篇研究》,暨南大学出版社 1996 年,第 174 页。

的"财富总体"。因此，在陈俊明看来，这个逻辑终点具有极为特殊的意义，因为作为财富总体的挂满葡萄藤的处于成熟状态的葡萄，包含起点和过程的全部因素。因此，应该联系起点和过程来把握"终篇"，而"终篇"也就是起点和过程的集中体现。

陈俊明高度重视《资本论》"终篇"的这种态度是应该肯定的，他对"终篇"的具体看法则是一家之言，因而存在商榷的余地。在黑格尔那里，《精神现象学》①是黑格尔哲学的诞生地，而《精神现象学》的最后一章《绝对知识》具有特殊意义，它隐含了主体—客体的全部秘密。在陈俊明看来，"终篇"在《资本论》中具有的特殊地位，类似《绝对知识》在《精神现象学》中的地位。因此，事实上具有将"终篇"神秘化之嫌。其根源在于陈俊明没有透彻地理解《〈政治经济学批判〉导言》中马克思的政治经济学方法如何超越黑格尔的思维方法，也没有真正理解马克思以科学的抽象法解剖资本主义生产这一"生命有机体"时阐述的"分篇原则"。他虽然把政治经济学批判看成逻辑圆圈之一，却没有认识到科学阐述原理与理论批判的关系。他仅仅是将黑格尔的抽象思辨的辩证法进行简单化的唯物主义颠倒，并以一种近似于"泛神论的黑格尔主义"②的方式应用这种辩证法。因此，陈俊明在谈《资本论》的基本方法时还具有黑格尔主义的色彩。正因为如此，他把《资本论》的逻辑看成多种逻辑圆圈的统一；把《资本论》的基本方法表述为三种形式，即抽象与具体统一的方法、直接性与间接性统一的方法、一般与特殊统一的方法。对于作者来说，写作的基本思维方法只能是一种。而对于读者来说，基于解释学的态度，似乎可以把《资本论》的基本方法理解为多种。这么理解《资本论》的基本方法，必然带着解释学色彩，事实上，陈俊明对《资本论》及其"终篇"的理解，可以说是具有黑格尔主义色彩的解释学方式。对于这种解释学方式，陈俊明自身也是有所认识的。他在《〈资本论〉终篇研究》的"前言"中引述马克思的话强调，把某个作者实际上提供的东西和只是他自认为提供的东西区分开来，

---

① 有人把《逻辑学》看成《精神现象学》的方法论思想的概括，因此，《逻辑学》和《精神现象学》在黑格尔哲学中具有代表性意义。

② 马克思在1842年之前一度是泛神论的黑格尔主义，博士学位论文是这一时期的代表作品。马克思创立唯物史观之后，扬弃了泛神论的黑格尔主义。

是十分必要的。

正因为陈俊明对"终篇"的解读具有解释学色彩，他对"终篇"的有些说明难以让人信服。他认识到根据"终篇"的篇名，人们难以"较直接地了解它与研究对象总体的关系"，这与全三卷中的其他各篇有明显的不同。① 但是，在他看来，总收入乃是对象总体的社会表象或折射，因而这种表象性的总收入就是"对象总体"的表现形式。因此，他认定"终篇"研究和再现的是资本主义生产的"对象总体"。这忽视了"终篇"以理论批判为主、科学论述服从于理论批判的主题这一事实。依照陈俊明的看法，"终篇"应该以客观逻辑的阐述为主，这难以让人认同。当然，依照马克思从抽象上升到具体的《资本论》的分篇原则和叙述逻辑，关于资本主义生产的客观逻辑最终确实应该反映"对象总体"，所以《资本论》第三卷体现着"资本主义生产的总过程"。也就是说，如果从马克思的科学的抽象法或资本主义社会的"生理结构"的剖析来看，"对象总体"的分析与原理部分的"逻辑终点"是可以分开的；而从政治经济学批判作为《资本论》的首要主题来看，两者是必须分开的。囿于黑格尔哲学的逻辑思维方式，"对象总体"与"逻辑终点"必须统一，因此，陈俊明极力否定资本主义生产总过程在某种意义上是逻辑终点。在他看来，把总过程当作终点，未免过于笼统。② 而为了自圆其说，陈俊明又强调，"阶级"章不属于全三卷所构成的科学圆圈，是另一层圆圈的起点。这种圆圈的圆圈、螺旋式上升的圆圈的思维方式，都可以说是拘泥于黑格尔哲学的逻辑思维方式，起码是似是而非的，能否把它与马克思的政治经济学方法联系起来，值得商榷。

二、如何把握"终篇"在《资本论》逻辑进程中的地位

要科学把握"终篇"在《资本论》中的逻辑地位，关键在于理解马克思科学的劳动价值论与古典劳动价值论的关系，从而理解马克思的劳动价值论如何超越古典劳动价值论。

① 陈俊明：《〈资本论〉终篇研究》，暨南大学出版社1996年，第8页。
② 陈俊明：《〈资本论〉终篇研究》，暨南大学出版社1996年，第15页。

古典劳动价值论是一种朴素的劳动价值论。它从抽象人本主义出发，把渔夫和猎人的分工当作理论前提。由于理论上假定，渔夫和猎人代表全社会所有的人，他们的分工和交换关系，意味着全社会所有人处于一种自由、平等、独立状态，他们通过分工、协作确立起自利利人的和谐的社会关系；这个理论前提还意味着，所有劳动产品都是商品，所有人都是商品生产和交换的主体，所有商品供求相等，市场处于一般均衡状态。这个理论前提的含义，就是简单商品经济关系是整个社会关系的基础（这是基于抽象人本主义臆想出来的，是一种"市民社会"的幻觉）。古典劳动价值论是对这种简单商品经济关系的理论反映。

在这个臆想出来的"市民社会"基础上，亚当·斯密把劳动一般当作"现代经济学"的核心范畴。这个范畴以渔夫和猎人的分工、交换关系为前提，因而具有社会关系属性，实质上是现代经济学的范畴。但是，由于形而上学思想方法的局限，它在很大程度上是具体劳动的抽象形式，是在形式逻辑意义上对劳动抽象的一般共性的概括。因此，事实上古典劳动价值论是把作为具体劳动的抽象形式的劳动一般和作为社会劳动的一般规定的劳动一般即一般人类劳动混为一谈，甚至把雇佣劳动和作为具体劳动的抽象形式的劳动一般混为一谈。也就是说，它对社会劳动的一般规定缺乏认识，这就意味着对劳动价值的质的规定缺乏认识。因而，价值是什么？价值与价格是什么关系？价值的源泉是什么？古典劳动价值论对这些问题的认识是很模糊、很肤浅的。古典劳动价值论更多是从历史上的简单商品经济关系出发，把商品价值看成劳动费用，这种劳动费用包括物化劳动的费用和活劳动的费用（用货币表示就是工资或者说工钱）。在它看来，作为劳动费用，物化劳动和活劳动没有区别，因此，商品价值作为物化劳动，其价值量可以用它能够购买或交换的活劳动量（用活劳动的劳动时间衡量）来表示。这样，亚当·斯密对商品价值给出了双重定义：一是生产商品时耗费的物化的劳动时间（用劳动时间计量的原材料等生产费用和当期的活劳动费用），二是商品能够购买的活劳动的劳动时间。前者是就商品耗费的劳动成本而言，后者是将劳动时间当作商品通约的手段，劳动时间仅仅作为一种货币发挥作用。在亚当·斯密看来，这两个定义是一致的，可以互换使用。这样，商品的价值规定和价值规律只能以简单商品经济关系为基础，只能是简单商品经济关系的理论反映。一方面，在这种简单商品经济关系中，商品价格以劳动费用为基础，这个劳动费用包括活劳动的费用和原材料的费用（用货币表示就是一定的货币量），生产工具的磨损是被忽略的，更不会作为"资本"参与分配；另一方面，商品交换以劳动费用为基础进行等价交换。因此，从基本原则来看，这样归纳出来的价值规律与历史上的简单商品经济关系是一致的（在历史上对社会生产和生活起补充作用的简单商品经济中，价值规律具有萌芽和征兆的意义）。此外，由于古典劳动价值论没有把劳动费用区分为不变资本和可变资本（仅区分了固定资本和流动资本），没有把购买物化劳动的费用和购买活劳动的费用区分开来，没有基于分工和交换从社会劳动的一般规定来认识活劳动，物化劳动和活劳动都归结为同质的劳动一般，它们之间可以等量交换。并且，简单商品属于劳动者所有，活劳动的费用（广义理解的工资即工钱）等同于商品中的全部新价值。因此，在这种假定的简单商品经济关系中，商品的劳动费用可以等同于商品能够购买到的活劳动时间。

对于这种古典的劳动价值论，马克思肯定了它的科学性成分。马克思指出："古典经济学把利息归结为利润的一部分，把地租归结为超过平均利润的余额，使这二者在剩余价值中合在一起；此外，把流通过程当作单纯的形态变化来说明；最后，在直接生产过程中把商品的价值和剩余价值归结为劳动；这样，它就把上面那些虚伪的假象和错觉，把财富的不同社会要素互相间的这种独立化和硬化，把这种物的人格化和生产关系的物化，把日常生活中的这个宗教揭穿了。这是古典经济学的伟大功绩。"[①] 它之所以具有一定意义的科学性，是因为它的基本范畴如劳动一般、交换价值等是基于从具体到抽象的唯物主义过程，从现实经济关系中抽象出来的简单范畴，走完了马克思所说的相互统一的两个思维行程的第一个思维行程，不像庸俗经济学从现象到现象。并且，它虽然把资本主义生产看成生产一般，还是注意到了利润、地租和工资的对立关系，从而在一定意义上把物质生产和生产关系统一起来考察。这些是马克思在其他场合提到过的。

但是，由于古典劳动价值论局限于对简单商品经济劳动关系朴素的认

---

① 马克思：《资本论》第 3 卷，人民出版社 1975 年版，第 938–939 页。

识和形而上学的思想方法，没有从一般人类劳动的意义上把握劳动一般，把具体劳动的抽象形式和劳动的社会规定（一般人类劳动、雇佣劳动等）混为一谈，因而没有从真正意义上认识劳动二重性，也认识不到价值和剩余价值的真正的源泉，不可能基于商品的价值和剩余价值认识各种收入（它虽然把利息、利润、地租都归结为劳动时间，它们似乎又是由劳动之外的源泉产生，似乎劳动时间仅仅是计量手段；如果归结为劳动的产物，势必陷入二律背反，从而否定价值规律）。总之，古典劳动价值论"还或多或少地被束缚在他们曾批判地予以揭穿的假象世界里，因而，都或多或少地陷入不彻底性、半途而废和没有解决的矛盾中"[①]。从这种劳动价值论出发，古典经济学家想要分析资本主义生产，却有意无意忽视资本与劳动的对立这个基础，把资本主义生产看成简单商品生产的变形；他们试图用价值规律说明资本主义生产，却又不得不把剩余价值的利润形式看成资本与劳动的非等价交换的结果，以致否定了价值规律，从而陷入理论逻辑上的二律背反无以自拔。由于他们不理解价值和剩余价值的创造主体与具体劳动者的区别，不能把劳动价值论的理论逻辑贯彻到底，再加上基于抽象人本主义的价值立场和为资本主义生产的辩护心理，他们便很容易把商品价值分解为各种收入的内在逻辑颠倒过来，把生产要素看成各种收入的最终源泉，进而认为商品价值是由各种收入加总而来，且基于资本与收入的所谓相对关系在宏观整体经济联系中否定不变资本的存在，最终沿着三位一体公式转向了效用价值论和要素价值论。

这种颠倒可以说完全脱离了价值概念，因为土地、生产资料（资本事实上被归结为生产资料）和劳动作为抽象一般的生产要素，不具有社会关系属性，它们不形成社会关系属性的价值，如果说三位一体公式隐含一定合理性，也只能说这些要素共同形成了某种使用价值，因而它们共同创造了效用。可见，事实上已经把劳动价值论转化成了效用价值论（劳动时间成为效用的计量手段），从构成价值视角而言是转化为以效用为基础的要素价值论。另外，从宏观整体经济关系来看，由于不变资本被还原为收入，资本与劳动的对立关系被消除了，这使整个经济理论脱离了资本主义生产的基础。并且，整个经济关系的分析脱离了生产过程和特定社会性质的生

---

① 马克思：《资本论》第3卷，人民出版社1975年版，第939页。

产，局限于市场的竞争假象之中，使"商品价值"和各种收入陷入无法理解的神秘主义中，从而基于流通的表面在主观上把独立、自由、平等、互利的意识形态要求和资本主义生产统一起来。这是一种虚幻的统一，既缺乏生产过程的支撑，又处处遇到无法理解的逻辑矛盾。

这时，如果说还与劳动价值论有联系，那也只能是表面的联系。在把效用当作价格基础的情况下，把商品价值当作商品能够购买的劳动，依然可以把劳动时间作为商品的通约手段。这时，劳动时间仅被当作一种特殊货币发挥作用。

马克思的劳动价值论继承了古典劳动价值论的科学成分，比如，把商品价值归结为劳动，把利息、地租等归结为劳动，把价值看成资本主义社会最抽象的财富形式；从具体到抽象把握简单的一般范畴；在普遍化的简单商品经济关系中把握一般规定和基本原理①，等等。更重要的是，马克思的劳动价值论超越了古典劳动价值论，把朴素的劳动价值论发展为科学的劳动价值论。

马克思对活劳动作为一般人类劳动的规定进行了阐明。最系统的说明集中在《导言》中。在马克思那里，一般人类劳动虽然可以简称为一般劳动或劳动一般（文本中有时甚至简称为劳动），但它与作为具体劳动的抽象形式的劳动一般是明确区分开来的。一般人类劳动虽然是从具体劳动中抽象出来，在一定意义上可以同具体劳动相对而言，可以看成劳动的抽象表达，但它不是仅仅基于形式逻辑把劳动的共同性抽取出来，给出一个抽象的定义。它以广泛的分工和交换为前提，是充分社会化的劳动，因此，它作为劳动一般是这种社会劳动②的一般规定，这与具体劳动的抽象形式具有根本区别，具体劳动及其抽象形式是这种社会劳动社会属性的物质性意义的承担者。所以，马克思有时又称其为"一般社会劳动"③。这种社会劳动的一般规定，虽然包含具体劳动的抽象一般的内涵，却不是仅仅表现为一个

---

① 马克思作为商品经济的一般基础的、普遍化的简单商品经济，形式上与古典经济学相同，实质上具有根本的差别。这点可以参看前文的说明。

② 这种社会劳动通过分工和交换表现出来，私人劳动间接表现为社会劳动，而在未来的理想社会，特别是在这个理想社会的高级阶段，劳动的自私的目的性被消除，社会劳动转化为人人为我、我为人人的直接的社会劳动。

③ 《马克思恩格斯全集》第13卷，人民出版社1962年版，第27页。

抽象的范畴。它反映着这样的劳动现实：由于分工越来越细，各种具体劳动越来越简单化，它们趋于同质化，以致转岗培训越来越简单，培训时间越来越短，因而人们在不同岗位的流动越来越常态化。可见，这种一般的社会劳动，具有现实的一般性。这种在现实生产中直接呈现出来的一般社会劳动，能够展现出现实的创造性，它是社会存在物的创造者，具有主体性。由于它是在普遍的分工和交换中展现出来的一般社会劳动，因此，它具有社会关系的属性。对于一般人类劳动必须基于普遍化的商品生产和交换来理解，它是对应商品经济的一般社会劳动。作为具体劳动的抽象形式的劳动一般与一般人类劳动的差别，类似劳动产品和商品的差别。虽然两者都是具体产品的抽象，劳动产品作为商品却具有两重性，它首先是具体产品的抽象，同时是特定社会关系的物质承担者，因为它承担着特定的社会关系。劳动产品作为商品，它是具有现实一般性和主体性的一般人类劳动的产物，因此，它不仅具有具体的使用价值和抽象意义的效用，还具有价值，价值就是社会关系或者说生产关系的物化。

一般人类劳动是马克思首先阐明的，这也是对价值的质的规定的揭示。亚当·斯密虽然提出了劳动一般的范畴，且不自觉地把劳动一般与分工、交换联系起来，把它当作现代经济学的范畴，却没有把一般人类劳动和具体劳动的抽象形式真正区分开来，把两者混为一谈。因此，马克思强调，劳动的二重性是他首先提出来的。这是因为，没有阐明一般人类劳动，就不可能揭示劳动二重性。没有认识到一般人类劳动作为社会劳动的一般规定所具有的现实一般性和主体性，也就不可能认识活劳动创造价值的独特性质，因而不可能把物化劳动的费用和活劳动的费用区分开来（不能区分不变资本和可变资本），也不可能把工资意义的活劳动的费用和活劳动作为一般人类劳动创造的价值区分开来；不理解一般人类劳动创造价值的主体性和工资作为劳动力价值的独特性质，就不可能真正说明剩余价值或它的各种特殊形式的最终源泉。

马克思的劳动价值论对古典劳动价值论的超越，还表现在它的思维方式方面。古典劳动价值论遵循形而上学的思想方法，因此，它虽然基于唯物主义立场，依照从具体到抽象的思维行程，科学地得出了一些政治经济学的抽象简单的一般规定，如价格、交换价值等，可是它不但把这些商品经济的一般规定跟单纯的物质生产的规定混为一谈，还把这些抽象出来的一般规定当作僵化的规定，直接用僵化的规定以抽象演绎的方式构建起各种经济学体系。事实上，由于形而上学思维方式的局限，它不理解范畴之间的有机联系和对立统一的辩证关系，甚至不理解生产和分配、交换、消费之间最基本最一般的关系。那些抽象出来的各种简单范畴，处于孤立、静止和僵化状态，相互割裂开来。因此，古典劳动价值论不但不能从抽象上升到具体再现出来精神上的具体，甚至连形式逻辑的要求都达不到。

马克思的劳动价值论继承了古典劳动价值论从具体到抽象的唯物主义的合理要素，在此基础上，把由此得到的不同范畴和不同的经济运行原理当作一种发达资本主义生产的不同环节，并借鉴黑格尔哲学中从抽象上升到具体的思维原则，把它们当作生命有机体的内在环节和不同层次的"生命机理"在精神上（在理论逻辑上）再现出来。这种思想方法首先把发达的资本主义生产看成一个由各个环节紧密联系着的具体整体，并且把这样的具体整体当作生命有机体。它要求把从具体到抽象、从抽象上升到具体的两个思维行程结合起来。前者体现基于历史和现实的研究进程；后者是把通过研究得到的关于资本主义生产的各种理论认识，把思想认识上基于商品经济的历史发展形成的各种范畴，转化为某种发达资本主义生产的同时态的不同侧面、不同环节，依照其内在生命机理系统而生动地展现出来。前者显然是通过研究获得理论认识的过程，后者也包含一定的研究，把历史和现实中得到的认识转化成"有机生命体"的"解剖学"知识，这本身就需要研究，但是这种研究是围绕理论逻辑的发展进行的。因此，马克思把前者称为研究的方法，把后者称为叙述的方法。

马克思劳动价值论对古典劳动价值论的超越，还表现在基础理论方面，古典劳动价值论从抽象人本主义出发，而马克思的劳动价值论是从唯物史观和相应的社会发展理论出发。

理解了马克思的劳动价值论与古典劳动价值论的关系，我们就能理解这个"终篇"正是对古典劳动价值论的局限及其后果的批判。在这个"终篇"中，一方面，马克思基于科学的劳动价值论和资本主义生产的特殊形式，对价值创造与各种收入的关系、商品的价值与硬化了的表面上独立化了的收入形式的关系、不变资本的补偿与资本积累的关系、生产关系与收入分配的关系，联系收入形式进行了科学的阐明；另一方面，马克思揭示了三位一体公式和斯密教条的错误实质、错误表现和错误根源。可见，"终篇"的批判是以资本主义生产的科学阐述为基础的。没有确立科学的劳动价值论，没有阐明资本主义生产的基本原理，就不可能揭示古典劳动价值论的理论局限，这里的批判也是不可能到位的。因此，"终篇"是《资本论》的政治经济学批判这一主题的集中体现，这样的"终篇"必须以科学的劳动价值论揭示的资本主义生产基本原理为基础，它事实上又为经济学说史的批判和评论提供了指导。

三、原理部分的终篇对于整体性理解《资本论》的重要性

原理部分的终篇是原理部分和批判史部分的枢纽，认清"终篇"在《资本论》逻辑进程中的地位，有助于从艺术整体上把握这部著作，有助于把握《资本论》的首要主题。

能否"吃透"原理部分的终篇，关系到对马克思写作风格和《资本论》理论特色的把握。"吃透"原理部分的终篇和把握马克思的写作风格，是一种"相互决定"的关系，不理解前者，就不能基于后者把握《资本论》的理论特色；不理解后者，就不可能真正理解这个"终篇"在《资本论》逻辑进程中的地位。因此，基于马克思的写作风格把握《资本论》的理论特色，真正"吃透"原理部分的终篇，才能从艺术整体的高度理解《资本论》全部内容的内在机理和相互关系。

马克思强调，《资本论》的原理部分和学说史批判部分，"是一个艺术的整体"[①]。马克思之所以把《资本论》写成"这样"，是因为跟他的写作风格息息相关。马克思不仅在研究过程中把科学研究和理论批判如影随形一般地紧密联系起来，他还把这种理论研究的内在要求，直接反映到理论成果中。比如，《德意志意识形态》着重点是对青年黑格尔派的批判，想要通过这种批判对自己以往认同或受到影响的错误思想，进行自我清算。它批判了青年黑格尔派的价值立场和基于抽象思辨的辩证法的思维方式，进而

---

① 《马克思恩格斯〈资本论〉书信集》，人民出版社1976年版，第196页。

批判了德意志的意识形态，顺带批判了"真正的社会主义"即德国流行的空想社会主义。与此同时，马克思和恩格斯等，正是在这种批判中对崭新的唯物史观从历史发展方面进行了系统的科学论述。马克思的这种学术风格，在《共产党宣言》和《资本论》第一卷的"第二版跋"中，都有显著的体现。而在《〈政治经济学批判〉导言》中，更是达到了极致。这个导言的"生产与分配、交换、消费的一般关系"部分，其主题是批判以往经济学家孤立、僵化、抽象地看待生产与分配、交换、消费的一般关系。基于孤立、抽象、僵化的思想方法，这些经济学家把现实生产的不同环节任意割裂开来，脱离现实的生产实践；他们为了替资本主义生产辩护，甚至违背形式逻辑的基本规则，把生产当一般，把分配和交换当特殊，把消费当个别。但是，这种批判并没有展开，只是在引文中集中说明。事实上，这种批判是通过对这些生产环节的科学论证来实现的。此外，这个导言的"生产"部分，为了说明政治经济学的研究对象应该是什么，通篇几乎是对以往经济学的批判。对于马克思的这种写作风格，恩格斯也是认识到的，他一度认为马克思为《反杜林论》写的"批判史"一章，大幅超出了批判的需要，他在再版时还是完整地采用了马克思提供的初稿。

从《资本论》原理部分的篇章结构来看，第三卷第七篇与此前的篇章结构对比，显得有些"另类"。此前各篇，就像是马克思劳动价值论基本原理的"自我展开"，显示了一般人类劳动本质规定的外化、异化和对象化（物象化）；同时显示着资本主义生产这一社会有机体内在生命机理的"自我展开"。这种理论逻辑的"自我展开"是对资本主义现实生产的理论反映。但是，第三卷第七篇不同于此前的理论逻辑的"自我展开"，它围绕各种收入的源泉问题，对以往经济学特别是古典经济学的局限进行了集中批判，力图揭穿那些经济学家利用三位一体公式为资本主义社会辩护的全部秘密，进而从源头和基本逻辑关系方面彻底挖断以往全部经济学的根基①。这确实显得有些"另类"。接下来，马克思又把经济学说史的批判当作《资

---

① 基于历史实证经验留下的一些理论成果应当珍视。就像否定地球中心说一样，科学的否定并不意味着抛弃那个时代与地球中心说相关的一切认识成果。例如，太阳从东边升起到西边落下，从太阳中心说来看，这种说法是大有问题的，但作为一种生活经验的总结性认识，它在一定意义和范围内，对人们的生产和生活是有指导作用的。

本论》的第四卷①，把它看成《资本论》的"艺术的整体"的有机构成部分。这跟人们的"常识"相违背，以致在马克思去世之后，这两部分在国内外始终被拆分为两部著作出版。

对照《〈政治经济学批判〉导言》的第二部分，即"生产与分配、交换、消费的一般关系"，结合马克思的写作风格和理论特色，我们对于原理部分终篇的"另类"存在形式，就能够理解了。这个"终篇"就像是"生产与分配、交换、消费的一般关系"的引文，虽然有点突兀，有些另类，事实上却是全部内容的主题所在，马克思正是通过系统的科学论述，达到对这一主题的间接的彻底批判效果。如果这样看，就像是关于生产与分配、交换、消费的一般关系的科学论述首先服务于对以往经济学的批判一样，在《资本论》第三卷第七篇前面的科学论述，首先也是服务于对以往经济学的批判，而全部的科学论述和第三卷第七篇的批判，又为经济学说史的全面批判提供了坚实的必要基础。可见，从马克思的写作风格和《资本论》的首要主题来考察，它们确实构成了"艺术的整体"，后世的出版形式，都是对"艺术的整体"的严重阉割。

把握原理部分终篇在《资本论》逻辑进程中的地位，对于我们更好地理解《资本论》的首要主题也是极端重要的。

作为"艺术的整体"的《资本论》，对以往政治经济学的批判无疑是它的首要主题。这种批判更多是理论的批判和意识形态的批判，不是对资本的抽象否定。诚然，原理部分通过科学的论述，揭示了资本的本质、资本的逻辑，揭示了资本主义生产的经济运动规律。但是，这种揭示并不是基于资本逻辑和它的剥削本性抽象否定资本存在的历史合理性，也不是要求无条件消灭私有制。对《资本论》的这种理解，是基于空想社会主义倾向的误解，是对马克思和《资本论》的严重曲解。当然，《资本论》中确实提到资本主义丧钟就要敲响了，那是在特定场合讲的，是对资本主义发展趋势的最终结果而言的。马克思对基于抽象思辨否定资本的历史合理性的做法是不会赞同的，就像是从奴隶制的逻辑出发，从农奴制的逻辑出发，抽象否定它们历史存在的合理性不符合唯物史观一样，从资本逻辑出发抽象

---

① 马克思的表述有所不同，相当于现有《资本论》体系结构的第 4 卷。

得出消灭资本、消灭私有制的目标，同样是违背马克思唯物史观的基本要求。资本是否到了丧失历史合理性的时候，私有制是否到了退出历史舞台的时候，都不能片面依据资本逻辑或资本的本性做出判断，而必须把资本逻辑与基于唯物史观的历史逻辑结合起来。

把原理部分终篇的批判当作《资本论》首要主题的集中体现，才能把握资本主义生产的基本经济原理和基于文献的理论史批判的内在逻辑关系，才能把《资本论》的全部内容当作艺术的整体来认识。而只有把《资本论》的全部内容当作"艺术的整体"，才能更加科学地把握这部著作的首要主题。如果把全部内容当作"艺术的整体"完整地出版，它的首要主题是容易彰显出来的，这就能避免抽象看待资本逻辑，并由此滑向空想社会主义。在《资本论》的全部内容中，文献部分即学说史部分，类似《〈政治经济学批判〉导言》中的"生产"部分，是基于科学的认识对以往经济学的系统批判；"论资本"部分则类似《〈政治经济学批判〉导言》中的"生产与分配、交换、消费的一般关系"部分，它整体上是科学论述，却又归结为理论批判的主题。而政治经济学方法、唯物史观是隐含于《〈政治经济学批判〉导言》和《资本论》的具有指导意义的思想。我们的这种比较并不是凭空猜测，因为马克思在《〈政治经济学批判〉序言》中指出，《〈政治经济学批判〉导言》是《资本论》的第一部手稿的"总的结论"。正是在《〈政治经济学批判〉导言》中，指导马克思写作政治经济学著作的方法论思想得到了集中而系统的阐述。把原理部分单独出版，极大淡化了它的首要主题，给人们造成无条件消灭资本、消灭私有制的错觉。

《资本论》对以往政治经济学的批判，作为首要主题，并不限于批判以往政治经济学的理论前提和形而上学的思想方法，就像马克思对青年黑格尔派的批判一样，它不仅涉及意识形态批判，还涉及对空想社会主义的批判。资产阶级的政治经济学（包括古典经济学）是异化的现实和社会关系的集中体现，它包含政治的、哲学的意识形态，又把异化的经济关系看成基于三位一体公式的合乎自然的关系。这种把社会关系和物质生产合而为一的理论，既是以抽象人本主义为基础，又集中掩盖了异化的现实，赤裸裸地为资本逻辑辩护。资本主义生产和资本逻辑是劳动异化的典型，政治经济学作为意识形态，较哲学、政治学更加具有迷惑性，因为它与人们的物质利益和生活感受息息相关。这在很大程度上是马克思从哲学批判转向政治经济学批判的主要缘由。《资本论》对空想社会主义的批判，主要针对的是蒲鲁东，对此，马克思在多个场合交代过。

　　总体来说，要把握马克思的劳动价值论与古典劳动价值论的关系，要理解《资本论》对以往政治经济学的批判意义，从而理解原理部分的终篇在《资本论》的逻辑链条中的地位，就必须充分理解《〈政治经济学批判〉导言》对《资本论》的方法论意义。

资本逻辑不能作为判断资本历史合理性的现实依据

近年来，一些学者重新提出了消灭私有制的主张。这一主张受到了社会的广泛关注，也引起一些人特别是工商业者的疑虑。依照马克思的唯物史观和经济思想，只要是处于社会主义初级阶段，只要是市场及其商品货币关系还是主导着整个社会的生产和生活，私有制就不可能退出历史舞台，商品货币关系也必然催生资本的生成和发展。因此，要消灭私有制、消灭资本，就必须在现实生活中首先消灭商品和市场关系，并且要消灭家庭的存在。这显然是脱离现实、脱离历史条件，也是违背马克思的唯物史观。并且，从马克思的劳动异化思想及其与私有制和资本的关系来看，在生产力的发展能够使所有人获得全面自由的发展之前，即使强行消灭了排他性的私有财产，私有财产还是消灭不了，因为"普遍的私有财产"在本质上依然是私有财产。这里基于马克思理论的基本原理论述了劳动异化与私有制和资本的关系，基于马克思的理论原则考察了其自身从历史条件出发对待私有财产或资本的实践取向，说明了社会主义市场经济条件下私有制及其资本存在的必要性与合理性。

一、劳动异化、私有制与资本逻辑

马克思超越了黑格尔、费尔巴哈的劳动异化思想。他的劳动异化思想不是从观念出发，也不是从自然主义的人本主义的理想出发。对于马克思而言，劳动异化首先表现为人类历史发展过程中的异化。他从人的本质力量和现实实践出发考察劳动异化问题。在他看来，一方面，现实生活中的人作为高级动物,具有创造性本质力量,能够制造工具,并利用自己创造的文明依照人类自身的需要使自然人化,即把纯粹的自然改造为适合人类需要的社会存在,这种社会存在即人化了的自然,马克思称为第二自然。另一方面,人的这种创造性本质力量的释放又必然使人的本性发生异化,使劳动从人的自由的生命活动异化为谋生手段,人成为狭隘自私的人,劳动成果的大部分被少数人占有,人与人的自然关系异化为基于利益的对立关系。可见,劳动异化根源于人类的创造性本质力量的释放,它是人类文明走向进步的表现,又是劳动异化归根到底的原因。从某种意义而言,劳动异化本身同样具有双重作用。尽管它成了统治劳动者的力量,使人们屈从于它的统治,一定意义上,它又是生产力进步的表现,并反过来促进生产力的发展。并且,基于异化劳动的社会生产关系总是适应生产力的发展而改变自身的存在形式,社会因此获得进步。总体来看,这种劳动异化反映了人类社会发展的矛盾,只有生产力发展到必要的高度,这种矛盾才能消除,那时人们才能从这种劳动异化中解脱出来。正因为如此,马克思强调"自我异化的扬弃同自我异化走的是同一条道路。"①

从马克思的人类历史发展过程中的异化来看,在人类社会发展的漫长过程中,从分工使劳动成为人们的谋生手段开始,直到将来人们得到自由全面发展的理想社会之前,人类社会都是处于劳动异化的状态。这种劳动异化贯穿了几个不同的社会经济形态。从人类关系的本质属性来看,人是社会关系的总和,因此,在这个漫长的历史时期,人类劳动就其内在本性而言始终具有社会劳动的性质。但是,在前资本主义社会,人们的生产活动更多地表现为人与外部环境的自然联系,人与人的关系还带着历史的、血缘的关系,统治与被统治的关系表现为直接的人身支配关系。也就是说,原始社会后期到资本主义生产广泛发展起来之前,尽管人们的劳动已经处于异化劳动状态,却又没有发展到基本消除人们之间的自然联系和历史联系的典型的状态。随着资本主义生产的普遍发展,劳动异化才发展为典型的状态。

马克思认为,私有制实质上就是异化劳动存在的社会形式。在他看

---

① 马克思:《1844 年经济学哲学手稿》,人民出版社 2000 年版,第 78 页。

来，"私有财产这一概念"是"从外化的人、异化劳动、异化的生命、异化的人这一概念得出"的[①]，作为异化劳动的私有财产，"不过是下述情况的感性表现：人变成了对自己说来是对象性的，同时变成了异己的和非人的对象，他的生命表现就是他的生命的外化，他的现实化就是他失去现实性，就是异己的现实"[②]，也就是说，人成为异己的存在物。可见，私有制的本质特征是劳动具有"强制"的性质，即劳动不是自由的生命活动，反而成了谋生手段，而劳动成果特别是生产资料成为迫使劳动者屈从自己的力量。因此，他强调"私有财产的主体本质"[③]就是作为异化劳动的劳动，"私有财产即人的自我异化"[④]。在这个意义上，凡是符合这种本质特征的社会财产制度，都可以称为私有制。正因为如此，除了人们通常理解的排他性私有财产，马克思还提出过"普遍的私有财产"[⑤]的概念。这种"普遍的私有财产"制度就是财产实行公有和共有，人们共同劳动，"共同体"（集体）的劳动者获得平等的工资。在马克思看来，在这种"普遍的私有财产"制度下，"工人这个范畴并没有被取消，而是被推广到一切人身上"[⑥]，从事异化劳动"是为每个人设定的天职"[⑦]。"共同体"同实物世界的关系仍然是"私有财产关系"，即劳动者依然处于异化劳动的统治之下，甚至"把妇女变为公有的和共有的财产"[⑧]；而体现着劳动异化的资本成为"共同体"（集体）的"公认的普遍性和力量"[⑨]，这时"社会就被理解为抽象的资本家"[⑩]。对于这种"普遍的私有财产"制度，马克思称为"粗陋的共产主义"，它实质上是私有财产关系，主观上"是想把自己设定为积极的共同体"[⑪]。它简单否定排他性私有财产的形式，事实上是"没有理解私有财产的积极的本质"，不理解排他性私有财产在历史发展过程中的积极作用和历史合理性；也"不了解需要所具有的人的本

[①⑩] 马克思：《1844 年经济学哲学手稿》，人民出版社 2000 年版，第 62 页。

[②] 马克思：《1844 年经济学哲学手稿》，人民出版社 2000 年版，第 84–85 页。

[③] 马克思：《1844 年经济学哲学手稿》，人民出版社 2000 年版，第 78 页。马克思在这里把异化劳动称为"财产之排除的劳动"。

[④⑪] 马克思：《1844 年经济学哲学手稿》，人民出版社 2000 年版，第 81 页。

[⑤] 马克思：《1844 年经济学哲学手稿》，人民出版社 2000 年版，第 78 页。

[⑥⑧] 马克思：《1844 年经济学哲学手稿》，人民出版社 2000 年版，第 79 页。

[⑦⑨] 马克思：《1844 年经济学哲学手稿》，人民出版社 2000 年版，第 80 页。

性"。^① 这种"粗陋的共产主义"体现着普遍的嫉妒和平均化的顶点。它是"对整个文化和文明的世界的抽象否定",它"不仅没有超越（通常意义的）私有财产的水平，甚至从来没有达到（这种）私有财产的水平"，如果长期实行这种"普遍的私有财产"制度，只能造成"向贫穷的、没有需求的人……的非自然的单纯倒退"^②，而社会的贫穷必然使历史上的各种痼疾重新恢复。

资本逻辑是典型化了的异化劳动的逻辑。劳动的异化表现：人们的劳动成果作为社会力量成为统治劳动者的外在力量，个人屈从于这种外在力量；劳动产品成为社会关系的物质承担者，社会关系成为物的属性，表现为直接的物与物的关系。在资本主义社会，人们自然的联系和历史形成的现实联系越来越微不足道，生产资料基于雇佣劳动关系成为自我保值和增殖的资本，工人成为雇佣劳动的人格化，资本家成为资本的人格化，土地所有者垄断土地所有权并通过土地垄断获得收益，生产力成为资本的生产力，劳动产品成为资本的产品并不断转化为新的资本，劳动过程从属于资本的自我生存和发展的过程，劳动者成为资本的"工具"。在资本主义社会，劳动异化在类本质异化、劳动产品异化、劳动过程异化、社会关系异化的各个方面，都达到了典型的状态。

从异化劳动与私有制和资本的关系来看，总体来说，异化劳动是私有财产和资本的主体本质。因此，私有制及其资本的最终消灭是基于人类社会内在规律的必然结果。但是，在生产力高度发达之前，在人类社会漫长的发展过程中，私有制乃至它的一定的社会存在形式，在新的社会生产方式的物质基础成熟之前，是具有暂时存在的历史合理性的，是不能凭主观愿望消灭它的。异化劳动的本质以及一定历史条件下的自我发展逻辑，不能作为消灭私有制或资本的现实依据。私有制或资本在什么情况下退出历史舞台，在什么情况下应该用无产阶级专政手段加速它的灭亡，只能基于马克思的唯物史观进行历史的判断。用今天的眼光来看，或者用以人为本的理想化眼光来看，历史上曾经在古希腊、古罗马普遍存在的奴隶制是极

① 马克思：《1844年经济学哲学手稿》，人民出版社2000年版，第81页。
② 马克思：《1844年经济学哲学手稿》，人民出版社2000年版，第79-80页。

为不道德的。它的存在方式也是野蛮粗暴的，然而，不能就此对它进行彻底否定。依照马克思的唯物史观，奴隶制也是具有历史合理性的，只有历史条件成熟了，它在欧洲才可能被新的社会生产方式取代。对于当代的私有制或资本，同样不能从资本逻辑本身给它开出死亡证书。

马克思关于"普遍的私有财产"的思想表明，作为异化劳动最终被扬弃的"共产主义"，就其本质意义而言，它是人的真正的解放，是人的自由全面发展的实现。因此，马克思强调，"私有财产的扬弃，是人的一切感觉和特性的彻底解放"①。由此实现的"共产主义""是通过人并且为了人而对人的本质的真正占有……它是人向自身、向社会的即合乎人性的人的复归"；"这种共产主义，作为完成了的自然主义＝人道主义，而作为完成了的人道主义＝自然主义，它是人和自然界之间、人和人之间的矛盾的真正解决，是存在和本质、对象化和自我确证、自由和必然、个体和类之间的斗争的真正解决。它是历史之谜的解答"。②可见，仅将生产资料收归国有或社会所有，还不能真正消灭私有制或资本。因为财产公有只是实现理想社会的一个环节，这只是导向理想社会的必要手段，只有在理想社会的到来水到渠成的时候，用无产阶级专政实现财产公有，才可能是通向新社会的必要过渡。如果实现人的彻底解放、让每个人获得自由全面发展的历史条件不具备，即便财产收归公有，也不可能真正消灭私有制，因此得到的只能是"普遍的私有财产"制度。

二、马克思对私有制及其资本的理论原则与实践取向

马克思对私有制及其资本的实践取向有一个演变过程。他依照唯物史观对资本主义的发展条件或无产阶级的斗争背景的判断不同，实践取向和斗争策略也就不同。

1843 年，他希望德国能从自身的国情出发首先实现人的解放。在他看来，由于德国历史上简单商品经济比较发达，随着资本主义的发展，大量

①　马克思：《1844 年经济学哲学手稿》，人民出版社 2000 年版，第 85—86 页。
②　马克思：《1844 年经济学哲学手稿》，人民出版社 2000 年版，第 81 页。

的小商品生产者会遭遇破产，因而无产阶级队伍的壮大特别迅速。因此，德国的革命条件有可能率先成熟。在《1844年经济学哲学手稿》中，马克思虽然认为基于生产资料"共同体"（集体）所有的"共产主义"实质上是"普遍的私有财产"制度，是一种"粗陋的共产主义"，这种"共产主义"还不具有严格意义的社会主义性质，"并不是人类发展的目标，并不是人类社会的形式"①，只能是在历史条件成熟时通往真正的社会主义的一个必要的环节（也就是必要的过渡性社会形式）；但马克思又强调：这种"共产主义"是"人的解放和复原的一个现实的、对下一段历史发展说来是必然的环节……是最近将来的必然的形式和有效的原则"②。可见，马克思这时大致是断定资本主义存在的时间不多了，为了过渡到社会主义社会（共产主义低级阶段），有必要将生产资料收归国有。应该说，马克思这种乐观的看法到1848年达到了顶点。这是因为欧洲在1847年发生严重的经济危机，这场经济危机引发了1848年广泛的欧洲革命，这似乎强化了马克思的这样一种认识，即经济危机必然引发社会革命。因此，在这一年，他和恩格斯共同发表了《共产党宣言》。这篇影响巨大的《共产党宣言》明确指出："共产主义的特征，并不是要废除一般的所有制，而是要废除资产阶级的所有制……共产党人可以把自己的理论用一句话表示出来：消灭私有制。"③《共产党宣言》在废除资产阶级私有制方面还提出了如下的指导意见，即无产阶级在发达国家取得政权后，应该采取如下措施：①剥夺地产，把地租用于国家支出；②征收高额累进税；③废除继承权；④没收一切流亡分子和叛乱分子的财产；⑤通过拥有国家资本和独享垄断权的国家银行，把信贷集中在国家手里；⑥把全部运输业集中在国家的手里；⑦按照总的计划增加国家工厂和生产工具，开垦荒地和改良土壤；⑧实行普遍劳动义务制，成立产业军，特别是在农业方面；⑨把农业和工业结合起来，促使城乡对立逐步消灭；⑩对所有儿童实行公共的和免费的教育，取消现在这种形式的工厂的童工劳动，把教育同物质生产结合起来等。上述材料表明，马克思在19世纪50年代初之前的一定时期内，对于消灭资产阶级所有制是比

①② 马克思：《1844年经济学哲学手稿》，人民出版社2000年版，第93页。
③ 《马克思恩格斯全集》第4卷，人民出版社1958年版，第480页。

较急迫的。

1853 年以后，马克思似乎进行了新的反思。他感觉资产阶级社会似乎踏进了新的发展阶段，因而决定"从头开始，用批判的精神来透彻地研究新的材料"①。有些学者发现，此后马克思几乎不再使用"暴力革命"这个词了。② 因此，这可以看成马克思重新反思资产阶级社会的开始。也许是由于 1857 年严重的经济危机未能引发类似 1848 年的欧洲革命，马克思经过数年的重新思考，最终改变了经济危机意味着社会革命即将发生的判断。他在 1859 年 1 月完成的《〈政治经济学批判〉序言》中指出："无论哪一个社会形态，在它所能容纳的全部生产力发挥出来以前，是决不会灭亡的；而新的更高的生产关系，在它存在的物质条件在旧社会的胎胞里成熟以前，是决不会出现的。所以人类始终只提出自己能够解决的任务，因为只要仔细考察就可以发现，任务本身，只有在解决它的物质条件已经存在或者至少是在生成过程中的时候，才会产生。"③ 由于这是在公开出版物中表达的看法，因此，可以看成马克思对私有制或资本的实践取向发生转变的标志。当然，这虽然是转变的标志，却不是马克思类似看法的"唯一"表达，因此，有些人试图将这段话归结为翻译偏差是徒劳的。此后，在制定国际工人协会的章程时，马克思顶着巨大的压力，没有把《共产党宣言》的原则写进章程的绪论中。恩格斯在 1890 年反思这场党内争论时指出，国际章程（第一国际章程）绪论部分是马克思起草的，他之所以没有把《共产党宣言》中所提出的那些原则写进章程，是因为他把这些原则的最终胜利，"完全寄托于共同行动和共同讨论必然要产生的工人阶级智慧的发展"④。在恩格斯看来，马克思是正确的，因为当时的工人运动不能从《共产党宣言》所申述的原则出发；把那些原则当成"万应灵丹"毫不中用，必须更善于透彻了解工人解放的真实条件。

1867 年马克思在《资本论》第一卷的"第一版序言"中，用相当的篇

①　《马克思恩格斯全集》第 13 卷，人民出版社 1962 年，第 10 页。

②　一些学者就此断言，马克思的思想出现重要转变。这是过于草率了。事实上，这之后，马克思和恩格斯一直在盼望和预测下一次经济危机的到来，希望它能够带来新的社会革命。因此，即使马克思此后不再使用"暴力革命"这个词，至多表明马克思比之前更谨慎一些。

③　《马克思恩格斯全集》第 13 卷，人民出版社 1962 年版，第 9 页。

④　《马克思恩格斯全集》第 22 卷，人民出版社 1965 年版，第 64 页。

幅阐述了资产阶级的自我改良问题,他在这里强调:"一个国家应该而且可以向其他国家学习。一个社会即使探索到了本身运动的自然规律,——本书的最终目的就是揭示现代社会的经济运动规律,——它还是既不能跳过也不能用法令取消自然的发展阶段。但是它能缩短和减轻分娩的痛苦。"①可见,《资本论》中体现的"现代社会的经济运动规律",并不能成为消灭私有制或资本的理由。正因为如此,马克思高度肯定资本主义生产的历史合理性,强调它与历史上的其他私有制形式相比,"都更有利于生产力的发展,有利于社会关系的发展,有利于更高级的新形态的各种要素的创造"②。有人从《资本论》中摘出这么一句话:"资本主义私有制的丧钟就要敲响了"③,以此断言消灭资本的时刻在马克思看来是成熟了。其实,这里只是一种虚拟语气,其前提:生产资料的集中和劳动的社会化,达到了同它们的资本主义外壳不能相容的地步。这个前提是否具备,马克思并没有给出答案。这只是作为资本主义积累的历史趋势来说明的。马克思晚年时,在《评阿·瓦格纳的〈政治经济学教科书〉》中指出,完全不同意瓦格纳单纯把利润看成资本家对工人的"剥取"和掠夺。在他看来,资本家是资本主义生产的"必要的职能执行者……他不仅'剥取'……而且迫使进行剩余价值的生产……帮助创造属于剥取的东西";并且,"资本家只要付给工人以劳动力的实际价值,就完全有权力,即符合于这种生产方式的权力,获得剩余价值"。④他还指出,按照价值规律,剩余价值应该"归资本家,而不归工人"⑤。这表明,马克思即使到了晚年,他依然认为消灭资本主义生产的条件是不成熟的。

上述分析表明,马克思在 1859 年之后,对于消灭私有制、消灭资本是比较谨慎的。与此相应,他在后期是尽量避免将《共产党宣言》的原则变成现实斗争的行动纲领,更多地突出了经济利益和阶级意识的培养在现实斗争中的导向意义。这就是恩格斯所强调的,必须更善于透彻了解工人解

① 马克思:《资本论》第 1 卷,人民出版社 1975 年版,第 11 页。
② 马克思:《资本论》第 3 卷,人民出版社 1975 年版,第 926 页。
③ 马克思:《资本论》第 1 卷,人民出版社 1975 年版,第 831 页。
④ 《马克思恩格斯全集》第 19 卷,人民出版社 1963 年版,第 401 页。
⑤ 《马克思恩格斯全集》第 19 卷,人民出版社 1963 年版,第 408 页。

放的真实条件。因此，这既是马克思的实践取向，也是恩格斯的实践取向。这种实践取向正是科学的唯物史观的内在要求。当然，马克思的这种实践取向是策略性的，所谓思想转变也只是策略的转变。就理论原则来说，马克思是坚信私有制必然灭亡，资本必然灭亡。并且认为在条件成熟时通过社会革命实行无产阶级专政是导向社会主义的必要的"过渡阶段"。正因为如此，马克思虽然事先认为巴黎公社革命的条件不成熟，明确表示不赞同工人阶级发动起义。事后，他又热情赞颂工人阶级的精神，积极总结他们的经验和教训。当然，消灭私有制及其资本是有条件的。不但要有生产力高度发展这个基本的总的前提，对于生产力相对落后的国家来说，只有发达资本主义国家的社会革命条件成熟的时候，才能通过诱发发达国家的社会革命来保障自身革命的最终成功。由于这种理论原则与实践取向的内在张力，马克思在晚年一方面通过《哥达纲领批判》严肃批判了拉萨尔主义的错误倾向，以维护无产阶级的基本原则；另一方面却又不希望人们利用《哥达纲领批判》采取过于激进的策略，以致他不得不尽量限制《哥达纲领批判》的传阅范围。除了白拉克，马克思指定的传阅人仅限于盖布、奥艾尔、倍倍尔和李卜克内西四人。① 恩格斯是在马克思去世多年后才得知马克思留下了这封秘密信件。

三、私有制、资本与社会主义初级阶段

社会主义初级阶段是我国生产力落后、经济不发达条件下建设社会主义必然要经历的特定阶段。这种"社会主义初级阶段"还不是作为马克思所理解的共产主义低级阶段的起始阶段，不是各国进入社会主义普遍需要经历的那种"共产主义初级阶段"。它是"与后发国家的落后生产力相适应的非严格意义的社会主义，或者说是'不够格'的社会主义"。② 这是一种"准社会主义"。③ 这种"社会主义初级阶段"旨在为严格意义的社会主义的

---

① 《马克思恩格斯全集》第19卷，人民出版社1963年版，第13页。这个纲领是马克思写给白拉克的一封长信。

② 罗雄飞：《中国化马克思主义与中国道路》，江西高校出版社2019年版，第105页。

③ 李崇富：论社会主义初级阶段的本质、过程和方向把握，《马克思主义研究》2017年第10期。

建立准备条件，以社会主义为目标导向。

社会主义初级阶段理论是中国特色社会主义建设的总依据。长期处于社会主义初级阶段，是我国的基本国情和最大的实际。它作为"不够格"①的社会主义，不同于严格意义的社会主义。它处于无产阶级政权的领导下，马克思经典理论与中国实际紧密结合的马克思主义理论居于指导地位。在经济关系方面，这样的社会主义初级阶段必须自觉地、长期地在市场经济的基础上，发展商品生产，发展生产力，简言之，就是发展社会主义市场经济。根据社会主义初级阶段的时代要求，1992 年 10 月，党的十四大报告明确提出，我国经济体制改革的目标是建立社会主义市场经济体制。这样的基本判断和发展目标，当前依然是适用的。2016 年，习近平总书记在庆祝中国共产党成立 95 周年大会的讲话中指出："处于并将长期处于社会主义初级阶段的基本国情……是我们谋划发展的基本依据"②。2017 年党的十九大报告重申：我国仍处于社会主义初级阶段的基本国情没有变。在这样的历史条件下，发展社会主义市场经济当然是题中应有之义。

对于这种"社会主义初级阶段"来说，具体的体制机制，虽然以社会主义为导向，其中任何的所有制形式或分配原则都不能跟社会主义性质画等号，而必须以社会主义初级阶段理论为指导，根据不同环境和任务的要求，因时因地而改变。就国有资本的主导地位而言，必须历史地具体地对待，不能抽象地把它当作社会主义的标签。总的来说，其历史使命就是解放和发展生产力、增强国际竞争力赶超发达资本主义国家，最终导向真正意义的社会主义社会。基于其社会主义导向，有必要节制资本，防止资本成为经济领域的垄断力量或社会的主导力量，在有利于生产力发展的同时必须使人民群众充分享受改革发展的成果。为此，在一定限度内保持国有资本的主导作用是必要的。

"社会主义初级阶段"的最显著特征就是"不发达"，这首先表现为生产力水平落后及相应的社会生产落后。这不仅是与世界其他国家的横向比较，主要还是针对社会主义初级阶段向严格意义的社会主义迈进所需的生

---

① 《邓小平文选》第 3 卷，人民出版社 1993 年版，第 225 页。
② 《习近平谈治国理政》第 2 卷，外文出版社 2017 年版，第 38 页。

产力水平而言。即使在与其他国家的横向比较中取得优势，若距离严格意义的社会主义所需的生产力要求依然遥远，也不能说脱离了"不发达阶段"。就这种生产力不发达的社会而言，从第一部分已经论述的机理来看，要想消灭私有制是不可能的。就排他性私有财产而言，如果它被彻底消灭了，也就意味着家庭和家庭差别消失了，城乡之间、地区之间、体力劳动者与脑力劳动者之间的排他性财产关系也消失了，这显然是不切实际的。就算是在特殊情况下能够用专政手段在一定限度内消灭排他性私有财产，其结果也只是排他性私有财产转化为马克思论述过的"普遍的私有财产"，因为劳动依然是谋生手段，"共同体"（集体）这时便成为统治所有人的"抽象的资本家"，异化劳动这一私有财产的主体本质并没有被消灭。

在这种"社会主义初级阶段"，无产阶级刚刚夺取政权的一定时期内，为了巩固社会主义政权，有必要将生产资料收归国有，实行集中统一的生产管理。这有助于消灭国内敌对势力的经济基础，防止他们的反抗；有助于集中现有的有限资源，最大限度地发展生产，尽快建立独立的工业体系，以抵御外部的政治、经济乃至军事上的冲击。第二次世界大战后，两大阵营长期对峙局面的维持表明，这种源自苏联的发展模式在巩固社会主义政权方面是具有历史合理性的。但是，我们不能把这种"苏联模式"等同于社会主义，它还存在排他性私有财产关系，而在有些方面符合马克思论述过的"普遍的私有财产"制度，它没有体现人的自由全面发展这一社会主义的本质要求，更多地属于无产阶级专政的概念，在很大程度上是巩固政权所需要的一种特殊发展模式。从理论逻辑来看，如果把"苏联模式"等同于社会主义，那么，我们的改革开放和社会主义市场经济体制，就有"倒退"之嫌，就可能被当成"修正主义"。中国的伟大实践表明，在"社会主义初级阶段"的漫长时期，解放和发展生产力，在和平竞争的环境下通过社会经济的赶超式发展，超越发达资本主义国家，加快严格意义的社会主义的到来，是社会主义政权巩固之后，社会主义政权必须承担的历史使命。

正如前文所交代的那样，我国依据"社会主义初级阶段"的基本国情，建立了社会主义市场经济体制。就这一体制而言，虽然国有企业发挥着主导作用，总体而言，它是以排他性私有制为前提的。因此，如果主张消灭当前的私有制，无疑就是要消灭社会主义市场经济。并且，在这种社会主义市场经济中，不仅存在大量的民营资本和国外资本，即便是国有企业，也是以合同制确立了劳动者的人事关系，事实上是确立在雇佣劳动的基础上，可见，这种国有企业事实上已经是资本的一种特殊形式。因此，提倡消灭资本，最终必然是消灭社会主义市场经济。

总之，不顾历史条件，在当前条件下盲目主张消灭私有制、消灭资本，既违背马克思的基本理论原理，也违背基本常识。提倡这种主张，只能是基于空想社会主义情结的主观愿望。虽然私有制的消灭、资本的消灭，是人类社会发展的必然结果，但我们必须承认，在生产力高度发达之前，私有制、资本还是具有历史合理性的。资本的本质和自身的逻辑，不能作为应该消灭的根据。资本退出历史舞台的条件是否成熟，只能根据马克思的唯物史观进行具体的、历史的判断。

《资本论》的当代意义

《资本论》的当代意义集中体现在以下几个方面：

第一，《资本论》独特的方法论思想对于人们把握现实经济关系具有指导意义。

《资本论》具有独特的方法论思想，这种思想方法对当代社会经济发展特别是对商品货币关系的发展具有极为重要的指导意义。

在《资本论》里，经济关系被当作社会关系，经济问题被当作社会问题，有机的经济结构整体上被当作"人类社会"这个大系统中具有基础性、决定性作用的子系统，人类社会的特定时代被看成多维复杂的"有机体"，特定的社会经济结构被当作"生命有机体"。从抽象一般的意义来看，《资本论》的思想方法与当今流行的系统论方法相符合，事实上，与系统论方法相比，又大幅超出了主流思维方式的工具性意义。因为《资本论》所阐述的经济学理论，是原理性而非工具性的，其要求从社会发展原理、经济发展规律出发，把握经济关系。

既然把经济关系当作社会关系，把经济问题当作社会问题，那么，研究经济关系就是研究特殊的社会关系，而经济问题就是具有一定社会性质的问题。为解答这样的经济关系和经济问题，《资本论》首先体现了人类社会发展的基本原理和一般趋势。它从人类社会发展的历史趋势中得出：私有制的丧钟一定会敲响，必然王国最终会成为自由王国，在生产力高度发展的基础上最终实现个人所有权，而整个人类社会必将成为自由人的联合体。正因为这样，《〈政治经济学批判〉序言》作为马克思最初设想的《政治经济学批判》的总序言，核心内容却是唯物史观。不理解这一点，就难以真正理解《资本论》。这些隐含在《资本论》中的社会发展理论及其唯物史观，即便到了当今时代，仍然是超越了迄今为止所有的社会发展理论，它对我们把握社会发展的趋势和特定历史时期的时代特征及其社会关系具有科学的指导意义。①

当然，马克思的唯物史观不仅反映着历史发展过程的一般规律，对于特定社会形式的特定的社会经济结构来说，它作为"生命有机体"，生产、分配、交换和消费成为"生命有机体"的不同环节，唯物史观还反映着这些环节展现出来的"生命机理"，既体现生产力及其物质生产的归根到底的决定作用，又体现这些环节的相互决定作用。对此，马克思在《〈政治经济学批判〉导言》论述"生产、分配、交换和消费的一般关系"时，进行了系统的阐述。由于研究对象的关系，这里着眼经济基础内部的结构分析。唯物史观的这种结构性关系分析对于特定社会经济形态的整个社会结构分析同样适用。对于整个社会结构来说，同样可以看成"生命有机体"，基于一定生产力的生产和整个经济基础归根到底是起决定作用的，但对于特定历史时期，生产力、生产关系、经济基础、上层建筑、意识形态（包括思想文化、民族素养）同样构成"生命有机体"的不同环节，它们同样具有相互决定的一面。因此，并不是所有方面都是齐头并进的。由于生产力的发展，有些方面甚至会产生退化，如艺术创造力。《〈政治经济学批判〉导言》的第二部分和第四部分的关系，可以看成是基于唯物史观的结构性关系分析的两个层面，第四部分是对第二部分限于经济基础所阐述的唯物史观新论述的补充。

在唯物史观的基础上，马克思将唯物辩证法渗透在经济学这门实证科学中，形成了独特的政治经济学方法。它将具有特定的社会性质的物质生产及其生活看成研究对象，也就是基于特定社会的生产关系把握物质生产，这种物质生产与生产关系一同构成特定社会的经济基础即社会经济结构。马克思指出："生产的承担者对自然的关系以及他们互相之间的关系，他们借以进行生产的各种关系的总和，就是从社会经济结构方面来看的社会。"②可见，这种社会经济结构包括人与自然的关系和人与人的关系两个方面。马克思的政治经济学方法把这样的社会经济结构看成"生命有机体"，把特

① 罗雄飞：《中国化马克思主义与中国道路》，江西高校出版社 2019 年版，第 20—80 页。
② 马克思：《资本论》第 3 卷，人民出版社 1975 年版，第 925 页。

定的经济运动规律以及生产、分配、交换和消费的相互关系看成"生命机理"。资本主义生产作为这种"生命有机体"，马克思要求把当时发展得最典型的英国资本主义生产作为具体的研究对象。在他看来，特定社会性质的生产必须通过解剖典型的个别的方式来把握，通过解剖典型的个别把握其最基本、最一般的原理。这就是他所强调的"从个别上升到一般"①的研究方法。基于解剖典型的研究方法，一方面要求在最发达的状态把握劳动、货币、价值、交换价值等一般范畴，另一方面要求把典型的资本主义生产看成基于自身的本质和辩证转化着的"生命机理"的"生理结构"。因此，首先需要通过从具体到抽象的研究，基于典型个别把握一般范畴和不同环节的具体化的范畴，其次依照从抽象上升到具体的原则，把握"生命机理"的辩证转化。对于资本主义生产来说，这种"生命机理"的辩证转化过程，既是一般人类劳动、价值、货币等商品生产的一般范畴具体化为资本的不同存在形式如剩余价值、利润、利息等的过程，更是价值规律转化为剩余价值规律、生产价格规律的过程，从而形成一种类似生理解剖的"立体式结构分析"方法。

对于这种政治经济学方法，马克思在《〈政治经济学批判〉导言》进行了集中的论述。它继承了古典经济学从具体到抽象的唯物主义立场和由表象深入本质的研究方法，同时继承和扬弃了黑格尔哲学基于本质从抽象上升到具体的把握现象的方式，并借鉴近代实验科学的思想方法把两者科学地结合起来。对于庸俗经济学乃至后来的西方经济学来说，这种政治经济学方法避免了它们的形而上学的局限，可以说是一场范式革命。②如果把庸俗经济学演化而来的主流经济学看成基于地球中心说的经验实证科学，那么，这种政治经济学方法无疑是哥白尼革命。对此，马克思是交代过的。他指出："庸俗经济学以为，政治经济学科学与其他一切科学的特征差别在于，后者力图说明被掩盖在日常现象后面的，因而按其形式总是与日常现象（例如太阳围绕地球运动的现象）相矛盾的本质，而前者则宣称日常现象单纯转化为同样日常的观念是科学的真正事业。"③

---

① 《马克思恩格斯全集》第 13 卷，人民出版社 1962 年版，第 7 页。
② 罗雄飞：《马克思经济学的方法论思想》，经济日报出版社 2017 年版，第 231–236 页。
③ 《马克思恩格斯全集》第 47 卷，人民出版社 1979 年版，第 631 页。

　　《资本论》是马克思应用他的社会发展理论及其唯物史观以及唯物辩证法分析现实经济关系和经济问题的光辉典范。对于当今时代的人们而言，不仅《资本论》隐含的思想方法具有现实意义，马克思对这一方法的实际应用，更具有示范意义和借鉴意义。

　　第二，在《资本论》指导下能更好地应用西方经济学分析具体经济问题，自觉避免其局限。

　　马克思之前的经济学在理论上存在很多问题。它们从资本主义的价值立场出发，把基于抽象人本主义或卢梭式"社会契约"的理想化场景当作商品货币关系的基础和出发点，或者当成毋庸置疑的理论前提。这就把市场关系神圣化，把自由主义当作神圣的观念。因此，就出发点或理论前提而言，它们完全脱离人类社会的历史和现实关系。在这个前提下，这些经济学将经验实证得到的基本范畴、原理当成僵化不变的东西，并在此基础上以形而上学的方式构建自己的理论体系。正因为如此，古典劳动价值论无法依照价值规律说明资本主义的现实生产，最终只能通过"斯密教条"不自觉地滑向要素价值论，把生产要素当作各种收入的源泉，进而当作商品价值的源泉。这是对价值规定和价值规律的否定，因而必然陷入无法解决的矛盾中。为此，庸俗经济学家干脆抛弃劳动价值论，基于自由主义原则的理性经济人等理论，直接论证要素价值论。

　　庸俗经济学和后来的主流经济学，继承了古典经济学的自由主义原则，尽管它们抛弃了基于自由主义原则的古典劳动价值论，还是把自由主义原则当作经济学的理论前提。它们在理性经济人、完全竞争、完全信息等虚幻且毫无事实依据的前提下，继续基于"斯密教条"研究所谓资源的优化配置问题，后来的新古典经济学还引入了边际分析方法，进一步强化了要素配置的"科学性"。这种资源配置的优化反映着一般生产过程，被当成生产一般，这种生产一般成为庸俗经济学和后来的主流经济学的研究对象（古典经济学虽然以劳动价值论为基础，通过"斯密教条"这个中间环节，最终也是归宿到这种生产一般）。这种研究完全撇开特定社会的生产性质，完全撇开特定社会的生产关系，把市场竞争抽象化（不是把供给看成一定生产力条件下的社会的供给，不是把市场需求看成与收入分配密切相关的社会化需求），把这种抽象化的竞争看成驱动经济发展的唯一的车轮。这种经济学无法真正理解利润的源泉，也无法真正理解社会生活、社会关系与经济发展的内在联系。

从西方主流经济学的历史发展和基本特征可以看出，迷信自由主义原则是它们的一个显著特征。由于迷信自由主义，把它当作神圣的观念，因而往往忽视不同国家、不同地区的经济发展的历史和现实条件。另外，由于它们受形而上学的思维方式的局限，不能不把经验中归纳出来的东西当成僵化的东西，从而不自觉地走向经验主义。尽管一些学者能够结合现实条件的变化修正原先的理论认识，但更多的经济工作者只能把它当作科学工具加以迷信。总之，越是从理论的源头或前提来考察，越是从思维方式来考察，西方主流经济学就越是不科学。琼·罗宾逊夫人与萨缪尔森围绕资本计量的争论表明，哪怕是生产函数这样的基础性环节，逻辑上是否成立也是存疑的（其实这个问题是马克思在《资本论》中批判三位一体公式时最先提出来的，琼·罗宾逊夫人只是把这个问题转换成了西方经济学范式的语言表述出来）。但是，尽管西方主流经济学可以说是建立在错误的理论前提和形而上学的思维方式之上，由于它的各个流派都是通过经验实证确立起来的，它们在一定条件下都具有历史的合理性。也就是说，我们在认识到它们在科学意义上的错误时，不能将经验实证得到的认识成果简单抛弃。就像地球中心说在科学上是错误的，而那个时代不自觉地基于地球中心说的许多经验认识在一定条件下对人们的生产和生活却又是有用的，如太阳从东边升起落入西边、太阳方位与时间和季节的对应关系等。可见，西方经济学各个流派在一定条件下还是具有合理性的，并且越是具体化为各种微观的模型，其合理性越是明显。

《资本论》与西方主流经济学正好相反，尽管它对于一些过于微观、过于具体的问题缺乏实在的分析手段，隐含的方法论思想却具有科学性，有助于人们把握时代特征和发展趋势，有助于人们把握不同时代的社会性质和本质特征，有助于人们把握西方主流经济学各个流派发挥合理作用的时代条件。在这个意义上，马克思的方法论思想可以对西方主流经济学发挥指导作用。有了马克思的方法论思想的指导，我们才能更好地认识到：西方主流经济学的不同理论流派在什么情况下具有怎样的历史合理性，它们存在怎样的局限和缺陷；那些经验实证的应用性模型应该在什么条件下进行应用。当然，西方经济学的其他一些领域，如福利经济学、知识经济学、创新理论、新剑桥学派等，对马克思经济学也是有益的补充，在马克思经济学指导下可以更好地发挥它们的合理作用。

以前有一些学者，曾经试图将马克思经济学与西方经济学综合起来。遗憾的是，他在指导思想方面存在问题，试图以西方经济学为基础，将马克思经济学纳入西方经济学的研究范式中。这种做法肯定是行不通的。只能反过来，在方法论思想方面把马克思经济学置于指导地位，以此说明西方经济学的经验实证的成果。在这方面，法国学者托马斯·皮凯蒂的《21世纪资本论》算是比较成功的尝试。这一著作的基本命题是资本积累率大于经济增长率。这是把马克思关于资本主义生产的基本矛盾用西方经济学范式表达出来。他从这一命题出发，用丰富的材料和西方经济学的范式，论述了当代西方社会财富两极分化的现实，警醒人们重视当代西方国家的社会矛盾的积累。

第三，《资本论》揭示的基本经济规律对我们把握市场经济的一般关系和社会经济的历史发展具有一定的指导意义。

恩格斯在《反杜林论》中提出了创立广义政治经济学的理论任务。在他看来，这样的广义政治经济学就是"研究人类各种社会进行生产和交换并相应地进行产品分配的条件和形式的科学"[1]。他因此强调："政治经济学，从最广的意义上说，是研究人类社会中支配物质生活资料的生产和交换的规律的科学。"[2]恩格斯在其晚年的文献中，如《家庭、私有制和国家的起源》《路德维希·费尔巴哈与德国古典哲学的终结》《〈1848—1851年法兰西阶级斗争〉导言》《〈法兰西内战〉导言》等，都涉及广义政治经济学的一些理论问题。

恩格斯把政治经济学区分为狭义的政治经济学和广义的政治经济学，从政治经济学本身的发展史说明了政治经济学的历史性。在他看来，马克思的《资本论》还是限于狭义政治经济学，它只是研究了资本主义社会的生产和交换及产品分配的条件和形式，揭示了资本主义生产方式的经济运动规律和一般发展趋势。因而，还有必要在广义政治经济学的意义上研究

---

① 《马克思恩格斯全集》第20卷，人民出版社1971年版，第163页。
② 《马克思恩格斯全集》第20卷，人民出版社1971年版，第160页。

经济发展的不同历史形式。

是否应该基于恩格斯的论述创立一种广义的政治经济学，学术界似乎存在不小的分歧。马克思、恩格斯虽然都把唯物主义辩证法当作基本的方法，两人在思想方法方面还是各有侧重。恩格斯更加重视历史发展过程的分析，对形式逻辑（它作为基础性环节包含在辩证逻辑的思维方式中）似乎更加重视。根据形式逻辑的一般和特殊的区分及经济发展的历史全景，恩格斯重视广义政治经济学的研究是有理论意义的。但从马克思解剖典型的个别、由个别上升到一般的理论研究范式来看，广义政治经济学似乎没有存在的必要。这是因为发达的英国资本主义生产，不仅是资本主义生产的典型，同时是基于劳动异化和人类社会一般发展机理的私有制生产的典型，即异化劳动的典型。只要通过对英国资本主义生产的解剖，把握了异化劳动的本质和内在规律，就可以以此分析其他非典型的资本主义生产（尽管这种非典型状态既苦于资本主义的发展，又苦于资本主义的不发展）。不仅如此，《资本论》揭示的最基本的经济规律，对于非资本主义生产的市场经济一般关系分析也适用，并且，马克思正是从发达的资本主义生产中抽象出商品生产的一般范畴和商品生产的一般原理。它们对于不同历史阶段都是或多或少适用的，也就是说，即便是在历史上不发达的简单商品经济关系中，价值的规定和价值规律也是以萌芽的形式存在着的。在任何商品关系中，社会关系总是同物结合着并且作为物出现。《资本论》正是通过对商品关系和市场的研究，揭示了隐藏在商品货币关系中的人与人、阶级与阶级的关系。

事实上，马克思基于英国资本主义生产的研究获得的基本经济原理，不仅可以从资本主义生产的基本原理上升到资本主义生产的不同历史形态和市场经济的一般关系，还可以基于这里包含的劳动异化的基本原理，上升到整个私有制生产领域，甚至可以扩展到劳动异化消除之后的未来社会。当我们超越剩余价值的特殊历史性质，仅仅把它看成剩余劳动时，我们的眼界就可以扩展到资本主义社会之外。马克思指出："一般剩余劳动，作为超过一定的需要量的劳动，必须始终存在。只不过它在资本主义制度下，像在奴隶制度等等下一样，具有对抗的形式，并且是以社会上的一部分人完全游手好闲作为补充。为了对偶然事故提供保险，为了保证必要的、同需要的发展以及人口的增长相适应的累进的扩大再生产（从资本主义观点来说叫作积累），就需要一定量的剩余劳动。"① 这里的剩余劳动概念，对于奴隶劳动、农奴劳动乃至未来理想社会的劳动来说，都是适用的，因而可以用剩余劳动分析不同时代的生产关系。并且，人类社会的发展归根到底是由劳动生产率的提高决定的。从这种唯物史观的观点来看，在一定时间内，从而在一定的剩余劳动时间内，究竟能生产多少使用价值，取决于劳动生产率。也就是说，社会的现实财富和社会再生产过程不断扩大的可能性，不是取决于剩余劳动时间的长短，而是取决于剩余劳动的生产率和这种剩余劳动借以完成的优劣程度不等的生产条件。当劳动生产率提高到必要的高度，人类社会就由必然王国进入自由王国。

即便是未来的理想社会，从劳动和劳动时间合理分配的视角来看，价值规律依然在一定意义上起作用。正是在这个意义上，马克思强调："在资本主义生产方式消灭以后，但社会生产依然存在的情况下，价值决定仍会在下述意义上起支配作用：劳动时间的调节和社会劳动在各类不同生产之间的分配，最后，与此有关的簿记，将比以前任何时候都更重要。"②

《资本论》中的这些思想已经超出资本主义生产的范围，具有更加一般的意义。

总之，《资本论》不仅对当代的经济关系的分析具有指导意义，对人类社会发展史特别是社会经济史的研究，同样具有指导意义。

第四，《资本论》对人们认识当代的国际经济关系乃至其他国际关系具有指导意义。

在《资本论》中，马克思基于社会发展理论揭示了资本主义社会的经济运动规律，这不仅有助于人们把握西方经济学理论，对当代国际经济关系也具有直接的指导意义。第二次世界大战后，资本主义生产方式还在众多国家继续存在，这些国家的生产力特别是科学技术，还在向前发展。这表明，资本主义生产方式与生产力的发展还能相互适应，因而在一定程度上具有历史合理性。这是我们必须正视的事实。不仅如此，随着交通工具

---

① 马克思：《资本论》第3卷，人民出版社1975年版，第925页。
② 马克思：《资本论》第3卷，人民出版社1975年版，第963页。

的发展，特别是信息传输的巨大进步，资本主义生产还一度展现出全球一体化的趋势，某种意义上呈现出马克思所预言的"世界历史"面貌，不同国家甚至不同制度的国家之间，经济联系越来越紧密，资本主义生产的不同环节形成的价值链、产业链分布到世界各地。

对于这种世界性的资本主义生产，比较优势理论只能在静态分析方面进行有限的说明，其他工具性理论至多限于微观层面给出一些具体的分析。总体来看，整个西方经济学很难对世界经济从整体性和趋势性方面加以把握，甚至对不同国家进行简单的比较都是困难的。无论是通过汇率进行比较，还是通过购买力平价进行比较，都存在很多问题。① 至于世界经济与国际政治、国际关系的内在逻辑联系，只能借助经济学"帝国主义"的做法，进行似是而非的说明。由于这些局限，西方经济学既说明不了凯恩斯主义为什么风靡西方世界三四十年，却又在 20 世纪 70 年代中后期陷入失灵。它既说明不了新自由主义与经济全球化的关系，也说明不了 2008 年全球金融危机的发生机理和全球化的逆转。

对于这种世界性的宏观经济分析，《资本论》隐含的社会发展理论以及它关于资本的本性、资本主义生产的经济规律及其基本矛盾的思想，能够提供有益的指导。从基于第二次工业革命的时代特征出发，即从重化工业的规模效益、垄断经营和市场主体为追求垄断利润的"反市场行为"（不尊重基于价格信号的市场自我调整要求，反向决策）出发，能够说明在重化工业阶段国家干预经济的特殊意义（信息技术时代国家干预需要适当降低）。从规模经营具有的巨大财富潜力和垄断化经营导致基本矛盾激化、供求严重失衡方面，能够说明加强社会保障、调整收入分配的必要性。正因为如此，凯恩斯理论在世界主要国家处于重化工业阶段，能够表现出世界性意义，给整个欧美社会带来了持续近 30 年的繁荣。总之，用马克思的眼光来看，对于重化工业阶段周期性发生的生产相对过剩的经济危机而言，凯恩斯提出的财政政策和货币政策是有效力的。从马克思的思想方法来看，凯恩斯主义失灵也不是凯恩斯理论本身的问题，而是适用于这一理论的社会条件发生根本变

---

① 依照马克思的思想方法，不同国家的经济发达程度的比较，应该围绕财富生产的时间节约程度进行比较。马克思关于必然王国与自由王国的思想，对这种比较提供了基本思路。应该由此出发设计一种比较体系。

化。由于重化工业的巨大财富效应，再加上长期实行高福利、高收入模式，历史上存在过的相对过剩的经济危机被消除了。滞胀危机的性质因而发生根本变化，它不再是相对过剩的危机，相较于特定的生产结构和消费结构，它是高福利、高收入背景下的绝对过剩的危机。对于这种绝对过剩的危机，财政政策和货币政策发挥不了作用，只有通过创新改变生产结构和消费结构，才能逐步走出滞胀危机。但是，这并不意味着凯恩斯理论失去了它作为一种经济学理论的意义，只要一个社会处于重化工业阶段且存在相对过剩的历史条件，凯恩斯理论依然不失为一种有效的理论。

2008 年的全球金融危机，西方经济学的学者大多把危机归因为金融衍生产品的过度利用、超前消费等，更多局限于美国的一些具体的诱发因素。事实上，美国的诱发因素仅仅是技术性原因，并不是危机的根本原因。[1] 如果用马克思的方法论思想来剖析这场具有世界性影响的经济危机，就必须从资本主义生产的基本矛盾来把握。资本主义生产的基本矛盾就是生产无限扩大的趋势与广大民众购买力相对缩小的矛盾，即严重的供求失衡。在资本主义生产全球化的条件下，这个基本矛盾转化为发展中国家出口能力无限增长的趋势与发达国家的进口能力相对缩小的矛盾。之所以有这种表现形式的转化，是与全球化条件下两种发展模式的矛盾分不开的。第二次世界大战后，美欧普遍确立了高福利、高收入、高成本的经济发展模式，在美苏对立和新兴民族国家独立自主发展的背景下，这种发展模式使美欧国家总体上走出了一条以激发内需为导向的内生增长道路，使整体经济实现了高水平均衡。20 世纪 90 年代以后，随着中国改革开放的深化和经济全球化态势的形成，美欧大量制造业特别是传统制造业为追求成本最小化而涌入中国，中国出口导向的经济增长方式进一步强化，发展成为世界性制造业中心。这种经贸关系最初是双赢的。然而，由于高福利、高收入、高成本的经济发展模式与低福利、低收入、低成本发展模式的内在矛盾，必然引起发达国家的产业空心化。这就使资本主义生产的基本矛盾在经济全球化层面集中表现为两种发展模式的矛盾，并成为 2008 年全球金融危机的根本原

---

① 罗雄飞：《经济全球化与世界经济危机》载中国社会科学院等：《金融危机分析与对策》，社会科学文献出版社 2009 年版，第 140–153 页。

因。由于两种发展模式的摩擦和基本矛盾一直没有化解，这次经济危机成为有史以来持续时间最长的危机。只要危机的根源没有消除，美欧与中国的贸易矛盾不可避免，甚至可能持续发展。这是因为中国作为世界性制造中心，如果国内需求没有激发出来，随着产能大量增加和国内房地产市场的饱和，如果商品出口大量减少有可能引发难以承受的国内经济危机。而 2008 年以后，欧美国家对产业空心化的承受力达到极限，如果产业空心化进一步发展，就业面临冲击，铁锈区将进一步扩大，就会引起社会动荡，冲击政客的选情。不仅如此，进一步空心化还可能引起税基缩小，高福利、高收入模式难以维持，甚至导致国力衰退和"东升西降"的局面。因此，在贸易摩擦中，双方都没有退路。依照马克思的思想方法，目前的世界性经济危机如果长时间延续，必然导致世界格局的不稳定，引发激烈的矛盾冲突。

需要指出的是，《资本论》的原理部分仅仅揭示了资本主义生产的最基本原理，如果是仅仅为政治经济学批判提供科学基础，原理部分的现有内容是完全够用了。如果想要应用这里的政治经济学方法和基本的经济学原理更好地解答现实经济问题，那么，不加以拓展是远远不够的，只能局限于宏观经济分析。这是因为《资本论》对资本主义经济规律的阐述，还是限于"生命有机体"的内在生命机理，尚未充分落实到现实经济关系层面。马克思指出："在描述生产关系的物化和生产关系对生产当事人的独立化时，我们没有谈到，这些联系由于世界市场，世界市场行情，市场价格的变动，信用的期限，工商业的周期，繁荣和危机的交替，会按怎样的方式对生产当事人表现为不可抗拒的、自发地统治着他们的自然规律，并且作为盲目的必然性对他们发生作用。我们没有谈到这些问题，是因为竞争的实际运动不在我们的研究计划之内，我们只需要把资本主义生产方式的内部组织，在它的可说是理想的平均形式中表现出来。"[1] 马克思还指出："经济学家所提出的所谓（货币流通）规律，大多数不是在货币流通本身的范围内观察货币流通，而是把它看作从属于较高级的运动并由这种运动所规定的东西。这一切都应撇开不谈。（一部分属于信用理论范围，另一部分也应该放到货币重新出现但却被进一步规定的那些地方去考察。）因此，货币

---

① 马克思：《资本论》第 3 卷，人民出版社 1975 年版，第 939 页。

在这里是流通手段（铸币），但同时也是价格的实现（不仅仅是一瞬间的实现）。"① 事实上，正如马克思所指出的那样，在《资本论》中很多更加具体的现实经济问题都没有展开论述。例如，《资本论》中的价格原则上是价值的货币表现，这是以金属货币充当流通手段为前提的，因此，《资本论》中的价格关系反映不了当前以可变价格或不变价格为基础的统计方式，以致基于社会一般劳动时间的商品价值总量和现实的市场价格总量不一致（《资本论》中基于社会一般劳动时间的价值总量及相应的价格总量撇开了劳动生产率的变化，以不变价格统计体现出来的价格总量反映着劳动生产率的变化，价格总量与产量成正比，以可变价格统计与劳动生产率也是息息相关）。另外，基于价值规律的市场价格形成机制，也仅仅在第三卷第十章略有涉及②，并没有做出完整的交代。如果按照马克思最初拟定的六册计划来看，需要拓展的领域涉及微观到宏观再到国际经济关系、世界市场等方面。

可见，要发挥《资本论》的当代意义，需要在坚持马克思的思想方法和《资本论》的基本原理的基础上，结合一百多年的新发展推进《资本论》基本原理的具体化研究。需要把《资本论》的思想方法和一般原理与社会主义市场经济结合起来研究；由于社会主义市场经济中资本还广泛存在，基于社会主义导向，还必须推进关于资本的规制研究。

---

① 《马克思恩格斯全集》第29卷，人民出版社1972年版，第303页。
② 马克思：《资本论》第3卷，人民出版社1975年版，第199-200页。

下篇

《资本论》原理部分的
终篇解说

《资本论》第三卷第七篇
各种收入及其源泉 [1]

题解

《资本论》第三卷第七篇包含第四十八章至第五十二章，共五章。

第四十八章为"三位一体的公式"，在阐述资本主义生产的特殊方式、价值创造与各种收入关系的基础上，系统剖析了三位一体公式的错误实质、逻辑问题，以及这种思维方式流行的现实根源和思想根源。这是对三位一体公式的总体性批判。

第四十九章为"生产过程的分析"，联系第一卷和第二卷的相关内容，从微观机制和宏观整体经济联系两个方面，阐明了不变资本的存在是资本主义生产过程的基础，也是商品价值转化为各种收入的基础。在此基础上，论述了斯密教条的错误及其理论根源，揭示了古典劳动价值论的局限。除了这种局限导致不自觉地从三位一体公式寻求出路，对资本和收入关系的错误认识也是产生斯密教条的重要根源之一，本章对这一错误认识进行了集中的批判。由于古典劳动价值论不能科学地把握资本主义生产过程，必然由劳动价值论走向"斯密教条"，产生种种理论上的误解，从而导向庸俗经济学。这里对"斯密教条"的批判，就是对三位一体公式批判的具体化、现实化，从具体的理论环节展现了科学的劳动价值论对古典劳动价值论的超越。

第五十章为"竞争的假象"，在价值规律和剩余价值规律的基础上，揭

---

① 马克思：《资本论》第 3 卷，人民出版社 1975 年版，第 919–1001 页。经典原文保持原貌，如"那末""象"等，这种由于历史原因留下的痕迹，一仍其旧；在经典解说中则改成目前的规范用法。

示了如何把握资本主义生产的本质与现象的关系，从科学上说明了商品的价值决定与各种收入形式的关系。从逻辑上论证了市场关系及其竞争说明不了商品的价格决定和价值构成，说明了要素价格决定商品价格的虚幻性和逻辑上的混乱。系统说明了人们习惯从竞争假象看待资本主义生产的社会历史原因。这里展现了从剩余价值一般上升到各种收入形式的内在机理，紧扣三位一体公式的批判，揭示了以往经济学的非科学性。这从基本的思维方式展现了科学的劳动价值论对古典劳动价值论的超越，集中体现了从抽象上升到具体的理论特征。

第五十一章为“分配关系和生产关系”，首先批判了各种关于分配关系的错误认识。在此基础上，从唯物史观出发，基于资本主义生产过程的特征，也就是基于价值规律和剩余价值规律，阐明了生产关系与分配关系的相互统一，说明了资本主义的生产关系和分配关系的历史暂时性。

第五十二章为“阶级”，是想要把资本主义生产过程中物的关系上升为直接的社会关系来说明，因为资本主义社会中神秘的物的关系是人的社会关系的物化，劳动异化和物作为资本对人的统治，归根到底是社会关系异化的表现形式。在资本主义社会，劳动异化发展到典型状态，因而社会关系表现为比较纯粹的阶级关系，历史遗留的自然关系和温情的面纱都基本消失了。

这五章从不同的层面或不同的维度对资本主义社会的各种收入关系进行了系统的理论说明。一方面基于科学的劳动价值论揭示正确的理论认识，另一方面对基于三位一体公式和“斯密教条”的错误认识进行了深入批判，把科学论证和理论批判紧密结合起来，对《资本论》原理部分起到了画龙点睛的效果。

本篇在《资本论》的“艺术的整体”中具有一种特殊地位。它可以充当《资本论》原理部分的“文献综述”，又是原理部分的首要主题。从政治经济学批判这个主题来说，它是整个《资本论》前三卷的批判性升华，在这种批判性升华中通过对比集中展现了马克思劳动价值论的三个崭新因素。它与《资本论》前文（这篇之前的内容）的关系，类似《〈政治经济学批判〉导言》的“生产与分配、交换、消费的一般关系”中的引言与正文的关系，一定意义上也可以看作原理部分的导论。另外，这篇与《剩余价值理论》最后的附录的思想内容高度一致，却又各有侧重。原理部分的终篇着重阐述马克思的劳动价值论对古典劳动价值论的超越，最终的附录着重于对庸俗经济学的批判，这与《剩余价值理论》中所批判的古典经济学和庸俗经济学相对应。因此，原理部分的终篇是原理部分和学说史批判部分成为"艺术的整体"的核心枢纽。

第四十八章　三位一体的公式

📖 题解

这一章可以分为七个部分。第一部分是关于三位一体公式的三个片段。这些片段原本分散在第六篇正文的旁边，具体内容与第六篇有较大差异，无法插入第六篇的正文中。因此，恩格斯在编辑出版《资本论》第三卷时，把它们安排在这一章前面。其实，这些片段很可能是马克思写作第六篇时用于自我提示的，因为依照马克思的写作风格，他往往是从理论批判出发，把科学论述与理论批判紧密结合起来。因此，哪怕是单纯的科学论述，在他写作过程中，估计在心里也是把科学的原理和理论批判紧密结合着的。

第二部分主要阐明资本主义生产的特殊方式及其历史趋势，这种生产方式在劳动充分社会化的基础上，表现为物质生产过程与社会关系的生产、再生产的相互统一，生产要素似乎源源不断地给它的所有者提供收入，因而充满一种神秘色彩。对于这种生产，只有用科学的劳动价值论，才能揭示本质与现象的关系，从而科学地说明剩余价值与各种收入的关系。但是，正因为资本主义生产过程充满神秘色彩，庸俗经济学限于表面现象，将表面现象和日常观念条理化。他们从收入出发，把生产要素看成各自收入的最终源泉，以此说明商品的价值。古典经济学虽然从劳动价值论出发，但由于理论的局限，无法把劳动价值论贯彻到底，因而无法说明整体的经济关系。结果是半途而废，离开价值的概念，甚至脱离资本主义生产的基础，事实上回到效用和生产要素说明各种收入，并以此说明商品价值。正因为如此，马克思强调古典经济学为庸俗经济学开了方便之门。从这个意义来看，古典经济学确实是西方经济学的奠基，亚当·斯密确实是西方经济学的鼻祖。对于资本主义生产的特殊方式，无论是科学阐明剩余价值与收入的关系，还是批判以往政治经济学的错误实质，都是首先需要阐明的，这是整个第七篇的出发地。

在阐明资本主义生产特殊方式的基础上，一方面用科学的劳动价值论论述了商品的价值决定转化为各种收入的内在机理，另一方面揭示了生产的物质要素作为商品价值最终源泉的荒谬性和三位一体公式存在的逻辑问题。接着分析了三位一体公式成为不少人认识经济关系的理论模式的现实根源和思想根源。最后附带说明了《资本论》进行科学分析的理论假定。

本章七个部分中，第一部分和第七部分从逻辑链来看显得独立一些，中间五个部分形成完整的逻辑链。一方面是正面阐述资本主义生产的独特方式和商品价值决定与各种收入的内在关系，另一方面是深入揭示三位一体公式的错误实质、逻辑问题和现实的、思想的根源，前者是以科学论述的形式对三位一体公式的间接批判，后者是对同一对象的直接批判，从而达到彻底批判的效果。这是《资本论》（包括《剩余价值理论》）的一个缩影。所以，最后交代《资本论》对资本主义生产进行研究的理论前提（假设性前提），也就具有它的合理性。从整体来看，恩格斯将三个片段安排在本章最前面，也与主题相适合。

三位一体公式的三个片段

经典导读

从整体来看，这三个片段的内容与"三位一体的公式"这个章标题是吻合的，对这一章的内容也达到了进一步充实的效果。但是，这些片段特别是第Ⅲ个片段的内容侧重对庸俗经济学的批判，这跟第七篇的整体内容似乎不很协调，从这方面来看，也可以考虑插入《剩余价值学说史》的文末的附录"各种收入及其源泉，庸俗经济学"中。这些片段对三位一体公式中的逻辑错误进行了细致的剖析，这对要素价值论的批判具有重要意义。

📖 **经典原文**

三位一体公式的三个片段

I

【以下三个片断，分散在第六篇的手稿的不同地方。——弗·恩·】

资本—利润（企业主收入加上利息），土地—地租，劳动—工资，这就是把社会生产过程的一切秘密都包括在内的三位一体的公式。

其次，因为正如以前已经指出的那样，利息表现为资本所固有的、独特的产物，与此相反，企业主收入则表现为不以资本为转移的工资，所以，上述三位一体的公式可以更确切地归结为：

资本—利息，土地—地租，劳动—工资；在这个公式中，利润，这个作为资本主义生产方式特征的剩余价值形式，就幸运地被排除了。

如果我们现在更仔细地考察一下这个经济上的三位一体，我们就会发现：

第一，每年可供支配的财富的各种所谓源泉，属于完全不同的领域，彼此之间毫无共同之处。它们互相之间的关系，就象公证人的手续费、甜菜和音乐之间的关系一样。

资本，土地，劳动！但资本不是物，而是一定的、社会的、属于一定历史社会形态的生产关系，它体现在一个物上，并赋予这个物以特有的社会性质。资本不是物质的和生产出来的生产资料的总和。资本是已经转化为资本的生产资料，这种生产资料本身不是资本，就象金和银本身不是货币一样。社会某一部分人所垄断的生产资料，同活劳动力相对立而独立化的这种劳动力的产品和活动条件，通过这种对立在资本上被人格化了。不仅工人的已经转化为独立权力的产品（这种产品已成为它们的生产者的统治者和购买者），而且这种劳动的社会力量及其有关的形式，也作为生产者的产品的属性而与生产者相对立。因此在这里，关于历史地形成的社会生产过程的因素之一，我们有了一个确定的、乍一看来极为神秘的社会形式。

现在，与此并列，又有土地，这个无机的自然界本身，这个完全处在原始状态中的"粗糙的混沌一团的天然物"。价值是劳动，因此，剩余价值不可能是土地创造的。土地的绝对肥力所起的作用，不过是使一定量的劳动提供一定的、受土地的自然肥力所制约的产品。土地肥力的差别所造成的结果是，同量劳动和资本，也就是同一价值，体现在不等量的土地产品上；因此，这些产品具有不同的个别价值。这些个别价值平均化为市场价值，促使"肥沃土地同较坏的土地相比所提供的利益……从耕种者或消费者手里转移到土地所有者手里"。(李嘉图《原理》第62页)

最后，作为其中的第三个同盟者的，只是一个幽灵——劳动，这只是一个抽象，就它本身来说，是根本不存在的；或者，如果我们就它在这里所表示的意思来说，只是指人用来实现人和自然之间的物质变换的一般人类生产活动，它不仅已经摆脱一切社会形式和性质规定，而且甚至在它的单纯的自然存在上，不以社会为转移，超乎一切社会之上，并且作为生命的表现和证实，是还没有社会化的人和已经有某种社会规定的人所共同具有的。

II

资本—利息；土地所有权（即对土地的私有权，而且是现代的、与资本主义生产方式相适应的土地私有权）—地租；雇佣劳动—工资。这样，这个公式应该包括各种收入源泉之间的联系。象资本一样，雇佣劳动和土地所有权也是历史规定的社会形式；一个是劳动的社会形式，另一个是被垄断的土地的社会形式。而且二者都是与资本相适应的、属于同一个社会经济形态的形式。

在这个公式中第一件引人注目的事情是：在资本旁边，在一个生产要素的这个属于一定生产方式、属于社会生产过程一定历史形态的形式旁边，在一个与一定社会形式融合在一起、并且表现在这个社会形式上的生产要素旁边，直接地一方面排上土地，另一方面排上劳动，即排上现实劳动过程的两个要素，而这二者在这种物质形式上，是一切生产方式共同具有的，是每一个生产过程的物质要素，而与生产过程的社会形式无关。

第二，在资本—利息，土地—地租，劳动—工资这个公式中，资本、土地和劳动，分别表现为利息（代替利润）、地租和工资的源泉，而利息、地租和工资则是它们各自的产物，它们的果实。前者是根据，后者是归结；前者是原因，后者是结果；而且每一个源泉都把它的产物当作是从它分离出来的、生产出来的东西。这三种收入，利息（代替利润）、地租、工资，就是产品价值的三个部分，总之，就是价值部分，用货币来表示，就是一定的货币部分，价格部分。虽然资本—利息这个公式是资本的最无概念的公式，但终究是资本的一个公式。但土地怎么会创造一个价值，即一个社会规定的劳动量，而且恰恰又是它自己的产品中形成地租的那个特殊价值部分呢？在生产一种使用价值、一种物质产品例如小麦时，土地是起着生产因素的作用的。但它和小麦价值的生产无关。就小麦上体现着价值来说，小麦只是被看作一定量的物化社会劳动，和这种劳动借以体现的特殊物质或这种物质的特殊使用价值完全无关。这同下述情况并不矛盾：1. 在其他条件相同时，小麦的贵贱取决于土地的生产率。农业劳动的生产率是和自然条件联系在一起的，并且由于自然条件的生产率不同，同量劳动会体现为较多或较少的产品或使用价值。体现在一舍费耳中的劳动量究竟有多大，取决于同量劳动所提供的舍费耳的数量。在这里，价值体现为多少产品，取决于土地的生产率；但这个价值却是已定的，同这种分配无关。价值体现在使用价值中，而使用价值又是创造价值的一个条件；但是，如果一方面摆上一个使用价值，即土地，另一方面摆上一个价值，而且是一个特殊的价值部分，由此形成一种对立，那就是愚蠢的做法。2. {手稿至此中断。}

III

庸俗经济学所做的事情，实际上不过是对于局限在资产阶级生产关系中的生产当事人的观念，教条式地加以解释、系统化和辩护。因此，毫不奇怪，庸俗经济学对于各种经济关系的异化的表现形式——在这种形式下，各种经济关系乍一看来都是荒谬的，完全矛盾的；如果事物的表现形式和事物的本质会直接合而为一，一切科学就都成为多余的了——感到很自在，而且各种经济关系的内部联系越是隐蔽，这些关系对庸俗经济学来说就越显得是不言自明的（虽然对普通人来说，这些关系是很熟悉的）。因此，庸俗经济学丝毫没有想到，它作为出发点的这个三位一体：土地—地租，资本—利息，劳动—工资或劳动价格，是三个显然不可能综合在一起的部分。首先，我们看到的是没有价值的使用价值土地和交换价值地租：于是，一种当作物来理解的社会关系，竟被安置在一种和自然的比例关系上；也就是说，让两个不能通约的量互相保持一定比例。然后是资本—利息。如果资本被理解为一定的、独立地表现在货币上的价值额，那末，说一个价值是比它的所值更大的价值，显然是无稽之谈。正是在资本—利息这个形式上，一切媒介都已经消失，资本归结为它的最一般的、但因此也就无法从它本身得到说明的、荒谬的公式。正是由于这个缘故，庸俗经济学家宁愿用资本—利息这个公式，而不用资本—利润这个公式，因为前一个公式具有一种神秘性质，即一个价值和它自身并不相等；而后一个公式却和现实的资本关系较为接近。不过，由于庸俗经济学家不安地感到，4 不是 5，因而 100 塔勒不可能是 110 塔勒，所以他又抛开作为价值的资本，而求助于资本的物质实体，求助于资本作为劳动生产条件的使用价值，如机器、原料等等。这样一来，为了代替前一个无法理解的 4=5 的关系，就又重新搬出一个完全不能通约的关系，即一方是使用价值，是物，另一方是一定的社会生产关系，是剩余价值；就象在土地所有权的场合见到的情形一样。对庸俗经济学家来说，只要他达到了这种不能通约的关系，一切就都清楚了，他就不感到还有进一步深思的必要了。因为，他正好达到了资产阶级观念上的"合理"了。最后，劳动—工资，劳动的价格，象我们在第一卷中所证明过的那样，这种说法显然是和价值的概念相矛盾的，也是和价格的概念相矛盾的，因为一般说来，价格只是价值的一定表现；而"劳动的价格"是和"黄色的对数"一样不合理的。但在这里，庸俗经济学家才感到真正的满足，因为他现在终于达到了资产者的深刻见解，即认为他为劳动支付货币；还因为，正好是这个公式和价值概念的矛盾，使他免除了理解价值的义务。

📖 经典解说

I

【以下三个片断，分散在第六篇的手稿的不同地方。——弗·恩·】

资本—利润（企业主收入加上利息），土地—地租，劳动—工资，这就是把社会生产过程的一切秘密都包括在内的三位一体公式（在马克思看来，这个公式是以往政治经济学的错误实质的集中体现，它包含资本主义的"社会生产过程的一切秘密"）。在这个公式中，企业主收入"采取产业利润或商业利润的形式"[①]，地租是农业资本家缴纳给土地所有者的剩余价值，工资是雇佣工人的收入（也是资本家的可变资本）。它实质上体现的是要素价值论，是以往经济学为资本主义生产辩护的全部秘密所在。

正如在第三卷第四篇第二十三章《利息和企业主收入》已经指出的那样，利息"只是表现为资本所有权的果实，表现为抽掉了资本再生产过程的资本自身的果实"，因此，利息表现为资本所固有的、独特的产物，它似乎跟资本主义生产过程毫无关系，是作为货币的资本凭空自己产生的；与此相反，企业主收入似乎表现为不以资本为转移的企业主的管理劳动"应该获得"的工资，所以，上述三位一体公式可以更确切地归结为：

资本—利息，土地—地租，劳动—工资；在这个公式中，利润作为资本主义生产方式特征的剩余价值形式，就幸运地被排除了。这里的劳动和工资则具有双重含义，劳动项目下包含雇佣工人的劳动和资本家自身的劳动，工资则包含雇佣工人的工资和资本家自身的"工资"（实质是企业主收入）。

如果我们现在更仔细地考察一下这个经济上的三位一体公式，我们就会发现：

第一，每年可供支配的财富的各种所谓源泉，属于完全不同的领域，彼此之间毫无共同之处。资本、土地和劳动之间的关系，就像公证人的手续费、甜菜和音乐之间的关系一样。

资本、土地、劳动三者是不同属性的东西。资本不是物，而是一定的、社会的、属于一定历史社会形态的生产关系，因而具有社会属性。它体现在一个物上，这个物即生产资料，它是特定社会即资本主义社会的生产关系的物质承担者，这时生产资料被赋予特有的社会性质即资本主义生产性质，作为使用价值的生产资料因此成为特定社会关系的存在形态。可见，资本虽然以物质资料为基础，它的实质并不是物质的自然属性，不能看成生产出来的生产资料的总和。

---

① 马克思：《资本论》第3卷，人民出版社1975年版，第419页。

　　资本是已经转化为资本的生产资料，这种生产资料本身不是资本，就像金和银本身不是货币一样。劳动力的产品和生产活动的条件，作为生产资料为社会某一部分人所垄断，且同活劳动力相对立，因而成为独立化的统治人们（雇佣工人和作为消费者的资本家自身）的社会力量。通过这种对立，生产资料在资本上被人格化了（似乎具有人的意志和欲望），资本家就是人格化资本的存在形式（资本的法人代表）。不仅工人的劳动成果即产品转化为统治生产者的独立的权力，成为生产者（劳动力商品）的购买者和支配者，而且一般劳动过程作为客观的社会力量及其有关的形式，也被当作产品的属性成为独立的力量，这种力量与生产者相对立，成为统治或者说支配生产者的力量。因此，在这里，关于历史地形成的社会生产过程的因素之一，我们有了一个确定的、乍一看极为神秘的社会形式即资本形式。（这就是劳动异化的典型形式）

　　（生产资料转化为资本，其必要条件首先是劳动力成为商品，雇佣劳动成为劳动的基本的社会形式。并且，这种雇佣关系不是为了满足生产资料所有者的生活消费，完全突破了所有者和劳动者的人身关系，生产资料成为统治包括所有者在内的所有人的独立的力量，保值、增值成为它的内在要求。这是劳动异化的纯粹的典型形式。在这里，整个社会关系不再是人依赖人的关系，人与人的关系充分地表现为物与物的关系，商品货币关系成为社会的基本关系。）

　　现在，与此并列，又有土地，这个无机的自然界本身，这个完全处在原始状态中的"粗糙的混沌一团的天然物"，仅仅具有自然属性。价值是劳动，严格来说，它是物化在商品中的一般人类劳动，体现的是社会关系或者说生产关系，因此，剩余价值（地租是剩余价值的一个特殊部分）作为物化的社会劳动的一种形式规定，不可能是土地创造的（天然物生不出物化劳动）。土地的绝对肥力所起的作用，不过是使一定量的劳动（投入生产的一定量不变资本和追加的一般人类劳动）提供一定的、受土地的自然肥力所制约的产品。土地肥力的差别所造成的结果是同量劳动（追加的一般人类劳动）和资本（投入的不变资本），也就是同一价值，体现在不等量的土地产品上，较肥沃的土地总产量更多，贫瘠的土地总产量偏少；因此，生产出来的产品每单位平均具有的个别价值不同。这些个别价值按平均化的市场价值出售，因此肥沃土地的产品能够获得超额的利润，而土地的所有权促使"肥沃土地同较坏的土地相比所提供的利益……从耕种者或消费者手里转移到土地所有者手里"。（李嘉图《原理》第62页）

最后，作为其中的第三个同盟者的，只是一个幽灵——劳动，这只是一个抽象的概念，就它本身来说，（在交易之前）（作为独立的实体）是根本不存在的（资本不可能预先购买活劳动，它能购买的只能是劳动力这种特殊的商品）；或者，如果我们就它在这里所表示的意思来说，只是指人们用来实现人和自然之间的物质变换（依照一定的目的改造自然获得能满足社会需要的产品）的一般人类生产活动，作为一般的物质生产过程，这种生产活动不仅已经摆脱一切社会形式和性质规定（这一意义上的劳动是一切社会经济形态都同样存在的），甚至在它的单纯的自然存在上，不以社会为转移，超乎一切社会之上，并且作为生命的表现和证实，是还没有社会化的人（还不能称为原始社会的群居动物）和已经有某种社会规定的人所共同具有的。总之，劳动作为一般的人类生产活动，它是一切时代都适用的抽象一般的共性，这种劳动的一般规定不具有任何的社会规定性，是具体劳动的抽象形式，这种具体劳动同样仅仅具有自然属性。

（这个片段不是完整的阐述，只是针对"第一"进行了说明。）

II

（就生产的特定社会形式而言，严格的说法应该是：）资本—利息；土地所有权（对土地的私有权，而且是现代的、与资本主义生产方式相适应的土地私有权）—地租；雇佣劳动—工资。这样，（才可能表达出）这个公式应该包括的各种收入源泉之间的社会联系。像资本一样，雇佣劳动和土地所有权也是资本主义社会的历史规定的社会形式；一个是劳动的社会形式，另一个是被垄断的土地的社会形式。二者都是与资本相适应的、属于同一个社会经济形态的形式。（生产要素的所有权是所有者参与商品价值分配、获得相应收入的依据，商品价值的一部分被固定在不同的生产要素上，在这个意义上它们是各种收入的源泉。因此，就分配关系而言，这样表述生产要素与收入的关系是合理的，也是合乎逻辑的。当然，一般人类劳动是商品价值的唯一源泉，也是要素收入的最终源泉。）

（资本—利息、土地—地租、劳动—工资，这种神秘的三位一体公式显然存在无法克服的逻辑问题。）

（首先）在这个公式中第一件引人注目的事情是：在具有社会属性的资本旁边，即生产要素的这个属于一定生产方式、属于社会生产过程一定历史形态的形式规定（社会关系的规定）旁边，这就是在一个与一定社会形式融合在一起、并且表现在这个社会形式上的生产要素旁边，直接地一方面排列土地，另一方面排列劳动，即排列上现实劳动过程的两个纯粹的物质要素（劳动作为具体劳动的抽象一般形式也是一种物质要素），而二者在这种物质形式上，是一切生产方式共同具有的，是每一个时代的生产过程必备的物质要素，而与生产过程的特定社会形式无关，它们仅仅具有自然属性。（把具有自然属性的生产要素和具有特定社会属性的生产要素同时当成商品价值的源泉，这样就把价值源泉神秘化了，因而事实上脱离了劳动价值论。）

第二，在资本—利息、土地—地租、劳动—工资这个公式中，资本、土地和劳动，分别表现为利息（代替利润）、地租和工资的最终源泉，而利息、地租和工资是它们各自的产物、它们的果实。前者是根据，后者是归结；前者是原因，后者是结果；而且每一个源泉都把它的产物当作从它分离出来的、生产出来的东西。这三种收入，利息（代替利润）、地租、工资就是产品价值的三个部分，总之就是价值部分，用货币来表示，就是一定的货币部分、价格部分。（这里的问题是，利息、地租、工资是价值或者剩余价值的不同存在形式，资本与仅仅具有自然属性的土地和劳动怎么能产生一个共同的具有同一社会属性的东西呢？这违背了常识，在逻辑上完全说不通。）

虽然资本—利息是资本的最无概念的公式（这种对应关系找不出任何理由），但终究是资本的一个公式（毕竟资本、利息都属于价值的不同存在形式，都属于具有社会属性的可通约的东西）。但土地怎么会创造一个价值（地租是价值的特殊存在形式），即一个社会规定的劳动量，而且恰恰又是它自己的产品中形成地租的那个特殊价值部分呢？（简单说，就是土地似乎能创造价值，并且创造出刚好是地租那么多的价值，这不是太奇妙了吗？）在生产一种使用价值、一种物质产品如小麦时，土地是起着生产因素的作用的。但它和小麦价值的生产无关。就小麦上体现着价值来说，小麦只是被看作一定量的物化社会劳动，小麦作为使用价值只是价值的物质承担者，小麦的价值和这种劳动借以体现的特殊物质或这种物质的特殊使用价值完全无关。这同下述情况并不矛盾：1. 在其他条件相同时，小麦的贵贱取决于土地的生产率。农业劳动的生产率是和自然条件联系在一起的，并且由于自然条件的生产率不同，同量的一般人类劳动会体现为较多或较少的产品或使用价值。体现在一舍费耳（舍费尔是计量单位）小麦中的劳动量究竟有多大，即一单位小麦中含有多少价值，取决于同量劳动所提供的舍费耳的数量即小麦的产量，产量越多，每舍费尔小麦所含价值量就越少。在这里，同量的总价值体现为多少产品，取决于土地的生产率；但这个总价值却是已定的，同这种分配（总价值平均分配给每一单位产品）无关。价值体现在使用价值中（使用价值是价值的物质承担者），而使用价值又是创造价值的一个条件，它们确实存在密切的关系；但是，如果一方面摆上一个使用价值，即土地，另一方面摆上一个价值（剩余价值是价值的一种存在形式，地租是剩余价值的特殊形式），而且是一个特殊的价值部分（一定量的地租），由此形成一种对立，试图确立它们之间的因果关系，那就是愚蠢的做法。2. {手稿至此中断。}

Ⅲ

庸俗经济学所做的事情，实际上是对于局限在资产阶级生产关系中的生产当事人的观念，教条式地加以解释、系统化和辩护。因此，毫不奇怪，庸俗经济学对于各种经济关系的异化（这里的"异化"应该理解为外在化、现象化）的表现形式感到很自在。因为对于普通人来说，这些关系是很熟悉的，在他们看来是理所当然的常识。然而，只要稍稍动点脑筋就能发现，在这种形式下，各种经济关系乍一看都是荒谬的，完全矛盾的（这些相互矛盾的现象具有内在的本质联系，然而，这种本质的内在联系隐蔽得很深，通过科学的研究才能揭示出来）。如果事物的表现形式和事物的本质会直接合而为一，一切科学就都成为多余的了。对于庸俗经济学来说，各种经济关系的内部联系越是隐蔽，就越显得是不言自明的。因此，庸俗经济学丝毫没有想到，它作为出发点的这个三位一体：土地—地租、资本—利息、劳动—工资或劳动价格是三个显然不可能综合在一起的部分（这个公式作为经济学基础的理论模型，暴露出严重的逻辑问题）。

首先，我们看到的是没有价值的使用价值**土地**和交换价值**地租**：于是，一种当作物来理解的社会关系（价值、交换价值实质上是一种社会关系，地租是价值的特殊存在形式），竟被安置在一种和自然存在物的比例关系上；也就是说，让两个不能通约（也没有自然的因果联系）的事物仅仅在量方面互相保持一定比例。

然后是**资本—利息**。如果资本被理解为一定的、独立地表现在货币上的价值额，那么，说一个价值是比它的所值更大的价值（资本自动转化为比自身更多的资本），显然是无稽之谈（同质的东西怎么能无缘无故变大呢）。正是在资本—利息这个形式上，一切媒介（中间环节）都已经消失，因此，资本—利息就被归结为最一般的，但因此也就无法从它本身得到说明的、荒谬的公式。正是由于这个缘故，庸俗经济学家宁愿用资本—利息公式，也不用资本—利润公式，因为前一个公式具有一种神秘性质，即一个价值和它自身并不相等；而后一个公式却和现实的资本剥削较接近。不过，由于庸俗经济学家不安地感到，4 不是 5，因而 100 塔勒不可能是 110 塔勒，所以他又抛开作为价值的资本，而求助于资本的物质实体（这里的物质实体指作为使用价值的生产资料），求助于资本作为劳动生产条件的使用价值，如机器、原料等。这样一来，为了代替前一个无法理解的"4=5"的关系，就又重新搬出一个完全不能通约（且没有自然的因果联系）的关系，即一方是使用价值，是物，另一方是一定的社会生产关系，是剩余价值；就像在土地所有权的场合见到的情形一样。对庸俗经济学家来说，只要他达到了这种不能通约的神秘关系，似乎一切就搞清楚了，他就不感到还有进一步深思的必要了。因为，他正好达到了资产阶级观念上的"合理"了。

最后是**劳动—工资**（劳动的价格），像我们在第一卷中所证明过的那样，这种说法显然是和价值的概念相矛盾的（劳动作为一般人类劳动即广泛分工、交换基础上作为具有社会劳动属性的抽象劳动才创造价值，这里的劳动是活劳动，并且不涉及社会劳动属性，是具体劳动的抽象形式，它作为具体劳动不能创造价值，活劳动也不能用劳动时间衡量出它的价值，因此，这种劳动没有政治经济学所说的特定意义的价值，也没有与这种价值概念相适应的价格，所以，这种说法与价值概念相矛盾），也是和价格的概念相矛盾的（从市场交换来说，没有价值的东西甚至人的良心也可以有价格，这是因为像垄断价格一样，其他商品的价值可以转移到较少价值甚至没有价值的物品所有者手里，这是总价值的一种市场化再分配，这种价格需要另外的说明，不能从概念来说明），因为一般来说即从概念来说，价格只是价值的货币表现；就劳动作为具体劳动而言，它仅仅具有自然属性，不具有社会属性，因此，"劳动的价格"是和"黄色的对数"一样不合理的，因为一般来说，具体劳动跟价格没有内在的联系，就像黄色和对数一样，它们的属性不一样，无法确立某种关系。但在这里，庸俗经济学家才感到真正的满足，因为他现在终于达到了资产者的深刻见解（讽刺的说法），即认为他为劳动支付货币（一般来说，劳动力商品才有价值，这种价值必然表现为一定的价格；他们所理解的为劳动支付货币，不是基于"劳动"的价值来支付，因此交易的基础不是"劳动"的价值，而是这种劳动对某人具有效用，而劳动者在法律上拥有劳动力商品的产权，为获得劳动的效用必须首先支付劳动力商品的价格）；还因为正好是这个公式和价值概念的矛盾，使他免除了理解价值的义务（他们对价格的理解是某人愿意为某物支付一定的货币，这种价格的基础是效用，而不是商品的价值，这样，似乎不需要理解什么是价值；事实上，就劳动价值论而言，没有价值的东西也可以获得支付，因而具有价格，但这种支付虽然与效用有联系，同样是需要从劳动价值论来说明，它跟垄断价格类似，也是可以从劳动价值论来说明的）。

（也许有人会辩解说，不能通约的东西也是可以保持一定的比例关系，例如，一定的空气成分、水、光照与特定的个别植物的生长，是保持一定比例的，可以用科学手段来测定。但是，纯粹的自然的物质要素不可能具体地决定特定社会的生产关系，尽管特定性质的生产关系总是生产力发展到一定高度的产物。）

资本主义生产的特殊方式及其历史趋势

经典导读

在资本主义社会，异化劳动发展到最典型的状态，社会关系或者说生产关系完全物化，人与人之间的人身支配关系让位于劳动产品和劳动条件对劳动者的统治，商品和货币关系对整个社会的生产和生活起支配作用。在这样的资本主义生产过程中，劳动充分社会化，人与人的社会关系和人与自然的物质关系完全合而为一，物质资料的生产与社会关系相互统一，获得剩余价值成为生产的唯一目的，这是资本主义生产的特殊方式。这与基于雇佣劳动关系的资本主义生产的本质要求是相一致的。因此，古典经济学家往往把社会关系的属性看成作为生产条件的物的属性，把特定的社会规定性如资本的规定和物质的生产条件混为一谈（庸俗经济学家更是这样）。由于这种错误认识，当古典经济学家无法克服古典劳动价值论的理论局限、无法应用劳动价值论说明收入关系和整体上的国民收入时，他们便不自觉地脱离价值概念，滑向效用价值论和要素价值论，从而陷入不彻底性、半途而废和无法解决的矛盾中。马克思的伟大功绩就是把朴素的古典劳动价值论发展为科学的劳动价值论，并对资本主义社会的基本的经济关系进行了彻底的理论说明。

作为典型的异化劳动的资本主义生产，具体劳动成为体现社会属性的抽象劳动，私人劳动成为社会劳动，资本家成了资本的人格化，资本保值、增值的内在需求使占有欲成为资本家的主要需求，必须遵循资本的逻辑。这样的资本主义生产，更多地表现为剩余价值的生产和无止境的资本积累，不是从人的需要出发。但是，它与历史上其他社会形态相比，更有利于生产力的发展，更有利于社会关系的发展，更有利于更高级的新形态的各种要素的创造。因此，这种社会生产必然加速提高劳动生产率，促使人类社会从必然王国走向自由王国。

经典原文

资本主义生产的特殊方式及其历史趋势

我们[①]已经看到，资本主义生产过程是一般社会生产过程的一个历史规

---

① 按照手稿，这才是第 48 章的开始。——[弗·恩·]

定的形式。而社会生产过程既是人类生活的物质生存条件的生产过程，又是一个在历史上经济上独特的生产关系中进行的过程，是生产和再生产着这些生产关系本身，因而生产和再生产着这个过程的承担者、他们的物质生存条件和他们的互相关系即他们的一定的社会经济形式的过程。因为，这种生产的承担者对自然的关系以及他们互相之间的关系，他们借以进行生产的各种关系的总和，就是从社会经济结构方面来看的社会。资本主义生产过程象它以前的所有生产过程一样，也是在一定的物质条件下进行的，但是，这些物质条件同时也是个人在他们的生命的再生产过程中所处的一定的社会关系的承担者。这些物质条件，和这些社会关系一样，一方面是资本主义生产过程的前提，另一方面又是资本主义生产过程的结果和创造物；它们是由资本主义生产过程生产和再生产的。我们还看到，资本——而资本家只是人格化的资本，他在生产过程中只是作为资本的承担者执行职能——会在与它相适应的社会生产过程中，从直接生产者即工人身上榨取一定量的剩余劳动，这种剩余劳动是资本未付等价物而得到的，并且按它的本质来说，总是强制劳动，尽管它看起来非常象是自由协商同意的结果。这种剩余劳动体现为剩余价值，而这个剩余价值存在于剩余产品中。一般剩余劳动，作为超过一定的需要量的劳动，必须始终存在。只不过它在资本主义制度下，象在奴隶制度等等下一样，具有对抗的形式，并且是以社会上的一部分人完全游手好闲作为补充。为了对偶然事故提供保险，为了保证必要的、同需要的发展以及人口的增长相适应的累进的扩大再生产（从资本主义观点来说叫作积累），就需要一定量的剩余劳动。资本的文明面之一是，它榨取剩余劳动的方式和条件，同以前的奴隶制、农奴制等形式相比，都更有利于生产力的发展，有利于社会关系的发展，有利于更高级的新形态的各种要素的创造。因此，资本一方面会导致这样一个阶段，在这个阶段上，社会上的一部分人靠牺牲另一部分人来强制和垄断社会发展（包括这种发展的物质方面和精神方面的利益）的现象将会消失；另一方面，这个阶段又会为这样一些关系创造出物质手段和萌芽，这些关系在一个更高级的社会形态内，使这种剩余劳动能够同一般物质劳动所占用的时间的较显著的缩短结合在一起。因为，按照劳动生产力发展的不同情况，剩余劳动可以在一个小的总工作日中显得大，也可以在一个大的总工作日中相对地显得小。如果必要劳动时间 =3，剩余劳动 =3，总工作日就 =6，剩余劳动率就 =100%。如果必要劳动 =9，剩余劳动 =3，总工作日就 =12，剩余劳动率就只 = $33\frac{1}{3}$ %。由此可见，在一定时间内，从而在一定的剩余劳动时间内，究竟能生产多少使用价值，取决于劳动生产率。也就是说，社会的现实财富和社会再生产过程不断扩大的可能性，并不是取决于剩余劳动时间的长短，而是取决于剩余劳动的生产率和这种剩余劳动借以完成的优劣程度不等的生产条件。事实上，自由王国只是在由必需和外在目的规定要做的劳动终止的地方才开始；因而按照事物的本性来说，它存在于真正物质生产领域的彼岸。象野蛮人为了满足自己的需要，为了维持和再生产自己的生命，必须与自然进行斗争一样，文明人也必须这样做；而且在一切社会形态中，在一切可能的生产方式中，他都必须这样做。这个自然必然性的王国会随着人的发展而扩大，因为需要会扩大；但是，满足这种需要的生产力同时也会扩大。这个领域内的自由只能是：社会化的人，联合起来的生产者，将合理地调节他们和自然之间的物质变换，把它置于他们的共同控制之下，而不让它作为盲目的力量来统治自己；靠消耗最小的力量，在最无愧于和最适合于他们的人类本性的条件下来进行这种物质变换。但是不管怎样，这个领域始终是一个必然王国。在这个必然王国的彼岸，作为目的本身的人类能力的发展，真正的自由王国，就开始了。但是，这个自由王国只有建立在必然王国的基础上，才能繁荣起来。工作日的缩短是根本条件。

📖 经典解说

我们 ① 已经看到，资本主义生产过程是一般社会生产过程的一个历史规定的形式，是一定历史阶段物质生产与特定时代社会生产性质及其生产关系的统一。也就是说，一定历史阶段的社会生产过程，既是人类生活的物质生存条件的生产和再生产过程，也是一个在历史上经济上独特的生产关系中进行的过程，是生产和再生产着这些生产关系本身，因而总体来看，就是生产和再生产着这个过程的承担者（生产活动的主体，这个过程的承

---

① 按照手稿，这才是第48章的开始。——[弗·恩·]

担者必须和社会关系的物质承担者区分开来，前者是人，后者是物）、他们的物质生存条件和他们的相互关系（他们的一定社会经济形式）的过程。因为，这种生产的承担者（生产活动的主体）对自然的关系，以及他们相互之间的关系，他们借以进行生产的各种关系的总和，就是从社会经济结构（社会经济结构也就是唯物史观中的经济基础）方面来看的社会。资本主义生产过程像它以前的所有生产过程一样，也是在一定的物质条件下进行的，但是，这些物质条件同时是个人在他们生命的再生产过程中所处的一定社会关系的承担者（这些物质条件与一定的社会关系紧密结合在一起，不能像以往经济学仅仅把特定历史规定的生产当作生产一般那样，当作单纯的资源配置过程，也不能片面把握生产关系）。这些物质条件和这些社会关系一样，一方面是资本主义生产过程的前提，另一方面是资本主义生产过程的结果和创造物；它们是由资本主义生产过程生产和再生产的。（提示：资本主义生产包含人与自然的关系和人与人之间的相互关系，是物质的生产和社会关系的统一；这个思想与《〈政治经济学批判〉导言》的思想完全一致。）

我们还看到，资本——而资本家只是人格化的资本，资本家在生产过程中只是作为资本的承担者执行职能——会在与它相适应的社会生产过程中，从直接生产者即工人身上榨取一定量的剩余劳动，这种剩余劳动是资本未付等价物而得到的，并且按它的本质来说，这种榨取总是通过强制劳动来实现的，尽管这种劳动看起来非常像是自由协商同意的结果（劳动力的买卖过程确实是自由协商的过程，劳动力一旦成功售出，进入生产过程，劳动者就得服从资本的统治，因而按本质来说是强制劳动）。这种剩余劳动体现为剩余价值，而这个剩余价值存在于剩余产品中。一般剩余劳动（撇开具体的社会关系看待的剩余劳动）作为超过一定的需要量（这个需要量就是劳动者维持自身生存的需要量）的劳动，必须始终存在。只不过它在资本主义制度下，像在奴隶制度等下一样，具有对抗的形式（表现为一种阶级关系的对抗），并且是把社会上的一部分人完全游手好闲作为补充。无论什么时代，为了对偶然事故提供保险，为了保证必要的，同需要的发展以及人口的增长相适应的累进的扩大再生产（从资本主义观点来说叫作积累），就需要一定量的剩余劳动。

（社会关系要成为物的属性、物的关系，劳动产品成为商品必须具有决定性意义，因此，这里关于资本主义生产的特殊方式的说明，与第五十一章关于资本主义生产的两个特征的说明是相互呼应的。）

资本的文明面之一是，它榨取剩余劳动的方式和条件，同以前的奴隶制、农奴制等形式相比，都更加有利于生产力的发展，有利于社会关系的发展，有利于更高级的新形态的各种要素的创造（为新时代的到来创造必要的条件）。（这三个"有利于"是判断社会进步的一般标准，跟特定的社会性质无关。）

因此，一方面，资本会导致这样一个阶段（这个阶段似乎可以理解为《哥达纲领批判》中的"过渡时期"），在这个阶段上，社会上的一部分人靠牺牲另一部分人来强制和垄断社会发展（包括这种发展的物质方面和精神方面的利益）的现象将会消失；另一方面，这个阶段又会为这样一些关系（未来社会的理想社会关系）创造出物质手段和萌芽（理想社会关系的萌芽），这些关系在一个更高级的社会形态（未来的理想社会）内，使剩余劳动能够同一般物质劳动所占用时间较显著的缩短结合在一起。因为，按照劳动生产力发展的不同情况，剩余劳动可以在一个劳动时间的总量较小的工作日中显得大，即占较大的比例，也可以在一个劳动时间的总量较大的工作日中相对的显得小，即占较小的比例。如果必要劳动时间 =3，剩余劳动时间 =3，总工作日就 =6，剩余劳动率就 =100%。如果必要劳动时间 =9，剩余劳动时间 =3，总工作日就 =12，剩余劳动率就只 = $33\frac{1}{3}$ %。由此可见，在一定时间内，从而在一定的剩余劳动时间内，究竟能生产多少使用价值，取决于劳动生产率。也就是说，社会的现实财富和社会再生产过程不断扩大的可能性，不是取决于剩余劳动时间的长短，而是取决于剩余劳动的生产率和这种剩余劳动借以完成的优劣程度不等的生产条件。

事实上，自由王国只是在由必需和外在目的规定要做的劳动终止的地方才开始（所谓自由王国，意味着人们不再为了满足生活需要被迫从事劳动，人们的活动甚至所有的生产活动完全成为自由的生命活动）；因而按照事物的本性来说，它存在于真正物质生产领域的彼岸（物质生产成为高度自动化、智能化的生产，少量的劳动由志愿者承担，他们不是为了报酬参加劳动）。像野蛮人为了满足自己的需要，为了维持和再生产自己的生命，必须与自然进行斗争一样,文明人也必须这样做;而且在一切社会形态中,在一切可能的生产方式中,他都必须这样做(在生产高度自动化、智能化之前,任何时代包括共产主义低级阶段,为了满足自己和社会的需要,人们都必须违背自己的自由意志从事一些生产活动)。这个自然必然性的王国(这个必然王国就是指基于必需和外在目的的物质生产领域)会随着人的发展而扩大,因为需要会扩大;但是,满足这种需要的生产力同时也会扩大。在这种必然王国的领域(基于必需和外在目的的物质生产领域),人们还无法完全摆脱自然对人们的限制,还必须在一定限度内屈从于自然,因此,这个领域内的自由(共产主义低级阶段就是自由的必然王国)只能是:社会化的人、联合起来的生产者,将合理地调节他们和自然之间的物质变换(这种物质变换就是使自然人化,从而满足人的需要),把它置于他们的共同控制之下,而不让它作为盲目的力量来统治自己;靠消耗最小的力量,在最无愧于和最适合他们的人类本性的条件下来进行这种物质变换。但是不管怎样,这个领域始终是一个必然王国(基于必需和外在目的的物质生产领域),在这种生产条件下,为了必需和外在目的,人们还不得不从事一定限度的劳动。在这个必然王国的彼岸(生产的自动化、智能化能充分满足人们的生存和发展需要的时候),作为目的本身的人类能力的发展(人的自由全面的发展),真正的自由王国(共产主义高级阶段)就开始了,人们的活动包括全部生产活动都成为自由的生命活动。但是,这个自由王国只有建立在必然王国即满足必需和外在目的物质生产高度发达的基础上,才能繁荣起来。工作日的缩短是根本条件。

基于科学的劳动价值论说明价值创造与收入形式的关系

经典导读

在这里,马克思指出,各种收入是新追加劳动创造的价值的转化形式,剩余价值一般转化为利润,进而转化为平均利润,平均利润分割为企业主收入和利息,而土地所有权作为资本主义生产的限制性必要条件,又要求预先扣除一部分剩余价值作为地租，最后是新价值的一部分先转为可变资本，再由资本预付给个人成为工人的收入。这些收入看起来似乎是由各自拥有所有权的生产要素带来的，事实上，只是反映了生产当事人对一般人类劳动所创造的价值的一种分配关系，这种分配必须以价值和剩余价值已经存在为前提。因此，必须首先说明价值和剩余价值的创造，并以此为基础和前提说明收入分配问题。但是，三位一体公式把商品价值的决定与各种收入的关系完全颠倒了，在他们看来，商品价值是由各种收入决定的。

📖 经典原文

基于科学的劳动价值论说明价值创造与收入形式的关系

在资本主义社会中，这个剩余价值或剩余产品——如果我们把分配上的偶然变动撇开不说，只考察分配的调节规律，分配的正常界限——是作为一份份的股息，按照社会资本中每个资本应得的份额的比例，在资本家之间进行分配的。在这个形态上，剩余价值表现为资本应得的平均利润。这个平均利润又分为企业主收入和利息，并在这两个范畴下分归各种不同的资本家所有。但资本对于剩余价值或剩余产品的这种占有和分配，受到了土地所有权方面的限制。正象职能资本家从工人身上吸取剩余劳动，从而在利润的形式上吸取剩余价值和剩余产品一样，土地所有者也要在地租的形式上，按照以前已经说明的规律，再从资本家那里吸取这个剩余价值或剩余产品的一部分。

因此，当我们在这里说利润是归资本所有的那部分剩余价值时，我们所指的是平均利润（等于企业主收入加上利息），它已经由于从总利润（在数量上和总剩余价值相等）中扣除地租而受到限制；地租的扣除是前提。因此，资本利润（企业主收入加上利息）和地租不过是剩余价值的两个特殊组成部分，不过是剩余价值因属于资本或属于土地所有权而区别开来的两个范畴，两个项目。它们丝毫也不会改变剩余价值的本质。它们加起来，就形成社会剩余价值的总和。资本直接从工人身上吸取体现为剩余价值和剩余产品的剩余劳动。因此，在这个意义上，资本可以被看作剩余价值的生产者。土地所有权却和现实的生产过程无关。它的作用只限于把已经生产出来的剩余价值的一部分，从资本的口袋里转移到它自己的口袋里。不过，土地所有者在资本主义生产过程中起作用，不仅因为他会对资本施加压力，也不仅因为大土地所有制是资本主义生产的前提和条件（因为大土地所有制是对劳动者的劳动条件进行剥夺的前提和条件），而且特别因为土地所有者表现为最重要的生产条件之一的人格化。

最后，工人作为他个人的劳动力的所有者和出售者，在工资的名义下得到一部分产品。这部分产品体现着他的劳动中被我们叫作必要劳动的那个部分，也就是维持和再生产这个劳动力所必需的劳动部分，而不管这种维持和再生产的条件是较贫乏的还是较富裕的，是较有利的还是较不利的。

不管这些关系在其他方面看起来多么不一致，但它们都有一个共同点：资本逐年为资本家提供利润，土地逐年为土地所有者提供地租，劳动力——在正常条件下，并且在它仍然是可以使用的劳动力的时期内——逐年为工人提供工资。每年生产的总价值中的这三个价值部分，以及每年生产的总产品中和它们相适应的部分，——在这里我们先撇开积累不说，——可以每年由它们各自的所有者消费掉，而不致造成它们的再生产源泉的枯竭。它们好象是一棵长生树上或者不如说三棵长生树上的每年供人消费的果实，它们形成三个阶级即资本家、土地所有者和工人的常年收入。这些收入，是由职能资本家作为剩余劳动的直接吸取者和一般劳动的使用者来进行分配的。因此，资本家的资本，土地所有者的土地，工人的劳动力或者不如说他的劳动本身（因为他实际出售的只是外部表现出来的劳动力，而且象以前所说的那样，在资本主义生产方式的基础上，劳动力的价格必然会对他表现为劳动的价格），对资本家、土地所有者和工人来说，表现为他们各自特有的收入（利润、地租和工资）的三个不同的源泉。它们从下述意义上讲确实是收入的源泉：对资本家来说，资本是一台永久的吸取剩余劳动的抽水机；对土地所有者来说，土地是一块永久的磁石，它会把资本所吸取的剩余价值的一部分吸引过来；最后，劳动则是一个不断更新的条件和不断更新的手段，使工人在工资的名义下取得他所创造的一部分价值，从而取得由这部分价值来计量的一部分社会产品，即必要生活资料。其次，它们从下述意义上讲是收入的源泉：资本会把价值的一部分，从而把年劳动产品的一部分固定在利润的形式上，土地所有权会把另一部分固定在地租的形式上，雇佣劳动会把第三部分固定在工资的形式上，并且正是由于这种转化，使它们变成了资本家的收入、土地所有者的收入和工人的收入，但是并没有创造转化为这几个不同范畴的实体本身。相反，这种分配是以这种实体已经存在为前提的，也就是说，是以年产品的总价值为前提的，而这个总价值不外就是物化的社会劳动。但在生产当事人看来，在生产过程的不同职能的承担者看来，事情却不是以这种形式表现出来的，而是相反地以颠倒的形式表现出来的。为什么会这样呢，在研究的进程中，我们将进一步说明。在那些生产当事人看来，资本、土地所有权和劳动，是三个不同的、独立的源泉，每年生产的价值——从而这个价值借以存在的产品——的三个不同的组成部分，就是从这些源泉本身产生出来的；因此，不仅这个价值作为收入分归社会生产过程的各个特殊因素时所采取的不同形式，是从这些源泉产生出来的，而且这个价值本身，从而这些收入形式的实体，也是从这些源泉产生出来的。

📖 经典解说

在资本主义社会中，剩余价值或剩余产品——如果我们把分配上的偶然变动撇开不说，只考察分配的调节规律，分配的正常界限——作为一份份的股息，按照社会资本中每个资本应得的份额的比例，在资本家之间进行分配。在这个形态上，剩余价值表现为资本应得的平均利润。这个平均利润又分为企业主收入（产业利润和商业利润）和利息，并在这两个范畴下分归各种不同的资本家所有。但是，资本对剩余价值或剩余产品的这种占有和分配，受到了土地所有权方面的限制。正像职能资本家从工人身上吸取剩余劳动，从而在利润的形式上吸取剩余价值和剩余产品一样，土地所有者也要在地租的形式上，按照以前已经说明的规律（级差地租和绝对地租的规律），再从资本家那里吸取这个剩余价值或剩余产品的一部分。

因此，当我们在这里说利润是归资本所有的那部分剩余价值时，所指的是平均利润（等于企业主收入加上利息），它已经由于从总利润（在数量上和总剩余价值相等）中扣除地租而受限制；地租的扣除是前提。因此，资本利润（企业主收入加上利息）和地租是剩余价值的两个特殊组成部分，是剩余价值因属于资本或属于土地所有权而区别开来的两个范畴、两个项目。它们丝毫也不会改变剩余价值的本质。它们加起来就形成社会剩余价值的总和。资本直接从工人身上吸取体现为剩余价值和剩余产品的剩余劳动。因此,在这个意义上,资本可以被看作剩余价值的"生产者"(作为职能资本通过直接的生产过程榨取剩余价值)。土地所有权却和现实的生产过程无关。它的作用只限于把已经生产出来的剩余价值的一部分,从资本的口袋里转移到它自己的口袋里。不过,土地所有者在资本主义生产过程中起作用,不仅因为他会对资本施加压力,也不仅因为大土地所有制是资本主义生产的前提和条件(因为大土地所有制是对劳动者的劳动条件进行剥夺的前提和条件),而且特别因为土地所有者表现为最重要的生产条件之一(土地)的人格化,体现着土地这一生产条件的异化。

最后,工人作为他个人的劳动力的所有者和出售者,在工资的名义下得到一部分产品。这部分产品体现着他的劳动中被我们叫作必要劳动的那部分,也就是维持和再生产这个劳动力所必需的劳动部分,而不管这种维持和再生产的条件,是较贫乏的还是较富裕的(这里的贫乏、富裕是相对劳动力价值而言的),是较有利的还是较不利的。

不管这些分配关系在其他方面看起来多么不一致,但它们都有一个共同点:资本逐年为资本家提供利润,土地逐年为土地所有者提供地租,劳动力——在正常条件下,并且在它仍然是可以使用的劳动力的时期内逐年为工人提供工资。因此,它们是生产要素的所有者获得收入的依据,在这个意义上可以说,这些生产要素是收入这种形式规定的源泉(不是最终源泉)。每年生产的总价值中的这三个价值部分,以及每年生产的总产品中和它们相适应的部分,在这里我们先撇开积累不说,可以每年由它们各自的所有者消费掉,而不致造成它们的再生产源泉的枯竭(假定社会生产处于简单再生产的状态)。它们好像是一棵长生树上或者不如说三棵长生树上每年供人消费的果实,它们形成三个阶级即资本家、土地所有者和工人的常年收入。这些收入是由职能资本家作为剩余劳动的直接吸取者和一般劳动的使用者来进行分配的。因此,资本家的资本、土地所有者的土地、工人的劳动力或者不如说他的劳动本身(因为他实际出售的只是外部表现出来的劳动力,而且像以前所说的那样,在资本主义生产方式的基础上,劳动力的价格必然会对他表现为劳动的价格),对资本家、土地所有者和工人来说，表现为他们各自特有的收入（利润、地租和工资）的三个不同的源泉。它们从下述意义上讲确实是收入的源泉：对资本家来说，资本是一台永久的吸取剩余劳动的抽水机；对于土地所有者来说，土地是一块永久的磁石，它会把资本所吸取的剩余价值的一部分吸引过来；最后，劳动是一个不断更新的条件和不断更新的手段，使工人在工资的名义下取得他所创造的一部分价值，从而取得由这部分价值来计量的一部分社会产品，即必要的生活资料。

再者，它们从下述意义上讲是收入的源泉：资本会把价值的一部分，从而把年劳动产品的一部分固定在利润的形式上，土地所有权会把另一部分固定在地租的形式上，雇佣劳动会把第三部分固定在工资的形式上，并且正是由于这种转化，使它们变成了资本家的收入、土地所有者的收入和工人的收入。

但是，这些生产条件或者说生产的基本要素，并没有创造转化为这几个不同范畴的实体（价值实体）本身。相反，这种分配（以上所说的分配关系）是以这种实体（价值实体）已经存在为前提的，也就是说，是以年产品的总价值（这个总价值包含耗费的不变资本价值和追加劳动创造的新价值两部分）为前提的，而这个总价值就是物化的一般社会劳动。

（基于生产要素的所有权，商品价值转化为各种收入，但是，能分解为各种收入的商品总价值是一般社会劳动即一般人类劳动的物化形成的，一般人类劳动才能创造价值，可见，各种收入并不是生产要素分别创造出来的。）

然而，在生产当事人看来，在生产过程不同职能的承担者看来，事情却不是以这种形式表现出来的（他们不把这些收入形式看成生产过程创造的价值的转化形式），而是相反地以颠倒的形式表现出来的（他们认为商品价值由各种生产要素各自创造的价值构成）。为什么会这样呢？在研究的进程中，我们将进一步说明。在那些生产当事人看来，资本、土地所有权（这里似乎应该是土地，而不是土地所有权）和劳动，是三个不同的、独立的源泉，每年生产的价值——从而这个价值借以存在的产品——的三个不同的组成部分，就是从这些源泉本身产生出来的；因此，不仅这个价值作为收入分归社会生产过程的各个特殊因素时所采取的不同形式（收入形式），是从这些源泉产生出来的，而且这个价值本身，从而这些收入形式的实体（价值实体），也是从这些源泉产生出来的。这就是三位一体公式的实质和基本思想。

三位一体公式的错误实质和逻辑问题

经典导读

三位一体公式的错误实质是把各种收入的来源当作商品价值的最终源泉，把各种收入当作由生产要素各自独立创造的价值部分，把商品价值看成各种收入的加总，把商品价值看成构成价值。对此，马克思进行了系统的批判，揭示了它的种种理论问题。在马克思看来，这些经济学家不理解地租规律、不理解一般人类劳动和雇佣劳动的根本区别、不理解剩余价值的创造和分配的关系，他们把资本主义生产过程和一般社会生产过程混为一谈，把物的关系和社会关系混为一谈，从而产生严重的思想混乱。实质上，三位一体公式脱离了价值概念，脱离了劳动价值论，脱离了资本主义生产的基础。

经典原文

三位一体公式的错误实质和逻辑问题

﹛这里，手稿缺了对开纸一页。﹜

……级差地租是和土地的相对肥力结合在一起的，也就是说，是和土地本身产生的各种属性结合在一起的。但是第一，就它以不同等级的土地的产品所具有的不同的个别价值为基础来说，这不过就是我们刚刚说过的那个规定；第二，就它以起调节作用的、不同于这些个别价值的一般市场价值为基础来说，这是一个通过竞争来实现的社会规律，既和土地无关，也和土地肥力的不同程度无关。

看来，也许至少在"劳动—工资"这个公式中表现着合理的关系。但是，它象"土地—地租"一样没有表现这种关系。就劳动形成价值，并体现为商品的价值来说，它和这个价值在不同范畴之间的分配无关。就劳动具有雇佣劳动的特殊的社会性质来说，它不形成价值。整个说来，我们以前已经指出，工资或劳动的价格只是劳动力的价值或价格的不合理的说法；并且，这种劳动力出售时的一定的社会条件同作为一般生产要素的劳动无关。劳动也物化在商品的这样一个价值部分中，即作为工资形成劳动力价格的价值部分中；它创造产品的这个部分，和创造产品的其他部分一样；它物化在这个部分中，和物化在那些形成地租或利润的部分中相比，不会更多，也没有什么不同。而且整个说来，当我们把劳动确定为形成价值的要素时，我们不是从它作为生产条件的具体形式上来考察它，而是从一种和雇佣劳动的社会规定性不同的社会规定性上来考察它。

甚至"资本—利润"这个说法，在这里也是不正确的。如果仅从资本生产剩余价值这方面来说，也就是，从资本通过它对劳动力，即对雇佣工人的强制，来榨取剩余劳动这种它同工人的关系来说，那末，这个剩余价值，除了包括利润（企业主收入加上利息）之外，还包括地租，总之，包括全部没有分割的剩余价值。相反，在这里，资本作为收入的源泉，只和归资本家所有的那部分有关。这不是资本榨取的全部剩余价值，而只是资本为资本家榨取的那部分剩余价值。一旦这个公式转化为"资本—利息"的公式，一切联系就更看不出来了。

如果说，第一，我们考察的是这三个源泉的不一致，那末，第二，现在我们看到，它们的产物，它们的幼仔，即各种收入，反而全都属于一个范围，即价值的范围。但是，这种情况（这不仅是不能通约的量之间的关系，而且是完全不同的、彼此毫无关系的、不能互相比较的物之间的关系）会因下述缘故而一致起来：事实上，资本也象土地和劳动一样，只是就它的物质实体来看的，因而是单纯作为生产出来的生产资料来看的；这时，它同工人的关系以及它作为价值的性质都被抽象掉了。

第三，因此，在这个意义上，资本—利息（利润），土地—地租，劳动—工资这个公式，显示出了一种整齐的对称的不相称的东西。事实上，既然雇佣劳动不是表现为劳动的社会规定的形式，而是一切劳动按它的性质来说都表现为雇佣劳动（被资本主义生产关系束缚的人，就是这样看的），那末，物质劳动条件——生产出来的生产资料和土地——对于雇佣劳动所采取的一定的特有的社会形式（它们反过来又以雇佣劳动为前提），也就直接地和这些劳动条件的物质存在，换句话说，和它们在实际劳动过程中一般具有的、不以这个过程的每一种历史规定的社会形式为转移的、甚至不以**任何**社会形式为转移的形态合而为一了。因此，劳动条件的这种和劳动相异化的、和劳动相对立而独立化的、并由此形成的转化形态（在这种形态下，生产出来的生产资料已转化为资本，土地已转化为被人垄断的土地，转化为土地所有权），这种属于一定历史时期的形态，就和生产出来的生产资料和土地在一般生产过程中的存在和职能合而为一了。这种生产资料就其本身来说天然是资本，资本则不外是这种生产资料的纯粹"经济名称"；土地就其本身来说也天然是若干土地所有者所垄断的土地。正象在资本和资本家——他事实上不外是人格化的资本——那里，产品会成为对生产者独立的权力一样，土地也会人格化为土地所有者，也会用后腿站立起来，并且作为一种独立的权力，要求在它帮助下生产出来的产品中占有自己的一份；所以，不是土地得到了产品中归它所有的那一部分，以便用来恢复和提高自己的生产率，而是土地所有者得到了这个产品的一部分，以便用来高价变卖和挥霍浪费。很清楚，资本是以作为雇佣劳动的劳动为前提的。但是，同样很清楚，如果从作为雇佣劳动的劳动出发，以致一般劳动和雇佣劳动合而为一好象是不言而喻的事情，那末资本和被垄断的土地，也就必然会表现为劳动条件的自然形式，而与一般劳动相对立。现在，资本表现为劳动资料的自然形式，从而表现为纯粹物的、由劳动资料在一般劳动过程中的职能所产生的性质。因此，资本和生产出来的生产资料就变成了一个同义词。同样，土地和被私有权垄断的土地也变成了一个同义词。因此，天然就是资本的劳动资料本身也就成了利润的源泉，土地本身则成了地租的源泉。

劳动本身，就它作为有目的的生产活动这个简单的规定性而言，不是同具有社会形式规定性的生产资料发生关系，而是同作为物质实体、作为劳动材料和劳动资料的生产资料发生关系。这些生产资料也只是在物质方面，作为各种使用价值来互相区别：土地不是生产出来的劳动资料，其余的东西是生产出来的劳动资料。因此，如果劳动和雇佣劳动合而为一，那种使劳动条件和劳动对立的一定的社会形式也就会和劳动条件的物质存在合而为一。这样，劳动资料本身就是资本，土地本身也就是土地所有权了。这些劳动条件在劳动面前所显示出来的形式上的独立，它们在雇佣劳动面前所具有的这种独立化的特殊形式，也就成了它们作为物，作为物质生产条件所具有的不可分离的属性，成了它们作为生产要素必然会有的、内在地固有的性质了。它们在资本主义生产过程中获得的、为一定的历史时代所决定的社会性质，也就成了它们自然的、可以说是永恒的、作为生产过程的要素天生就有的物质性质了。因此，土地作为劳动的原始活动场所，作为自然力的王国，作为一切劳动对象的现成的武库在一般生产过程中所起的作用，和生产出来的生产资料（工具、原料等等）在一般生产过程中所起的作用，似乎必然表现在它们作为资本和土地所有权各自应得的份额上，也就是表现在它们的社会代表在利润（利息）和地租的形式上应得的份额上，就象工人的劳动在生产过程中所起的作用，会以工资的形式表现在工人应得的份额上一样。因此地租、利润、工资，好象是由土地、生产出来的生产资料和劳动在简单劳动过程中所起的作用产生的；甚至在我们把这个劳动过程看作只是人和自然之间发生的过程，并把一切历史规定性都撇开不说的时候，也是这样。如果说体现雇佣工人为自己完成的劳动的产品，即体现他的收益，体现他的收入的产品，只是工资，只是价值（因而是用这个价值来计量的社会产品）中代表他的工资的部分，那末，这又只是在另一种形式上说的同一件事情。因此，如果雇佣劳动和一般劳动合而为一，工资也就会和劳动的产品合而为一，工资所代表的价值部分也就会和劳动所创造的一般价值合而为一。但是这样一来，其他的价值部分，即利润和地租，也就会同工资相独立；它们必须由它们自己的、和劳动根本不同并且不以劳动为转移的源泉产生；它们必须由那些共同起作用的生产要素产生，而它们就是属于那些生产要素的所有者的；这样，利润就是由生产资料，即资本的物质要素产生的，地租就是由土地所有者所代表的土地或自然产生的（罗雪尔）。

　　因此，土地所有权、资本和雇佣劳动，就从下述意义上的收入源泉，即资本以利润的形式使资本家吸取他从劳动中榨取的剩余价值的一部分，土地的垄断以地租的形式使土地所有者吸取剩余价值的另一部分，劳动以工资的形式使工人取得最后一个可供支配的价值部分这种意义上的源泉，也就是从这种作为媒介使价值的一部分转化为利润形式，第二部分转化为地租形式，第三部分转化为工资形式的源泉，转化成了真正的源泉，这个源泉本身产生出这几个价值部分和这几个价值部分借以存在或可以转化成的那些有关产品部分，因而是产生出产品价值本身的最后源泉。

📖 经典解说

{这里，手稿缺了对开纸一页。}（这里缺了的内容大致可以推测为：依照三位一体的神秘公式，把商品价值看成以各个生产要素为源泉的价值部分的加总，这不但脱离了基于劳动价值论的价值概念，在理论上也是完全说不通的。就"土地—地租"来说，绝对地租是产品价值高于它的生产价格的差额，这与土地没有关系。级差地租是由于肥沃土地的自然生产率较高，因而在投入等量的资本和劳动的情况下必然获得更多的产量，单位产品的个别价值因此低于它的生产价格，当它按生产价格或一般市场价值出售时，商品出售者可以获得超额利润。由于土地所有权的限制作用，农业资本家必须把这种超额利润转交给土地所有者。）……这样看来，级差地租是和土地的相对肥力结合在一起的，也就是说，是和土地本身产生的各种属性结合在一起的。但是，第一，就它以不同等级土地的产品所具有的不同个别价值为基础来说，这不过就是我们刚刚说过的那个规定（土地的肥力直接影响单位产品的个别价值，单位产品的个别价值与自然的生产率成反比）；第二，就它在市场交易中的价值实现来看，它以起调节作用的、不同于这些个别价值的一般市场价值为基础（在所有商品供求相等的条件下，商品的一般市场价值与生产价格相一致，在供给大于或小于需求的情况下，一般市场价值会偏离生产价格，而总的市场价值等于总生产价格，同时等于总价值)[①]，这是一个通过竞争来实现的社会规律，既和土地无关，也和土地肥力的不同程度无关。

看来，也许至少在"劳动—工资"这个公式中表现着合理的关系。但是，它像"土地—地租"一样没有表现这种合理关系（劳动是一般生产过程的生产要素，工资是资本主义社会特有的收入形式，体现着特殊的社会

---

① 罗雄飞：《〈资本论〉简论与导读》，经济管理出版社 2010 年版，第 77—79 页。

关系。两者没有必然的因果关系）。就劳动形成价值，并体现为商品的价值来说，它和这个价值在工资、地租、利润等不同范畴之间的分配无关。劳动作为一般人类劳动才形成价值，就劳动具有雇佣劳动的特殊的社会性质来说，它不形成价值，雇佣劳动这个规定性，仅仅是劳动者出卖劳动力商品获得必要收入的依据。整体来说，我们以前已经指出，工资或劳动的价格只是劳动力的价值或价格的不合理的说法；并且，这种劳动力出售时的一定的社会条件（资本主义生产的条件）同作为一般生产要素的劳动无关（作为一般生产要素的劳动是从劳动的使用价值来说的，不是指一般人类劳动；作为生产要素，往往被看成劳动一般，但这个劳动一般实质上是具体劳动的抽象形式）。

劳动作为一般人类劳动物化在商品中形成价值，但是，它在生产中形成的价值不仅仅是工资。它物化在商品的这样一个价值部分中，即作为工资形成劳动力价格的价值部分中；它创造了产品的这个价值部分，还同样创造了产品的其他价值部分；它物化在这个部分中与物化在那些形成地租或利润中的部分相比，不会更多（恰好等于各自的规律能提供的量），也没有什么不同（一般人类劳动物化在商品中形成价值，工资、利润等是价值作为收入形式的社会规定，价值是这些收入形式的内在的本质规定，就此而言，它们是一样的，同质的）。整体来说，当我们把劳动确定为形成价值的要素时，我们不是从它作为生产条件的具体形式上来考察它（不是从雇佣劳动等具体的社会规定来考察），而是从一种和雇佣劳动的社会规定性不同的社会规定性上来考察它（从劳动作为一般人类劳动的规定性上来考察）。

甚至"资本—利润"这个说法，在这里也是不正确的。如果仅从资本生产剩余价值这方面来说，也就是从资本通过它对劳动力，即对雇佣工人的强制来榨取剩余劳动这种它同工人的关系来说，那么，这个剩余价值，除了包括利润（企业主收入加上利息）还包括地租，总之，包括全部没有分割的剩余价值。相反地，在这里，资本作为收入的源泉，只和归资本家所有的那部分有关。这不是资本榨取的全部剩余价值，只是资本为资本家榨取的那部分剩余价值。一旦这个公式转化为"资本—利息"的公式，一切内在联系就更看不出来了。

（以上分析表明，把生产要素看成各种收入的最终源泉，认为商品价值由各种收入的价值部分加总而来，这显然是错误的，理论上无法获得合理的说明。）

（这种三位一体公式是跟各种错误的理论认识密切联系着的，在逻辑上不能自圆其说。它把作为一般生产要素的劳动、生产条件和资本主义社会具有特殊社会性质的规定混为一谈。）

如果说，第一，我们考察的是这三个源泉不一致，那么，第二，现在我们看到它们的产物、它们的幼仔，即各种收入，反而全都属于一个范围，即价值的范围。但是，这种情况（这不仅是不能通约的量之间的关系，而且是完全不同的、彼此毫无关系的、不能互相比较的物之间的关系）会因下述缘故而“一致”起来（所谓“一致”起来，就是被当作价值最终源泉的生产要素都是使用价值，作为收入的不同规定实质上都是价值，形式上显得整齐划一了）：事实上，资本也像土地和劳动一样，只是就它的物质实体（作为使用价值的生产资料）来看的，因而是单纯作为生产出来的生产资料来看的；这时，它同工人的关系及它作为价值的性质都被抽象掉了（这种形式上的整齐并不能从根本上摆脱逻辑上的问题）。这只能导致第三情况，即在这个意义上，资本—利息（利润）、土地—地租、劳动—工资这个公式，显示出了一种整齐的对称的、不相称的东西（“整齐的对称”，即形式上的整齐划一；“不相称”，即源泉与收入缺乏内在的实质的联系）。

事实上，依照三位一体公式，既然不是把雇佣劳动看成劳动的特定时代的社会规定的形式，而是反过来，把一切劳动都看成雇佣劳动（跟工资相对应，只能是雇佣劳动），赋予它们雇佣劳动的性质（被资本主义生产关系束缚的人，就是这样看的），将作为一般生产要素的劳动和雇佣劳动混为一谈。那么，物质劳动条件（生产出来的生产资料和土地）对雇佣劳动所采取的一定的特有的社会形式（它们又必须以雇佣劳动为前提），也就直接地和这些劳动条件的物质存在合而为一了。换句话说，这些社会形式也就和它们在实际劳动过程中一般具有的、不以这个过程的每一种历史规定的社会形式为转移的，甚至不以任何社会形式为转移的作为使用价值的物质形态合而为一了。因此，劳动条件的这种和劳动相异化的、和劳动相对立而独立化的，并由此形成的转化形态（在这种形态下，生产出来的生产资料已转化为资本，土地已转化为被人垄断的土地，转化为土地所有权），属于一定历史时期的形态（简言之，就是劳动条件作为资本和土地所有权的社会关系形态），就和生产出来的生产资料和土地在一般生产过程中的存在和职能合而为一了。在他们看来，这种生产资料就其本身来说天然就是资本，资本则不外是这种生产资料的纯粹"经济名称"（资本成了生产资料的经济学名称而已，它跟生产资料似乎没有内涵的差别）；土地就其本身来说天然是若干土地所有者所垄断的土地（土地和资本主义的土地垄断权混为一谈）。

事实上，在资本主义生产中，正像在资本和资本家——他事实上不外是人格化的资本——那里，产品会成为对生产者独立的权力一样，土地也会人格化为土地所有者，成为一种可以获取他人劳动成果的垄断性权力，它也会用后腿站立起来（主体化、人格化），并且作为一种独立的权力（基于异化劳动的一种独立的权力），要求在它帮助下生产出来的产品中占有自己的一份（这一份作为地租被它占有）；所以，不是土地得到了产品中归它所有的那一部分，以便用来恢复和提高自己的生产率，而是土地所有者得到了这个产品的一部分，以便用来高价变卖和挥霍浪费。（这段话是插叙，是对土地成为土地所有权的进一步说明。）

很清楚，资本是以作为雇佣劳动的劳动为前提的。但是，同样很清楚，如果从作为雇佣劳动的劳动出发，以致一般劳动（作为生产要素的一般劳动）和雇佣劳动合而为一好像是不言而喻的事情了，那么资本和被垄断的土地，也就必然会表现为劳动条件的自然形式（作为生产资料和土地），而与一般劳动（作为生产要素的一般劳动，原本应该是雇佣劳动）相对立。现在（按三位一体公式思考的时候），资本表现为劳动资料的自然形式，从而表现为纯粹物的、由劳动资料在一般劳动过程中的职能产生的性质。因此，资本和生产出来的生产资料就变成了一个同义词。同样，土地和被私有权垄断的土地也变成了一个同义词。因此，被认为天然就是资本的劳动资料本身也就成了利润的源泉，土地本身则成了地租的源泉。

劳动本身，就它作为有目的的生产活动这个简单的规定性而言，也就是作为一般的生产要素，它不是同具有社会形式规定性的生产条件（资本和土地所有权）发生关系。它是同作为物质实体、作为劳动材料和劳动资料的生产条件发生关系。这些生产条件也只是在物质方面，作为各种使用价值来互相区别：土地不是生产出来的劳动资料，其余的东西是生产出来的劳动资料。因此，如果劳动和雇佣劳动合而为一（混为一谈），那种使劳动条件和劳动对立的一定的社会形式（劳动条件作为资本和土地所有权的规定性）也就会和劳动条件的物质存在合而为一。

依照它们这样的看法，生产资料本身就是资本，土地本身也就是土地所有权了。这些劳动条件在劳动面前所显示出来的形式规定性上的独立性（作为资本和土地所有权的独立性），它们在雇佣劳动面前所具有的这种独立化的特殊形式，也就成了它们作为物，作为物质生产条件所具有的不可分离的属性（资本的属性成了物的天然属性），成了它们作为生产要素必然会有的、内在地固有的性质了（劳动条件的社会规定成了这些条件作为物、作为使用价值的天然属性）。它们在资本主义生产过程中获得的、为一定的历史时代所决定的社会性质，也就成了它们自然的、可以说是永恒的、作为生产过程的要素天生就有的物质性质了。

因此，土地作为劳动的原始活动场所，作为自然力的王国，作为一切劳动对象的现成的武库（各种劳动对象归根到底都是自然提供的，因而土地作为自然界的集中体现，隐含着一切的劳动对象，是一切劳动对象的储藏库）。它在一般物质生产过程中所起的作用和生产出来的生产资料（工具、原料等）在一般生产过程中所起的作用，似乎必然表现在它们作为资本和土地所有权各自应得的份额上，也就是表现在它们的社会代表在利润（利息）和地租的形式上应得的份额上（他们的收入似乎来自这些物质条件在生产中的作用），就像工人的劳动在生产过程中所起的作用，会以工资的形式表现在工人应得的份额上一样。因此，地租、利润、工资好像是由土地、生产出来的生产资料和劳动在一般劳动过程中所起的作用产生的；甚至在我们把这个劳动过程看作只是人和自然之间发生的过程，并把一切历史规定性都撇开不说的时候，也是这样（这些收入似乎和任何社会的形式规定无关）。

如果说体现雇佣工人为自己完成的劳动的产品，即体现他的收益，体现他的收入的产品，只是工资，只是价值（因而是用这个价值来计量的社会产品）中代表他的工资的部分，那么，这又只是在另一种形式上说的同一件事情（如果认为雇佣工人的劳动作为一般人类劳动只是创造了工资部分具有的价值，那么，利润和地租的来源依然无法获得科学的说明，因而只能归因为土地和生产资料的神秘作用，这样，仍然无法回到价值概念来理解各种收入，因而在整体上依然不得不停留在三位一体公式上；只有在价值概念上说明了剩余价值一般，各种收入才能真正获得科学的说明）。具体而言，如果劳动只是创造工资部分的价值，那么，雇佣劳动和一般人类劳动也就合而为一，雇佣劳动所能获得的工资也就会和劳动的果实合而为一（工资被当作全部的劳动成果），工资所代表的价值部分也就会和劳动所创造的一般价值（劳动作为一般人类劳动创造的全部价值）合而为一。但是这样一来，其他的价值部分，即利润和地租，也就会同工资相独立，似乎来自不同的源泉；它们必须由它们自己的和劳动根本不同并且不以劳动为转移的源泉产生；它们必须由那些共同起作用的生产要素产生，而它们（利润和地租）就是属于那些生产要素的所有者的；这样，利润就是由生产资料，即资本的物质要素产生的，地租就是由土地所有者所代表的土地或自然产生的（罗雪尔）。（这里和前文略有不同，前文是雇佣劳动和作为生产要素的劳动合而为一，这里是雇佣劳动和作为一般人类劳动的劳动合而为一。两种说法实质上是一样的。）

因此，土地所有权、资本和雇佣劳动，就从下述意义上的收入源泉，即资本以利润的形式使资本家吸取他从劳动中榨取的剩余价值的一部分，土地的垄断以地租的形式使土地所有者吸取剩余价值的另一部分，劳动以工资的形式使工人取得最后一个可供支配的价值部分——这种意义上的源泉，也就是从这种作为媒介（作为派生的理论环节）使价值的第一部分转化为利润形式，第二部分转化为地租形式，第三部分转化为工资形式的"源泉"，转化成了真正的源泉（各种收入所由产生的最终源泉），这个源泉（作为收入来源的源泉）本身因此被认为产生出这几个价值部分，以及和这几个价值部分借以存在或可以转化成的那些有关的产品部分，因而作为收入来源的源泉被认为是产生出产品价值本身的最后源泉。

三位一体公式受到推崇、各种收入神秘化的现实根源

📖 经典导读

在资本主义生产的现实社会中，资本对劳动的本质关系隐藏得很深，受到重重遮蔽。这里从几个方面揭示了各种收入神秘化的现实根源。首先是相对剩余价值的剥削日益成为主要剥削方式，这种方式造成了一切生产力成为资本的生产力的假象。其次是人们对流通的庸俗认识，似乎流通对利润具有积极的意义。最后是在生产过程和流通过程的整体运动中，内部联系的线索越来越消失，各种生产关系越来越相互独立，各种价值组成部分越来越硬化为相互独立的形式。这涉及剩余价值转化为利润、利润转化为平均利润、平均利润转化为各种收入形式，这种转化使经济现象背后的内在的本质联系越来越模糊，越来越难以把握。

📖 经典原文

三位一体公式受到推崇、各种收入神秘化的现实根源

在论述资本主义生产方式甚至商品生产的最简单的范畴时，在论述商品和货币时，我们已经指出了一种神秘性质，它把在生产中以财富的各种物质要素作为承担者的社会关系，变成这些物本身的属性（商品），并且更直截了当地把生产关系本身变成物（货币）。一切已经有商品生产和货币流通的社会形态，都有这种颠倒。但是，在资本主义生产方式下和在资本这个资本主义生产方式的占统治的范畴、起决定作用的生产关系下，这种着了魔的颠倒的世界就会更厉害得多地发展起来。如果我们首先在直接生产过程中考察资本，把它看作是剩余劳动的吸取者，那末，这种关系还是非常简单的，实际的联系会强使这个过程的承担者即资本家本身接受，并且还被他们意识到。为了工作日的界限而进行的激烈斗争，有力地证明了这一点。但是，甚至在这个没有中介的领域内，在劳动和资本之间的直接过程的领域内，事情也不会如此简单。随着相对剩余价值在真正的独特的资本主义生产方式下的发展，——与此同时劳动的社会生产力也发展了，——

这些生产力以及劳动在直接劳动过程中的社会联系，都好象由劳动转移到资本身上了。因此，资本已经变成了一种非常神秘的东西，因为劳动的一切社会生产力，都好象不为劳动本身所有，而为资本所有，都好象是从资本自身生长出来的力量。然后流通过程插进来了。资本甚至农业资本的一切部分，都会随着这种独特的资本主义生产方式的发展，被卷入流通过程的物质变换和形式变换中去。这是原始的价值生产的关系完全退居次要地位的一个领域。早在直接生产过程中，资本家就已经同时作为商品生产者，作为商品生产的指挥者进行活动。因此，对他来说，这个生产过程决不单纯表现为剩余价值的生产过程。但是，不管资本在直接生产过程中吸取了多少剩余价值并把它体现在商品中，商品中包含的价值和剩余价值都必须在流通过程中才能得到实现。于是，生产上预付的价值的收回，特别是商品中包含的剩余价值，似乎不是单纯在流通中实现，而是从流通中产生出来的；这个假象特别由于以下两个情况而更加令人迷惑：首先是让渡时的利润，这种利润取决于欺诈、狡猾、熟知内情、随机应变和千万种市场状况；其次是这样一个情况，即除了劳动时间以外，在这里又出现了第二个决定的要素，即流通时间。流通时间虽然只是对价值和剩余价值的形成起消极限制的作用，但是它具有一种假象，好象它和劳动本身一样是一个积极的原因，好象它会带来一个从资本的本性中产生的、不以劳动为转移的规定。在第二卷中，我们对于这个流通领域当然只能就它所产生的各种形式规定进行说明，论证资本的形态在流通领域内的继续发展。但是事实上，这个领域是一个竞争的领域，就每一个别情况来看，这个领域是偶然性占统治地位的。因此，在这个领域中，通过这些偶然性来为自己开辟道路并调节着这些偶然性的内部规律，只有在对这些偶然性进行大量概括的基础上才能看到。因此，对单个的生产当事人本身来说，这种内部规律仍然是看不出来，不能理解的。此外，现实的生产过程，作为直接生产过程和流通过程的统一，又产生出种种新的形式，在这些形式中，内部联系的线索越来越消失，各种生产关系越来越互相独立，各种价值组成部分越来越硬化为互相独立的形式。

我们已经看到，剩余价值转化为利润，既是由生产过程决定的，也同样是由流通过程决定的。利润形式的剩余价值，不再和它得以产生的投在劳动上的资本部分相比，而是和总资本相比。利润率受它本身的各种规律调节；这些规律，在剩余价值率不变时，允许利润率发生变化，甚至决定着利润率的变化。这一切使剩余价值的真正性质越来越隐蔽，从而也使资本的实际机构越来越隐蔽。由于利润转化为平均利润，价值转化为生产价格，转化为起调节作用的平均市场价格，情况就更是这样了。在这里，一个复杂的社会过程插进来了。这就是资本的平均化过程。这个过程使商品的相对平均价格同它们的价值相分离，使不同生产部门（完全撇开每个特殊生产部门内的单个投资不说）的平均利润同特殊资本对劳动的实际剥削相分离。在这里，不仅看起来是这样，而且事实上商品的平均价格不同于商品的价值，因而不同于实现在商品中的劳动；特殊资本的平均利润不同于这个资本从它所雇用的工人身上榨取出来的剩余价值。商品的价值只是直接地表现在这件事情上：变化的劳动生产力，对生产价格的涨落，对生产价格的运动产生影响，而不是对生产价格的最后界限产生影响。既然对劳动的直接剥削，允许资本家按照似乎和这种剥削无关但起着调节作用的市场价格来实现一个和平均利润相偏离的利润，那末利润好象只是附带地由对劳动的直接剥削决定的。正常的平均利润本身好象是资本所固有的，同剥削无关；过度的剥削，或者，甚至特别有利条件下的平均剥削，好象只是决定同平均利润的偏离，而不是决定平均利润本身。利润分割为企业主收入和利息（更不用说这中间还要插进商业利润和货币经营业利润了，这两种利润都是以流通为基础，好象完全是从流通中产生的，而不是从生产过程本身中产生的），就完成了剩余价值形式的独立化，完成了它的形式对于它的实体，对于它的本质的硬化。利润的一部分与它的另一部分相反，完全从资本关系本身中分离出来，并且好象它不是来自剥削雇佣劳动的职能，而是来自资本家本身从事的雇佣劳动。与此相反，利息则好象和工人的雇佣劳动无关，也和资本家自己的劳动无关，而是来自作为它本身的独立源泉的资本。如果说资本起初在流通的表面上表现为资本拜物教，表现为创造价值的价值，那末，现在它又在生息资本的形式上，取得了它最异化最特别的形式。由于这个原因，"资本—利息"这个公式，作为"土地—地租"和"劳动—工资"的第三个环节，也就比"资本—利润"这个公式彻底得多了，因为在利润的场合，我们总会想起它的起源；而在利息的场合，不仅想不到它的起源，而且想到和这个起源完全相反的形式上去了。

最后，同作为剩余价值的独立源泉的资本相并列的，是土地所有权，它所起的作用是限制平均利润，并把剩余价值的一部分转移到这样一个阶级手里，这个阶级既不亲自劳动，又不直接剥削工人，也不象生息资本那样可以找到一些在道义上宽慰自己的理由，比如说，贷放资本要冒风险和作出牺牲。在这里，因为剩余价值的一部分好象不是直接和社会关系联系在一起，而是直接和一个自然要素（土地）联系在一起，所以剩余价值的不同部分互相异化和硬化的形式就完成了，内部联系就最终割断了，剩余价值的源泉就完全被掩盖起来了，而这正是由于和生产过程的不同物质要素结合在一起的生产关系已经互相独立化了。

📖 经典解说

在论述资本主义生产方式甚至商品生产的最简单的范畴时，在论述商品和货币时，我们已经指出了一种神秘性质，它把在生产中以财富的各种物质要素（物质产品）作为承担者的社会关系，变成这些物本身的属性（把商品体现的社会属性当成产品的属性，价值体现着社会关系，商品具有价值和使用价值，也就意味着社会关系成为商品的属性，所以商品不同于产品，产品作为商品，不仅是用于交换满足他人的需要，而且是包含社会关系的属性，在它身上，社会关系似乎成为物的属性，用哲学语言来看，商品是一种具有主体性的范畴），并且更直截了当地把生产关系本身变成物（货币）（金银作为货币，它是交换价值的天然的物质实体，作为一种特殊商品充当着一般商品，是交换价值的物象化存在形式，是各种特殊商品的内在价值的物象化代表，因而，它集中体现着特定社会的生产关系，是社会权力的化身）。一切已经有商品生产和货币流通的社会形态，都有这种颠倒（社会关系表现为物的属性和物之间的关系）。但是，在资本主义生产方式下和在资本这个资本主义生产方式的占统治的范畴、起决定作用的生产关系下，这种着了魔的、颠倒的世界就会更厉害得多地发展起来（这是异化劳动最为典型的世界，人与人的社会关系完全变成物与物的关系，人们的劳动成果和劳动条件转化为资本，资本成为统治劳动者乃至一切人的独立的社会力量）。（这里回顾开篇，联系劳动异化和资本主义生产说明商品、货币关系的实质，下文的资本逻辑是这种异化的社会关系的进一步展开，这跟第五十二章的思想是高度一致的。资产阶级经济学是完全异化的社会关系的意识形态表现，这是它的错误认识的现实根源，要批判这种经济学，必须首先揭示异化的现实关系及其特殊表现形式。）

如果我们首先在直接生产过程中考察资本，把它看作劳动者的剩余劳动的吸取者，那么，这种关系（资本对劳动的关系）还是非常简单的，实际的联系会强使这个过程的承担者即资本家本身接受，并且还被他们意识到。为了工作日的界限而进行的激烈斗争，有力地证明了这一点。但是，在这个没有中介的领域内，在劳动和资本之间的直接过程的领域内，事情也不会如此简单（因为人与人的社会关系往往被物的关系遮蔽）。随着相对剩余价值在真正的、独特的资本主义生产方式下的发展，与此同时劳动的社会生产力也发展了，这些生产力以及劳动在直接劳动过程中的社会联系，都好像由劳动转移到资本身上了。因此，资本已经变成了一种非常神秘的东西，因为劳动的一切社会生产力，都好像不为劳动本身所有，而为资本所有，都好像是从资本自身生长出来的力量。

然后流通过程插进来了。资本甚至农业资本的一切部分，都会随着这种独特的资本主义生产方式的发展，被卷入流通过程的物质变换（W—G—W）和形式变换（G—W—G）中去。这是原始的价值生产的关系完全退居次要地位的一个领域（这种简单流通是价值生产关系的表面）。早在直接生产过程中，资本家就已经同时作为商品生产者，作为商品生产的指挥者进行活动。因此，对于他来说，这个生产过程绝不单纯表现为剩余价值的生产过程（似乎资本家的劳动也参与了剩余价值的创造）。但是，不管资本在直接生产过程中吸取了多少剩余价值并把它体现在商品中，商品中包含的价值和剩余价值都必须在流通过程中才能得到实现。

于是，生产上预付的价值的收回，特别是商品中包含的剩余价值，似乎不是单纯在流通中实现，而是从流通中产生出来的；这个假象特别由于以下两个情况而更加令人迷惑：首先是让渡时的利润，这种利润取决于欺诈、狡猾、熟知内情、随机应变和千万种市场状况；其次是这样一个情况，即除了劳动时间，在这里又出现了第二个决定要素，即流通时间。流通时间虽然只是对价值和剩余价值的形成起消极限制的作用（流通的快慢限制着一定资本投入生产的次数和榨取剩余价值的多少），但是它具有一种假象，好像它和劳动本身一样是一个积极的原因（似乎是获得剩余价值的直接的决定性因素），好像它会带来一个从资本的本性中产生的、不以劳动为转移的规定（商业利润的规定）。

在第二卷中，我们对于这个流通领域当然只能就它所产生的各种形式规定进行说明，论证资本的形态在流通领域内的继续发展。然而事实上，这个领域是一个竞争的领域，就每一个别情况来看，这个领域是偶然性占统治地位的（商业利润的获得单就流通领域看似乎是偶然因素起决定作用）。因此，在这个领域中，通过这些偶然性来为自己开辟道路并调节着这些偶然性的内部规律，只有在对这些偶然性进行大量概括的基础上才能看到。因此，对单个的生产当事人来说，这种内部规律仍然是看不出来，不能理解的。

此外，现实的生产过程，作为直接生产过程和流通过程的统一，又产生出种种新的形式如利润、平均利润等，在这些形式中，内部联系的线索越来越消失，各种生产关系越来越互相独立，各种价值组成部分越来越硬化为互相独立的形式。

我们已经看到，剩余价值转化为利润，既是由生产过程决定的（生产过程决定总剩余价值，利润里剩余价值的转化形式决定了生产情况），也同样是由流通过程决定的（平均利润率的形成取决于生产要素的自由流动，因而流通决定这种转化能否实现）。利润形式的剩余价值不再和它得以产生的投在劳动上的资本（可变资本）部分相比，而是和总资本相比。利润率受它本身的各种规律调节；这些规律在剩余价值率不变时，允许利润率发生变化，甚至决定着利润率的变化。这一切使剩余价值的真正性质越来越隐蔽，从而也使资本的实际机理（原文是实际机构①）越来越隐蔽。

由于利润转化为平均利润，价值转化为生产价格，转化为起调节作用的平均市场价格②，情况就更是这样了。在这里，一个复杂的社会过程插进来了。这就是资本的平均化过程（这个平均化过程意味着资本总是从利润率低

---

　　① "实际机构"似乎应该作为"实际机理"来理解，资本的实际机理是可变资本购买的劳动力商品具有特殊的使用价值，它在使用过程中能够创造新的价值。不变资本虽然是资本主义生产的必要条件，但它只是把自身的价值转移到新产品中，不能创造新的价值，不是剩余价值的决定性因素。

　　② 在商品交换限于金属货币与商品的简单交换关系中，生产价格可以看成平均的市场价格。

的部门撤走，流进利润率高的部门，从而使资本有机构成不同的资本能够获得平均利润）。这个过程使商品的相对平均价格（生产价格）同它们的价值相分离，使不同生产部门（完全撇开每个特殊生产部门内的单个投资不说）的平均利润同特殊资本对劳动的实际剥削相分离。在这里，不仅看起来是这样，而且事实上商品的平均价格（生产价格）不同于商品的价值，因而不同于实现在特定商品中的物化的一般人类劳动；每个特殊资本获得的平均利润不同于这个资本从它所雇用的工人身上榨取出来的剩余价值。在这种情况下，商品的价值决定只是直接地表现在这件事情上：变化的劳动生产力，只是对不同部门的商品的生产价格的涨落，对生产价格的运动产生影响，而不是对生产价格的最后界限（总量）产生影响（总生产价格 = 总价值，因而从总生产价格来看，商品的生产价格归根到底决定于一般人类劳动的物化）。

既然对劳动的直接剥削可以获得一个和平均利润相偏离的超额利润，而包含平均利润的生产价格即起着调节作用的平均市场价格似乎和这种剥削无关，那么，利润好像只是附带地由对劳动的直接剥削决定的（似乎只有超额利润体现着对劳动的直接剥削）。依照那些经济学（这里特指必须批判的那些经济学）的看法，正常的平均利润好像是资本所固有的，同剥削无关（平均利润似乎是资本本身作为生产要素带来的）；过度的剥削，或者甚至是在特别有利条件下的平均剥削（有利条件下的平均剥削也会产生超额利润，这个超额利润可以看成对劳动的直接剥削，依照这个看法，地租似乎是来自剥削），好像只是决定同平均利润的偏离，而不是决定平均利润本身（平均利润似乎是独立存在的，是资本自身产生的，跟劳动无关；有些经济学家把地租归入剥削）。

利润分割为企业主收入和利息（更不用说这中间还要插进商业利润和货币经营业利润了，这两种利润都是以流通为基础，好像完全是从流通中产生的，而不是从生产过程本身中产生的），就完成了剩余价值形式的独立化，完成了它的形式对于它的实体（价值实体），对于它的本质的硬化。利润的一部分（企业主收入）与它的另一部分（利息部分）相反，完全从资本对劳动的关系本身中分离出来，并且好像不是来自剥削雇佣劳动的职能，而是来自资本家本身从事的雇佣劳动（企业主收入被看成管理劳动的工资，似乎与资本无关）。

与此相反，利息似乎很单纯，好像与工人的雇佣劳动无关，也与资本家自己的劳动无关。如果说资本起初在流通的表面上表现为资本拜物教，表现为创造价值的价值（利润起初被认为是流通中产生的，也就是流通中的资本产生的），那么，现在它又在生息资本的形式上，取得了最异化、最特别的形式。由于这个原因，"资本—利息"这个公式，作为"土地—地租"和"劳动—工资"的第三个环节，也就比"资本—利润"这个公式彻底得多了，因为在利润的场合，我们总会想起它的起源（资本对劳动的关系）；而在利息的场合，不仅想不到它的起源，而且想到和这个起源完全相反的形式上去了（好像是资本产生的）。

最后，同作为剩余价值的独立源泉的资本相并列的，是土地所有权，它所起的作用是限制平均利润，并把剩余价值的一部分转移到这样一个阶级手里，这个阶级既不亲自劳动，又不直接剥削工人，也不像生息资本那样可以找到一些在道义上宽慰自己的理由，比如，贷放资本要冒风险和做出牺牲。在这里，因为剩余价值的一部分好像不是直接和社会关系联系在一起，而是直接和一个自然要素（土地）联系在一起，所以剩余价值的不同部分互相异化和硬化的形式就完成了，内部联系就最终割断了，剩余价值的源泉就完全被掩盖起来了，而这正是由于和生产过程的不同物质要素结合在一起的生产关系已经互相独立化了。

资本主义生产方式神秘化的思想根源

经典导读

基于三位一体公式的要素价值论之所以在资本主义社会一直处于强势，有重要的思想根源。首先是古典劳动价值论具有不彻底性，它不能对各种收入给出合乎劳动价值论的理论逻辑的说明，不能应用劳动价值论阐明宏观经济关系以及整体的再生产关系。其次是生产当事人无法超脱经济现象的假象，把假象当事实。再次是庸俗经济学满足于从经验现象中归纳出合乎生产当事人的日常观念的所谓理论模型，他们不愿意相信经济现象背后具有内在的本质。最后是这种所谓理论合乎统治阶级的利益。

📖 经典原文

资本主义生产方式神秘化的思想根源

在资本—利润（或者，更好的形式是资本—利息），土地—地租，劳动—工资中，在这个表示价值和一般财富的各个组成部分同财富的各种源泉的联系的经济三位一体中，资本主义生产方式的神秘化，社会关系的物化，物质生产关系和它的历史社会规定性直接融合在一起的现象已经完成：这是一个着了魔的、颠倒的、倒立着的世界。在这个世界里，资本先生和土地太太，作为社会的人物，同时又直接作为单纯的物，在兴妖作怪。古典经济学把利息归结为利润的一部分，把地租归结为超过平均利润的余额，使这二者在剩余价值中合在一起；此外，把流通过程当作单纯的形态变化来说明；最后，在直接生产过程中把商品的价值和剩余价值归结为劳动；这样，它就把上面那些虚伪的假象和错觉，把财富的不同社会要素互相间的这种独立化和硬化，把这种物的人格化和生产关系的物化，把日常生活中的这个宗教揭穿了。这是古典经济学的伟大功绩。然而，甚至古典经济学的最优秀的代表，——从资产阶级的观点出发，必然是这样，——也还或多或少地被束缚在他们曾批判地予以揭穿的假象世界里，因而，都或多或少地陷入不彻底性、半途而废和没有解决的矛盾中。另一方面，实际的生产当事人对资本—利息，土地—地租，劳动—工资这些异化的不合理的形式，感到很自在，这也同样是自然的事情，因为他们就是在这些假象的形式中活动的，他们每天都要和这些形式打交道。庸俗经济学无非是对实际的生产当事人的日常观念进行训导式的、或多或少教条式的翻译，把这些观念安排在某种合理的秩序中。因此，它会在这个消灭了一切内部联系的三位一体中，为自己的浅薄的妄自尊大，找到自然的不容怀疑的基础，这也同样是自然的事情。同时，这个公式也是符合统治阶级的利益的，因为它宣布统治阶级的收入源泉具有自然的必然性和永恒的合理性，并把这个观点推崇为教条。

📖 经典解说

资本—利润（或者更好的形式是资本—利息）、土地—地租、劳动—工资，这是表示价值和一般财富作为收入形式的各个组成部分同财富的各种源泉的联系的经济三位一体公式。在这个公式中，资本主义生产方式的神秘化、社会关系的物化，物质生产关系和它的历史社会规定性直接融合在一起的现象已经完成。这是一个着了魔的、颠倒的、倒立着的世界。在这个世界里，资本先生和土地太太作为社会的人物（资本、土地所有权体现着社会权力关系，成为具有主体性的独立的社会力量，它们是从劳动异化产生出来的外在于劳动者的社会力量，它们与劳动者相对立，资本家是资本的人格化，土地所有者是土地所有权的人格化），同时直接作为单纯的物（资本被看成生产资料，土地垄断权被看成天然的土地），在兴妖作怪。

（三位一体公式作为颠倒世界的意识形态，之所以大行其道，具有它的思想根源。）

古典经济学把利息归结为利润的一部分，把地租归结为超过平均利润的余额，使二者在剩余价值中合在一起；此外，把流通过程当作单纯的形态变化来说明；归根到底，是在直接生产过程中把商品的价值和剩余价值归结为劳动。这样，它就把上面那些虚伪的假象和错觉，把财富的不同社会要素互相间的这种独立化和硬化，把这种物的人格化（主体化）和生产关系的物化，把日常生活中的这个宗教揭穿了。这是古典经济学的伟大功绩。然而，甚至古典经济学的最优秀的代表，从资产阶级的观点出发，必然是这样，也还或多或少地被束缚在他们曾批判地予以揭穿的假象世界里，因而，都或多或少地陷入不彻底性、半途而废和没有解决的矛盾中。

另外，实际的生产当事人对资本—利息、土地—地租、劳动—工资这些异化（现象化，这种现象化也是劳动异化的理论表现）的不合理的形式，感到很自在，这也同样是自然的事情，因为他们就是在这些假象的形式中活动的，他们每天都要和这些形式打交道。庸俗经济学无非是对实际的生产当事人的日常观念进行训导式的、或多或少教条式的翻译，把这些观念安排在某种看似合理的秩序中，他们满足于从经验现象中归纳出某种合乎经验的所谓理论模型。因此，它会在这个消灭了一切内部联系的三位一体公式中，为自己的浅薄的妄自尊大，找到自然的毋庸置疑的基础（从经验来看，这个公式似乎具有现实性和一般性），这也同样是自然的事情。同时，这个公式也是符合统治阶级的利益的，因为它宣布统治阶级的收入源泉具有自然的必然性和永恒的合理性，并把这个观点推崇为教条。

余论

经典导读

这两段属于对《资本论》研究的补充性交代。马克思明确告诉我们，《资本论》对资本主义生产的本质和经济运动规律的科学阐述，只是对资本主义生产方式的"内部组织"即内在生理结构的剖析，这种剖析是通过科学抽象法在"理想的平均形式"中实现的，既有理论成果还没有涉及"竞争的实际运动"。并且，这里的研究限于发达的资本主义生产，不涉及前资本主义时代的情况。这跟 1858 年 4 月 2 日《马克思致恩格斯》中的"简单纲要"是一致的。在那里，马克思明确假定"一切不发达的、资产阶级前的生产方式（在这种生产方式中，交换还没有完全占支配地位）的解体"。[①]马克思为什么要在这个场合对《资本论》的研究进行总体性的交代？在马克思看来，三位一体公式将资本主义的"社会生产过程的一切秘密都包括在内"[②]，第七篇"各种收入及其源泉"则是对三位一体公式的总批判，也是《资本论》的首要主题。而第四十八章是整个第七篇的核心内容。

经典原文

余论

在描述生产关系的物化和生产关系对生产当事人的独立化时，我们没有谈到，这些联系由于世界市场，世界市场行情，市场价格的变动，信用的期限，工商业的周期，繁荣和危机的交替，会按怎样的方式对生产当事人表现为不可抗拒的、自发地统治着他们的自然规律，并且作为盲目的必

---

① 《马克思恩格斯全集》第 29 卷，人民出版社 1972 年版，第 300 页。
② 马克思：《资本论》第 3 卷，人民出版社 1975 年版，第 919 页。

然性对他们发生作用。我们没有谈到这些问题，是因为竞争的实际运动不在我们的研究计划之内，我们只需要把资本主义生产方式的内部组织，在它的可说是理想的平均形式中表现出来。

在以前的各种社会形态下，这种经济上的神秘化主要只同货币和生息资本有关。按照事物的性质来说，这种神秘化在下述场合是被排除的：第一，生产主要是为了使用价值，为了本人的直接需要；第二，例如在古代和中世纪，奴隶制或农奴制形成社会生产的广阔基础，在那里，生产条件对生产者的统治，已经为统治和从属的关系所掩盖，这种关系表现为并且显然是生产过程的直接动力。在原始共产主义占统治地位的原始公社中，甚至在古代的城市公社中，公社本身及其条件表现为生产的基础，而公社的再生产表现为生产的最终目的。甚至在中世纪的行会制度中，无论资本还是劳动都不是不受束缚的。相反，它们的关系由公会制度，由各种与这种制度相联系的关系，各种与这些关系相适应的关于职业义务、师徒制度等等的观念所决定。只有在资本主义生产方式中……｛手稿到此中断。｝

📖 经典解说

在描述生产关系的物化和生产关系对生产当事人的独立化（成为独立的主体性、人格化力量）时，我们没有谈到：由于世界市场、世界市场行情、市场价格的变动、信用的期限、工商业的周期、繁荣和危机的交替，这些联系会按怎样的方式对生产当事人（包括劳动者和资本家、土地所有者）[1]表现为不可抗拒的、自发地统治着他们的自然规律，并且作为盲目的必然性对他们发生作用。我们没有谈到这些问题，是因为竞争的实际运动不在我们的研究计划之内，我们只需要把资本主义生产方式的内部组织，在它的可说是理想的平均形式中表现出来。（这与《〈政治经济学批判〉导言》相一致）

在以前的各种社会形态（前资本主义社会）下，这种经济上的神秘化主要只同货币（似乎指把货币当作一般财富来追求的商业资本）和生息资

---

[1]　在劳动异化的世界里，不仅劳动者为异化的力量所统治，资本家、土地所有者虽然一方面表现为资本的人格化、土地所有权的人格化；另一方面作为普通的人来说，他们同样是为异化的力量所统治，不能依照个人的意愿生活，而必须遵循资本的逻辑。

本有关（在前资本主义时期商业资本和生息资本是处于萌芽状态的资本的主要存在形式）。按照事物的性质来说，这种神秘化（社会关系物化）在下述场合是被排除的：第一，生产主要是为了使用价值，为了本人的直接需要；第二，例如，在古代（希腊、罗马时代）和中世纪，奴隶制或农奴制形成社会生产的广阔基础，在那里，生产条件对生产者的统治，已经为统治和从属的关系所掩盖，这种人身从属关系表现为并且显然是生产过程的直接动力（奴隶主、农奴主更多是通过压榨劳动者满足自身的消费需要，而不是追求更多的积累）。在原始共产主义占统治地位的原始公社中，甚至在欧洲古代的城市公社中，公社本身及其条件表现为生产的基础，而公社的再生产表现为生产的最终目的（这种原始公式乃至城市公社，更多是作为共同体进行生产）。甚至在中世纪的行会制度中，无论是资本还是劳动都不是不受束缚的。相反地，它们的关系由公会制度，由各种与这种制度相联系的关系，各种与这些关系相适应的关于职业义务、师徒制度等的观念决定。以上种种情况，社会关系还没有物化，居于主导地位的始终是人依赖人的关系。只有在资本主义生产方式中……{手稿到此中断。}

（根据上下文的逻辑关系，中断的内容大致可以推测为：只有在资本主义生产方式中劳动异化才获得最为典型的存在形式，生产关系的物化和生产关系对生产当事人的独立化才充分发展起来，因此，本书的研究对象是发达的资本主义生产。研究结论虽然或多或少适合历史上的不同时期，就像物理学家在保证过程以其纯粹形态进行的条件下从事实验一样，我们这里的研究事实上限于发达的英国资本主义生产。前资本主义的情况和其他国家不发达的资本主义生产情况，也不在我们的研究计划之内。）

第四十九章
关于生产过程的分析

📖 **题解**

　　本章可以划分为六个部分。第一部分基于理论假设说明了商品价值与各种收入的关系，第二部分和第三部分基于科学的劳动价值论从微观和宏观整体经济联系两个方面，阐明了不变资本的补偿问题，维护了资本主义生产的前提和基础。第四部分阐明了"斯密教条"的错误和理论根源。第五部分批判了关于资本和收入关系的错误认识，这是导致"斯密教条"的重要理论根源之一。第六部分指出了"斯密教条"必然带来的几个认识误区，它们和"斯密教条"是互为因果、互相强化的关系。

　　这一章在马克思的科学劳动价值论的基础上，阐明了古典经济学是如何陷入"斯密教条"、如何从劳动价值论滑向效用价值论和要素价值论的，并在前文已经透彻批判三位一体公式的基础上，对收入与资本关系的错误认识进行了批判，最后揭示了古典劳动价值论的局限必然带来的误解。前三部分通过科学的劳动价值论阐明收入的基础和不变资本的补偿问题，对"斯密教条"进行了间接批判，后三部分是对"斯密教条"的直接批判。

　　如果说第四十八章是围绕三位一体公式对以往经济学的秘密所在和逻辑问题进行批判，那么，第四十九章则是深入揭示了古典劳动价值论的理论局限：古典劳动价值论不知道不变资本和可变资本的区分，不知道剩余价值的真正性质（不知道劳动力商品具有创造价值的特殊使用价值，仅仅把劳动时间当作抽象的生产费用，试图从交换环节理解剩余价值剥削），因而把它与利润混为一谈。不知道劳动二重性，不知道生产过程和价值增殖过程的关系，不知道两大部类的关系，因而不理解不变资本如何得到补偿，以致把资本和收入的关系看成主观的关系，把不变资本的补偿与资本积累混为一谈。

马克思的科学劳动价值论首先从商品二重性出发，揭示了劳动二重性，把价值的创造归结为活劳动具有的作为一般人类劳动的属性，进而归结为劳动力商品的自然属性，即劳动力商品独特的使用价值。这种一般人类劳动是充分社会化的劳动，具有现实一般性和体现人类创造性本质力量的主体性，因而不是形而上学意义上的抽象劳动，即作为生产要素的一般劳动，而是具有社会属性的抽象劳动。在此基础上，它把物化劳动和活劳动区分开，进而把不变资本和可变资本区分开、把价值再现和价值创造区分开，从而科学地阐明了一般劳动过程和价值增殖过程的关系。这就在微观上解答了不变资本的存在性问题，并且科学地阐明了剩余价值的性质和准确的源泉，从而将资本主义生产始终确立在资本与劳动的对立上，也就是确立在这样的社会生产基础上，即劳动力成为商品、劳动成为雇佣劳动、生产资料成为资本、剩余价值的生产成为生产的实质性目的。然后，这种科学的劳动价值论又从微观扩展到宏观，从整体经济关系方面阐明了两大部类之间的关系，从而就宏观整体经济关系解答了不变资本的存在性问题，使整个社会生产始终保持资本主义生产的性质。

具体来说，马克思在《资本论》第一卷中回答了劳动二重性的问题，科学地处理了工资与剩余价值的关系，在此基础上说明了一般劳动过程与价值增殖过程的统一，理论上解决了不变资本补偿的微观机制；在第二卷特别是两大部类交换的理论中，在宏观整体联系方面解决了不变资本的补偿问题。这样，基于劳动价值论的理论分析才能始终围绕资本主义生产展开，因为资本主义生产是特定历史时期的生产，而全部社会资本由预付可变资本构成的情况，只是“在资本积累、资本新形成时，情况确实是这样”[1]。不变资本如何存在的说明，以及资本有机构成的确立，解决了使一切科学的叙述都成为“不可能”的一个关键难题，为第三卷奠定了非常牢固的基础。第三卷则解决了商品价值与生产价格的关系问题，阐明了剩余价值与各种收入的关系。

---

① 《马克思恩格斯全集》第 50 卷，人民出版社 1985 年，第 117 页。

古典劳动价值论把商品价值归结为劳动，把地租、利息归结为剩余价值的一部分，把直接生产过程的劳动看成价值的源泉，甚至意识到了工资与利润、地租的对立关系，这是它的理论贡献。但是，亚当·斯密虽然提出了劳动一般的"现代经济学"范畴，并且事实上这个范畴是以渔夫和猎人的分工与交换关系为前提，因而具有社会劳动的属性，却又在实质上把劳动一般当成具体劳动的抽象形式即作为生产要素的一般劳动（这表现了形而上学思维方式的局限），没有完全把具体劳动和创造价值的劳动即一般人类劳动区分开来，没有把物化劳动和活劳动区分开来；甚至李嘉图也认为，资本的各个部分都同样带来新增的价值，这就把剩余价值和利润混为一谈，也不能理解价值的真正源泉，使价值源泉神秘化。因而，就古典劳动价值论而言，它只是将简单商品经济关系在主观上普遍化，把商品价值看成劳动费用（活劳动的劳动费用和物化劳动的劳动费用），事实上没有关于创造价值的一般人类劳动的规定，它提出的"劳动一般"直接、间接确定了商品的成本费用，这些成本费用作为生产要素并不创造价值，仅仅是通过支付表现商品的价格（商品可以购买劳动，劳动也就可以购买商品），它无法说明各种收入与劳动一般的关系，它是在主观臆想的普遍化的简单商品经济中理解价值规律的。这种朴素的劳动价值论，一方面将价值规律当作资本主义生产的基础，另一方面又将价值规律驱逐到不存在资本主义生产的地方即物物交换场合；一方面用价值规律说明资本主义生产，另一方面又把资本的收益看成资本与劳动不等价交换的结果，或者看成生产资料的产物。总之，他们无法在劳动价值论的基础上说明资本主义生产，从而不自觉地滑向要素价值论，并且陷入"斯密教条"无法自拔。

在马克思看来，亚当·斯密关于劳动还原即资本转化为各种收入的思想，"完全是用无限的进程来聊以自慰的随意设想"[①]，以致否定了不变资本的存在，忽略了资本主义生产的基础和特征。

古典经济学原本就包括劳动价值论和效用价值论两个方面，三位一体公式是基于效用价值论，斯密对商品价值的双重定义集中体现了对这两个方面的折中调和。由于古典劳动论存在严重局限性，古典经济学实质上更

---

① 《马克思恩格斯全集》第 50 卷，人民出版社 1985 年，第 114 页。

多的是沿着效用价值论得到更充分的发展，从三位一体公式到"斯密教条"，形成了从微观到宏观的一种体系。

基于理论假设说明商品价值转化为各种收入形式

经典导读

在这里，马克思基于科学的劳动价值论，分析了资本主义生产过程中商品价值如何转化为各种收入形式。马克思的分析是在所有商品供求相等的理论前提下进行的。马克思注意到了所有商品实现供求相等的现实经济运动过程，但他暂时撇开了这种运动过程，从而把已实现的剩余价值"看作"同全部剩余价值相等。

经典原文

基于理论假设说明商品价值转化为各种收入形式

我们在以下的研究中可以把生产价格和价值的区别撇开不说，因为象在这里所作的那样，当我们考察劳动的全部年产品的价值，也就是考察社会总资本的产品的价值时，这种区别就不存在了。

利润（企业主收入加上利息）和地租，不外是商品剩余价值的各个特殊部分所采取的独特形式。剩余价值的大小，是剩余价值可以分割成的各个部分的总和的界限。因此，平均利润加上地租就等于剩余价值。商品中包含的一部分剩余劳动，从而一部分剩余价值，有可能不直接加入平均利润的平均化过程；这时，商品价值的一部分就根本不会在商品的价格中表现出来。不过，第一，这种情况将会由于下述事实得到补偿：或者是在低于价值出售的商品形成不变资本的要素时，利润率会提高，或者是在低于价值出售的商品作为个人消费品加入作为收入来消费的那部分价值时，利润和地租会表现为更多的产品。第二，这种情况在平均运动中会抵销。无论如何，即使商品价格中没有表现出来的一部分剩余价值在形成价格时消失了，平均利润加上地租的总和在其正常形式上决不会大于全部剩余价值，虽然会小于全部剩余价值。它的正常形式是以与劳动力的价值相适应的工资为前提的。甚至垄断地租，只要它不是对工资的扣除，因而不形成任何特殊的范畴，它就必然间接地总是剩余价值的一部分；虽然它不象级差地租那样，是包含地租的那种商品本身的价格超过商品本身的生产费用的余额；也不象绝对地租那样，是包含地租的那种商品本身的剩余价值超过商品本身的按平均利润计算的剩余价值部分的余额，但毕竟是同这种具有垄断价格的商品进行交换的其他商品的剩余价值的一部分。——平均利润加上地租的总和，决不会大于分成这两部分而在这种分割以前就已存在的量。因此，不管商品的全部剩余价值，即商品中包含的全部剩余劳动，是否都在商品的价格中得到实现，这对我们的研究来说是没有关系的。由于劳动生产力的不断变动，生产某个商品的社会必要劳动的量也会不断变动，在这种情况下，有一部分商品总是要在不正常的条件下生产出来，总是要低于自己的个别价值出售，单是由于这一原因，剩余劳动就已经不会全部实现。但无论如何，利润加上地租等于全部已实现的剩余价值（剩余劳动），而对我们这里的研究来说，已实现的剩余价值可以看作同全部剩余价值相等；因为利润和地租就是已实现的剩余价值，总的说来，也就是加入商品价格的剩余价值，因而实际上也就是形成这个价格的一个组成部分的全部剩余价值。

另一方面，工资，即收入的第三个独特形式，总是等于资本的可变组成部分，即不是用于劳动资料，而是用来购买活劳动力，用来支付工人的报酬的组成部分。（靠人们花费收入来得到报酬的那种劳动，是从工资、利润或地租中得到报酬的，因而它不形成它作为报酬得到的那些商品的价值部分。因此，在分析商品价值及其分割成的各个组成部分时，这种劳动可以不必考察。）这是工人的总工作日中用来再生产可变资本价值，从而再生产劳动价格的那部分工作日的物化，是工人用来再生产他自己的劳动力的价值或他的劳动的价格的那部分商品价值。工人的总工作日分为两部分。一部分是工人为了再生产他自己的生活资料的价值所必须完成的劳动量；这是他的总劳动中的有酬部分，是他的劳动中为维持他自己和再生产他自己所必要的部分。工作日中整个其余的部分，是工人在他的工资价值中实现的劳动以外完成的全部超额劳动量，这是剩余劳动，是无酬劳动，表现为他的全部商品生产得到的剩余价值（因而表现为超额的商品量）；这个剩余价值又分为几个名称不同的部分，分为利润（企业主收入加上利息）和地租。

经典解说

我们在以下的研究中可以把生产价格和价值的区别撇开不说，因为像在这里所做的那样，当我们考察劳动的全部年产品的价值，也就是考察社会总资本的产品的价值时，这种区别就不存在了（商品价值转化为生产价格时，总价值＝总生产价格，总剩余价值＝总利润，所以从总量考察两者是没有区别的）。

一方面，利润（企业主收入加上利息）和地租，表现为两种收入形式，它们不外是商品价值中包含的剩余价值的各个特殊部分所采取的独特形式。剩余价值总量的大小，是剩余价值可以分割成的各个部分的总和的界限（总的限度）。因此，平均利润加上地租就等于总剩余价值。

（从整个生产过程来看，一般人类劳动创造新价值，具体执行职能的劳动作为具体劳动将不变资本的价值转移到新产品中，价值创造和价值转移是一个过程的两个方面，商品的新增价值进而转化为各种收入形式。）在现实经济运动中（供求不是完全相等），商品中包含的一部分剩余劳动，从而一部分剩余价值有可能不直接加入平均利润的平均化过程，因为有些商品必须低于它的价值出售；这时，商品价值的一部分就根本不会在商品的价格中表现出来。不过，鉴于理论分析是在所有商品供求相等的情况下进行，因此，这种情况不会影响总价值和总剩余价值相等，不会使一般利润率降低，也不会影响人们的生活。第一，这种情况将会由于下述事实得到补偿：或者是在低于价值出售的商品形成不变资本的要素时，个别利润率会提高，或者是在低于价值出售的商品作为个人消费品加入作为收入来消费的那部分价值时，利润和地租会表现为更多的产品（这两者情况对卖方是损失，对买方则是获利，总体来看社会收益没有降低）。第二，这种情况在平均运动中会相互抵消（商品价格变动会相互抵消，个别利润率的变动也会相互抵消）。

（即便从达到一般均衡的动态过程来看这个问题）无论如何，即使商品价格中没有表现出来的一部分剩余价值在形成价格时消失了，平均利润加上地租的总和在其正常形式上绝不会大于全部剩余价值，虽然会小于全部剩余价值。它的正常形式是以基于劳动力价值的工资为前提的。（扣除工资之后，已经实现的总剩余价值绝不会多于全部剩余价值）甚至垄断地租，只要它不是对工资的扣除，因而不形成任何特殊的范畴（这个范畴作为特殊的收入形式应该体现剩余价值加扣除工资），它就必然间接地总是剩余价值的一部分（不可能增加剩余价值的总量）。虽然它不像级差地租那样，是包含地租的那种商品本身的价格（市场上实现的价格即反映生产价格的价格）超过商品本身的生产费用（这个费用反映着商品的个别价值）的余额；也不像绝对地租那样，是包含地租的那种商品本身的剩余价值超过商品本身的按平均利润计算的剩余价值部分（生产价格中包含的剩余价值）的余额，但毕竟是同这种具有垄断价格的商品进行交换的其他商品剩余价值的一部分（垄断地租以及相应的商品垄断价格，是由于垄断权力迫使交易方将一部分价值转移支付给垄断者形成的价格，这种垄断权力甚至可以将没有价值的东西通过垄断获得一定出售价格，但是，它获得的更多剩余价值，只能是交易方减少的量，总量不会因此增加）。

　　总体来看，平均利润加上地租的总和，绝不会大于分成这两部分而在这种分割以前就已存在的量。因此，不管商品的全部剩余价值，即商品中包含的全部剩余劳动，是否都在商品的价格中得到实现，这对我们的研究来说是没有关系的（只要不多于全部剩余价值，就必然是已经存在的量的一部分，就可以看成从这个量分割出来的）。由于劳动生产力的不断变动，生产某个商品的社会必要劳动的量也会不断变动（一般均衡的实现是一个动态的过程，并且总是伴随一些落后产能退出市场），在这种情况下（在实现一般均衡的过程中），有一部分商品总是要在不正常的条件下生产出来，总是要低于自己的个别价值出售（落后产能退出生产，其价值必然损失一部分，这种损失不能由其他生产完全抵消），单是由于这一原因，剩余劳动就已经不会全部实现。但是，无论如何，利润加上地租等于全部已实现的剩余价值（剩余劳动），而对我们这里的研究来说，已实现的剩余价值可以看作同全部剩余价值相等（因为马克思的研究事先假定所有商品供求相等，达到一般均衡，将一般均衡的现实运动过程撇开了）。这样，由于利润和地租就是已实现的剩余价值，总的来说，也就是加入商品价格的剩余价值，因而实际上也就是形成这个价格的一个组成部分的全部剩余价值。

　　另一方面，工资，即收入的第三个独特形式，总是等于资本的可变组成部分，不是用于劳动资料，而是用来购买活劳动力，用来支付工人的报酬的组成部分。（靠人们花费收入来得到报酬的那种劳动，比如，个体医生给资本家看病获得的报酬，是从工资、利润或地租中得到报酬的，因而它不形成它作为报酬得到的那些商品的价值部分。因此，在分析商品价值及其分割成的各个组成部分时，这种劳动可以不必考察）这是工人的总工作日中用来再生产可变资本价值，从而再生产劳动价格（劳动力价值）的那部分工作日的物化，是工人用来再生产他自己的劳动力的价值或他的劳动价格那部分商品价值。工人的总工作日分为两部分：一部分是工人为了再生产他自己的生活资料的价值所必须完成的劳动量；这是他的总劳动中的有酬部分，是他的劳动中为维持他自己和再生产他自己所必要的部分。工作日中其余的部分，是工人在他的工资价值中实现的劳动以外完成的全部超额劳动量，这是剩余劳动，是无酬劳动，表现为他的全部商品生产得到的剩余价值（因而表现为超出工人报酬部分的商品量）；这个剩余价值又分为几个名称不同的部分，分为利润（企业主收入加上利息）和地租。

　　基于以上说明，后文尽管涉及各种收入形式，我们在整体上分析生产过程时还是有理由暂时撇开价值和生产价格的差别。

联系收入形式说明不变资本补偿的微观机制

经典导读

　　马克思在这里联系劳动二重性及劳动过程与价值增殖过程的统一，阐明了不变资本补偿的微观机制。马克思基于第Ⅱ部类提出了两个问题或者说两个困难：一是工资＋利润＋地租怎么能购买全部的产品价值（c+v+m），二是消耗的不变资本用什么劳动补偿。由于具体劳动通过执行劳动职能能够使不变资本价值再现在新产品中，这部分价值可以用来补偿不变资本，因此，第二个理论困难得到了解答，这就为第一个困难的解决提供了前提条件。第Ⅱ部类的资本家并不是把全部产品出售给本部类的消费者，他必须留下一部分另行销售，并用这部分产品的价值补偿消耗掉的不变资本。至于如何销售、如何实现价值补偿和实物补偿，是下一部分需要解答的问题。

这里基于第Ⅱ部类来进行理论说明，一方面，是因为本章所要批判的"斯密教条"更多是着眼消费资料的生产，为在整体经济联系中否定不变资本的存在，那些经济学家们甚至有意忽略生产资料的生产；另一方面，这里提出的不变资本的补偿问题，还是限于微观机制，限于价值形态来说明，因此，可以暂时撇开生产资料的生产。

📖 **经典原文**

联系收入形式说明不变资本补偿的微观机制

可见，商品总价值中代表工人在一天或一年内所追加的总劳动的那部分，即年产品中由这个劳动所创造的总价值，分为工资价值、利润和地租。因为，这个总劳动分为必要劳动和无酬的剩余劳动，工人通过必要劳动创造出作为报酬支付给自己的产品价值部分即工资，通过无酬的剩余劳动创造出代表剩余价值的产品价值部分，而这一部分后来又分为利润和地租。除了这个劳动之外，工人没有完成任何劳动；除了这个采取工资、利润、地租形式的产品总价值之外，工人没有创造任何价值。年产品中体现工人在一年内新追加的劳动的那个价值，等于工资（或可变资本的价值）加上剩余价值，这个剩余价值又分为利润和地租的形式。

因此，年产品的总价值中由工人在一年内创造的那部分价值，表现为三种收入的年价值总额，也就是表现为工资价值、利润和地租。因此很明显，在一年所创造的产品价值中没有再生产出不变资本部分的价值，因为工资只等于生产中预付的可变资本部分的价值，地租和利润只等于剩余价值，即超过预付资本的总价值（等于不变资本的价值加上可变资本的价值）而生产的价值余额。

转化为利润和地租形式的剩余价值，有一部分不是作为收入来消费，而是被用于积累，这种情况与我们这里要解决的困难完全没有关系。其中作为积累基金积蓄下来的部分，是用来形成新的追加资本，而不是用来补偿旧的资本，——既不补偿旧资本中投在劳动力上面的组成部分，也不补偿旧资本中投在劳动资料上面的组成部分。因此，在这里为了简便起见，我们可以假定，收入全部用于个人消费。困难表现在两个方面。一方面：在各种收入（工资、利润、地租）所消费的年产品的价值中，包含一个等于加入年产品的不变资本部分的价值部分。年产品，除了包含分解为工资的价值部分和分解为利润和地租的价值部分以外，还包含这样一个价值部分。因此，年产品的价值＝工资＋利润＋地租+C（代表不变价值部分）。只同工资＋利润＋地租相等的一年内生产的价值，怎么能够买到一个价值等于（工资＋利润＋地租）+C的产品呢？一年内生产的价值，怎么能够买到一个比这个价值本身有更大价值的产品呢？

另一方面：如果我们把不变资本中没有加入产品的部分，因而在商品的年生产之后仍然继续存在，但是价值已经减少的部分撇开不说，也就是，如果我们把那个曾被使用但是没有消费掉的固定资本暂时撇开不说，那末，预付资本中以原料和辅助材料形式存在的不变部分，就会完全加入新产品，劳动资料的一部分会完全消费掉，而另一部分只是部分地消费掉，因此，它的价值只有一部分会在生产中消费掉。所有这些在生产中消费掉的不变资本部分，都必须在实物形式上得到补偿。假定其他一切条件不变，特别是劳动生产力不变，它就要花费同以前一样多的劳动量来得到补偿，也就是说，必须用一个相等的价值来得到补偿。如果不是这样，再生产本身就不能按原有的规模进行。但是，谁应当去完成这种劳动，又是谁完成这种劳动的呢？

关于第一个困难：谁应当支付产品中包含的不变价值部分，并且用什么来支付？这里的前提是，在生产中消费的不变资本的价值，会作为产品价值部分再现出来。这个前提和第二个困难的前提并不矛盾。因为，我们在第一卷第五章（劳动过程和价值增殖过程）已经指出：单纯新劳动的追加，虽然不是再生产旧的价值，而只是给旧的价值创造一个追加额，只是创造一个追加的价值，但同时会把旧的价值保存在产品中；这种旧价值的保存，并不是由于创造价值的劳动，不是由于一般劳动，而是由于执行某种职能的生产劳动。因此，为了在收入即一年内创造的全部价值借以花费的那些产品中保存不变部分的价值，并不需要任何追加劳动。

📖 经典解说

可见，产出商品总价值中代表工人在一天或一年内所追加的总劳动的那部分，即年产品中由这个劳动创造的总价值，分为工资价值、利润和地租。因为，这个总劳动分为必要劳动和无酬的剩余劳动，工人通过必要劳动创造出作为报酬支付给自己的产品价值部分即工资，通过无酬的剩余劳动创造出代表剩余价值的产品价值部分，而这一部分后来又分为利润和地租。就活劳动作为一般人类劳动而言，除了这个劳动，工人没有完成任何劳动；除了采取工资、利润、地租形式的产品总价值，工人没有创造任何价值。年产品中体现工人在一年内新追加的一般人类劳动的那个价值，等于工资（或可变资本的价值）加上剩余价值，这个剩余价值又分为利润和地租的形式。

因此，在年产品的总价值中由工人在一年内创造的那部分价值，表现为三种收入的年价值总额，也就是表现为工资价值、利润和地租。因此很明显，活劳动作为一般人类劳动在一年所创造的产品价值中没有再生产出不变资本部分的价值，因为工资只等于生产中预付的可变资本部分的价值，地租和利润只等于剩余价值，即超过预付资本的总价值（等于不变资本的价值加上可变资本的价值）而生产的价值余额。

转化为利润和地租形式的剩余价值，有一部分不是作为收入来消费，而是被用于积累，这种情况与我们这里要解决的困难（后文提出的两个理论困难）完全没有关系。其中作为积累基金积蓄下来的部分，是用来形成新的追加资本，而不是用来补偿旧的资本，——既不补偿旧资本中投在劳动力上面的组成部分，也不补偿旧资本中投在劳动资料上面的组成部分。因此，在这里为了简便起见，我们可以假定，收入全部用于个人消费（假定处于简单再生产状态）。

困难表现在两个方面：一方面，在各种收入（工资、利润、地租）所消费的年产品（第Ⅱ部类产品）的价值中，包含一个等于加入年产品的不变资本部分的价值部分。（第Ⅱ部类的）年产品，除了包含分解为工资的价值部分和分解为利润和地租的价值部分，还包含这样一个（不变资本）价值部分。因此，（第Ⅱ部类的）年产品的价值＝工资＋利润＋地租＋C（代表不变价值部分）。如果单从第Ⅱ部类来看，只同工资＋利润＋地租相等的一年内生产的价值，怎么能够买到一个价值等于（工资＋利润＋地租）＋C的产品呢？一年内生产的价值，怎么能够买到一个比这个价值本身有更大价值的产品呢？（不变资本价值如何转移到新产品中，如何补偿消耗掉的不变资本，这是下一个问题，下一个问题解决了，这个问题也就解决了）

　　另一方面，如果我们把不变资本中没有加入产品的部分，因而在商品的年生产之后仍然继续存在，但价值已经减少的部分撇开不说，也就是说，如果我们把那个曾被使用但是没有消费掉的固定资本暂时撇开不说，那么，预付资本中以原料和辅助材料形式存在的不变部分，就会完全加入新产品，劳动资料的一部分会完全消费掉，另一部分只是部分地消费掉，因此，它的价值只有一部分会在生产中消费掉。所有这些在生产中消费掉的不变资本部分，都必须在实物形式上得到补偿。假定其他一切条件不变，特别是劳动生产力不变，它就要花费同以前一样多的劳动量来得到补偿，也就是说，必须用一个相等的价值来得到补偿。如果不是这样，再生产本身就不能按原有的规模进行。但是，谁应该去完成这种劳动，又是谁完成这种劳动的呢？（具体执行职能的劳动即具体劳动完成这种劳动，使旧价值再现在新产品中，如果不能把具体劳动和具有社会劳动属性的抽象劳动区分开来，这个问题是无法回答的，因为将不变资本转移到新产品中是通过具体劳动的劳动职能实现的，新产品中的这部分价值则被用来补偿不变资本，而劳动作为一般人类劳动创造价值是同一劳动的另一个方面。）

　　（对于上述两个相关问题，如果暂时撇开实物补偿，单从价值补偿而言，从微观来看，局限于第Ⅱ部类也能说清楚。）

　　关于第一个困难：谁应当支付产品中包含的不变价值部分（产品的最初的所有者支付），并且用什么来支付（用新产品中包含的生产过程转移来的不变资本价值支付）？这里的前提是，在生产中消费的不变资本的价值，会作为产品价值部分再现出来（这种再现与劳动作为一般人类劳动无关，与具体劳动的劳动职能相关）。这个前提（不变资本必须再现在新产品中）和第二个困难（谁来完成补偿不变资本的劳动）的前提（必须通过某种劳动实现不变资本的价值转移）并不矛盾（具体劳动不创造价值，但能将不变资本价值转移到新产品中，因而不需要额外的劳动）（基于劳动二重性解答了第二个困难，不变资本的再现问题也就解决了，事实上它们是同一个问题的两个方面，而第二个困难早在第一卷就解决了）。因为，我们在第一卷第五章（劳动过程和价值增殖过程）已经指出：单纯新劳动的追加，虽然不是再生产旧的价值，而是给旧的价值创造一个追加额，只是创造一个追加的价值，但同时会把旧的价值保存在产品中；这种旧价值的保存，并不是由于创造价值的劳动，也不是由于一般人类劳动，而是由于执行某种职能的生产劳动（第一卷第一章马克思就阐明了劳动二重性，第一卷第五章基于劳动二重性阐明了劳动过程和价值增值过程是同一过程的两个方面，基于这两个方面新劳动创造追加的价值的同时，不变资本也实现了再现，从而实现了对不变资本的价值补偿）。因此，为了在收入即一年内创造的全部价值借以花费的那些产品（供收入消费的产品即第Ⅱ部类产品，这些产品生产出来，同样包含不变资本价值）中保存不变部分的价值，并不需要任何追加劳动。

联系收入形式从两大部类的关系看不变资本的补偿

经典导读

马克思谈到不变资本的补偿时，是从微观和宏观整体两个方面来阐述的，经典文本似乎把两个层面混为一谈了。这个自然段似乎应该从"但是"开始另起一段，随后的段落划分也需要调整。这可能是编辑者的失误。在解说时我们稍微做了调整。

这部分论述两大部类的关系，内容与第二卷第三篇大致相同，初看起来，似有重复之嫌。马克思回过来谈这个问题，首先是之前对剩余价值还没有在收入形式上加以说明，联系收入形式阐述同一个问题，对理论本身是一种完善。更重要的是，这里首先阐述商品价值如何转化为收入形式，再从微观机制和宏观整体阐明不变资本的补偿问题，目的就是对斯密教条进行深入的批判，因此，这里重新论述两大部类的关系，是直接服务于斯密教条和整个政治经济学的批判要求的。

📖 经典原文

联系收入形式从两大部类的关系看不变资本的补偿

但是，为了在价值和使用价值两方面补偿过去一年已经消费的不变资本，当然需要新的追加劳动。没有这种补偿，再生产就根本不可能继续进行。

新追加的全部劳动表现为一年内新创造的价值，而这种价值又会分解为三种收入：工资、利润和地租。——因此，一方面，没有留下任何多余的社会劳动，可以用来补偿已经消费的、一部分必须在实物和价值两方面再生产出来、一部分只需要在价值方面（只就固定资本的损耗来说）再生产出来的不变资本。另一方面，每年由劳动创造出来的，分割为工资、利润和地租形式的并以这些形式来花费的价值，不足以支付或购买年产品中除了这些收入的价值之外还必然包含的不变资本部分。

我们看到，这里提出的问题已经在第二卷第三篇考察社会总资本的再生产时解决了。我们在这里回过来谈这个问题，首先是因为在那里剩余价值还没有在它的收入形式上即利润（企业主收入加上利息）和地租形式上加以阐明，因而还不能在这些形式上加以研究；其次还因为正是在工资、利润和地租形式的分析上，包含着一个从亚当·斯密以来贯穿整个政治经济学的令人难以置信的错误。

在那里，我们把全部资本分成两大部类：第Ⅰ部类生产生产资料；第Ⅱ部类生产个人消费资料。某些产品（例如马、谷物等）既可以供个人消费又可以用作生产资料的事实，丝毫也不会排除这种分类的绝对正确性。这种分类实际上不是假说，而只是事实的表现。我们拿一个国家的年产品来说。这个产品的一部分，尽管它能够充当生产资料，却进入个人消费。这是工资、利润和地租花费在上面的产品。这个产品是社会资本的一定部类的产品。这种资本本身也可能生产属于第Ⅰ部类的产品。只要这样做，那末，属于第Ⅰ部类的供生产消费的产品的部分，就不是由这个资本中耗费在第Ⅱ部类产品即真正属于个人消费的产品上的部分提供的。第Ⅱ部类的全部产品，即进入个人消费的全部产品，从而收入花费在上面的全部产品，是耗费在它上面的资本加上所生产的余额的存在形式。因此，它是只投在消费资料生产上的资本的产品。同样，年产品中充当再生产资料（原料和劳动工具）的第Ⅰ部类，尽管在实物形式上也能够充当消费资料，但它是只投在生产资料生产上的资本的产品。构成不变资本的绝大部分产品，从物质方面来看也是处在不能进入个人消费的形式上。即使它能够进入个人消费，例如农民可以吃掉他的谷种，可以杀掉他的役畜，经济上的限制作用，也会使农民感到这个部分完全象处在不能消费的形式上一样。

正如已经指出的那样，我们在考察这两个部类时，都把不变资本中那个从实物和价值两方面来看与两个部类的年产品无关而继续独立存在的固定部分撇开不说。

在第Ⅱ部类，——工资、利润和地租就是花费在这个部类的产品上，总之，收入就是耗费在这个部类的产品上，——从价值方面来看，产品也是由三个组成部分构成的。一个组成部分等于生产中已经消耗的不变资本部分的价值；第二个组成部分等于生产中预付的可变资本部分，即支付工资的资本部分的价值；最后，第三个组成部分等于生产出来的剩余价值，也就是＝利润＋地租。第Ⅱ部类产品的第一个组成部分，不变资本部分的价值，既不能为第Ⅱ部类的资本家和工人所消费，也不能为土地所有者所消费。它不是他们的收入的部分，它必须在实物形式上得到补偿，而为了能够进行这种补偿，就必须把它卖掉。相反，这个产品的其他两个组成部分，等于这个部类所创造的各种收入的价值，即＝工资＋利润＋地租。

在第Ⅰ部类，从形式上看，产品是由同样几个组成部分构成的。但是，在这里形成收入的部分，工资＋利润＋地租，总之，可变资本部分＋剩余价值，并不是在第Ⅰ部类产品的实物形式上消费，而是在第Ⅱ部类的产品上消费。因此，第Ⅰ部类各种收入的价值，必须耗费在第Ⅱ部类中形成第Ⅱ部类待补偿的不变资本的那部分产品上。第Ⅱ部类中必须用来补偿自己的不变资本的那部分产品，会在它的实物形式上，被第Ⅰ部类的工人、资本家和土地所有者消费。他们把他们的收入用在第Ⅱ部类的这个产品上。另一方面，代表第Ⅰ部类收入的第Ⅰ部类的产品，也会在其实物形式上，由第Ⅱ部类用在生产消费上，因为它会在实物形式上补偿第Ⅱ部类的不变资本。最后，第Ⅰ部类消费掉的不变资本部分，会用该部类自己的产品，即由劳动资料、原料、辅助材料等等构成的产品来补偿，这部分地是由于第Ⅰ部类的资本家互相之间进行交换，部分地是由于这些资本家中的一部分人又可以把自己的产品直接当作生产资料来使用。

让我们再来看看以前的简单再生产的公式（第2卷第20章第Ⅱ节）：

I. 4000c+1000v+1000m=6000

Ⅱ. 2000c+500v+500m=<u>3000</u>

=9000

按照这个公式，第Ⅱ部类的 500v+500m=1000 会由生产者和土地所有者作为收入来消费；剩下的2000c需要补偿。这个部分会被第Ⅰ部类的工人、资本家和收租人消费掉，他们的收入 =1000v+1000m=2000。这样消费的第Ⅱ部类的产品，是由第Ⅰ部类作为收入来消费的，而表现为不能消费的产品的第Ⅰ部类的收入部分，则由第Ⅱ部类作为不变资本来消费。因此，剩下来要计算的是第Ⅰ部类的4000c。这要由第Ⅰ部类自己的产品 =6000，或者不如说 =6000-2000 来补偿；因为这 2000 已经转化为第Ⅱ部类的不变资本了。必须指出，数字当然是任意假定的，因此，第Ⅰ部类的收入的价值和第Ⅱ部类的不变资本的价值之间的比例，看起来好象是任意的。但是很明显，如果再生产过程正常进行，其他条件不变，因而也把积累撇开不说，那末第Ⅰ部类的工资、利润和地租的价值总额，就必须等于第Ⅱ部类的不变资本部分的价值。否则，不是第Ⅱ部类不能补偿它的不变资本，就是第Ⅰ部类不能把它的收入由不能消费的形式转化为可以消费的形式。

因此，每年的商品产品的价值，和一个特殊投资部门的商品产品的价值以及任何一个商品的价值完全一样，会分解成两个价值组成部分：一个部分是补偿预付不变资本价值的A，另一个部分是表现为工资、利润和地租这种收入形式的B。既然前一个部分A在其他条件不变时，1.决不采取收入的形式，2.总是以资本的形式，而且正是以不变资本的形式流回，所以，后一个部分B会和前一个部分A形成一种对立。但是，后一个组成部分B本身又包含着对立。利润和地租同工资的共同之处在于：三者都是收入的形式。尽管如此，它们有着本质的区别：利润和地租体现着剩余价值，即无酬劳动，工资则体现着有酬劳动。产品中代表已经支出的工资的价值部分，即补偿工资的价值部分，在我们假定再生产按相同的规模并在相同的条件下进行的时候，会再转化为工资的价值部分，首先会作为可变资本，作为必须重新预付在再生产上的资本的组成部分流回。这个组成部分执行双重职能。它先以资本的形式存在，并且作为资本和劳动力相交换。在工人手里，它转化为工人出卖自己的劳动力所取得的收入，并且作为收入，转化为生活资料并被消费掉。这个双重的过程，是以货币流通作为媒介表现出来的。可变资本要用货币预付，作为工资支付出去。这是它作为资本的第一个职能。它和劳动力相交换，并转化为这种劳动力的表现，即转化为劳动。这是从资本家方面来看的过程。但是第二，工人会用这个货币来购买自己生产的商品产品的一部分，这部分是用这个货币来计量的，并且由工人作为收入来消费。如果我们在想象中把货币流通撇开，那末工人的一部分产品就是以现成资本的形式存在于资本家手中。资本家把这个部分作为资本来预付，把它付给工人以换取新的劳动力；而工人则直接地或者通过同其他商品的交换，把它作为收入来消费。因此，在再生产中要转化为工资，转化为工人收入的那部分产品价值，首先以资本的形式，更确切地说，以可变资本的形式，流回资本家手中。它以这种形式流回，是劳动作为雇佣劳动、生产资料作为资本、生产过程本身作为资本主义生产过程不断重新再生产出来的一个重要条件。

经典解说

但是，就第Ⅱ部类来看，为了在价值和使用价值两个方面补偿过去一年已经消费的不变资本，当然需要新的追加劳动（第Ⅱ部类的不变资本的补偿，其实物不能由本部类提供，一定需要另外的新的追加劳动）。没有这种补偿，再生产根本就不可能继续进行。然而，本部类新追加的全部劳动表现为一年内新创造的价值，而这种价值又会分解为三种收入：工资、利润和地租。因此，一方面，没有留下任何多余的社会劳动，可以用来补偿已经消费的、一部分必须在实物和价值两个方面再生产出来、一部分只需要在价值方面（只就固定资本的损耗来说）再生产出来的不变资本。另外，从第Ⅱ部类的生产来看，每年由劳动创造出来的，分割为工资、利润和地租形式的并以这些形式来花费的价值，不足以支付或购买年产品中除了这些收入的价值还必然包含的不变资本部分。（单从第Ⅱ部类来看，这是无法解决的矛盾，因此，有必要从两大部类的关系来看待这一问题。这里首先提出问题。）

（提示：以下复述第二卷第三篇关于两大部类关系的基本内容。）

我们看到，这里提出的问题已经在第二卷第三篇考察社会总资本的再生产时解决了（这里论述了两大部类的关系）。我们在这里再次谈这个问题，首先是因为在那里对剩余价值还没有在它的收入形式上即利润（企业主收入加上利息）和地租形式上加以阐明，因而还不能在这些形式上加以研究；其次是因为正是在工资、利润和地租形式的分析上，包含一个从亚当·斯密以来贯穿整个政治经济学的令人难以置信的错误（这个错误后文进行了剖析）。

在那里（第二卷第三篇），我们把全部资本分成两大部类：第Ⅰ部类生产生产资料，第Ⅱ部类生产个人消费资料。某些产品（如马、谷物等）既可以供个人消费又可以用作生产资料的事实，丝毫也不会排除这种分类的绝对正确性。这种分类实际上不是假说，而是事实的表现。我们以一个国家的年产品来说。这个产品的一部分，尽管它能够充当生产资料，却进入个人消费（如取暖用的煤炭）。这是工资、利润和地租花费在上面的产品（这时这个产品可以划入第Ⅱ部类）。这个产品（煤炭）是社会资本的一定部门的产品。这个部门的资本（生产煤炭的资本）本身也可能生产属于第Ⅰ部类的产品（产品充当生产资料）。只要这样做（生产供生产用的产品），那么，由于这个资本生产的产品（煤炭）是提供给生产部门使用，它在理论上就不同于提供属于第Ⅱ部类产品即真正属于个人消费的产品的同一部门的资本（同一个煤炭部门的资本，应该根据产品的实际用途分别归入不同部类）。同样道理，第Ⅱ部类的全部产品，必须是进入个人消费的全部产品，必须是收入花费在上面的全部产品，是耗费在它上面的资本加上所生产的余额的存在形式（消费品的价值构成是c+v+m，也包含不变资本）。它是只投在消费资料生产上的资本的产品。因此，年产品中充当再生产资料（原料和劳动工具）的属于第Ⅰ部类产品，尽管在实物形式上也能够充当消费资料，但它是只投在生产资料生产上的资本的产品（从实物形态来看，这部分资本可以与一些第Ⅱ部类的资本归入同一个部门。例如，生产肉牛的资本和生产种牛的资本都可以归入畜牧业部门，从两大部类的理论来看，生产种牛的资本只能归入第Ⅰ部类）。构成不变资本的绝大部分产品，从实物方面来看也是处在不能进入个人消费的形式上。即使它能够进入个人消费，例如，农民可以吃掉他的谷种，可以杀掉他的役畜，经济上的限制作用，也会使农民感到这个部分完全像处在不能消费的形式上一样。（这段话总的意思就是，同一部门的资本，如同样是煤炭部门或畜牧业部门，资本提供的同类产品既可以充当生产资料，也可以充当消费资料，在理论上依然可以根据产品的用途把它们分别归入两大部类，因此，两大部类的划分是正确的，跟事实是符合的。）

正如已经指出的那样，我们在考察这两个部类时，都把不变资本中那个从实物和价值两个方面来看与两个部类的年产品无关而继续独立存在的固定部分撇开不说（理论上只涉及生产过程消耗掉的不变资本）。

在第Ⅱ部类，——全社会的工资、利润和地租就是花费在这个部类的产品上，总之，收入就是耗费在这个部类的产品上，从价值方面来看，产品也是由三个组成部分（c+v+m）构成的。第一个组成部分等于生产中已经消耗的不变资本部分的价值；第二个组成部分等于生产中预付的可变资本部分，即支付工资的资本部分的价值；第三个组成部分等于生产出来的剩余价值，也就是 ＝利润＋地租。第Ⅱ部类产品的第一个组成部分，不变资本部分的价值，既不能为第Ⅱ部类的资本家和工人所消费，也不能为土地所有者所消费。它不是他们的收入部分，它必须转换成可以补偿不变资本的实物形式，而为了能够进行这种补偿，就必须把它卖掉。相反地，这个产品的其他两个组成部分，等于这个部类所创造的各种收入的价值，即 ＝工资＋利润＋地租。

在第Ⅰ部类，从形式规定性来看，产品同样是由几个部分构成（c+v+m）的。但是，在这里形成收入的部分为工资＋利润＋地租，总之，可变资本部分＋剩余价值，并不能在第Ⅰ部类产品的实物形式上消费（第Ⅰ部类产品不能用于个人的消费），而必须转换成第Ⅱ部类的产品用于生活消费。因此，第Ⅰ部类各种收入的价值，必须耗费在第Ⅱ部类中形成第Ⅱ部类待补偿的不变资本的那部分产品上（实物上是可用于生活消费的产品，第Ⅰ部类各种收入的价值必须用来购买这些产品，这些产品的价值必须用来补偿第Ⅱ部类消耗掉的不变资本）。第Ⅱ部类中必须用来补偿自己的不变资本的那部分产品，会在它的实物形式上，被第Ⅰ部类的工人、资本家和土地所有者用于生活消费。第Ⅰ部类的工人、资本家和土地所有者用他们的收入购买第Ⅱ部类的这个产品。另外，代表第Ⅰ部类收入的第Ⅰ部类的产品，也会在其实物形式上，由第Ⅱ部类用在生产消费上，因为它会在实物形式上补偿第Ⅱ部类的不变资本。

最后，第Ⅰ部类消费掉的不变资本部分，会用该部类自己的产品，即由劳动资料、原料、辅助材料等构成的产品来补偿，这些生产资料部分是通过第Ⅰ部类的资本家互相间进行交换实现实物上的补偿，部分是这些资本家中的一部分人把自己的产品直接当作生产资料来使用（在簿记中仍然体现为一定量的货币）。

（提示：以下结合第二卷第二十章的简单再生产公式说明两大部类关系。）

让我们再来看看以前的简单再生产的公式（第二卷第二十章第Ⅱ节）：

Ⅰ. 4000c+1000v+1000m=6000

Ⅱ. 2000c+500v+500m=<u>3000</u>

=9000

按照这个公式，第Ⅱ部类的500v+500m=1000会由生产者（资本家和工人）和土地所有者作为收入来消费；剩下的2000c需要用来补偿不变资本。这个部分会被第Ⅰ部类的工人、资本家和收租人消费掉，他们（第Ⅰ部类的工人、资本家和收租人）的收入=1000v+1000m=2000。被这些人（第Ⅰ部类的工人、资本家和收租人）消费掉的第Ⅱ部类的产品，是由第Ⅰ部类作为收入来消费的，而在实物上不能用于消费的相当于第Ⅰ部类收入的产品部分，则由第Ⅱ部类作为不变资本来消费。因此，剩下来要计算的是第Ⅰ部类的4000c。这要由第Ⅰ部类自己的产品=6000，或者不如说=6000-2000来补偿；因为这2000已经转化为第Ⅱ部类的不变资本了。

必须指出的是，数字当然是任意假定的，因此，第Ⅰ部类收入的价值和第Ⅱ部类不变资本价值之间的比例，看起来好像是任意的。但是很明显，如果再生产过程正常进行，其他条件不变，因而也把积累撇开不说，那么第Ⅰ部类的工资、利润和地租的价值总额，就必须等于第Ⅱ部类不变资本部分的价值。否则，不是第Ⅱ部类不能补偿它的不变资本，就是第Ⅰ部类不能把它的收入由不能消费的实物形式转化为可以消费的实物形式。

因此，每年的商品产品的总价值和一个特殊投资部门的商品产品的价值及任何一个商品的价值完全一样，（总商品价值、某部门的商品价值、单个商品的价值）都会分解成两个价值组成部分：一个组成部分是补偿预付不变资本价值的 A，另一个组成部分是表现为工资、利润和地租这种收入形式的 B。既然前一个组成部分 A 在其他条件不变时：1. 绝不采取收入的形式；2. 总以资本的形式，且正是以不变资本的形式流回，所以，后一个组成部分 B 会和前一个组成部分 A 形成一种对立关系。但是，后一个组成部分 B 本身又包含不同收入形式之间的对立（利润、地租和工资存在利益上的对抗关系，某一部分增加必然造成其他方面的减少）。

（提示：以下说明工资的流回和预付。）

利润和地租同工资的共同之处：三者都是收入的形式。尽管如此，它们有本质的区别：利润和地租体现着剩余价值，即无酬劳动，工资则体现着有酬劳动。产品中代表已经支出的工资的价值部分，即补偿工资的价值部分，在我们假定再生产按相同的规模并在相同的条件下进行时，会再转化为工资的价值部分，首先会作为可变资本，作为必须重新预付在再生产上的资本的组成部分流回资本家手中。

这个组成部分（工资部分）执行双重职能。它首先以资本的形式存在，并且作为资本和劳动力相交换。在工人手里，它转化为工人出卖自己的劳动力所取得的收入，并且作为收入，转化为生活资料并被消费掉。这个执行双重职能的过程，是以货币流通作为媒介表现出来的。可变资本要用货币预付，作为工资支付出去。这是它作为资本的第一个职能。它和劳动力相交换，并转化为这种劳动力的表现，即转化为劳动。这是从资本家方面来看的过程。但是，接下来，工人会用这个货币来购买自己生产的商品——产品的一部分（假定这种商品是工人生活的必需品），这部分是用货币来计量的，并且由工人作为收入来消费（现实中资本家可以将相当于工资部分的产品在市场上售出，回收可变资本，工人则从其他资本家手中购买自己需要的产品，这是通过市场实现的置换，理论分析时为了简化，假定工人购买自己生产的产品，这样可以暂时撇开次要因素，一目了然地展现资本家和工人的利益关系）。

如果我们在想象中把货币流通撇开，那么，与工人的工资相应部分的产品，就是以现成商品资本的形式，存在于资本家手中。资本家把这个部分的价值作为可变资本来预付，把它付给工人以换取新的劳动力；而工人则直接地购买资本家手中的商品，或者通过同其他商品的交换，把它作为收入来消费。因此，在再生产中要转化为工资或者说转化为工人收入的那部分产品价值，首先必须以资本的形式，更确切地说，以可变资本的形式，流回资本家手中。它以这种形式流回，是劳动作为雇佣劳动、生产资料作为资本、生产过程本身作为资本主义生产过程不断重新再生产出来的一个重要条件。

"斯密教条"的错误及其理论根源

经典导读

斯密教条是以往政治经济学在宏观上整体对资本主义生产的基本认识。这一认识的基础，首先是基于三位一体公式的要素价值论，可以说这一教条就是三位一体公式从微观扩展到宏观整体的产物。这种扩展得以实现，借助了资本与收入只是相对规定的命题，这一命题把可变资本仅仅当作一种收入，同时把不变资本还原为与三位一体公式相应的各种收入。除斯密本人外，庸俗经济学的代表人物萨伊也持有这一看法，李嘉图也在一定程度认同这一看法。马克思指出斯密教条事实上"为庸俗经济学大开了方便之门"[1]，就是李嘉图也在一定程度上接受了"斯密关于商品价格由工资＋剩余价值或可变资本＋剩余价值组成的理论"，从而接受了总价值等于总收入的思想，这时他似乎忘记了"全部产品不仅分为工资和利润，而且还必须有一部分补偿固定资本"。[2]事实上，这一教条的影响是非常普遍和深远的。马克思强调斯密教条及其构成价值"在今天仍然是政治经济学的基石"[3]，"成了政治经济学的正统信条"[4]，成了政治经济学的"一种最牢

---

① 马克思：《资本论》第 2 卷，人民出版社 1975 年，第 413 页。

② 《马克思恩格斯全集》第 50 卷，人民出版社 1985 年，第 120 页。

③ 《马克思恩格斯全集》第 49 卷，人民出版社 1982 年，第 230 页。

④ 《马克思恩格斯全集》第 50 卷，人民出版社 1985 年，第 132 页。

固的公认的常识，甚至是一个永恒真理"①。这一错误认识的后果是，使政治经济学脱离了劳动价值论和价值概念，否定了资本主义剥削；由于把资本转化为收入，取消了资本与劳动的对立，也就否定了资本主义生产的现实基础。产生这种错误的理论根源是古典劳动价值论存在严重局限。不能理解剩余价值的真正源泉和性质；不能理解劳动过程和价值增殖过程的关系；不能将劳动价值论从微观扩展到宏观，从宏观上把握两大部类之间的关系；不能从竞争的假象中揭示内在的本质联系，不能理解资本和收入的本质关系。

马克思基于科学的劳动价值论，对斯密教条的批判是从第二部类生活资料的生产着手的。之所以从这方面着手，是由批判对象决定的。斯密教条把全部经济关系归结为收入关系，是以生活资料的生产为基础的，并且不顾现实的实物关系从价值形态方面把生产资料的价值还原为各种收入。对此，他们还有意忽略第一部类中生产者的不变资本的自我补偿和彼此相互交换的情况。

📖 经典原文

"斯密教条"的错误及其理论根源

为了避免不必要的困难，必须把总收益和纯收益同总收入和纯收入区别开来。

总收益或总产品是再生产出来的全部产品。把固定资本中曾被使用但是没有消费掉的部分撇开不说，总收益或总产品的价值，等于预付的、并在生产中消费掉的资本即不变资本和可变资本的价值，加上分解为利润和地租的剩余价值。或者，如果我们不是考察单个资本的产品，而是考察社会总资本的产品，那末，总收益等于构成不变资本和可变资本的物质要素加上表现为利润和地租的那种剩余产品的物质要素。

总收入是总产品扣除了补偿预付的、并在生产中消费掉的不变资本的价值部分和由这个价值部分计量的产品部分以后，所余下的价值部分和由

---

① 《马克思恩格斯全集》第50卷，人民出版社1985年，第170页。

这个价值部分计量的产品部分。因而，总收入等于工资（或要重新转化为工人收入的产品部分）＋利润＋地租。但是，纯收入却是剩余价值，因而是剩余产品，这种剩余产品是扣除了工资以后所余下的、实际上也就是由资本实现的并与土地所有者瓜分的剩余价值和由这个剩余价值计量的剩余产品。

我们已经知道，每一个商品的价值，每一个资本的全部商品产品的价值，都分成两部分：一部分只补偿不变资本；另一部分——虽然其中有一小部分会作为可变资本流回，因而会以资本的形式流回——却要全部转化为总收入，并采取工资、利润和地租的形式，这三者的总和就是总收入。我们还知道，一个社会的年总产品的价值也是这样。单个资本家的产品和社会的产品之间的区别只在于：从单个资本家来看，纯收入不同于总收入，因为后者包括工资，前者不包括工资。如果考察整个社会的收入，那末国民收入是工资加上利润加上地租，也就是总收入。但是，这也只是一种抽象，因为在资本主义生产的基础上，整个社会持有资本主义的观点，认为只有分解为利润和地租的收入才是纯收入。

但是，如果象萨伊先生那样，认为全部收益，全部总产品，对一个国家来说都可以分解为纯收益，或者同纯收益没有区别，因而这种区别从整个国民的观点来看就不存在了，那末，这种幻想不过是亚当·斯密以来贯穿整个政治经济学的荒谬教条，即认为商品价值最终会全部分解为收入即工资、利润和地租这样一种教条的必然的和最后的表现。

就每个单个资本家来说，他的一部分产品必须再转化为资本（这里也撇开再生产的扩大或积累不说），不仅要转化为可变资本（这种资本本身又要再转化为工人的收入，因而要转化为一种收入形式），而且要转化为不变资本（这种资本决不能转化为收入），要认识到这一点自然是非常容易的。最简单地观察一下生产过程，就可以清楚地看到这一点。困难只有当从总体上来考察生产过程的时候才会出现。作为收入即以工资、利润和地租的形式消费的（不管是个人消费还是生产消费都一样）全部产品部分的价值，实际上在分析时会完全归结为由工资加上利润加上地租所构成的价值总和，也就是归结为三种收入的总价值，虽然这个产品部分的价值和不加入收入的产品部分的价值完全一样，也包含一个价值部分＝C，即这些产品部分中包含的不变资本的价值，因此，一看就知道，它不可能只包含收入的价值。以上这种情况，一方面在实际上是不可否认的事实，另一方面在理论上又是同样不可否认的矛盾，这是一个困难。要绕过这个困难，最容易的办法就是断言：商品价值只是在表面上，从单个资本家来看，才包含另外一个和以收入的形式存在的部分不同的价值部分。对一个人表现为收入的东西会对另一个人形成资本这样一句空话，使人们免除了一切更进一步的思考。但是，如果全部产品的价值都可以以收入的形式消费，旧资本又怎么能够得到补偿；每一个资本的产品价值怎么能够等于三种收入加上 C（不变资本）的价值总和，而所有资本的产品价值加起来的总和却等于三种收入加上零的价值总和。当然，这一切好象是无法解决的谜，因此必须这样来解释，即认为这种分析根本不可能发现价格的简单要素；不仅如此，而且只好在恶性循环中无穷无尽地推演下去。结果是，表现为不变资本的东西，可以分解为工资、利润和地租，而表现工资、利润和地租的商品价值，又是由工资、利润和地租决定的，依此类推，以至无穷。

商品价值最终可以分解为工资＋利润＋地租这样一个根本错误的教条，也可以这样来表述：消费者最终必须对总产品的全部价值实际支付。或者这样来表述：生产者和消费者之间的货币流通，最终必须同生产者彼此之间的货币流通相等。所有这些论点，都和它们所依据的那个根本论点一样是错误的。

导致这种错误的并且显然是荒谬的分析的各种困难，可以概述如下：

1. 不理解不变资本和可变资本的基本关系，因而不理解剩余价值的性质，并且也不理解资本主义生产方式的整个基础。资本的每个部分产品的价值，每个商品的价值，都包含：一个价值部分＝不变资本，一个价值部分＝可变资本（它转化为工人的工资）和一个价值部分＝剩余价值（它后来分为利润和地租）。因此，工人用他的工资，资本家用他的利润，土地所有者用他的地租，怎么能够购买那样一些商品，它们每一个都不仅包含这三个组成部分之一，而且包含所有这三个组成部分？由工资、利润和地租这三个收入源泉加在一起形成的价值总和，怎么能够购买进入这各种收入的获得者的总消费中去的那样一些商品，它们除了包含这三个价值组成部分以外，还包含一个价值组成部分，即不变资本部分？他们怎么能够用一个由三部分构成的价值购买一个由四部分构成的价值？

我们在第二卷第三篇已经作了分析。

2. 不理解劳动在追加新价值时，如何和为什么会在新形式上把旧价值保存下来，而不是把这个旧价值重新生产出来。

3. 不理解再生产过程从总资本而不是从单个资本来看时所表现出来的联系。不理解这样一个困难：工资和剩余价值，从而一年内新追加的劳动创造的全部价值所实现的产品，怎么能补偿它的不变价值部分，同时又分解为仅限于各种收入的价值；进一步说，新追加劳动的总额既然只实现为工资和剩余价值，只表现为二者的价值总和，生产中消费掉的不变资本在物质和价值两方面怎么能够用新的东西来补偿。主要的困难正在于此，正在于对再生产以及再生产的各个组成部分之间的关系从物质性质和价值关系两方面来进行分析。

4. 此外，还有一个困难，这个困难在剩余价值的各个组成部分表现为互相独立的各种收入的形式时更会加剧。这个困难就是：收入和资本这两个固定的规定会互相交换、互换位置，以致从单个资本家来看，它们好象只是相对的规定，而从整个生产过程来看，它们就消失了。例如，生产不变资本的第Ⅰ部类的工人和资本家的收入，在价值和物质两方面补偿生产消费资料的第Ⅱ部类的资本家的不变资本。因此，人们可以用这样一种观念来避开困难：对一个人来说是收入的东西，对另一个人来说则是资本，因此，这些规定和商品价值的各个组成部分的实际独立化毫无关系。其次，最终要形成收入借以花费的物质要素即消费资料的那些商品，在一年内要通过不同的阶段，例如毛纱、毛织品。在一个阶段上，它们形成不变资本的一部分，在另一个阶段上，它们供个人消费，因而完全加入收入。这样，人们就可以象亚当·斯密一样认为，不变资本只是商品价值的一个表面的要素，它会在总的联系中消失。而且，这样就会发生可变资本和收入之间的交换。工人用他的工资购买商品中形成他的收入的部分。因此，他同时也就使资本家的可变资本的货币形式得到了补偿。最后，形成不变资本的一部分产品，会以实物形式或者通过不变资本的生产者互相之间的交换而得到补偿；这是一个同消费者毫无关系的过程。忽略了这一点，就会产生一种假象，似乎消费者的收入会补偿全部产品，因而也会补偿不变的价值部分。

5. 除了价值转化为生产价格所造成的混乱以外，由于剩余价值转化为各个特殊的、互相独立的并且同各个生产要素有关的收入形式，即转化为利润和地租，还会出现进一步的混乱。人们已经忘记：商品的价值是基础；至于这个商品价值分成各个特殊的组成部分，这些价值组成部分进一步发展成各种收入形式，转化为不同生产要素的不同所有者对这些个别的价值组成部分的关系，并按一定的范畴和名义在这些所有者之间进行分配，这丝毫也不会改变价值决定和价值决定的规律本身。利润的平均化即全部剩余价值在不同资本之间的分配，和土地所有权部分地（在绝对地租的场合）对这个平均化过程造成的障碍，会使商品的起调节作用的平均价格偏离它的个别价值，这种情况也丝毫不会改变价值规律。这种情况只会再影响剩余价值加到不同商品价格上去的增加额，但是不会把剩余价值本身取消，也不会把作为这些不同价格组成部分的源泉的商品总价值取消。

这就是我们将要在下一章考察的混乱；这种混乱必然同价值来源于它本身的各个组成部分的假象结合在一起。这就是说，商品的不同价值组成部分，首先会在各种收入上取得独立的形式，并且作为这样的收入，它们不是把商品的价值作为自己的源泉，而是把各个特别的物质生产要素作为自己的源泉。它们同这些生产要素确实有关，不过不是作为价值组成部分，而是作为收入，作为某一类生产当事人即工人、资本家、土地所有者所有的价值组成部分。现在人们可以设想，这些价值组成部分不是由商品的价值分解而成，相反，由于这些组成部分结合在一起才形成了商品的价值，于是形成了这样一个美妙的恶性循环：商品的价值来自工资、利润和地租的价值总和，而工资、利润和地租的价值，反过来又由商品的价值决定，等等。

📖 经典解说

（提示：以下说明亚当·斯密、萨伊把总产品价值和总收入或纯收益混为一谈。）

为了避免不必要的困难，必须把总收益和纯收益同总收入和纯收入区别开来。

总收益或总产品的价值是对于再生产出来的全部产品而言的。把固定资本中曾被使用但是没有消费掉的部分撇开不说，总收益或总产品的价值，等于预付的、并在生产中消费掉的资本即不变资本和可变资本的价值，加上分解为利润和地租的剩余价值。或者，如果我们不是考察单个资本的产品（单个资本的产品可能是单纯的资本品或生活消费品），而是考察社会总资本的产品，那么，总收益等于构成不变资本和可变资本的物质要素加上表现为利润和地租的那种剩余产品的物质要素。

总收入是总产品价值扣除了补偿预付的、并在生产中消费掉的不变资本的价值部分和由这个价值部分计量的产品部分以后，所余下的价值部分和由这个价值部分计量的产品部分。因而，总收入等于工资（或要重新转化为工人收入的产品部分）＋利润＋地租。但是，纯收入却是剩余价值，因而是剩余产品，这种剩余产品是扣除了工资以后所余下的、实际上也就是由资本实现的并与土地所有者瓜分的剩余价值和由这个剩余价值计量的剩余产品。

我们已经知道，每一个商品的价值，每一个资本的全部商品产品的价值，都分成两部分：一部分只补偿不变资本；另一部分虽然其中有一小部分会作为可变资本流回，因而会以资本的形式流回——却要全部转化为总收入，并采取工资、利润和地租的形式，这三者的总和就是总收入。我们还知道，一个社会的年总产品的价值也是这样。单个资本家的产品和社会的产品之间的区别：从单个资本家来看，纯收入不同于总收入，因为后者包括工资，前者不包括工资。如果考察整个社会的收入，那么国民收入是工资加上利润，再加上地租，也就是总收入（这个总收入也就是全体国民的纯收益）。但是，这也只是一种抽象，因为在资本主义生产的基础上，整个社会持有资本主义的观点，认为只有分解为利润和地租的收入才是纯收入（以国民为主体看待收入，总收入应该就是全体国民的纯收入或者说纯收益，但是，用资本家的观点看，则必须把国民收入和纯收入区分开来）。

但是，如果像萨伊先生那样，认为全部收益，全部总产品，对一个国家来说都可以分解为纯收益（全体国民的收入），或者同纯收益没有区别，因而这种区别从整个国民的观点来看就不存在了（这里的纯收益即国民收入或总收入，萨伊把它和总收益混为一谈），那么，这种幻想不过是亚当·斯密以来贯穿整个政治经济学的荒谬教条（斯密教条跟三位一体公式密切联系在一起），即认为全部商品的价值最终会全部分解为收入即工资、利润和地租这样一种教条的必然的和最后的表现。（萨伊的错误源自斯密教条，三位一体公式首先也是斯密提出来的，正是在这个意义上，马克思认为斯密为庸俗经济学开了方便之门。）

（提示：以下是斯密教条的错误表现。）

对于每个单个资本家来说，他的一部分产品必须再转化为资本（这里也撇开再生产的扩大或积累不说），不仅要转化为可变资本（这种资本本身又要再转化为工人的收入，因而要转化为一种收入形式），而且还要转化为不变资本（这种不变资本绝不能转化为收入），要认识到这一点自然是非常容易的。最简单地观察一下具体的生产过程，就可以清楚地看到这一点。理论上的困难只有当从总体（宏观整体）上来考察生产过程的时候才会出现。

（当我们首先考察第Ⅱ部类时）（全社会）作为收入即以工资、利润和地租的形式消费的（不管是个人消费还是生产消费①都一样）全部产品部分（第Ⅱ部类所有产品）的价值，实际上在分析时从宏观整体来看会完全归结为由工资加上利润，再加上地租所构成的价值总和，也就是归结为三种收入的总价值，虽然这个产品部分（第Ⅱ部类所有产品）的价值和不加入收入的产品部分（第Ⅰ部类产品）的价值完全一样，也包含一个价值部分C，即这些产品部分中包含的不变资本的价值，因此，一看就知道，它不可能只包含收入的价值。以上这种情况，一方面在实际上是不可否认的事实，另一方面在理论上又是同样不可否认的矛盾，这是一个困难（从整体来看，一方面，第Ⅱ部类所有产品全部可以转化为收入，用于生活消费；另一方面，从微观来看，这部分产品同样包含不变资本。这是事实，又是无法否认的矛盾）。

要绕过这个困难，最容易的办法就是断言：商品价值只是在表面上，从单个资本家来看，才包含另外一个和以收入的形式存在的部分不同的价值部分。对一个人表现为收入的东西会对另一个人形成资本这样一句空话，使

① 这里的生产消费是与工资相应的消费，它作为可变资本可以看成生产消费，作为工人的消费，同时也可以说是工人的个人消费。

人们免除了一切更进一步的思考。[①] 但是，（这种抽象推理必然产生两个疑问）如果全部产品的价值都可以以收入的形式消费（从实物形态看有些商品是不能用于生活消费的），旧资本又怎么能够得到补偿？每一个资本的产品价值等于三种收入加上 C（不变资本）的价值总和，而所有资本的产品价值加起来的总和却等于三种收入加上零（v+m+o）的价值总和，这怎么可能呢？当然，这一切好像是无法解决的谜，因此必须这样来解释，即认为这种分析根本不可能发现商品价格的简单要素（一般要素即价值实体）；不仅如此，而且只好在恶性循环中无穷无尽地推演下去。结果是，表现为不变资本的东西，可以分解为工资、利润和地租，而表现工资、利润和地租的商品价值，又是由工资、利润和地租决定的，依此类推，以至无穷（不变资本也是商品，因此，不变资本还原为工资＋利润＋地租，就意味着工资＋利润＋地租决定商品价值，而商品价值又决定或还原为工资＋利润＋地租，这就成了恶性的逻辑循环。这个问题后来在西方经济学中被当作"资本计量问题"提出来，一直争论不休，成为西方经济学无法解答的基础性逻辑问题）。

　　从宏观整体来看，全部商品价值最终可以分解为工资＋利润＋地租这样一个根本错误的教条，也可以这样来表述：消费者的收入最终必须对总产品的全部价值实际支付（不变资本最终分解为各种收入）。或者这样来表述：生产者和消费者之间的货币流通（相当于消费者的各种收入的价值总和），最终必须同生产中（原文为生产者[②]）彼此之间的货币流通相等（相当于总产品的全部价值，无论生产资料还是消费资料，资本家自己使用自己的产品在簿记上也需要记账，因而也可以看作某种意义的货币流通）。所有这些论点都和它们所依据的那个根本论点（国民收入等于全部产品的价值）一样是错误的。

---

　　① 如果这样看，资本和收入只是相对的规定，没有实质的区别，资本似乎可以完全还原为收入。当然，这种还原只有忽略实物关系而完全从价值形态进行抽象推理才会成立，一涉及实物关系，就意味着全部产品似乎都可以用于生活消费，这与事实显然是不一致的，旧资本的补偿也就成了问题。并且，这种还原事实上忽略了一般生产过程必须区分不同的时期，把历史联系完全转化为没有本质区别的空间关系。从而把人类的全部历史生产都看成资本主义生产。因为把全部不变资本彻底还原为收入，只有上溯到原始社会才有可能。

　　② 这个"生产者"似乎是"生产中"之误。从两大部类关系来看，生产者之间的交换限于第 I 部类的生产者与第 II 部类的生产者的交换、第 I 部类的生产者之间的交换，不同于生产过程的全部货币流通。

（提示：以下说明古典劳动价值论的局限是斯密教条的理论根源。）

导致这种错误的并且显然是荒谬的分析的各种理论上的困难，可以概述如下：

1. 不理解不变资本和可变资本的基本关系，因而不理解剩余价值的性质，也不理解资本主义生产方式的整个基础。（不理解劳动二重性，不理解劳动力价值与劳动力使用价值创造新价值的区别，必然不理解不变资本与可变资本的区别，不理解劳动过程与价值增殖过程的统一，不理解剩余价值的真正源泉，从而不理解资本对雇佣劳动的剥削关系。）

资本的每个部分产品的价值，每个商品的价值都包含：一个价值部分＝不变资本，一个价值部分＝可变资本（它转化为工人的工资）和一个价值部分＝剩余价值（它后来分为利润和地租）。因此，依照斯密教条，国民收入表现为各种收入的总和，这就必然产生一个无法回答的问题，即工人用他的工资，资本家用他的利润，土地所有者用他的地租，怎么能够购买那样一些商品，它们每一个都不仅包含这三个组成部分（c+v+m）之一（这里的"之一"，不是三种收入之一，而是 c、v、m 三部分之中的一部分），而且包含所有这三个组成部分（c+v+m）？由工资、利润和地租这三个收入源泉加在一起形成的价值总和（v+m），怎么能够全部购买进入各种收入的获得者的总消费中去的那样一些商品，它们除了包含这三个价值组成部分（三种收入，即 v+m），还包含一个价值组成部分，即不变资本部分？他们怎么能够用一个由三部分（三种收入，即 v+m）构成的价值购买一个由四部分构成（三种收入＋不变资本）的价值？（只有理解不变资本与可变资本的关系、剩余价值的性质、资本主义生产的基础，并且把握《资本论》的"三个崭新的因素"[①]，从微观的价值决定、剩余价值决定扩展到宏观整体的再生产关系，这里提出的问题才能得到解答。）

（提示：这一段文字表述有点不是很严密，三个组成部分、三个价值组成部分内涵不一致，极容易混淆。）

我们在第二卷第三篇已经作了分析。

2. 不理解劳动在追加新价值时，如何和为什么会在新形式上把旧价值

---

① 《马克思恩格斯〈资本论〉书信集》，人民出版社 1976 年版，第 250 页。

保存下来，而不是把这个旧价值重新生产出来（解答这个问题需要把握劳动二重性，还要把握劳动过程与价值增殖过程的关系，从而把握价值转移与价值创造的关系）。

3. 不理解再生产过程从总资本而不是从单个资本来看时所表现出来的联系。不理解这样一个困难：工资和剩余价值，也就是一年内新追加的劳动创造的全部价值所实现的产品，怎么能补偿它的不变价值部分，同时分解为仅限于各种收入的价值（这部分产品既要补偿不变价值，又要全部分解为各种收入，这是一种赤裸裸的矛盾）；进一步说，新追加劳动的总额既然只实现为工资和剩余价值，只表现为二者的价值总和，生产中消费掉的不变资本在物质和价值两个方面就怎么能够用新的东西来补偿。主要的困难正在于对再生产及再生产的各个组成部分之间的关系从物质性质和价值关系两个方面来进行分析。（解答这些问题，必须基于劳动过程与价值增殖过程的统一、劳动二重性把握两大部类的关系。）

4. 此外，还有一个困难在剩余价值的各个组成部分表现为互相独立的各种收入的形式时更会加剧。这个困难就是收入和资本这两个固定的规定会互相交换、互换位置，以致从单个资本家来看，它们好像只是相对的规定，而从整个生产过程来看，它们（作为不变资本）就消失了。

首先，从两大部类关系来看，例如，生产生产资料的第Ⅰ部类的工人和资本家的收入，在价值和物质两个方面补偿生产消费资料的第Ⅱ部类的资本家的不变资本。因此，人们可以用这样一种观念来避开困难：对于一个人来说是收入的东西，对于另一个人来说是资本，因此，这些规定（不变资本的规定）似乎和商品价值的各个组成部分的实际独立化毫无关系。

其次，从第Ⅱ部类本身来看，最终要形成收入借以花费的物质要素即生活消费资料的那些商品，在一年内要通过不同的阶段，例如，毛纱、毛织品。在一个阶段上，它们形成不变资本的一部分，在另一个阶段上，它们供个人消费，因而完全属于收入。这样，人们就可以像亚当·斯密一样认为，不变资本只是商品价值的一个表面的要素，它会在总的联系中消失。而且会发生可变资本和收入之间的交换。工人用他的工资购买商品中形成他的收入的部分。因此，他同时也就使资本家的可变资本的货币形式得到了补偿。

最后，形成不变资本的一部分产品，会以实物形式或者通过不变资本的生产者互相之间的交换而得到补偿；这是一个同消费者毫无关系的过程（这发生在第Ⅰ部类内部，跟消费者无关）。忽略了这一点，就会产生一种假象，似乎消费者的收入会补偿全部产品，因而也会补偿不变的价值部分（之所以有意无意忽略第Ⅰ部类生产，是因为人们习惯于从第Ⅱ部类来考察经济关系，把资本和收入看成相对的规定，没有意识到两大部类的区别，由此否认不变资本的固定性存在，实质上是否定了整个资本主义生产的基础）。

5.除了价值转化为生产价格所造成的混乱，由于剩余价值转化为各个特殊的、互相独立的并且同各个生产要素有关的收入形式，即转化为利润和地租，还会出现进一步的混乱。

以往的经济学家无法摆脱这个混乱，人们已经忘记：商品的价值是基础（人们不自觉地脱离了这个基础）。事实上，商品价值分成各个特殊的组成部分，这些价值组成部分进一步发展成各种收入形式，转化为不同生产要素的不同所有者对这些相应的价值组成部分①的关系，并按一定的范畴和名义在这些所有者之间进行分配，这丝毫也不会改变价值决定和价值决定的规律本身。利润的平均化即全部剩余价值在不同资本之间的分配，和土地所有权部分地（在绝对地租的场合）对这个平均化过程造成的障碍，会使商品的起调节作用的平均价格偏离它的个别商品的价值②，这种情况也丝毫不会改变价值规律。这种情况只会影响剩余价值加到不同商品价格上去的增加额，但是不会把剩余价值本身取消，也不会把作为这些不同价格组成部分的前提的商品总价值取消。

这就是我们将要在下一章考察的混乱（竞争的假象引起的混乱）。这种混乱必然同价值来源于它本身的各个组成部分的假象（不同生产要素被看成作为各种收入的价值的最终源泉）结合在一起。这就是说，商品的不同价值组成部分，首先会在各种收入上取得独立的形式，并且作为这样的收入，它们不是把商品的价值作为自己的收入来源和前提，而是把各个特别的物质生产要素作为自己的最终源泉。它们（作为各种收入的价值部分）

---

① 这里原文的"个别的价值"，内涵是与不同收入相应的部分。

② 原文的"个别价值"，内涵是个别商品的价值，意思是市场平均价格偏离它的价值。由于"个别价值"已经成为专有名词，翻译时应该避免混淆。

同这些生产要素确实有关，不过，它们不是作为来自不同生产要素的构成商品价值的各自独立部分，而是作为收入，作为某一类生产当事人即工人、资本家、土地所有者所获得的价值组成部分（与生产要素存在某种联系）。

现在人们依据斯密教条可以设想，这些价值组成部分不是由商品的价值分解而成，相反，由于这些组成部分结合在一起（加总起来）才形成了商品的价值，于是形成了这样一个美妙的恶性循环：商品的价值来自工资、利润和地租的价值总和，而工资、利润和地租的价值，反过来又由商品的价值决定，等等（这就不能不陷入恶性循环）。

不变资本不能用收入来补偿，利润不是资本的最终源泉

经典导读

这里隐含的思想内涵：斯密教条把生产要素看成商品构成价值的最终源泉，把资本单纯看成收入的转化形式，甚至在宏观经济中以此否定不变资本的存在。这就取消了资本主义的剩余价值剥削，取消了资本与劳动的对立关系，从而取消了资本主义生产的整个基础；也因此取消了价值概念，因为商品价值不是被看成一般人类劳动的物化，而是由各自具有独立源泉的收入构成，商品价值被看成商品能够购买的劳动量，这样，劳动成为对商品进行支付的一种"货币"，商品由此确定的价格并非基于商品本身物化的劳动，事实上是商品具有的抽象的效用判断。

这样，古典经济学中的劳动价值论不知不觉地转化成效用价值论和要素价值论。而从科学的劳动价值论来看，除充当保险基金这个特殊情况外，收入在任何时候都不能补偿生产中已经耗费的不变资本，这种不变资本也不能转化为收入，因而资本与劳动的对立始终是资本主义生产的基础。不仅如此，即便从资本积累来看，利润或任何收入形式，不是资本的最终源泉，利润转化为追加于扩大再生产的资本，也只是一种形式的转化。利润和资本积累，必须通过科学的劳动价值论来理解。

📖 **经典原文**

不变资本不能用收入来补偿，利润不是资本的最终源泉

在再生产的正常状态下，只有一部分新追加的劳动用在不变资本的生产上，因而用在不变资本的补偿上；这就是用来补偿生产消费资料即收入的物质要素时用掉的不变资本的那部分。这种情况会由于这个不变部分不花费第Ⅱ部类的任何追加劳动而得到平衡。但是，这个不变资本（从已经包含第Ⅰ部类和第Ⅱ部类之间的这种平衡的整个再生产过程来看）并不是新追加劳动的产品，尽管这个产品没有这个不变资本就不可能生产出来——这个不变资本在再生产过程中，从物质方面来看，总是处在各种会使它遭到损失的意外和危险中。（此外，从价值方面来看，由于劳动生产力的变化，这个不变资本也可能贬值；但这种情况只与单个资本家有关。）因此，利润的一部分，即剩余价值的一部分，从而只体现新追加劳动的剩余产品（从价值方面来看）的一部分，必须充当保险基金。在这里，这个保险基金是不是由保险公司作为一种单独的业务来管理，这丝毫也不会改变问题的实质。这种基金是收入中既不作为收入来消费也不一定用作积累基金的唯一部分。它是否事实上用作积累基金，或者只是用来补偿再生产上的短缺，取决于偶然的情况。这也是在剩余价值、剩余产品、从而剩余劳动中，除了用来积累，即用来扩大再生产过程的部分以外，甚至在资本主义生产方式消灭之后，也必须继续存在的唯一部分。当然，这要有一个前提，就是通常由直接生产者消费的部分，不再限于它目前的最低水平。除了为那些由于年龄关系还不能参加生产或者已不能参加生产的人而从事的剩余劳动以外，一切为养活不劳动的人而从事的劳动都会消失。如果我们想一想社会开始时的情况，那末，当时还不存在生产出来的生产资料，因此，也没有任何会把价值加到产品中的不变资本，即在再生产按原有的规模进行时必须由产品在实物形式上并按照不变资本的价值决定的量来补偿的不变资本。但是在那里，自然界已经直接提供了生活资料，起初不需要人们去生产它们。因此，自然界也就使那些只有很少需要必须满足的野蛮人，除了为占有自然界已有的生活资料所花费的劳动以外，有时间把另一

些自然产物变成弓箭、石刀、独木舟之类的生产资料，而不是利用还不存在的生产资料来进行新的生产。野蛮人的这个过程，单从物质方面来看，完全相当于剩余劳动再转化为新资本的过程。在积累过程中，剩余劳动的这种产品转化为资本的现象还会不断发生；而一切新资本都来自利润、地租或收入的其他形式，即来自剩余劳动这一事实，会使人产生一种错误的观念，好象商品的全部价值都来自收入。相反，更仔细地分析一下就可以看到，由利润到资本的再转化倒是表明了如下事实：不断地以收入形式表现出来的追加劳动，并非用来维持或再生产旧的资本价值，而是只要它不作为收入被消费掉，就用来创造新的剩余的资本。

全部困难来自这样一个事实：一切新追加的劳动，只要它所创造的价值不归结为工资，就表现为利润，——利润在这里被理解为剩余价值的一般形式，——也就是说，表现为不要资本家花费任何东西，因而也无须用来为资本家补偿任何预付的东西、补偿任何资本的那种价值。因此，这个价值存在于可供支配的追加财富的形式上，总之，从单个资本家来看，存在于他的收入的形式上。但是，这个新创造的价值既可以用于生产消费，也可以用于个人消费，既可以作为资本来用，也可以作为收入来用。按照它的实物形式来说，它的一部分必须用于生产消费。因此很明显，年追加劳动既创造资本，也创造收入；这一点也表现在积累过程上。但是，用来创造新资本的那部分劳动力（因而，同野蛮人的那部分不是用来获取食物，而是用来制造获取食物的工具的工作日相似），是看不出来的，因为剩余劳动的全部产品首先表现为利润的形式；而这个规定实际上同这个剩余产品本身毫无关系，而只是涉及资本家同他装进腰包的剩余价值的私自关系。工人创造的剩余价值实际上要分为收入和资本，也就是说，分为消费资料和追加的生产资料。但是，上年留下来的旧的不变资本（把已经受到损失、因而已经相应破坏的部分撇开不说，也就是单就旧资本无须再生产而言，——再生产过程遭到的上述破坏是属于保险的项目），从价值方面来看，并不是由新追加的劳动再生产的。

我们还看到，新追加劳动的一部分总是被吸收来再生产和补偿已经消费掉的不变资本，尽管这种新追加的劳动只是分解为各种收入，即工资、利润和地租。但在这里有两点被忽视了：1.这个劳动的产品有一部分价值并不是这个新追加劳动的产品，而是已有的并且已经消费掉的不变资本；因此，代表这个价值部分的产品部分，也不转化为收入，而是以实物形式补偿这个不变资本的生产资料；2. 真正代表这个新追加劳动的价值部分，不是在实物形式上作为收入被消费，而是在另一个部门内补偿不变资本，在那里，不变资本被转化成了可以作为收入来消费的实物形式，但是这个实物形式也不完全是新追加劳动的产品。

当再生产按原有规模进行时，每一个已经消费掉的不变资本要素，都必须在实物形式上得到相应种类的新物品的补偿，即使不是同样数量和形式的新物品，至少也是同样效率的新物品。如果劳动生产力不变，那末，这种实物形式的补偿，就包含着不变资本在它的旧形式上具有的那个价值的补偿。但是，如果劳动生产力提高了，以致同一物质要素可以用较少的劳动再生产出来，那末，产品价值的一个较小的部分，就能够在实物形式上全部补偿不变部分。这时，余下的部分就可以用来形成新的追加资本，或者可以使较大部分的产品采取消费资料的形式，或者使剩余劳动减少。相反，如果劳动生产力降低了，那末，较大部分的产品必须用来补偿旧的资本；剩余产品就会减少。

由利润，或一般说来，由剩余价值的任何形式再转化为资本的事实——我们撇开历史规定的经济形式不说，只把这种转化看作新生产资料的单纯形成——表明：劳动者除了要用劳动来获得直接生活资料以外，还要用劳动来生产生产资料的状况始终会存在。利润转化为资本，无非就是把一部分剩余劳动用来形成新的追加的生产资料。而这一过程会以利润转化为资本的形式出现，无非就是说，支配着这种剩余劳动的不是工人，而是资本家。至于这种剩余劳动必须首先经过一个表现为收入（而例如在野蛮人那里，它却表现为直接用来生产生产资料的剩余劳动）的阶段，那也只是说，这种劳动或它的产品，要由非劳动者占有。但是，实际上转化为资本的东西，不是利润本身。剩余价值转化为资本，只是表明剩余价值和剩余产品不是被资本家当作收入用在个人消费上。实际上这样转化的东西，是价值，是物化劳动，是直接体现这个价值的产品，或者是这个价值先转化为货币、然后交换来的产品。即使是利润再转化为资本，剩余价值的这个特定形式，利润，也不是这个新资本的源泉。这时，剩余价值只是从一种形式转化为另一种形式。但是，使它变为资本的，并不是这种形式转化。现在作为资本来执行职能的，是商品及其价值。但是，对商品价值没有进行支付这一点，——只是由于这一点，这个价值才成为剩余价值，——同劳动的物化，同价值本身毫无关系。

📖 经典解说

在再生产的正常状态下，从宏观整体来看，只有一部分新追加的劳动用在不变资本的生产上，因而用在不变资本的补偿上；这就是用来补偿生产消费资料即收入的物质要素时用掉的不变资本的那部分。这些补偿这部分不变资本的新追加的劳动，从价值形态来看属于第Ⅰ部类的收入部分，它必须在实物形态上转化为第Ⅱ部类的产品，才能用于生活消费。这种情况会由于这个不变部分不花费第Ⅱ部类的任何追加劳动而又通过等价交换实现补偿得到平衡（第Ⅱ部类的产品包含本部类再现的不变资本，本部类的不变资本的补偿仅仅是用本部类再现的不变资本的产品部分来补偿，这是通过与第Ⅰ部类产品的等价交换来实现的，因此，表面上虽然花费了第Ⅰ部类新追加的劳动，实质上并没有花费任何新追加劳动创造的价值，既没有花费第Ⅰ部类新追加劳动的价值，也没有花费第Ⅱ部类的任何追加劳动）。但是，从已经包含第Ⅰ部类和第Ⅱ部类之间的这种平衡的整个再生产过程来看，这个不变资本并不是新追加劳动的产品①（不是第Ⅱ部类的产品），尽管这个产品没有这个不变资本就不可能生产出来。（从两大部类关系来看，这里的含义还是很明确的，但文字上有点费解。事实上，从价值形态来看，从宏观整体来看，不变资本的任何部分都不是用新追加劳动创造的价值来补偿的，只是由于实物补偿和实物消费的原因存在一种必要的形式转换。）

当然，存在一种特殊情况，就是不变资本在再生产过程中，从物质方面来看，总是处在各种会使它遭到损失的意外和危险中。（此外，从价值方面来看，由于劳动生产力的变化，这个不变资本也可能贬值；但这种情况只与单个资本家有关。因为从理论上讲，已经投入生产过程的不变资本，

---

① 从全社会的观点来看，第Ⅱ部类的产品都是供各种收入来消费的，是全社会追加劳动的集中体现，因而第Ⅱ部类的产品可以当成全社会的新追加劳动的产品。

在再生产的正常情况下，其价值应该再现在新产品中并得到补偿，因贬值加大折旧，新产品无法补偿这部分损失，个别资本不得不承受其损失）因此，利润的一部分，即剩余价值的一部分，从而只体现新追加劳动的剩余产品（从价值方面来看）的一部分，必须充当保险基金。在这里，这个保险基金是否由保险公司作为一种单独的业务来管理，丝毫也不会改变问题的实质。这种基金是收入中既不作为收入来消费也不一定用作积累基金的唯一部分。它是否事实上用作积累基金，或者只是用来补偿再生产上的短缺，取决于偶然的情况。这也是在剩余价值、剩余产品、从而在剩余劳动中，除了用来积累，即用来扩大再生产过程的部分之外，甚至在资本主义生产方式消灭之后，也必须继续存在的唯一部分（当然，在资本主义生产方式消灭之后，这种种扣除要有一个前提，就是通常由直接生产者消费的部分，不再限于它目前的最低水平。除了为那些由于年龄关系还不能参加生产或者已不能参加生产的人而从事的剩余劳动，一切为养活不劳动的人而从事的劳动都会消失。因此，这具有根本差别）。这种用收入来补偿不变资本的情况，只能作为特例来看待，不能用来说明不变资本补偿的常规机制。

如果我们想一想社会开始时（原始社会）的情况，那么，当时还不存在生产出来的生产资料，劳动工具和劳动对象都是天然提供的，生产工具如木棒、石块都是现取现用，劳动对象如野兔也完全是野生的。因此，也没有任何会把价值加到产品中的不变资本，即在再生产按原有的规模进行时必须由产品在实物形式上并按照不变资本的价值决定的量来补偿的不变资本。因此，在这种情况下不存在不变资本的补偿问题。但是在那里，自然界已经直接提供了生活资料，起初不需要人们去生产它们，人们花费很少的劳动就能够获得维持生活的资料。因此，自然界也就使那些只有很少需要必须满足的野蛮人，除为占有自然界已有的生活资料所花费的劳动外，有时间把另一些自然产物变成弓箭、石刀、独木舟之类的生产资料，而不是利用还不存在的生产资料来进行新的生产。野蛮人的这个过程，单从物质方面来看，完全相当于剩余劳动再转化为新资本的过程（类似于把一部分收入转化为相当于资本主义时代的资本，实现资本积累）。这种类比表明，不变资本的补偿从来就不是用收入来补偿。收入转化为资本只是造成新的资本积累，而不是补偿旧的不变资本。（《〈政治经济学批判〉导言》在谈到生产要素的分配是否决定生产的时候，进行过类似的说明。）

在资本积累过程中，剩余劳动的这种产品转化为资本的现象还会不断发生；而一切新资本都来自利润、地租或收入的其他形式，即来自剩余劳动这一事实，会使人产生一种错误的观念，好像商品的全部价值都来自收入（事实上补偿不变资本的价值不是来自收入，只能是旧不变资本自身在新产品中的再现和自我补偿，这个资本最初是通过资本原始积累产生的，收入只是转化为资本家的消费资料和扩大再生产的新资本；当然，在特定意义上看，即把原始资本跟资本家的消费联系起来，将两者进行置换，在这种置换的意义上可以用收入补偿不变资本，在这个意义上可以说全部资本都是工人创造的。但是，从实质来看，这依然是收入转化为新资本，用新资本置换原始积累的旧资本）。从另一面来看，更仔细地分析一下就可以看到，由利润到资本的再转化却是表明了如下事实：不断地以收入形式表现出来的追加劳动，并非用来维持或再生产旧的资本价值，而是只要它不作为收入被消费掉，就用来创造新的剩余的资本 [1]（作为剩余价值转化形式的资本）。

全部困难来自这样一个事实：一切新追加的劳动，只要它所创造的价值不归结为工资，就表现为利润。利润在这里被理解为剩余价值的一般形式，也就是说，表现为不要资本家花费任何东西，因而也无须用来为资本家补偿任何预付的东西、补偿任何资本的那种价值。因此，这个价值存在于可供支配的追加财富的形式上，总之，从单个资本家来看，存在于他的收入的形式上。但是，（这同样不能说明收入可以补偿不变资本）这个新创造的价值既可以用于生产消费，也可用于个人消费，既可作为资本来用，也可作为收入来用。按照它的实物形式来说，它的一部分必须用于生产消费。因此很明显，年追加劳动既创造资本（用于追加投资的资本），也创造收入；这一点也表现在积累过程上（把收入转化为积累才能转化为资本）。可是，这种收入转化为积累、转化为追加资本与耗费的旧的不变资本的补偿是无关的，不能把新资本的积累和旧资本的补偿混为一谈。这里用来创造新资本的那部分劳动力（因而，同野蛮人的那部分不是用来获取食物，

---

[1] "剩余的资本"这种说法，不符合上下文的逻辑关系。

而是用来制造获取食物的工具的工作日相似）是看不出来的（新追加的劳动创造的价值是否用于积累不是由这种价值创造活动来决定，因而从这种价值创造本身看不出来，不过，从产品的实物形态是可以看出来的，因为生产出来的大部分生产资料不能用于生活消费），因为在生产过程中剩余劳动的全部产品首先表现为利润的形式（剩余价值的另一种形式）；而这个规定（剩余劳动是否从收入形式转化为新资本的规定）实际上同这个剩余产品本身毫无关系，而只是涉及资本家同他装进腰包的剩余价值的私自关系（是否转化为新资本取决于资本家的主观决定）。从扩大再生产的现实要求来看，工人创造的剩余价值实际上必须分为收入和资本（否则就无法扩大生产），也就是说，分为消费资料和追加的生产资料。但是，上年留下来的旧的不变资本（把已经受到正常消耗之外的损失、因而已经相应破坏的部分撇开不说，再生产过程遭到的上述破坏是属于保险的项目），单就旧资本无须再生产（由追加劳动再生产）而言，从价值方面来看，并不是由新追加的劳动再生产的，也不是由收入来补偿的。

我们还看到，新追加劳动的一部分（在第Ⅰ部类创造作为收入的价值的劳动）从表面现象来看，总是被吸收来用于再生产和补偿已经消费掉的不变资本，尽管这种新追加的劳动只是分解为各种收入，即工资、利润和地租。但在这里有两点被忽视了：①如果从这个劳动（第Ⅰ部类劳动）的产品即实物来看，它包含的价值有一部分并不是属于这个新追加劳动的产品部分的价值，而是已有的并且已经消费掉的不变资本；因此，代表这个价值部分的产品部分，也不能转化为收入，而是以实物形式补偿这个不变资本的生产资料；②真正代表这个新追加劳动的价值部分，不是在实物形式上作为收入被消费，而是在另一个部门内补偿不变资本，在那里，不变资本被转化成了可以作为收入来消费的实物形式，但是这个实物形式（第Ⅱ部类产品）也不完全是本部类的新追加劳动的产品（出售给第Ⅰ部类的产品部分不属于第Ⅱ部类追加劳动的产品部分）。（第Ⅰ部类存在不变资本的补偿问题，第Ⅱ部类也存在不变资本的补偿问题，第Ⅰ部类的新追加劳动补偿第Ⅱ部类的不变资本，只是两大部类关系显示出来的表面现象，不能以此解释不变资本的补偿。）（提示：这段话的表述不太清晰，必须联系两大部类的平衡关系来理解。）

当再生产按原有规模进行时（限于简单再生产），每一个已经消费掉的不变资本要素，都必须在实物形式上得到相应种类的新物品的补偿，即使不是同样数量和形式的新物品，至少是同样效率的新物品。如果劳动生产力不变，那么，这种实物形式的补偿，就包含不变资本在它的旧形式上具有的那个价值补偿。但是，如果劳动生产力提高了，以至同一物质要素可以用较少的劳动再生产出来，那么，产品价值的一个较小的部分，就能够在实物形式上全部补偿不变部分，因而补偿不变资本的价值可以节约一部分。这时，余下的部分就可以用来形成新的追加资本（转化为追加的新资本），或者可以使较大部分的产品采取消费资料的形式（转化为所有者追加的生活资料），或者使剩余劳动减少（如果所有者愿意的话，可以用来追加工人的工资，这就会减少剩余劳动）。相反，如果劳动生产力降低了，那么，较大部分的产品必须用来补偿旧的资本；剩余产品就会减少。（在动态变化过程中，不变资本的补偿有可能节约，也可能需要用追加劳动生产的新价值补偿一部分，这相当于保险基金的调节作用，不能与不变资本的补偿机制混为一谈。总之，无论什么情况，收入转化为积累、转化为资本，原则上都与旧的不变资本的补偿无关。）

如果我们撇开历史规定的经济形式，只把这种转化看作新生产资料的单纯形成，即把这种转化一般地看作生产资料的积累，那么，由利润，或一般来说，由剩余价值的任何形式再转化为资本的事实也可以这样来表达：劳动者除了要用劳动来获得直接生活资料，还要用劳动来生产生产资料的状况始终会存在。利润转化为资本，无非就是把一部分剩余劳动用来形成新的追加的生产资料。而这一过程会以利润转化为资本的形式出现，无非就是说，支配着这种剩余劳动的不是工人，而是资本家（从严格的理论规定来看，工资收入是维持劳动力再生产的必要价值，只有支配剩余劳动的资本家才能决定是否进行这种转化）。至于这种剩余劳动必须首先经过一个表现为收入（例如，在野蛮人那里，它却表现为直接用来生产生产资料的剩余劳动）的阶段，也只是说，这种劳动（剩余劳动）或它的产品（剩余产品），要由非劳动者占有。（总之，收入转化为资本，始终属于资本积累的范围。）

（我们还必须认识到，哪怕从资本积累的意义来看，严格来说，转化为资本的也不是利润形式的收入，归根结底只能从商品价值来把握）实质上转化为资本的东西，不是利润本身（利润和剩余价值只是价值采取的一种存在形式，不是实质）。剩余价值转化为资本，只是表明剩余价值和剩余产品不是被资本家当作收入用在个人消费上。实质上这样转化的东西，从归根到底的意义来看，是价值，是物化劳动，是直接体现这个价值的产品，或者是这个价值先转化为货币、然后通过市场交换来的产品。即使是利润再转化为资本，剩余价值的这个特殊形式，利润归根到底不是这个新资本的源泉。这时，剩余价值只是从一种形式转化为另一种形式。但是，使它变为资本的并不是这种形式转化。现在（转化为资本之后）作为资本来执行职能的，归根到底是商品及其价值。但是，对商品价值没有进行支付这一点（作为剩余价值），只是由于这一点，这个价值才成为剩余价值，同劳动的物化，同价值本身毫无关系（资本是商品及其价值，剩余价值、利润只是商品价值的一种存在形式，对资本没有实质性意义）。

"斯密教条"必然带来的误解

经典导读

这里谈了三个问题：一是资本和收入的关系。由于三位一体公式和斯密教条，资本和收入被误解为纯粹相对的规定，被误解为主观的关系。从而取消了资本和劳动的对立，否定平均利润来自剥削，甚至把超额利润看成流通过程产生的。二是在斯密教条看来，既然生产资料价值可以分解为各种收入，商品价值就可以看成各自具有独立源泉的不同收入形式构成的。从而在宏观上完全否定不变资本的存在，从而否定资本主义生产的基础。三是以施托尔希为代表的错误倾向。他们把资本主义生产的微观与宏观对立起来，在微观坚持劳动价值论的基础上，宏观上抛弃劳动价值论，转向效用价值论。这就在宏观上把资本主义生产看成满足国民需要的生产，事实上，即便在资本主义生产方式消亡以后，从合理分配使用劳动时间的意义上来说，也不能完全抛弃劳动价值论中隐含的具有一般意义的规定。

📖 **经典原文**

“斯密教条”必然带来的误解

误解在各种形式上表现出来。例如有人认为，构成不变资本的商品同样包含工资、利润和地租这几个要素。又如有人认为，对一个人来说代表收入的东西，对另一个人来说则代表资本，因此，这只是主观的关系。比如说，纺纱业主的棉纱就包含着一个对他来说代表利润的价值部分。因此，如果织布业主购买棉纱，他就把纺纱业主的利润实现了，但是这个棉纱对他自己来说，只是他的不变资本的一部分。

关于收入和资本的关系，除了我们在前面已经作过的说明以外，在这里还应指出：从价值方面来看，作为组成部分同棉纱一起加入织布业主的资本的东西，是棉纱的价值。不管这个价值的各部分对纺纱业主本人来说怎样分解为资本和收入，换句话说，怎样分解为有酬劳动和无酬劳动，这同商品本身的价值决定完全没有关系（撇开平均利润所引起的各种变化不说）。在这里，背后总是隐藏着这样一种看法：利润或一般剩余价值，是超过商品价值的余额，只有通过抬高价格、互相欺诈和让渡利润才能产生出来。在生产价格或者甚至商品价值得到支付时，表现为商品出售者收入形式的商品价值的各个组成部分，当然也得到支付。不言而喻，这里谈的不是垄断价格。

其次，说构成不变资本的各个商品组成部分，象一切其他商品价值一样，可以归结为各个价值部分，这些价值部分对生产者和生产资料的所有者来说会分解为工资、利润和地租，这种说法是完全正确的。这不过是下面这样一个事实的资本主义的表现形式：一切商品价值都只是商品中包含的社会必要劳动的尺度。但是，我们已经在第一卷中指出，这种情况根本不会妨碍任何一个资本的商品产品分割为各个单独的部分，其中一部分只代表不变资本部分，另一部分只代表可变资本部分，第三部分只代表剩余价值。

施托尔希下面这段话，也表达了许多其他人的意见。他说：

“形成国民收入的各种可出售的产品，在政治经济学上必须用两种不同的方法来考察：在对个人的关系上应看作价值；在对国民的关系上应看作财富；因为国民的收入，不是象个人的收入那样，按照它的价值来估计，而是按照它的效用，或者说按照它所能满足的需要来估计。"（《论国民收入的性质》第19页）

第一，把一个在价值上建立起自己的生产方式，进而按照资本主义方式组织起来的国家，看成是一个单纯为了满足国民需要而工作的总体，这是错误的抽象。

第二，在资本主义生产方式消灭以后，但社会生产依然存在的情况下，价值决定仍会在下述意义上起支配作用：劳动时间的调节和社会劳动在各类不同生产之间的分配，最后，与此有关的簿记，将比以前任何时候都更重要。

经典解说

误解在各种形式上表现出来。例如，有人认为，构成不变资本的商品同样包含工资、利润和地租这几个要素，因此，不变资本可以分解为收入。又如，有人认为，对于一个人来说代表收入的东西，对于另一个人来说则代表资本，因此，这只是主观的关系。比如，纺纱业主的棉纱就包含一个对他来说代表利润的价值部分。因此，如果织布业主购买棉纱，他就把纺纱业主的利润实现了，但是这个棉纱对他自己来说，只是他的不变资本的一部分。

关于收入和资本的关系，除了在前面已经作过的说明（收入通过资本积累转化为用于追加投资的资本），在这里还应指出：从价值方面来看，作为组成部分同棉纱一起加入织布业主的资本的东西，是棉纱的价值（这里的收入转化为资本是两个资本家之间的关系，在这种情况下，织布业主的棉纱只是作为价值、作为不变资本加入生产过程，与纺纱业主的收入无关）。不管这个价值的各部分对纺纱业主本人来说怎样分解为资本和收入，换言之，怎样分解为有酬劳动和无酬劳动，这与商品本身的价值决定完全没有关系（撇开平均利润所引起的各种变化）[1]（这种关于资本和收入关系

---

① 有酬劳动和无酬劳动的比例不同，不影响商品自身的价值，但是在工资和利润处于对立关系时，这个比例的变化会影响单个资本的利润，也会影响到全体资本的总利润和平均利润。

的错误认识是以要素价值论为基础的）。在这里（在要素价值论的场合，总是把生产要素看成收入的最终源泉），背后总是隐藏着这样一种看法：利润（一般剩余价值相对于全体资本的形式规定）或一般剩余价值，是超过商品价值的余额，只有通过抬高价格、互相欺诈和让渡利润才能产生出来（这个看法否定了平均利润来自剥削，把它看成资本或生产资料的神秘产物）。在生产价格甚至商品价值得到支付时，表现为商品出售者收入形式的商品价值的各个组成部分（包括剩余价值部分），当然也得到支付，因此，只是获得平均利润也是实现了剥削，这里已经包含资本主义剥削关系。不言而喻，这里谈的不是垄断价格（看待一般的剥削关系，无须考虑超额利润）。（对于垄断价格而言，不是以商品自身的价值为基础，由于垄断，交易方的一部分剩余价值会通过市场转移到垄断方，垄断者因此获得超额利润。）

再者，构成不变资本的各个商品组成部分，像一切其他商品价值一样，可以归结为各个价值部分，这些价值部分对生产者和生产资料的所有者（不变资本的提供者）来说会分解为工资、利润和地租，这种说法是完全正确的。这不过是下面这样一个事实的资本主义的表现形式：一切商品价值都只是商品中包含的社会必要劳动的尺度。但是，我们已经在第一卷中指出，这种情况根本不会妨碍任何一个资本的商品产品分割为各个单独的部分，其中一部分只代表不变资本部分，另一部分只代表可变资本部分，还有一部分只代表剩余价值。（不变资本可以分解为工资、利润、地租是正确的，但是，这种分解会受到生产时期和实物补偿的限制，不能否定任何商品产品都包含不变资本的事实，不能从这种分解中得出错误结论，认为全社会的资本都可以分解为收入，因而不变资本不存在。这种错误事实上否定了资本主义生产的基础。）

施托尔希下面这段话，也表达了其他人的意见，这里也包含一种误解。他说："形成国民收入的各种可出售的产品，在政治经济学上必须用两种不同的方法来考察：在对个人的关系上应看作价值（微观上承认劳动价值论）；在对国民的关系上应看作财富；因为国民的收入，不是像个人的收入那样，按照它的价值来估计，而是按照它的效用，或者说按照它所能满足的需要来估计。"（《论国民收入的性质》第19页）（宏观上把国民收入确立在效用的基础上，从而取消了劳动价值论，微观的劳动价值论在宏观上转化为效用价值论。)

第一，把一个微观上在价值上建立起自己的生产方式，进而按照资本主义方式组织起来的国家，在宏观上看成一个单纯为了满足国民需要而工作的总体，这是错误的抽象。（不仅是错误的，还存在微观和宏观的矛盾，在宏观上完全抛弃了劳动价值论。）

第二，在资本主义生产方式消灭以后，但在社会生产依然存在的情况下，价值决定仍会在下述意义上起支配作用：劳动时间的调节和社会劳动在各类不同生产之间的分配，最后与此有关的簿记，将比以前任何时候都更重要。（在未来的理想社会，基于价值概念的生产关系已经不存在，但价值规律在有计划分配和使用劳动时间的意义上仍然起作用，因此，即使那个时候也不能完全抛弃劳动价值论来看待收入关系。）

第五十章
竞争的假象

📖 题解

　　劳动二重性、工资与剩余价值关系是《资本论》中的两个崭新因素，如果说第四十九章基于这两个崭新因素说明了古典劳动价值论的局限，从而集中批判了斯密教条，那么，第五十章则是基于另一个崭新因素，概述性阐明了商品的价值决定、剩余价值决定到各种收入的内在逻辑，这是对《资本论》逻辑主线和基本内容的简要说明，也是对要素价值论的间接批判。另外，从理论上说明：仅仅基于市场关系和竞争，撇开资本主义的生产过程，说明不了要素价格对商品价格的决定作用，只能陷入恶性循环之中。这里涉及庸俗经济学与古典经济学的斯密教条的联系。本章还系统说明错误的要素价值论和斯密教条有广泛影响的社会历史原因。

　　这里用突出的对比手法，体现了马克思劳动价值论的科学性和古典经济学走向庸俗化的非科学性。古典经济学中的斯密教条和庸俗经济学，只是基于市场关系和竞争，从现象到现象，流于对资本主义生产关系的简单辩护，并且是毫无逻辑、毫无理性的辩护。

📚 资本主义生产过程中商品价值的决定与分配

📖 经典导读

　　这部分以资本主义生产过程中的商品价值决定为基础，系统、全面地概述了工资、利润、地租等收入形式的一般界限和基本的决定机制，说明了它们基于商品价值的分配关系。这里还阐述了垄断地租、垄断价格的市场机理，这种收入形式的存在会使剩余价值的分配受到局部干扰，然而，它依然是在价值规律和剩余价值规律基础上对分配关系发挥一定的干扰作用，而不是对这些规律的否定，也没有否定分配关系的基本界限和前提。这里不仅是对《资本论》相关内容的简单概述，目的是展现马克思劳动价值论对资本主义经济关系的强大的解释力，反衬以往政治经济学的理论局限，它们陷于竞争的假象之中，不能真正把握资本主义生产的内在本质、内在机理，因而不能超脱竞争的假象。

在解说中，这里依照上下文的逻辑关系，调整了段落安排，特别是后半部分。

📖 经典原文

资本主义生产过程中商品价值的决定与分配

以上已经指出，商品的价值或由商品总价值调节的生产价格，分解为如下几个部分：

1. 补偿不变资本的价值部分，也就是代表生产商品时以生产资料的形式用掉的过去劳动的价值部分；一句话，就是加入商品生产过程的生产资料的价值或价格。在这里，我们从来不是说单个商品，而是说商品资本，即资本产品在一定期间例如一年内借以表现的形式，单个商品只是商品资本的要素，单个商品的价值也同样分割为这些组成部分。

2. 可变资本的价值部分，这部分计量工人的收入，对工人来说，转化为工资；因此，工人就是在这个可变价值部分上再生产他的工资的；总之，在商品生产中新加到第一部分即不变部分上去的劳动的有酬部分，就是体现在这个价值部分上。

3. 剩余价值，即商品产品中体现无酬劳动或剩余劳动的价值部分。这个最后的价值部分，又采取各种独立的形式，这些形式同时又是收入的形式：资本利润（资本本身的利息，和资本作为职能资本的企业主收入）和地租（属于在生产过程中一同发生作用的土地的所有者所有）的形式。第二部分和第三部分，即不断采取工资（它总是要先通过可变资本的形式）、利润和地租这些收入形式的价值部分，和第一部分即不变部分的区别在于：由新加到不变部分即商品生产资料上的劳动所物化成的全部价值，都属于这个价值部分。如果把不变价值部分撇开不说，这样说是正确的：商品价值就其代表新加入的劳动来说，不断分解为三个部分，这三个部分形成三种收入形式，即工资、利润和地租，它们各自的价值量，即它们各自在总价值中所占的部分，是由不同的、特殊的、以前已经说明过的规律决定的。但是反过来，说工资的价值、利润率和地租率是独立的、构成价值的要素，说商品的价值（如果把不变部分撇开不说）就是由这些要素结合而成，却是错误的；换句话说，说它们是商品价值或生产价格的组成部分，是错误的。

我们立即可以看出这里的区别。

假定资本500的产品价值 =400c+100v+150m=650；这150m再分为利润75+地租75。为了避免不必要的困难，我们再假定，这个资本具有平均构成，因而它的生产价格和它的价值是一致的；当我们把这个单个资本的产品当作总资本中一个和它的量相适应的部分的产品来看时，这种一致性总是会产生的。

在这里，由可变资本计量的工资，占预付资本的20%；按总资本计算的剩余价值，占预付资本的30%，即利润占15%，地租占15%。商品中由新加入的劳动物化成的整个价值部分，等于100v+150m=250。它的量与它分为工资、利润和地租没有关系。我们从这几个部分互相间的比例看到，用货币100，比如说100镑来支付的劳动力，会提供一个体现为250镑货币额的劳动量。从这里我们看到，工人所完成的剩余劳动，等于他为自己所完成的劳动的 $1\frac{1}{2}$ 倍。如果工作日 =10小时，他就是为自己劳动4小时，为资本家劳动6小时。因此，被付给100镑的工人的劳动，体现在250镑的货币价值中。在工人和资本家之间，在资本家和土地所有者之间进行分配的不外就是这250镑价值。这就是新加到生产资料价值400上的全部价值。因此，这样生产的、由其中物化劳动的量决定的商品价值250，就形成工人、资本家和土地所有者能以收入形式，即工资、利润和地租形式，从这个价值取出的份额的界限。

假定一个有机构成相同，也就是说，所使用的活的劳动力和所推动的不变资本的比率相同的资本，不得不为同样推动不变资本 400 的劳动力支付 150，而不是支付 100 镑；再假定利润和地租也按不同的比例来分配剩余价值。因为已经假定 150 镑的可变资本，和以前 100 镑的可变资本推动同量的劳动，所以，新生产的价值仍旧 =250，总产品的价值也仍旧 =650。但现在我们看到的是 400c+150v+100m；并且这 100m 也许要分为利润 45 和地租 55。新生产的总价值分为工资、利润和地租的比例极不相同；全部预付资本的量也不相同，虽然它所推动的劳动总量还是一样。工资占预付资本的 $27\frac{3}{11}$%，利润占预付资本的 $8\frac{2}{11}$%，地租占预付资本的 10%；因此，全部剩余价值略多于预付资本的 18%。

由于工资的提高，总劳动中的无酬部分改变了，因而剩余价值也改变了。在 10 小时的工作日中，工人为自己劳动 6 小时，而只为资本家劳动 4 小时。利润和地租的比例也不同了。已经减少的剩余价值，在资本家和土地所有者之间按改变了的比例进行分配。最后，因为不变资本的价值仍旧不变，而预付的可变资本的价值增加了，所以，已经减少的剩余价值，会表现为一个减少得更多的总利润率。在这里，我们把总利润率理解为全部剩余价值对全部预付资本的比率。

工资价值、利润率和地租率的变动，不管调节这些部分互相间的比例的各种规律会起什么作用，总只能在新创造的商品价值 250 所划定的界限内进行。只有在地租以垄断价格为基础时，才会产生例外。这不会使规律有丝毫改变，只不过使研究复杂化。因为，在这种场合，如果我们只考察产品本身，不同的就只是剩余价值的分割；但是，如果我们考察它和其他商品比较而言的相对价值，区别就只在于，其他商品里包含的剩余价值，将会有一部分转移到这种特殊的商品上来。

扼要地复述一下：

产品的价值	新价值	剩余价值率	总利润率
第一种情形：400c+100v+150m=650	250	150%	30%
第二种情形：400c+150v+100m=650	250	$66\frac{2}{3}$%	$18\frac{2}{11}$%

首先，剩余价值比以前减少三分之一，由 150 减为 100。利润率下降略

多于三分之一，由 30% 下降到 18%，因为已经减少的剩余价值要按已经增加的全部预付资本来计算。但它并不和剩余价值率按相同的比例下降。剩余价值率由 $\frac{150}{100}$ 下降到 $\frac{100}{150}$，即由 150% 下降到 $66\frac{2}{3}\%$，而利润率只由 $\frac{150}{500}$ 下降到 $\frac{100}{550}$，即由 30% 下降到 $18\frac{2}{11}\%$。因此，利润率按比例来说比剩余价值量下降得多，但比剩余价值率下降得少。其次，我们看到，如果使用的劳动量和以前相同，尽管预付资本由于它的可变部分的增加而增大，产品的价值和总量却仍旧不变。预付资本的这种增大，对一个开始新营业的资本家来说，确实是件令人不安的事情。但是，从整个再生产来看，可变资本的增加只不过表示，在由新加入的劳动新创造的价值中，要有一个较大的部分转化为工资，因而要首先转化为可变资本，而不是转化为剩余价值和剩余产品。因此，产品的价值仍旧不变，因为它一方面受不变资本价值400 的限制，另一方面受一个体现新加入的劳动的数字 250 的限制。这二者都没有改变。这个产品，只要它本身再加入不变资本，就会和以前一样，在同一价值量中，代表同样大的使用价值量；因此，同一数量的不变资本要素保持着相同的价值。如果工资提高不是因为工人得到自己劳动的一个较大的部分，而是相反，工人得到自己劳动的一个较大的部分，是因为劳动生产率已经降低，那末，情况就会不同。这时，体现同一劳动即有酬劳动加上无酬劳动的总价值仍旧不变；但体现这个劳动量的产品量将会减少，因而产品的每个相应部分的价格就会提高，因为每个部分代表了更多的劳动。已经提高的工资 150 不会比以前的工资 100 代表更多的产品；已经减少的剩余价值 100，和以前相比，也只代表以前 100 所代表的产品或使用价值量的 $\frac{2}{3}$，或 $66\frac{2}{3}\%$。在这种情况下，如果这个产品加入不变资本，不变资本就会变贵。但这不是工资提高的结果，相反，工资提高是商品变贵的结果，是同量劳动的生产率降低的结果。这里产生一种假象，似乎工资提高使得产品变贵；但实际上，工资的提高，并不是商品价值变化的原因，而是这种变化的结果，而商品价值的变化是由于劳动生产率的降低所引起的。

相反，如果在其他条件相同的情况下，所使用的同一劳动量仍旧体现为 250，但劳动所使用的生产资料的价值提高了或降低了，那末，同量产品的价值就会按同一数量提高或降低。450c+100v+150m 使产品价值 =700；

而 350c+100v+150m 则使同量产品的价值只等于 600，而不是等于以前的 650。因此，如果推动同量劳动的预付资本增加了或减少了，而这种增加或减少是由于不变资本部分价值量发生变化，那末，在其他条件相同时，产品的价值就会提高或降低。相反，如果预付资本的增加或减少，是由于在劳动生产力保持不变时可变资本部分的价值量发生变化，那末，产品的价值就仍旧不变。不变资本的价值的增加或减少，不会由相反的运动得到补偿。可变资本的价值的增加或减少，在劳动生产率不变的前提下，会由剩余价值的相反的运动得到补偿，以致可变资本的价值加上剩余价值，也就是说，由劳动新加到生产资料上的、新体现在产品中的价值仍旧不变。

相反地，如果可变资本或工资的价值的增加或减少是商品涨价或跌价的结果，也就是说，是这种投资所使用的劳动的生产率降低或提高的结果，那就会影响产品的价值。不过在这里，工资的涨落，不是原因，而只是结果。

与此相反，如果在上例中，在不变资本 400c 保持不变时，由 100v+150m 到 150v+100m 的变化，即可变资本的提高，不是该特殊部门例如纺纱业中劳动生产力降低的结果，而是为工人提供食物的农业中劳动生产力降低的结果，从而是这些食物变贵的结果，那末，产品的价值就保持不变。650 的价值，就会和以前一样体现在同一数量的棉纱中。

其次，从以上的说明可以得出结论：如果在那些以产品供工人消费的生产部门内，由于节约等等，不变资本的支出减少了，那末，这就会和所使用的劳动本身的生产率直接提高一样，引起工资的减少，因为这会使工人的生活资料便宜，从而引起剩余价值增加。因此，在这里，利润率的增长有双重原因：一是不变资本的价值减少，二是剩余价值增加。在考察剩余价值到利润的转化时，我们曾假定工资不是降低，而是保持不变，因为在那里，我们要撇开剩余价值率的变动来研究利润率的变动。此外，我们在那里说明的规律是普遍的规律，并且这些规律也适用于不提供工人消费的产品的、因而其产品的价值变化对工资没有影响的各种投资。

因此，每年由新加的劳动新加到生产资料或不变资本部分上的价值，分化并分解为工资、利润和地租这些不同的收入形式，这不会改变价值本身的界限，不会改变分为这些不同范畴的价值总和，就同这各个部分之间互相比例的变化不会改变它们的总和，不会改变这个既定的价值量一样。

100 这个既定数始终是 100，而不管它是分为 50+50，还是 20+70+10，还是 40+30+30。产品中分割为这几种收入的价值部分，完全和资本的不变价值部分一样，是由商品的价值决定的，也就是说，是由在各该场合商品中物化的劳动量决定的。因此，第一，分为工资、利润和地租的商品价值量是已定的，也就是说，商品各价值部分的总和的绝对界限是已定的。第二，就各个范畴本身来说，它们的平均的和起调节作用的界限也是已定的。工资是各个范畴的这种界限的基础。一方面，工资由自然规律调节；工资的最低限度是由工人维持和再生产自己的劳动力时身体上所必需的生活资料的最低限度规定的，也就是由一定量的商品规定的。这些商品的价值是由它们的再生产所需要的劳动时间决定的，从而是由新加到生产资料上的那部分劳动决定的，或者是由工作日中工人为生产和再生产这种必要生活资料的价值的等价物所需要的部分决定的。比如工人每天平均的生活资料的价值=6 小时的平均劳动，工人就必须每天平均为自己劳动 6 小时。他的劳动力的实际价值和这个身体最低限度是不一致的；气候和社会发展水平不同，劳动力的实际价值也就不同；它不仅取决于身体需要，而且也取决于成为第二天性的历史上发展起来的社会需要。但在每个国家，在一定的时期，这个起调节作用的平均工资都是一个已定的量。因此，其他一切收入的价值就有了一个界限。这个价值总是等于体现总工作日（在这里，它和平均工作日相一致，因为它包括社会总资本所推动的劳动总量）的价值减去总工作日中体现工资的部分。因此，这个价值的界限是由无酬劳动所借以表现的价值的界限决定的，也就是由这个无酬劳动的量决定的。如果工人为再生产自己的工资价值所必需的工作日部分的最后界限，是他的工资的身体最低限度，那末，工作日的另一部分——代表他的剩余劳动的部分，即表示剩余价值的价值部分——的界限，就是工作日的身体最高限度，即工人在维持和再生产自己的劳动力的情况下每天一般可以提供的劳动时间的总量。因为在当前的探讨中，说的是每年新加入的总劳动借以体现的价值的分配，所以在这里，可以把工作日看成是一个不变量，并且假定它是一个不变量，而不管它会或多或少地偏离它的身体最高限度。因此，形成剩余价值并分解为利润和地租的价值部分的绝对界限是已定的，是由工作日的有酬部分以外的无酬部分决定的，因而是由总产品中体现这个剩余劳动的价值部分决定的。如果我们象我已经做过的那样，把这些界限所决定的并且按全部预付资本计算的剩余价值叫作利润，那末，这个利润按绝对量来说，就等于剩余价值，因而它的界限也和剩余价值的界限一样，都是按照规律来决定的。但利润率的高度，也是一个要保持在确定的、由商品价值决定的界限以内的量。利润率是全部剩余价值对生产上预付的社会总资本的比率。如果资本 =500（假定单位是百万），剩余价值 =100，那末20% 就是利润率的绝对界限。社会利润按这个比率在不同生产部门的投资之间进行分配，就产生偏离商品价值的生产价格，即实际上起调节作用的平均市场价格。但是这种偏离，既没有使价值决定价格的性质消失，也没有使利润的合乎规律的界限消失。商品的价值等于生产商品时用掉的资本加上包含在商品中的剩余价值，商品的生产价格则等于生产商品时用掉的资本 k 加上按一般利润率归它的剩余价值，例如按生产该商品所预付的资本（包括已经用掉的资本和单纯使用的资本）加上20%。但是这个20%的追加额本身，是由社会总资本所生产的剩余价值和这个剩余价值同资本价值的比率决定的，因此它是20%，不是10%，也不是100%。因此，价值转化为生产价格，并没有取消利润的界限，只是改变了它在构成社会资本的各个不同的特殊资本之间的分配，按照这些资本在这个总资本中所占的价值部分，把它均等地分配给这些资本。市场价格固然会高于或低于这个起调节作用的生产价格，但是这些变动会互相抵销。如果我们考察较长时期的物价表，把商品实际价值因劳动生产力变动而发生变化的情况和生产过程因自然事故或社会事故而受到干扰的情况撇开不说，我们将感到惊奇的是：第一，各次偏离的界限比较狭窄，第二，这各次偏离的平衡具有规律性。在这里，我们也将发现凯特勒在社会现象上论证过的那种起调节作用的平均数的统治作用。如果商品价值平均化为生产价格的过程没有遇到障碍，地租就都是级差地租，也就是说，地租就以这种超额利润的平均化为限，这种超额利润本来是由起调节作用的生产价格给予一部分资本家的，而现在为土地所有者所占有。因此，在这里，地租的确定的价值界限，就是一般利润率对生产价格的调节所引起的个别利润率的偏离。如果土地所有权阻碍商品价值平均化为生产价格，并占有绝对地租，那末，绝对地租就会受到土地产品的价值超过它的生产价格而形成的余额的限制，因而受到土地产品中包含的剩余价值超过按一般利润率应归各个资本的利润而形成的余额的限制。这个差额于是形成地租的界限；地租仍然只是已定的、商品中包含的剩余价值的确定部分。

最后，如果剩余价值平均化为平均利润的过程在不同生产部门内遇到人为的垄断或自然的垄断的障碍，特别是遇到土地所有权的垄断的障碍，以致有可能形成一个高于受垄断影响的商品的生产价格和价值的垄断价格，那末，由商品价值规定的界限也不会因此消失。某些商品的垄断价格，不过是把其他商品生产者的一部分利润，转移到具有垄断价格的商品上。剩余价值在不同生产部门之间的分配，会间接受到局部的干扰，但这种干扰不会改变这个剩余价值本身的界限。如果这种具有垄断价格的商品进入工人的必要的消费，那末，在工人照旧得到他的劳动力的价值的情况下，这种商品就会提高工资，并从而减少剩余价值。它也可能把工资压低到劳动力的价值以下，但只是工资要高于身体最低限度。这时，垄断价格就要通过对实际工资（即工人由于同量劳动而得到的使用价值的量）的扣除和对其他资本家的利润的扣除来支付。垄断价格能够在什么界限内影响商品价格的正常调节，是可以确定和准确计算出来的。

因此，正如新加入的、一般会分解为收入的商品价值的分割，会在必要劳动和剩余劳动之间，工资和剩余价值之间的比率上遇到既定的和起调节作用的界限一样，剩余价值本身在利润和地租间的分割，也会在那些调节利润率平均化过程的规律上遇到这种界限。就利润分为利息和企业主收入来说，平均利润本身就是二者合在一起的界限。平均利润提供一定量的价值由它们去分割，并且也只有这个量能够由它们去分割。在这里，一定的分割比率具有偶然性，这就是说，完全要由竞争关系来决定。在其他场合，供求相抵等于消除市场价格同它的起调节作用的平均价格的偏离，即等于消除竞争的影响，而在这里，竞争则是唯一的决定的要素。为什么呢？因为同一个生产因素即资本，必须把归它所有的剩余价值部分，在这个生产因素的两个所有者之间进行分割。至于平均利润的分割在这里没有确定的合乎规律的界限，这并不会使它作为商品价值部分所具有的界限消失；就象一个企业的两个股东，由于各种不同的外在条件而不等地分配利润，这丝毫不会影响这个利润的界限一样。

📖 **经典解说**

以上已经指出，商品的价值或由商品总价值调节的生产价格，分解为如下几个部分（在这里，我们从来不是说单个商品，而是说商品资本，即资本产品在一定期间，如一年内，借以表现的形式，单个商品只是商品资本的要素，单个商品的价值同样也分割为这些组成部分）①：

1. 补偿不变资本的价值部分，也就是代表生产商品时以生产资料形式用掉的过去劳动的价值部分；简言之，就是加入商品生产过程的生产资料的价值或价格。

2. 可变资本的价值部分，这部分计量工人的收入，对于工人来说，转化为工资；因此，工人就是在这个可变价值部分上再生产他的工资的；总之，在商品生产中新加到第一部分即不变部分上去的劳动的有酬部分，就是体现在这个价值部分上。

3. 剩余价值，即商品产品中体现无酬劳动或剩余劳动的价值部分。这个最后的价值部分，又采取各种独立的形式，这些形式同时又是收入的形式：资本利润（资本本身的利息和资本作为职能资本的企业主收入）和地租（属于在生产过程中一同发生作用的土地的所有者所有）的形式。

第二部分和第三部分，即不断采取工资（它总是要先通过可变资本的形式）、利润和地租这些收入形式的价值部分，和第一部分即不变资本部分的区别在于：新加到生产资料上的一般人类劳动所物化成的全部价值，都属于这个价值部分。依照商品价值的分解情况，如果把不变资本价值部分撇开不说，这样说是正确的：商品价值就其代表新加入的一般人类劳动来说，不断分解为三个部分，这三个部分形成三种收入形式，即工资、利润和地租，它们各自的价值量，即它们各自在总价值中所占的部分，是由不同的、特殊的、以前已经说明过的规律（剩余价值规律、地租规律等）决定的。但是反过来说，工资的价值、利润率和地租率②是独立的、构成商品价值的要素，说商品的价值（如果把不变资本部分撇开不说）就是由这些

---

① 括号中内容原文中在下一个自然段，移到这里似乎更合适一些。
② 这里的利润率、地租率似乎是笔误，商品价值中包含平均利润和地租，而不是包含利润率和地租率。

要素结合（加总）而成，却是错误的；换句话说，说它们（这些收入）是商品价值或生产价格的具有独立源泉的组成部分，是错误的（这里指出构成价值论的错误，说明下文的科学论述是一种批判方式）。

我们立即可以看出这里的区别（把商品价值分解为三个部分，跟构成价值论具有根本区别，它具有真正的科学性和解释力）。

假定用资本 500 生产出来的产品价值 =400c+100v+150m=650；这 150m 再分为利润 75+ 地租 75。为了避免不必要的困难，我们再假定（这个假定使这个个别资本成为典型个别，成为资本的代表或者说一般形式），这个资本具有平均的资本有机构成，因而它的生产价格和它的价值是一致的；当我们把单个资本的产品当作总资本中一个和它的量相适应的部分的产品来看时，这种一致性总是会产生的。（在理论上，所有商品处于供求相等的条件下，总资本产品的总价值＝总生产价格，如果把这个单个资本的产品当作这样的总资本产品的一部分，假定它具有平均的资本有机构成，那么，它的生产价格与它的价值就是一致的。）

在这里，由可变资本计量的工资，占预付资本的 20%；按这个资本的总资本计算的剩余价值，占预付资本的 30%，即利润占 15%，地租占 15%。商品中由新加入的一般人类劳动物化成的整个价值部分，等于 100v+150m=250。它的量与其分为工资、利润和地租没有关系。我们从这几个部分互相间的比例看到，用货币 100，比如，用 100 镑来支付的劳动力（用 100 镑支付，实质上转化成交换价值，依然称为价值是一种近似的说法，这是为了免去文字叙述的麻烦），会提供一个体现为 250 镑货币额的劳动量。从这里我们看到，工人所完成的剩余劳动，等于他为自己所完成的劳动的 $1\frac{1}{2}$ 倍。如果工作日 =10 小时，他就是为自己劳动 4 小时，为资本家劳动 6 小时。因此，被付给 100 镑的工人的劳动，其创造的价值体现在 250 镑的货币价值中。在工人和资本家之间，在资本家和土地所有者之间进行分配的就是这 250 镑价值。这就是新加到生产资料价值 400 镑上的全部价值。因此，这样生产的、由其中物化劳动的量决定的商品价值 250 镑，就形成工人、资本家和土地所有者能以收入形式，即工资、利润和地租形式，从这个价值取出的份额的总的限度。

　　假定一个资本有机构成相同，也就是说，所使用的活劳动力和所推动的不变资本比率相同的资本，不得不为同样推动不变资本 400 镑的劳动力支付 150 镑，而不是支付 100 镑；再假定利润和地租也按不同的比例来分配剩余价值。因为已经假定 150 镑的可变资本，和以前 100 镑的可变资本推动同量的劳动，所以，新生产的价值仍然 =250 镑，总产品的价值也仍然 =650 镑。但现在我们看到的是 400c+150v+100m；并且这 100m 也许要分为利润 45 和地租 55。新生产的总价值分为工资、利润和地租的比例极不相同；全部预付资本的量（c+v）也不相同，虽然它所推动的劳动总量（v+m）还是一样。工资占预付资本的 $27\frac{3}{11}\%$，利润占预付资本的 $8\frac{2}{11}\%$，地租占预付资本的 10%；因此，全部剩余价值略多于预付资本的 18%。

　　由于工资的提高（从 100 镑提高到 150 镑），总劳动中的无酬部分改变了（从 150 镑下降到 100 镑），因而剩余价值也改变了。在 10 小时的工作日中，工人为自己劳动 6 小时，而只为资本家劳动 4 小时。利润和地租的比例也不同了。已经减少的剩余价值，在资本家和土地所有者之间按改变了的比例进行分配。最后，因为不变资本的价值仍旧不变，而预付的可变资本的价值增加了（从 500 镑增加到 550 镑），所以，已经减少的剩余价值会表现为一个减少得更多的总利润率。在这里，我们把总利润率理解为全部剩余价值对全部预付资本的比率。

　　工资价值、利润率和地租率的变动，不管调节这些部分互相间的比例的各种规律会起什么作用，都只能在新创造的商品价值 250 镑所划定的限度内进行。只有在地租以垄断价格为基础时，才会产生例外（这时地租的获得不是遵循一般的地租规律，而是迫使交易方提供更多的地租）。这不会使规律有丝毫改变，只不过使研究复杂化。因为，在这种场合（遵循一般规律的场合），如果我们只考察产品本身，不同的只是剩余价值的分割；但是，如果我们考察它和其他商品比较而言的相对价值（这个相对价值实质是相对价格，交易价格不是以自身的价值为基础，处于垄断地位的交易方会从自身的有利地位出发，高于生产价格乃至自身价值确定其产品价格），区别就只在于其他商品里包含的剩余价值，将会有一部分转移到这种特殊的商品上来。

扼要地复述一下：

产品的价值	新价值	剩余价值率	总利润率
第一种情形：400c+100v+150m=650	250	150%	30%
第二种情形：400c+150v+100m=650	250	$66\frac{2}{3}$%	$18\frac{2}{11}$%

首先，两种情形相比，后来的剩余价值比之前减少 $\frac{1}{3}$，由 150 镑减为 100 镑。利润率下降略多于 $\frac{1}{3}$，由 30% 下降到 18% 多，因为已经减少的剩余价值要按已经增加的全部预付资本来计算。但它并不和剩余价值率按相同的比例下降。剩余价值率由 $\frac{150}{100}$ 下降到 $\frac{100}{150}$，即由 150% 下降到 $66\frac{2}{3}$%，而利润率只由 $\frac{150}{500}$ 下降到 $\frac{100}{550}$，即由 30% 下降到 $18\frac{2}{11}$%。因此，利润率按比例来说比剩余价值量下降得多，但比剩余价值率下降得少。

其次，我们看到，如果使用的劳动量和之前相同，尽管预付资本由于它的可变资本部分增加而增大，产品的价值和总量却仍旧不变。预付资本的这种增大（500 镑增大到 550 镑），对于一个开始新营业的资本家来说，确实是件令人不安的事情（进入门槛提高了）。但是，从整个再生产来看，可变资本的增加只不过表示在由新加入的劳动新创造的价值中，要有一个较大的部分转化为工资，因而要首先转化为可变资本，而不是转化为剩余价值和剩余产品。因此，产品的价值仍旧不变，因为一方面受不变资本价值 400 镑的限制，另一方面受一个体现新加入劳动的数字 250 镑的限制。这二者都没有改变。这个产品只要它本身再加入不变资本（作为不变资本使用），就会和之前一样，在同一价值量中代表同样大的使用价值量；因此，同一数量的不变资本要素保持相同的价值。

（提示：以下说明工资变化的具体情况对商品价值及其分割的影响。附带涉及生产资料。）

如果工资提高不是因为工人得到自己劳动的一个较大部分，而是相反地，工人得到自己劳动的一个较大部分，是因为劳动生产率已经降低，那么，情况就会不同（这里还暗含个别资本生产的产品是生产者的生活必需品）。这时，体现同一劳动即有酬劳动加上无酬劳动的总价值仍旧不变；但体现这个劳动量的产品量将会减少（由于劳动生产率降低，同样的资本和劳动生产出更少的产品），因而产品的每个相应部分的价格就会提高，因为每个部分代表了更多的劳动。已经提高的工资 150 镑不会比以前的工资 100 镑代表更多的产品（实际工资没有变化）；已经减少的剩余价值 100 镑，与以前相比，也只代表以前 100 镑所代表的产品或使用价值量的 $\frac{2}{3}$，或 $66\frac{2}{3}\%$。在这种情况下，如果这个产品加入不变资本（作为不变资本使用），不变资本就会变贵。但这不是工资提高的结果，相反，工资提高是商品变贵的结果，是同量劳动的生产率降低的结果。这里产生一种假象，似乎工资提高使产品变贵；但实际上，工资的提高并不是商品价值变化的原因，而是商品价值变化的结果，而商品价值的变化是由劳动生产率的降低引起的。

相反地，如果在其他条件相同的情况下，所使用的同一劳动量仍旧体现为 250，但劳动所使用的生产资料的价值（不变资本）提高了或降低了，那么，同量产品的价值就会按同一数量提高或降低（再现在新产品中的不变资本的价值发生变化）。450c+100v+150m 使产品价值 =700；而 350c+100v+150m 则使同量产品的价值只等于 600，而不是等于以前的 650。因此，如果推动同量劳动的预付资本增加了或减少了，而这种增加或减少是由于不变资本部分价值量发生变化，那么，在其他条件相同时，产品的价值就会提高或降低。相反地，如果预付资本的增加或减少，是由于在劳动生产力保持不变时可变资本部分的价值量发生变化，那么，产品的价值仍旧不变（工资的变动可以由剩余价值的反向变动抵消）。不变资本的价值增加或减少不会由相反的运动得到补偿。可变资本的价值增加或减少在劳动生产率不变的前提下，会由剩余价值的相反运动得到补偿，以致可变资本的价值加上剩余价值，也就是说，由一般人类劳动新加到生产资料上的、新体现在产品中的价值仍旧不变（这一段像是插叙，像是考察工资时的附带说明）。

相反地，如果可变资本或工资的价值增加或减少是商品涨价或跌价的结果（假定本企业的产品是工人的生活必需品），也就是说，是这种投资所使用的劳动生产率降低或提高的结果，那就会影响单位产品的价值（同样的资本和劳动生产出来的产品减少或增加）。不过在这里，工资的涨落，不是原因，而是结果。

与此相反，如果在上例中，在不变资本 400c 保持不变时，由 100v+150m 到 150v+100m 的变化，即可变资本的提高，不是该特殊部门如纺纱业中劳动生产力降低的结果，而是为工人提供食物的农业中劳动生产力降低的结果，从而是这些食物变贵的结果，那么，产品的价值就保持不变（这时自身的产量维持不变，只是被动增加工资，从而减少剩余价值）。650 镑的价值，就会和以前一样体现在同一数量的棉纱中。

以上的说明可以得出结论：如果在那些以产品供工人消费的生产部门内（工人消费本企业生产的产品），由于节约等不变资本的支出减少了（产品变便宜了），那么，这就会和所使用的劳动本身的生产率直接提高一样，引起工资的减少，因为这会使工人的生活资料便宜，从而引起剩余价值增加。因此，在这里，利润率的增长有双重原因：一是不变资本的价值减少；二是剩余价值增加（不变资本价值减少，预付资本的支出减少。由于可供工人消费的产品变得便宜，工资因此减少，剩余价值必然增加）。在考察剩余价值到利润的转化时，我们曾假定工资不是降低，而是保持不变，因为在那里，我们要撇开剩余价值率的变动来研究利润率的变动。此外，我们在那里说明的规律是普遍的规律（无论自身生产的产品是否适合自己工人的消费，作为普遍规律都必须适用，因此不得不撇开一些具体情况），因此，这些规律对于不提供工人消费的产品的，因而其产品的价值变化对工资没有影响的各种投资也同样适用。

因此，每年由新加的劳动新加到生产资料或不变资本部分上的价值，分化并分解为工资、利润和地租这些不同的收入形式，这不会改变价值本身的总限度，不会改变划分为这些不同范畴的价值总和，就同各个部分之间互相比例的变化不会改变它们的总和，不会改变这个既定的价值量一样。100 这个既定数始终是 100，而不管它是分为 50+50，分为 20+70+10，还是分为 40+30+30。产品中分割为这几种收入的价值部分，完全和资本的不变价值部分一样，是由商品的价值决定的，也就是说，是由在特定场合商品中物化的劳动量决定的。因此，第一，分为工资、利润和地租的商品价值量是已定的，也就是说，商品各价值部分总和的总限度是已定的。第二，就各个范畴本身来说，它们平均的和起调节作用的限度也是已定的（每种收入都受特定规律调节，不是任意确定的）。

（提示：以下是第二点的展开说明，阐明工资、剩余价值、平均利润、地租、企业主收入和利息的分割是如何确定的。）

工资是确定各个范畴可以获得的这种限度的基础。一方面，工资由自然规律调节；工资的最低限度是由工人维持和再生产自己的劳动力时身体上所必需的生活资料的最低限度规定的，也就是由一定量的商品规定的。这些商品的价值是由它们再生产所需要的社会必要劳动时间决定的，从而是由新加到生产资料上的那部分一般人类劳动决定的，或者是由工作日中工人为生产和再生产这种必要生活资料的价值的等价物所需要部分决定的。比如，工人每天平均生活资料的价值 =6 小时的平均劳动，工人就必须每天平均为自己劳动 6 小时。事实上，他的劳动力实际价值和这个身体最低限度是不一致的（劳动力价值的确定必须反映当地当时的基本生活水平，不能限于最低的身体需要）；气候和社会发展水平不同，劳动力的实际价值也就不同；它不仅取决于身体需要，而且取决于成为第二天性的历史上发展起来的社会需要。但在每个国家，在一定时期，这个起调节作用的平均工资都是一个已定量（这个已定量必须首先确定，这是维持社会生产和再生产的必要前提）。

工资既然是一个事先确定的量，其他一切收入的价值（包括利润和地租等）就有了一个界限。这个价值（剩余价值）总是等于体现总工作日（在这里，个别资本每天的总工作日即总的劳动时间和平均工作日即全社会每天平均的劳动时间相一致，因为它包含于社会总资本所推动的劳动总量中）的价值减去总工作日中体现工资的部分。因此，这部分价值（剩余价值）的界限是由无酬劳动所借以表现的价值的界限决定的，也就是由这个无酬劳动的总量决定。如果工人为再生产自己工资价值所必需的工作日部分的最后界限（再生产工资即可变资本所必需的劳动时间），是他的工资的身体最低限度（是为获得工资必须付出的最低限度的劳动时间），那么，工作日的另一部分——代表他的剩余劳动的部分，即表示剩余价值的价值部分——的界限（剩余劳动的限度），就是工作日的身体最高限度（就是一个工作日中在必要劳动之外工人身体可供役使的最长时间，最大限度是这个最长时间减去必要劳动时间），即工人在维持和再生产自己的劳动力情况下每天一般可以提供的劳动时间的最大总量。因为在当前的探讨中，说的是每年新加入的总劳动借以体现的价值分配，所以在这里，可以把工作日看成一个不变量，并且假定它是一个不变量，而不管它会或多或少地偏离它的身体最高限度（假定为一个确定的量，比如，每天 10 小时）。因此，形成剩余价值并分解为利润和地租的价值部分的绝对界限（一般限度）是已定的，是由工作日的有酬部分以外的无酬部分决定的，因而是由总产品中体现这个剩余劳动的价值部分决定的。

如果我们像我已经做过的那样，把这些界限所决定的并且按全部预付资本计算的剩余价值叫作利润，那么，这个利润按绝对量来说，就等于剩余价值，因而它的界限也和剩余价值的界限一样，都是按照规律来决定的。但利润率的高度也是一个要保持在确定的、由商品价值决定的界限以内的量。从全社会来看，利润率是全部剩余价值对生产上预付的社会总资本的比率。如果资本 =500（假定单位是百万），剩余价值 =100，那么 20% 就是利润率的绝对界限（一般的界限）。社会利润按这个比率在不同生产部门的投资之间进行分配，就产生偏离商品价值的生产价格，即实际上起调节作用的平均市场价格（从理论来看，在流通限于商品与金属货币交换的情况下生产价格反映着平均市场价格）。但这种偏离，既没有使价值决定价格的性质消失，也没有使利润的合乎规律的界限消失。商品的价值等于生产商品时用掉的资本（C+V）加上包含在商品中的剩余价值，商品的生产价格则等于生产商品时用掉的资本 K 加上按一般利润率归它的剩余价值，例如，按生产该商品所预付的资本（包括已经用掉的资本和单纯使用的资本）加上 20%。但是这个 20% 的追加额本身，是由社会总资本所生产的剩余价值和这个剩余价值同预付总资本价值的比率决定的，因此它是 20%，不是 10%，也不是 100%。

因此，商品价值转化为生产价格，并没有取消利润的界限，只是改变了它在构成社会资本的各个不同的特殊资本之间的分配，按照这些资本在这个总资本中所占的价值部分，把它均等地分配给这些资本。市场价格固然会高于或低于这个起调节作用的生产价格，但是这些变动会互相抵消。如果我们考察较长时期的物价表，把商品实际价值因劳动生产力变动而发生变化的情况和生产过程因自然事故或社会事故而受到干扰的情况撇开不说（假定所有商品的供求处于均衡状态），我们将感到惊奇的是：第一，各次偏离的界限比较狭窄，第二，各次偏离的平衡具有规律性。在这里，我们也将发现凯特勒在社会现象上论证过的那种起调节作用的平均数的统治作用。

如果商品价值平均化为生产价格的过程没有遇到障碍，地租都是级差地租，也就是说，地租就以这种（基于个别价值的）超额利润（其产品的生产价格高于个别价值产生的利润）的平均化为限，这种超额利润本来是由起调节作用的生产价格给予一部分资本家的，而现在为土地所有者所占有。因此，在这里，地租确定的价值界限，就是一般利润率对生产价格的调节所引起的个别利润率的偏离（由于个别利润率高于平均利润率产生出来）。如果土地所有权阻碍商品价值平均化为生产价格，并占有绝对地租，那么，绝对地租就会受土地产品的价值超过它的生产价格而形成的余额的限制，因而受土地产品中包含的剩余价值超过按一般利润率应归各个资本的利润而形成的余额的限制。这个差额于是形成地租的界限；地租仍然只是已定的、商品中包含的剩余价值的确定部分。

最后，如果剩余价值平均化为平均利润的过程在不同生产部门内遇到人为垄断或自然垄断的障碍，特别是遇到土地所有权垄断的障碍，以致有可能受垄断影响形成一个高于商品的生产价格和价值的垄断价格，那么，由商品价值规定的界限也不会因此消失。某些商品的垄断价格，不过是把其他商品生产者的一部分利润转移到具有垄断价格的商品上（这种转移或市场化再分配整体上不会改变总价值或总生产价格）。剩余价值在不同生产部门之间的分配会间接受到局部的干扰，但这种干扰不会改变这个剩余价值本身的总限度。如果这种具有垄断价格的商品进入工人的必要消费，那么，在工人照旧得到他的劳动力价值的情况下，这种商品就会提高工资（因为生活必需品受垄断价格影响，依照维持劳动力再生产的需要，工资会被迫提高），从而减少剩余价值。它也可能把工资压低到劳动力的价值以下，但只是工资要高于身体最低限度。这时，垄断价格就要通过对实际工资（工人由于同量的必要劳动而得到的使用价值量）的扣除和对其他资本家的利润扣除来支付。垄断价格能够在什么界限内影响商品价格的正常调节，是可以确定和准确计算出来的。

因此，正如新加入的、一般会分解为收入的商品价值的分割，会在必要劳动和剩余劳动之间、工资和剩余价值之间的比率上遇到既定的和起调节作用的界限一样，剩余价值本身在利润和地租之间的分割，也会在那些调节利润率平均化过程的规律上遇到这种界限。

就利润分为利息和企业主收入来说，平均利润本身就是二者合在一起的总限度。平均利润提供一定量的价值（提供一个总量）由它们（企业主收入和利息）去分割，并且也只有这个量能够由它们去分割。在这里，一定的分割比率具有偶然性，也就是说，完全要由竞争关系来决定（企业主收入和利息如何分割，是在复杂的情况下由竞争博弈决定的）。在其他场合，供求相抵等于消除市场价格同它的起调节作用的平均价格的偏离，即等于消除竞争的影响（在假定前提下不考虑竞争的影响），而在这里，竞争是唯一的决定要素。为什么呢？因为同一个生产因素即资本，必须把归它所有的剩余价值部分，在这个生产因素的两个所有者之间进行分割。至于平均利润的分割在这里没有确定的合乎规律的界限（分割没有一般的界限，在极为特殊情况下，全部利润转化为利息也是有可能的），这并不会使它（平均利润）作为商品价值部分所具有的界限消失；就像一个企业的两个股东，由于各种不同的外在条件而不等地分配利润，这丝毫不会影响这个利润的界限一样。

市场关系及市场竞争说明不了商品的价值构成

经典导读

离开了价值的概念，抛弃了劳动价值论，离开资本主义的生产过程，不能确定价格是什么的问题，也不能确定商品的价值。因此，以往政治经济学在最基础的价格决定问题上不能不陷入恶性的逻辑循环。这使整个经济学确立在逻辑循环这种错误的基础上。这个问题在西方经济学中一直沿袭下来，20世纪60年代，琼·罗宾逊夫人与萨缪尔森关于"资本计量问题"的争论，源头就在这里。也就是说，马克思在《资本论》中早已揭示了所谓"两个剑桥之争"的根本问题所在，并且，这是西方经济学无法克服的。

经典原文

市场关系及其市场竞争说明不了商品的价值构成

因此，如果商品价值中体现新加到生产资料价值上的劳动的部分，会分解成以收入形式取得互相独立的形式的不同部分，但决不因此就得出结论说：工资、利润和地租是这样的构成要素，它们的结合或总和会产生出商品本身的起调节作用的价格（"自然价格"，"必要价格"），因而，商品价值，在扣除不变价值部分后，不是一个原始的会分成这三部分的统一体，相反，这三部分中任何一部分的价格都已经独立决定，只要把这三个独立的量相加，就形成商品的价格。实际上，商品价值是一个已定的量，不管工资、利润、地租的相对量如何，商品价值总是它们的全部价值的整体。而按照上述错误的见解，工资、利润、地租是三个独立的价值量，它们的总量产生、限制和决定商品价值量。

首先，很清楚，如果工资、利润、地租构成商品的价格，那末，这种情况既适用于商品价值中的不变部分，也适用于商品价值中体现可变资本和剩余价值的其余部分。因此，这里可以完全不考虑这个不变部分，因为构成这个不变部分的各种商品的价值，也会归结为工资、利润和地租的价值的总和。正如已经指出的，这种见解甚至否认这样一个不变价值部分的存在。

其次，很清楚，价值的概念在这里完全消失了。剩下的只是如下意义上的价格的观念：把一定数量的货币支付给劳动力、资本和土地的所有者。但货币是什么呢？货币不是物，而是价值的一定的形式，因而又以价值为前提。因此，我们就说，用一定量的金或银来支付这些生产要素，或者说，使这些生产要素在头脑中和一定量的金或银相等。但金银和其他一切商品一样，本身也是商品（启蒙经济学家以有这种认识而感到骄傲）。因此，金银的价格，也是由工资、利润和地租决定的。因此，我们不能通过工资、利润和地租与一定量的金银相等，来决定工资、利润和地租，因为作为它们的等价物用来对它们进行估价的金银的价值，正是应该首先由它们决定，而不取决于金银，也就是说，不取决于任何一种正好是上述三因素的产物的商品价值。因此，说工资、利润和地租的价值在于它们与一定量的金银相等，那不过是说，它们与一定量的工资、利润和地租相等。

我们首先拿工资来说。因为，即使按照这种见解，我们也必须从劳动开始。工资的起调节作用的价格，即工资的市场价格围绕着波动的那个价格是怎样决定的呢？

我们不妨说，这是由劳动力的需求和供给决定的。但这里说的是对劳动力的什么样的需求呢？说的是资本提出的需求。因此，对劳动的需求就等于资本的供给。为了要说资本的供给，我们首先必须知道什么是资本。资本是由什么构成的呢？拿它的最简单的表现来说，是由货币和商品构成的。但货币不过是商品的一种形式。因此，资本是由商品构成的。但是，按照假定，商品价值首先是由生产商品的劳动的价格即工资决定的。在这里，工资是前提，并且被看成是商品价格的构成要素。于是，这个价格要由所提供的劳动对资本的比例来决定。资本本身的价格等于构成资本的商品的价格。资本对劳动的需求等于资本的供给。资本的供给等于有一定价格的商品量的供给，这个价格首先由劳动的价格调节，劳动的价格，又等于交换工人的劳动时付给工人的构成可变资本的那部分商品的价格；构成这个可变资本的商品的价格，首先又是由劳动的价格决定的，因为商品的价格是由工资、利润和地租的价格决定的。因此，我们不能以资本为前提来决定工资，因为资本本身的价值是由工资参与决定的。

此外，把竞争带到问题中来，丝毫也不能帮助我们。竞争使劳动的市场价格提高或降低。假定劳动的需求和供给相抵，那末工资又由什么决定呢？由竞争决定。但我们正好假定不再由竞争决定，竞争已经由于它的两种相反的力量的平衡而不起作用。我们正是要找出工资的自然价格，即不由竞争调节而是反过来调节竞争的劳动价格。

只有一个办法，就是说劳动的必要价格由工人的必要生活资料来决定。但这种生活资料也是有价格的商品。因此，劳动价格是由必要生活资料的价格决定的，而生活资料的价格，同所有其他商品的价格一样，首先是由劳动价格决定的。因此，由生活资料价格决定的劳动价格，还是要由劳动价格决定。劳动价格是由劳动价格决定的。换句话说，我们不知道劳动价格是由什么决定的。在这里，劳动一般来说有价格，是因为它被当作商品。

因此，要谈劳动价格，我们就必须知道价格究竟是什么。但用这种方法，我们恰恰无法知道价格究竟是什么。

尽管如此，我们还是假定，劳动的必要价格就是按这种令人满意的方法决定的。但形成商品价格的第二要素的平均利润，即每个资本在正常条件下的利润又是怎样的呢？平均利润必须由平均利润率决定；平均利润率又是怎样决定的呢？由资本家之间的竞争决定吗？但这种竞争已经以利润的存在为前提。它假定同一个生产部门或不同的生产部门有不同的利润率，因而有不同的利润。竞争之所以能够影响利润率，只是因为它影响商品的价格。竞争只能使同一个生产部门内的生产者以相等的价格出售他们的商品，并使不同生产部门内的生产者按照这样一个价格出售商品，这个价格使他们得到相同的利润，得到加到已经部分地由工资决定的商品价格上的同一比例的加价。因此，竞争只能使不等的利润率平均化。要使不等的利润率平均化，利润作为商品价格的要素必须已经存在。竞争不创造利润。利润的水平，在平均化过程发生的时候已经确立。竞争不过使它提高或降低，但并不创造它。并且，当我们说必要利润率时，我们正是想要知道那种不以竞争的运动为转移却反而调节竞争的利润率。平均利润率是在互相竞争的资本家势均力敌的时候出现的。竞争可以造成这种均势，但不能造成在这种均势形成时出现的利润率。当这种均势形成的时候，一般利润率为什么会是10%、20%或100%呢？是由于竞争吗？正好相反，竞争消除了那些造成与10%或20%或100%相偏离的原因。它带来一个商品价格，按照这个价格，每个资本都按照它的量提供相同的利润。但这个利润本身的量与竞争无关。竞争只是把一切偏离不断地化为这个数量。一个人和另一些人竞争；竞争迫使他和另一些人一样按同一商品价格出售商品。但这个价格为什么是10或20或100呢？

这样，只有一个办法，就是把利润率，从而利润，解释为一个以无法理解的方式决定的、加到在此之前已经由工资决定的商品价格上去的加价。竞争告诉我们的唯一的一点是，这个利润率必须是一个已定的量。但我们在说一般利润率和利润的"必要价格"之前，就已经知道这一点了。

把这个荒谬的推论过程搬到地租上来重新探讨一番，是完全不必要的。无须重新探讨就可以看到，如果把这个过程多少贯彻下去，就会使利润和地租表现为由一些无法理解的规律决定的、加到首先由工资决定的商品价格上的单纯加价。一句话,竞争必须说明经济学家所不理解的一切东西,其实正好相反,经济学家必须说明竞争。

在这里,如果我们把认为利润和地租这两个价格组成部分是由流通创造出来,即通过出售产生的这种幻想撇开不说,——而流通永远不会提供没有事先给予它的东西,——那末,事情就可以简单地归结为:

假定一个商品由工资决定的价格=100;利润率为工资的10%,地租为工资的15%。这样,由工资、利润和地租的总和决定的商品价格就=125。这个25的加价不可能由商品的出售产生。因为所有互相出售商品的人,每人都把只值工资100的商品,按125卖给对方,结果就象大家都按100来卖一样。因此,这个行为必须脱离开流通过程来考察。

如果三者来分那个现在值125的商品本身,——假定资本家先按125把商品卖出,然后把100付给工人,把10付给自己,把15付给地租所得者,这并不会使事情发生变化,——工人就会得到价值和产品的$\frac{4}{5}$=100。资本家就会得到价值和产品的$\frac{2}{25}$,地租所有者就会得到价值和产品的$\frac{3}{25}$。在资本家是按125而不是按100来出售的时候,他也只是把体现工人劳动的产品的$\frac{4}{5}$给工人。如果他给工人80,留下20,把其中的8归自己,12归地租所有者,那情况也完全一样。这时,他似乎是按商品的价值出售商品的,因为这些加价事实上只是一些和商品价值(按照假定已经由工资价值决定)无关的提高。这是通过迂回的道路说明,按照这个见解,工资这个词,即100,等于产品的价值,也就是说,等于体现这个一定量劳动的货币额;但是这个价值又不同于实际工资,因此它留下一个余额。不过,这个余额在这里是由于名义上的加价产生的。因此,如果工资等于110,不是=100,利润就必须=11,地租就必须=$16\frac{1}{2}$,因而商品的价格也必须=$137\frac{1}{2}$。比例仍旧不变。但是,因为分配总是通过工资的百分之几的名义上的加价而实现的,所以价格会随工资而涨落,在这里,工资首先被假定和商品的价值相等,然后又和它区别开来。实际上,这是通过毫无概念的迂回道路把问题归结为：商品的价值是由其中包含的劳动量决定的，而工资的价值则是由必要生活资料的价格决定的，价值超过工资的余额形成利润和地租。

📖 经典解说

（以上分析表明，资本主义社会的各种收入形式，都是商品价值的一部分，是商品价值或属于商品价值的剩余价值的转化形式，它们以商品价值为前提，具有一般的界限和特殊的形成规律）因此，商品价值中体现新加到生产资料价值上的劳动的部分，会分解成以收入形式取得互相独立的形式的不同部分，绝不能因此就得出结论：工资、利润和地租是这样的构成要素，它们的结合或总和会产生出商品本身的起调节作用的价格（"自然价格""必要价格"），因而，商品价值在扣除不变价值部分后，不是一个原始的会分成这三部分的统一体，相反地，这三部分中任何一部分的价格都已经独立决定，只要把这三个独立的量相加，就形成商品的价格。实际上，商品价值是一个已定的量，不管工资、利润、地租的相对量如何，商品价值总是它们的全部价值的整体。而按照上述错误的见解，工资、利润、地租是三个独立的价值量，它们（加总起来）的总量产生、限制和决定商品的价值量。（提示：这段话点明主题，紧扣三位一体公式的批判。）

首先，很清楚，如果工资、利润、地租构成商品的价格，那么，这种情况既适用商品价值中的不变部分，也适用商品价值中体现可变资本和剩余价值的其余部分。因此，这里可以完全不考虑这个不变部分，因为构成这个不变部分的各种商品的价值，也会归结为工资、利润和地租的价值的总和。正如已经指出的，这种见解甚至否认这样一个不变资本的价值部分的存在。（这种构成价值理论，意味着不变资本实质上是不存在的，因此，资本与劳动的对立也不存在，这样资本主义生产的基础就消失了。）

其次，很清楚，价值的概念在这里完全消失了（换句话说，就是劳动价值论被中途抛弃了）。剩下的只是如下意义上的价格的观念：把一定数量的货币支付给劳动力、资本和土地的所有者（为什么进行支付呢？离开了劳动决定价值这个基础，只能像施托尔希一样，把价格或国民收入的基础归结为效用）。但货币是什么呢？货币不是物，而是价值的一定的形式（价值的表现形式，它的存在是价值的物象化存在形式，它代表一般商品），因而又以价值为前提。因此，也就是说，用一定量的金或银来支付这些生产要素，或者说，使这些生产要素在头脑中和一定量的金或银相等。但金、银和其他一切商品一样，本身也是商品（启蒙经济学家以有这种认识而感到骄傲）。因此，金、银的价格也是由工资、利润和地租决定的。因此，我们不能通过工资、利润和地租与一定量的金、银相等来决定工资、利润和地租，因为作为它们的等价物用来对它们进行估价的金、银的价值，正是应该首先由它们决定，而不取决于金、银。也就是说，不取决于任何一种正好是上述三因素的产物的商品价值（这个商品价值是三因素加总的产物，因而不能反过来决定三因素的价值）。因此，说工资、利润和地租的价值在于它们与一定量的金银相等，那不过是说它们（一定量的工资、利润和地租）与一定量的工资、利润和地租相等。这种循环论证是典型的逻辑错误。

（用三因素加总的办法来说明商品价值及其价格，必然陷入工资＋利润＋地租决定商品价值、商品价值决定工资、利润、地租的恶性循环中。这里取消了劳动作为一般人类劳动决定价值这个基础，商品价格由具有独立源泉的要素价格的加总来决定，价值的概念事实上消失了，只剩下货币支付表现出来的价格概念，这种价格概念不能不把效用作为自己的基础。当然，依照劳动价值论，有些没有价值的东西也可以有价格，可以获得货币的支付形成价格，但是，这与构成价值理论是根本不同的。因为这种支付以商品的价值决定为前提，因而以全社会的总价值存在为前提，这种支付类似于垄断价格，它是因为该物品被垄断，交易方不得不将手中的价值转移给物品的所有者。因此，货币的价值已经是在劳动价值论基础上被决定了的。而在构成价值理论中，作为货币的特殊商品即金、银的价值，本身是未决定的，或者说需要由三因素来决定。反过来，以此决定三因素的价格，就只能陷入恶性循环中。）

这种恶性循环到处都表现出来。

我们首先从工资来说。因为，即使按照这种见解，我们也必须从劳动开始（即使是构成价值的见解，工资也是需要首先说明的，这是资本主义生产的前提）。工资的起调节作用的价格，即工资的市场价格围绕着波动的那个价格是怎样决定的呢？

我们不妨说，这是由劳动力的需求和供给决定的。但这里说的是对劳动力什么样的需求呢？说的是资本提出的需求。因此，对劳动的需求就等于资本的供给。为了要说资本的供给，我们首先必须知道什么是资本。资本是由什么构成的呢？从它的最简单表现来说，是由货币和商品构成的。但货币不过是商品的一种形式。因此，资本是由商品构成的。但是，按照假定，商品价值首先是由生产商品的劳动价格即工资决定的。在这里，工资是前提，并且被看作商品价格的构成要素。于是，这个作为资本的商品价格要由所提供的劳动对资本的比例（劳动的供求）来决定。（这里已经出现逻辑循环：劳动力的供求→工资→作为资本的商品价格→资本的供给→对劳动力的需求→工资。）

资本本身的价格等于构成资本的商品的价格。资本对劳动的需求等于资本的供给。资本的供给等于有一定价格的商品量的供给，这个作为资本的商品价格首先由劳动的价格调节（工资是其他收入的界限，它是劳动力的价值，是确定商品价格的首要因素）。劳动的价格，又等于交换工人的劳动时付给工人的构成可变资本的那部分商品的价格；构成这个可变资本的商品的价格，首先又是由劳动的价格决定的，因为商品的价格是由工资、利润和地租的价格决定的。因此，我们不能以资本为前提来决定工资，因为资本本身的价值是由工资参与决定的。（这里展现了两种逻辑循环：劳动的价格即工资→商品资本的价格→资本的供给→对劳动力的需求→工资；劳动的价格即工资→作为可变资本的商品的价格→劳动的价格。）

（提示：这里揭示了循环论证的多方面表现，资本作为商品或作为特殊商品的货币，自身的价值由工资等因素决定；资本的供给决定劳动的供求，劳动的供求决定劳动的价格即工资，因此，最终结论是决定资本价格的工资，决定投入生产过程的劳动的工资，最终是工资决定工资。或者是可变资本决定工资，可变资本表现为维持工人生活的商品，可变资本作为商品，其价值由工资等因素决定，因而工资决定可变资本的商品价值，可变资本决定工资，最终还是工资决定工资。总之，不能以资本为前提来决定工资。）

此外，把竞争带到问题中来，丝毫也不能帮助我们。竞争使劳动的市场价格提高或降低。假定劳动的需求和供给相抵，那么，工资又由什么决定呢？由竞争决定。但我们正好假定不再由竞争决定，竞争已经由于它的两种相反力量平衡而不起作用。我们正是要找出工资的自然价格，即不由竞争调节而是反过来调节竞争的劳动价格。

只有一个办法，就是说劳动的必要价格由工人的必要生活资料来决定。但这种生活资料也是有价格的商品。因此，劳动价格是由必要生活资料的价格决定的，而生活资料的价格，同所有其他商品的价格一样，首先是由劳动价格决定的。因此，由生活资料价格决定的劳动价格，还是要由劳动价格决定。劳动价格是由劳动价格决定的（摆脱不了循环论证）。换句话说，我们不知道劳动价格是由什么决定的。在这里，劳动一般来说有价格，是因为它被当作商品。因此，要谈劳动价格，我们就必须知道价格究竟是什么。但用这种方法，我们恰恰无法知道价格究竟是什么。（劳动的价格由劳动的价格决定，不仅是循环论证，甚至无法回答价格究竟是什么？）

尽管如此，我们还是假定，劳动的必要价格就是按这种令人满意的方法（讽刺！）决定的。但形成商品价格的第二要素的平均利润，即每个资本在正常条件下的利润又是怎样的呢？平均利润必须由平均利润率决定；平均利润率又是怎样决定的呢？由资本家之间的竞争决定吗？但这种竞争已经以利润的存在为前提。它假定同一个生产部门或不同的生产部门有不同的利润率，因而有不同的利润。竞争之所以能够影响利润率，只是因为它影响商品的价格。竞争只能使同一个生产部门内的生产者以相等的价格出售他们的商品，并使不同生产部门内的生产者按照这样一个价格出售商品，这个价格使他们得到相同的利润，得到加到已经部分地由工资决定的商品价格上的同一比例的加价。因此，竞争只能使不等的利润率平均化。要使不等的利润率平均化，利润作为商品价格的要素必须已经存在。竞争不创造利润。利润的水平在平均化过程发生的时候已经确立。竞争不过使它提高或降低，但并不创造它。并且，当我们说必要利润率时，我们正是想要知道那种不以竞争的运动为转移却反而调节竞争的利润率。平均利润率是在互相竞争的资本家势均力敌的时候出现的。竞争可以造成这种均势，但不能造成在这种均势形成时出现的具体的利润率。当这种均势形成的时候，一般利润率为什么会是10%、20%或100%呢？是由于竞争吗？正好相反，竞争消除了那些造成与10%、20%或100%相偏离的原因。它带来一个商品价格，按照这个价格，每个资本都按照它的量提供相同的利润。但这个利润本身的量与竞争无关。竞争只是把一切偏离不断地化为这个数量。一个人和另一些人竞争；竞争迫使他和另一些人一样按同一商品价格出售商品。但这个价格为什么是 10、20 或 100 呢？

（个别资本能获得多少平均利润，由个别资本的资本量和平均利润率决定，但竞争不能决定平均利润率的高低，它只是将生产过程已经存在的个别利润率平均化，平均利润率具体是多少，竞争本身说明不了，它以总的利润和个别利润率的存在为前提。它实质上取决于一般均衡的市场条件下各个资本的具体剥削情况。这里同样存在逻辑循环：已经存在的总利润和个别利润率→通过市场竞争形成的平均利润率→个别资本的利润，这里还是利润决定利润，作为前提的总利润是怎么来的？却没有合理的说明。并且，这同样无法用竞争来说明，因为平均利润率形成时供求已经达到均衡，竞争已经不起作用。）

这样，只有一个办法，就是把利润率从而利润，解释为一个以无法理解的方式决定的、加到在此之前已经由工资决定的商品价格上去的加价。竞争告诉我们唯一的一点是，这个利润率必须是一个已定的量。但我们在说一般利润率和利润的"必要价格"之前，就已经知道这一点了。

把这个荒谬的推论过程搬到地租上来重新探讨一番，是完全不必要的。无须重新探讨就可以看到，如果把这个过程多少贯彻下去，就会使利润和地租表现为由一些无法理解的规律决定的、加到首先由工资决定的商品价格上的单纯加价。简言之，竞争必须说明经济学家所不理解的一切东西，其实正好相反，经济学家必须说明竞争（这个竞争只能从资本主义的生产过程出发，才能得到合理的说明，离开了资本主义生产的基础，什么也说明不了）。

（总之，离开了价值的概念，单纯通过市场关系和市场竞争无法确定要素的价格，甚至无法理解价格是什么的问题。有些人试图通过市场的报价行为确定商品的价格，这同样是枉费心机的。）

在这里，如果我们把认为利润和地租这两个价格组成部分是由流通（神秘地）创造出来，即通过出售产生的这种幻想撇开不说，而流通永远不会提供没有事先给予它的东西，那么，依照构成价值理论的逻辑，事情就可以简单地归结为（毫无道理的加价行为）：

假定一个商品由工资决定的价格 =100；利润率为工资的 10%，地租为工资的 15%。这样，由工资、利润和地租（加总起来的）的总和决定的商品价格就 =125。这个 25 的加价不可能由商品的出售产生。因为所有互相出售商品的人，每人都把只值工资 100 的商品，按 125 卖给对方，结果就像大家都按 100 来卖一样。（假定商品价值等于 100 且等于工资，这里不可能存在利润和地租。）因此，这个行为必须脱离开流通过程来考察（必须离开流通考察生产过程，才能把握工资之外的 25% 的现实基础在哪里）。

如果让三者来瓜分那个现在值 125（名义价格）的商品本身，假定资本家先按 125 把商品卖出，然后把 100 付给工人，把 10 付给自己，把 15 付给地租所得者，这并不会使事情发生变化（变化的只是名义价格），工人就会得到价值和产品的 $\frac{4}{5}$ =100（这个名义上的 100 不是商品的全部价值）。资本家就会得到价值和产品的 $\frac{2}{25}$，地租所有者就会得到价值和产品的 $\frac{3}{25}$。在资本家是按 125 而不是按 100 来出售的时候，他也只是把体现工人劳动的产品的 $\frac{4}{5}$ 给工人。如果按商品价值 100 出售，他给工人 80，留下 20，把其中的 8 归自己，12 归地租所有者，那情况也完全一样（每一方得到的产品的实际比例没有变化）。这时（按 100 出售时），他似乎是按商品的价值出售商品的，因为这些加价事实上只是一些和商品价值（按照假定，商品价值相当于工资的价值）无关的提高。这是通过迂回的道路说明，按照这个见解，事实上 100 就是全部产品的价值，也就是说，等于体现这个一定量劳动的货币额（如果它的实际价值就是 100，价格的变化改变不了这个基础，提高到 125 出售改变不了这些商品的实际价值）[①]；但是，提高到 125 出售时他得到工资 100，事实上，这 100 又不同于实际工资（如果 100 是产品的全部价值，按 100 出售时他作为工资只能得到 80；按 125 出售时，他虽然名义上得到 100 的工资，实质上相当于商品价值 100 中的 80），因

---

① 离开了价值的概念，开始卖 100，后来卖 125，其实，它自身的价值到底是多少，是无从知道的。马克思只是含有一种假定，假定开始卖 100 是以价值为基础，后来只是凭空加价。因此，他强调加价行为只能迂回证明 100 等于产品的价值。

此，它留下一个余额。不过，这个余额在这里是由于名义上的加价产生的。因此，如果工资等于110，不是 =100，利润就必须 =11，地租就必须 = $16\frac{1}{2}$，因而商品的价格也必须 = $137\frac{1}{2}$，比例仍旧不变。但是，因为分配总是通过工资的百分之几的名义上的加价而实现的，所以价格会随工资而涨落。在这里，工资首先被假定和商品的价值相等，然后又和它区别开来（开始宣称这些商品的价值全部属于工资，而事实上工资仅仅是这部分商品的 $\frac{4}{5}$）。实际上，这是通过毫无概念的迂回道路把问题归结为：商品的价值是由其中包含的劳动量决定的，而工资的价值是由必要生活资料的价格决定的，价值超过工资的余额形成利润和地租。（商品价值分解为工资、利润、地租，以商品价值已经确定为前提，只能在这个前提下按一定比例分配或分解。商品价格名义上的变化，对这种分配没有影响，名义工资无论是80还是100，只要是对事先确定的一定量商品的相同分配比例的反映，它们对应的实际工资是一样。）

竞争的假象是如何迷惑人的，人们被迷惑的根源

经典导读

基于三位一体公式的构成价值理论显然是错误的，然而，这种错误理论的影响在资本主义社会非常广泛，也就是说，很多人由于受到竞争的假象迷惑，都坚信通过斯密教条和三位一体公式能够把握资本主义社会的经济关系。对此，马克思从五个方面进行了分析，五个方面用第一、第二……标示，一目了然。因此，这里无须多加介绍。在"经典解说"中，我们归纳了每个方面的中心思想，直接安排在相应内容的开头，这里也无须重复。经典原文的有些自然段内容很多，解说中将段落进行了细分，使内在逻辑进一步清晰化。

📖 **经典原文**

竞争的假象是如何迷惑人的，人们被迷惑的根源

商品扣除它生产上所耗费的生产资料的价值以后的价值，这个既定的、由物化在商品产品中的劳动量决定的价值量，分为具有独立的、互不相关的收入形式，即工资、利润和地租这三个组成部分。这种分割，在资本主义生产的可以看到的表面上，因而也在那些局限于资本主义生产的表面现象的当事人的观念中，总是颠倒地表现出来。

假定某一个商品的总价值=300，其中200是商品生产上所消耗的生产资料或不变资本要素的价值。这样，剩下的100则作为在商品生产过程中加到这个商品上的新价值的总额。这个新价值100，就是可以用来分为这三种收入形式的一切。我们假定工资=x，利润=y，地租=z，那末，在我们所说的场合，x+y+z的和就总是=100。但在工业家、商人和银行家的观念中，以及在庸俗经济学家的观念中，事情则完全不是这样。在他们看来，不是商品扣除它生产上所消耗的生产资料的价值以后的价值=100，然后这100分为x、y、z。在他们看来，商品的价格只是由不以商品的价值为转移的并且互相独立地决定的工资、利润和地租的价值量合在一起构成的，因此，x、y、z中每一个都是独立地提供和决定的，并且，这几个价值量的总和，不管可能大于100还是小于100，形成商品本身的价值量，商品本身的价值量就是由这几个形成商品价值的要素相加的结果。这种混乱之所以必然产生，是因为：

第一：商品价值的各个组成部分是作为独立的收入互相对立的，并且它们作为独立的收入，是与劳动、资本和土地这三种彼此完全不同的生产要素发生关系，因而好象它们就是由这些东西产生的一样。劳动力的、资本的和土地的所有权，就是商品这些不同的价值组成部分所以会分别属于各自的所有者，并把这些价值组成部分转化为他们的收入的原因。但价值并不是因它转化为收入而产生的，它在能够转化为收入，能够取得这种形式以前，必须已经存在。这三个部分的相对量是由不同的规律决定的，它们和商品价值本身的联系以及它们受商品价值本身的限制的事实，决不会

在表面上显现出来，所以，颠倒的假象必然更具有迷惑作用。

第二：我们已经说过，工资的一般提高或降低，在其他条件相同的情况下，会使一般利润率发生方向相反的变动，改变不同商品的生产价格，按照各有关生产部门的资本平均构成的不同情况，使其中一些上涨，另外一些下降。因此，在这里，无论如何在某些生产部门，经验说明：工资上涨，商品的平均价格就上涨，工资下跌，商品的平均价格就下跌。但"经验"不能说明，那种不以工资为转移的商品价值隐蔽地调节着这种变动。相反，如果工资的上涨是局部的，只是在特殊生产部门内由于特殊的情况才产生的，这些商品的价格在名义上就会相应地提高。一种商品与工资保持不变的其他商品相比相对价值上的这种提高，在这里，只是剩余价值在不同生产部门的平均分配上遭到局部破坏的反应，只是一个使特殊利润率平均化为一般利润率的手段。这里得到的"经验"，仍旧是价格由工资决定。因此，在这两种场合经验说明的，都会工资决定商品价格。经验不能说明的，则是这种联系的隐蔽的原因。其次，劳动的平均价格，即劳动力的价值，是由必要生活资料的生产价格决定的。后者上涨或下跌，前者也会随着上涨或下跌。在这里，经验再次说明，工资和商品价格之间存在着联系；但原因可以表现为结果，结果也可以表现为原因，这种情况在市场价格的变动上也可以看到。在那里，工资提高到平均工资以上的现象，和那种与繁荣时期联系在一起的市场价格提高到生产价格以上的现象相适应，随后而来的工资降低到平均工资以下的现象，则和市场价格降低到生产价格以下的现象相适应。撇开市场价格的波动不说，工资提高，利润率就降低，工资降低，利润率就提高的经验，显然总是必须和生产价格受商品价值的制约这一点相适应。但我们说过，利润率可以由与工资变动无关的不变资本价值的变动来决定；因此，工资和利润率可以不按相反的方向，而按相同的方向变动，二者可以一同提高，或一同降低。如果剩余价值率和利润率是直接一致的，这种情况就不可能发生。在工资由于生活资料价格提高而提高时，利润率也能因劳动强度加大或工作日延长而保持不变，甚至提高。所有这些经验，都肯定了由于各个价值组成部分具有独立的颠倒的形式而引起的假象，好象决定商品价值的，只是工资，或工资加上利润。只要一般地就工资来说产生了这样的假象，只要劳动的价格和由劳动创造的价值似乎一致，那末，不言而喻，就利润和地租来说，这样的假象也会产生。因此，利润和地租的价格即它们的货币表现的调节，就必然和劳动以及由劳动创造的价值无关。

第三：假定商品价值或不过表面看来和商品价值独立无关的生产价格，直接地、不断地表现为和商品的市场价格相一致，而不只是通过不断变动的市场价格的不断均衡来充当起调节作用的平均价格。再假定，再生产总是在同一些保持不变的条件下进行，因而在资本的一切要素上劳动生产率都保持不变。最后，假定每个生产部门的商品产品中由于新的劳动量从而新生产的价值加到生产资料价值上而形成的价值部分，总是按照不变的比例分为工资、利润和地租，以致实际支付的工资总是直接和劳动力的价值相一致，实际实现的利润总是直接和总剩余价值中按平均利润率应归总资本的各个独立执行职能的部分的那部分剩余价值相一致，实际的地租也总是直接和在这个基础上地租通常不能超出的界限相一致。一句话，假定社会价值产品的分割和生产价格的调节，都是在资本主义的基础上、但在排除竞争的情况下进行的。

在这各种假定下，——商品的价值不变，并且也表现为不变；商品产品分解为收入的价值部分仍旧是一个不变的量，并且总是表现为一个不变的量；最后，这个已定的不变的价值部分又总是按不变的比例分为工资、利润和地租，——甚至在这各种假定下，现实的运动必然会以颠倒的形式表现出来：好象不是一个已预先规定的价值量分为具有互相独立的收入形式的三部分，而是反过来，好象这个价值量是由独立地、分别地决定的、构成这个价值量的工资、利润和地租这些要素的总和形成。这种假象必然会产生，因为在单个资本及其商品产品的现实运动中，不是商品价值表现为这种分割的前提，而是相反，它所分成的各个组成部分表现为商品价值的前提。首先，我们已经说过，对每个资本家来说，商品的成本价格表现为一个已定的量，并且在现实的生产价格上总是表现为这样一个已定的量。但成本价格等于不变资本即预付的生产资料的价值加上劳动力的价值，而后者对生产当事人来说表现为不合理的劳动价格形式，以致工资同时又表现为工人的收入。劳动的平均价格是一个已定的量，因为劳动力的价值，和任何其他商品的价值一样，是由它再生产上必要的劳动时间决定的。但就商品的这个分解为工资的价值部分来说，它的产生并不是因为它采取了工资这个形式，不是因为资本家以工资这个表现形式，把工人在他自己的产品中所得的部分预付给工人，而是因为工人生产了一个和他的工资相当的等价物，也就是说，因为他的日劳动或年劳动的一部分，生产了包含在他的劳动力价格内的价值。但工资在与它相当的价值等价物被生产出来以前，已经由契约规定。因此，工资作为一个在商品和商品价值生产出来以前数量已定的价格要素，作为成本价格的一个组成部分，不是表现为一个在独立形式上从商品总价值中分离出来的部分，而是相反，表现为已定的量，它预先决定商品的总价值，也就是说，是价格或价值的一个形成要素。平均利润在商品生产价格上所起的作用，和工资在商品成本价格上所起的作用相类似，因为生产价格等于成本价格加上预付资本的平均利润。这个平均利润之所以会在资本家本人的观念和计算中实际上成为一个起调节作用的要素，不仅因为它会决定资本由一个投资部门到另一个投资部门的转移，而且因为它对一切销售和包括长期再生产过程的契约来说，都起着调节的作用。就平均利润起这种作用来说，它是一个预先存在的量，实际上和每个特殊生产部门所生产的价值和剩余价值无关，因而更和那些部门内任何一个投资所生产的价值和剩余价值无关。从现象上看，平均利润不是价值分割的结果，相反，是一个和商品产品的价值无关的、在商品生产过程中预先存在并决定着商品本身的平均价格的量，也就是说，是形成价值的要素。剩余价值，由于它的不同部分分解为彼此完全独立的形式，也以更为具体的形式，表现为形成商品价值的前提。平均利润中采取利息形式的那一部分，在职能资本家面前，就是作为商品和商品价值的生产上一个预先存在的要素独立出现的。利息量尽管变动很大，但在任何一个瞬间，对任何一个资本家来说，总是作为一个已定的量，加入这个资本家所生产的商品的成本价格。农业资本家以契约规定的租金的形式和其他企业家以营业场所的租金的形式支付的地租，也是这样。剩余价值所分成的这些部分，因为对单个资本家来说作为成本价格的要素是已定的，所以反而表现为剩余价值的形成要素；它们表现为商品价格的一个部分的形成要素，就象工资表现为商品价格的另一个部分的形成要素一样。这些由商品价值分割产生的产物之所以会不断表现为价值形成本身的前提这样一个秘密，简单说来就是：资本主义的生产方式，和任何别的生产方式一样，不仅不断再生产物质的产品，而且不断再生产社会的经济关系，即再生产产品形成上的经济的形式规定性。因此，它的结果会不断表现为它的前提，象它的前提会不断表现为它的结果一样。单个资本家正是预先把这些关系的这种不断再生产当作不言而喻的、毫无疑问的事实。只要资本主义生产本身继续存在，新加入的劳动的一部分就会不断化为工资，另一部分就会不断化为利润（利息和企业主收入），第三部分就会不断化为地租。在不同生产要素所有者之间订立契约时，这是前提，并且，不管相对的数量关系在各个场合发生多大变动，这个前提总是正确的。互相对立的各个价值部分采取的确定形式是前提，因为这个确定形式不断地被再生产出来。它不断地被再生产出来，又因为它不断地成为前提。

诚然，经验和现象也都表明，市场价格（资本家实际上只把市场价格的影响看作价值决定），从量的方面来看，决不取决于这些预先的东西；市场价格不以契约所定的利息或地租的高低为转移。但市场价格只有通过变动才是不变的；它们在较长期间内的平均数，恰好提供工资、利润和地租各自的作为不变的、归根到底支配着市场价格的量的平均数。

另一方面，下面这种想法好象很简单：如果工资、利润和地租之所以成为价值的形成要素；是因为它们表现为价值生产的前提，并且是单个资本家的成本价格和生产价格的前提，那末，其价值作为已定量而加入每种商品生产的不变资本部分，也是价值的形成要素。但不变资本部分不外是一些商品的总和，因而不外是一些商品价值的总和。因此，我们就得到荒谬的同义反复：商品价值是商品价值的形成要素和原因。

但是，如果资本家出于某种利益要对这个问题进行思考，——一个资本家思考问题完全是由他的利益和他的利己的动机决定的，——经验就会告诉他，他自己生产的产品，会作为不变资本部分加入其他的生产部门，而其他生产部门的产品，也会作为不变资本部分加入他的产品。因为对他来说，在只涉及他进行的新的生产的情况下，价值的追加表面看来是由工资、利润、地租的量形成，所以，这也适用于由其他资本家的产品构成的不变部分。因此，不变资本部分的价格，以及商品的总价值，最后分析起来，虽然是按照一种有点莫名其妙的方法，都会归结为由几个独立的、按不同规律调节的和由不同源泉形成的工资、利润和地租这些价值形成要素相加而成的价值总额。

第四：商品是否按照价值出售，因而价值决定本身，对单个资本家来说，是完全没有关系的。价值决定，一开始就已经是某种在他背后，通过各种和他无关的条件来进行的过程，因为在每个生产部门，成为起调节作用的平均价格的，不是价值，而是和价值不同的生产价格。价值决定本身之所以会使每个特殊生产部门的单个资本家和资本感到兴趣，并对其有决定的作用，不过因为劳动生产力提高或降低时，商品生产上必要的劳动量的减少或增加，在一种情况下，使他按现有的市场价格能够得到额外的利润，在另一种情况下，则使他不得不提高商品的价格，因为已经有更多的工资，更多的不变资本，因而也有更多的利息，加入部分产品或单个商品。价值决定之所以会使他感到兴趣，只是因为对他自己来说，它会提高或降低商品的生产费用，也就是说，只是因为它会使他处于特殊的地位。

另一方面，在他看来，工资、利息和地租，不仅对于能使他实现作为职能资本家所得的利润部分（即企业主收入）的那种价格来说，是起调节作用的界限，而且对于为使再生产能够继续进行而必须作为商品出售依据的那种价格来说，也是起调节作用的界限。只要在这种价格下，除了由工资、利息和地租为他个人决定的成本价格以外，他还能获得普通的或较大的企业主收入，那末，他在出售时是否已经实现商品中包含的价值和剩余价值，对他来说是完全没有关系的。因此，撇开不变资本部分不说，工资、利息和地租，在他看来，就是商品价格的起限定作用、因而起创造作用和决定作用的要素。例如，如果他能够成功地把工资压低到劳动力的价值以下，即压低到工资的正常水平以下，按较低的利息率获得资本和在地租的正常水平以下支付租金，那末，他是否低于产品的价值，甚至是否低于一般生产价格出售产品，因而白白地放弃商品中包含的剩余劳动的一部分，对他来说是完全无关紧要的。以上所说，甚至也适用于不变资本部分。例如，如果一个产业家能够低于原料的生产价格购买原料，那末，即使他再低于生产价格出售这种原料制成的产品，他也还是能不受损失。只要商品价格超过各种必须支付报酬并用等价物来补偿的要素而形成的余额保持不变或者增加，他的企业主收入就会保持不变甚至增加。但是，除了作为已定的价格量加入他的商品生产中的生产资料的价值外，作为起限定作用和调节作用的价格量加入这种生产中的东西，正是工资、利息和地租。因此，在他看来，它们好象是决定商品价格的要素。从这个观点来看，企业主收入也就好象取决于那个以偶然的竞争关系为转移的市场价格超过由上述价格要素决定的内在商品价值而形成的余额；或者，就企业主收入本身作为决定市场价格的要素来说，它本身又好象取决于买者和卖者之间的竞争。

在单个资本家之间进行的竞争和在世界市场上进行的竞争中，作为不变的和起调节作用的量加入到计算中去的，是已定的和预先存在的工资、利息和地租的量。这个量不变，不是指它们的量不会变化，而是指它们在每个场合都是已定的，并且为不断变动的市场价格形成不变的界限。例如，在世界市场上进行的竞争中，问题仅仅在于：在工资、利息和地租已定时，是否能够按照或低于现有的一般市场价格出售商品而得利，也就是说，实现相当的企业主收入。如果一个国家的工资和土地价格低廉，资本的利息却很高，因为那里资本主义生产方式总的说来不发展，而另一个国家的工资和土地价格名义上很高，资本的利息却很低，那末，资本家在一个国家就会使用较多的劳动和土地，在另一个国家就会相对地使用较多的资本。在计算两个国家之间这里可能在多大程度上进行竞争时，这些因素是起决定作用的要素。因此在这里，经验从理论方面，资本家的利己打算从实际方面表明：商品价格由工资、利息和地租决定，由劳动的价格、资本的价格和土地的价格决定；这些价格要素确实是起调节作用的形成价格的要素。

当然，这里总有一个要素不是预先存在的，而是由商品的市场价格产生的。这就是超过由工资、利息和地租这几个要素相加得出的成本价格而形成的余额。这第四个要素，在每个场合，都表现为由竞争决定，在把各个场合加以平均的情况下，则是由平均利润决定。这个平均利润又是由同一个竞争来调节，不过这是在较长的期间内进行的。

第五：在资本主义生产方式的基础上，很清楚，体现新加入的劳动的价值会分割为工资、利润和地租这几种收入形式，因此，这个方法（不说我们论述地租时作为例证所举的各个过去的历史时期）在这几种收入形式的存在条件根本就不具备的地方，也会被人应用。这就是说，一切都会通过类比而被包括在这些收入形式中。

如果有一个独立劳动者——假定是一个小农，因为在这里，这三个收入形式都可以应用——是为自己而劳动，并且也出售自己的产品，那末，他首先就会被看成是他自己的雇主（资本家），把自己当作工人来使用，其次会被看成是他自己的土地所有者，把自己当作租佃者来使用。他把自己当作雇佣工人支付给自己工资，把自己当作资本家支付给自己利润，把自己当作土地所有者支付给自己地租。资本主义生产方式和与之相适应的关系既然被假定为一般的社会的基础，那末，就这个独立劳动者不是靠自己的劳动，而是靠对生产资料——在这里，生产资料一般已经采取资本的形式——的占有而能占有自己的剩余劳动来说，这种包括方法是正确的。其次，只要他是把他的产品作为商品来生产，因而要依赖于商品的价格（甚至在不是这样的时候，这个价格也还是可以估计的），他能够实现的剩余劳动的总量，也不是取决于剩余劳动自身的量，而是取决于一般利润率；同样，可能超过由一般利润率所决定的剩余价值部分而形成的余额，也同样不是由他所提供的劳动量决定，而他能够占有这个余额，只是因为他是土地的所有者。正因为这样一种和资本主义生产方式不相适应的生产形式可以包括在资本主义生产方式的几种收入形式中，——并且在一定程度上，这样做并不是不正确的，——所以，资本主义关系好象是每一种生产方式的自然关系的这种假象，就更加具有迷惑作用。

当然，如果我们把工资归结为它的一般基础，也就是说，归结为工人本人劳动产品中加入工人个人消费的部分；如果我们把这个部分从资本主义的限制下解放出来，把它扩大到一方面为社会现有的生产力（也就是工人的劳动作为现实的社会劳动所具有的社会生产力）所许可，另一方面为个性的充分发展所必要的消费的范围；如果我们再把剩余劳动和剩余产品，缩小到社会现有生产条件下一方面为了形成保险基金和准备金，另一方面为了按社会需求所决定的程度来不断扩大再生产所必要的限度；最后，如果我们把那些有劳动能力的人必须为社会上还不能劳动或已经不能劳动的成员而不断进行的劳动，包括到1.必要劳动和2.剩余劳动中去，也就是说，如果我们把工资和剩余价值，必要劳动和剩余劳动的独特的资本主义性质去掉，那末，剩下的就不再是这几种形式，而只是它们的为一切社会生产方式所共有的基础。

此外，这种包括方法，也为以前各种占统治地位的生产方式如封建的生产方式所固有。那些完全和封建的生产方式不相适应、完全处于这种生产方式之外的生产关系，也被包括在封建关系中。例如英国的自由农民保有地（与骑士保有地相反）就是这样。其实，这种自由农民保有地只包含货币义务，不过在名义上是封建的。

📖 **经典解说**

商品扣除它生产上所耗费的生产资料的价值以后的价值，这个既定的、由物化在商品产品中的劳动量决定的价值量，分为具有独立的、互不相关的收入形式，即工资、利润和地租三个组成部分。这种分割，在资本主义生产的可以看到的表面上，因而也在那些局限于资本主义生产的表面现象的当事人的观念中，总是颠倒地表现出来。（他们不是把这些收入形式看成商品价值的转化形式，不是看成由商品价值扣除不变资本再现部分后的价值部分分解而来，而是把它们看成作为不同的独立源泉的要素带来的价值，把商品价值看成它们加总起来的结果。）

假定某一个商品的总价值=300，其中200是商品生产上所消耗的生产资料或不变资本要素的价值。这样，剩下的100则作为在商品生产过程中加到这个商品上的新价值的总额。这个新价值100，就是可以用来分为这三种收入形式的总的限度。我们假定工资=x，利润=y，地租=z，那么，在我们所说的场合，x+y+z的总和就是=100。但在工业家、商人和银行家的观念中，以及在庸俗经济学家的观念中，事情则完全不是这样。在他们看来，不是商品扣除它生产上所消耗的生产资料的价值以后的价值=100，然后这100分为x、y、z。在他们看来，商品的价格只是由不以商品的价值为转移的并且互相独立地决定的工资、利润和地租的价值量加总在一起构成的，因此，x、y、z中每一个都是独立地提供和决定的。并且，在他们看来，这几个价值量加总起来的总和，不管可能大于100还是小于100，商品本身的价值量都是这么确定的，商品本身的价值量就是由这几个要素形成的价值量相加的结果。

这种混乱之所以产生，是因为：

第一，（内在的联系和机理隐藏得很深，处于相互竞争的市场关系中的人们能看到的仅仅是似是而非的表面现象。）

在资本主义经济关系的表面，商品价值的各个组成部分是作为独立的收入互相对立的，并且它们作为独立的收入，是与劳动、资本和土地这三种彼此完全不同的生产要素发生关系，因而好像它们就是由这些东西产生的一样。商品的这些不同的价值组成部分所以会分别属于各自的所有者，并把这些价值组成部分转化为他们的收入，事实上也是以劳动力的、资本的和土地的所有权为根据。

但商品的价值并不是因它转化为收入而产生的，它在能够转化为收入，能够取得这种收入形式以前必须已经存在。这三个部分的相对量是由不同的规律决定的（工资、利润、地租都是由各自的规律决定的），它们和商品价值本身的联系以及它们受商品价值本身的限制的事实，绝不会在表面上显现出来，所以，颠倒的假象必然更具有迷惑作用。

第二，（在市场竞争中，人们的感性认识很容易形成工资等要素价格决定商品价格、不同的要素各自产生价值的错觉。）

我们已经说过，工资的一般提高或降低，在其他条件相同的情况下，会使一般利润率发生方向相反的变动，改变不同商品的生产价格，按照各有关生产部门的资本平均构成的不同情况，使其中一些上涨，另一些下降。因此，在这里，无论如何在某些生产部门，经验说明：工资上涨，商品的平均价格就上涨；工资下跌，商品的平均价格就下跌。但"经验"不能说明，那种不以工资为转移的商品价值隐蔽地调节着这种价格变动。

相反，如果工资的上涨是局部的，只是在特殊生产部门内由于特殊的情况才产生的，这些商品的价格在名义上就会相应的提高。一种商品与工资保持不变的其他商品相比相对价值上的这种提高（相对价格的提高），在这里，只是剩余价值在不同生产部门的平均分配上遭到局部破坏的反应，只是一个使特殊利润率平均化为一般利润率的手段（这些内在机理普通人是认识不到的）。他们在这里得到的"经验"，仍旧是价格由工资决定。

因此，首先，在这两种场合经验能说明的，都是工资决定商品价格。经验不能说明的，则是这种联系的隐蔽的原因。

其次，劳动的平均价格，即劳动力的价值，是由必要生活资料的生产价格决定的。后者上涨或下跌，前者也会随着上涨或下跌。在这里，经验再次说明，工资和商品价格之间存在正相关性联系（同步涨跌）；但原因可以表现为结果，结果也可以表现为原因，这种情况在市场价格的变动上也可以看到。在那里（在市场价格的场合），工资提高到平均工资以上的现象，和那种与繁荣时期联系在一起的市场价格提高到生产价格以上的现象相适应，随后而来的工资降低到平均工资以下的现象，则和市场价格降低到生产价格以下的现象相适应（繁荣时期就业充分，对生活必需品的需求旺盛，生活必需品价格上涨，从而引起工资上涨，收缩时期则相反）。（在这里，人们很容易感受到工资和生活资料价格的正相关关系，至于它们真正的因果关系，往往不会去认真思考。）

（这里的关系很复杂，内在因果联系也不是那么容易把握。）撇开市场价格的波动不说，工资提高，利润率就降低，工资降低，利润率就提高的经验，显然总是必须和生产价格受商品价值的制约这一点相适应（从内在的一般机理来看，工资变动引起利润率和生产价格的变动，这种变动总是以商品价值为基础）。但是，这从表面现象是看不明白的。我们说过，利润率可以由与工资变动无关的不变资本价值的变动来决定；因此，工资和利润率可以不按相反的方向，而按相同的方向变动，二者可以一同提高或一同降低。如果剩余价值率和利润率是直接一致的，这种情况就不可能发生。在工资由于生活资料价格提高而提高时，利润率也能因劳动强度加大或工作日延长而保持不变，甚至提高。（因此，工资、利润率似乎都是独立地对商品价格发挥作用，人们也习惯把它们当作独立的因素，孤立地观察它们与价格变动的关系。）

所有这些经验，都肯定了由于各个价值组成部分具有独立的、颠倒的形式而引起的假象，好像决定商品价值的，只是工资或工资加上利润。

只要一般地就工资来说产生了这样的假象（要素价格直接决定商品价格、决定市场价格运动的假象），只要劳动的价格和由劳动创造的价值似乎一致（如果这个方面有了一致的错觉，商品价值的其他部分就只能归结为另外的来源），那么，不言而喻，就利润和地租来说，这样的假象也会产生。因此，利润和地租的价格即它们的货币表现的调节，就必然和劳动以及由劳动创造的价值无关。

第三，（由于在市场竞争中资本主义生产不断重复进行，各种收入形式独立地构成商品的价值已经成为人们的牢固经验。）

假定商品价值或不过表面看来和商品价值独立无关的生产价格，直接地、不断地表现为和商品的市场价格相一致，而不只是通过不断变动的市场价格的不断均衡来充当起调节作用的平均价格（假定价值或生产价格不只是充当平均价格，而是直接等同市场价格，也就是暂时排除了市场机制的作用）。再假定，再生产总是在同一些保持不变的条件下进行，因而在资本的一切要素上劳动生产率都保持不变。最后，假定每个生产部门的商品产品中新生产的价值，即由于新的劳动加到生产资料价值上而形成的价值部分，总是按照不变的比例分为工资、利润和地租，以致实际支付的工资总是直接和劳动力的价值相一致，而每个资本实际实现的利润，总是直接和总剩余价值中按平均利润率应该归它的利润相一致，也就是说，总资本的各个独立执行职能的资本部分都得到它应得的那部分剩余价值，实际的地租也总是直接和在这个基础上地租通常不能超出的界限相一致。换言之，假定社会价值产品的分割和生产价格的调节，都是在资本主义的基础上、但在排除竞争的情况下进行的。（这里列出多个方面假定，目的是暂时排除竞争、抽象出"最一般"最牢固的经验。）

在这各种假定下商品的价值不变，并且也表现为不变；商品产品分解为收入的价值部分仍旧是一个不变的量，并且总是表现为一个不变的量；最后这个已定的不变的价值部分（商品中新的劳动创造的价值部分，在各种生产条件不变时，它是已定的不变的量）又总是按不变的比例分为工资、利润和地租。甚至在这各种假定下，现实的运动还是必然会以颠倒的形式表现出来：好像不是一个已预先规定的价值量分为具有互相独立的收入形式的三部分，而是反过来，好像这个价值量是由独立地、分别地决定的、构成这个价值量的工资、利润和地租这些要素的总和形成。这种假象必然会产生，因为在单个资本及其商品产品的现实运动中，不是商品价值表现为这种分割的前提，而是相反地，它所分成的各个组成部分表现为商品价值的前提。这有以下原因：

首先（这"首先"与后文"另一方面"对应），我们已经说过，对于每个资本家来说，商品的成本价格表现为预先存在的已定的量，并且在现实的生产价格上总是表现为这样一个已定的量。

依照劳动价值论，成本价格等于不变资本即预付的生产资料的价值加上劳动力的价值，后者对生产当事人来说表现为不合理的劳动价格形式，以致工资同时表现为工人的收入。实际上，劳动的平均价格作为一个已定的量，就是劳动力的价值，它和任何其他商品的价值一样，是由它再生产上必要的劳动时间决定的。就商品的这个分解为工资的价值部分来说，它的产生（由劳动作为一般人类劳动产生出来）并不是因为它采取了工资这个形式（工资只是分配的规定），不是因为资本家以工资这个表现形式，把工人在他自己的产品中所得的部分（作为要素贡献所得的部分）预付给工人，而是因为工人的劳动作为一般人类劳动生产了一个和他的工资相当的等价物，也就是说，因为他的日劳动或年劳动的一部分，生产了包含在他的劳动力价格内的价值。

但是，工资在与它相当的价值等价物 ①（与工资相当的商品价值）被生产出来以前，已经由契约规定。因此，工资作为一个在商品和商品价值生产出来以前数量已定的价格要素，作为成本价格的一个组成部分，不是表现为一个在独立形式上从商品总价值中分离出来的部分，而是相反地表现为已定的量，它预先决定商品的总价值，也就是说，是价格或价值的一个形成要素（构成商品价值的要素）。

依照劳动价值论，平均利润在商品生产价格上所起的作用和工资在商品成本价格上所起的作用相类似，因为生产价格等于成本价格加上预付资本的平均利润。（但对于生产当事人来说，他们并不是这么看，而是把它看成预先存在的起调节作用的要素）这个平均利润之所以会在资本家本人的观念和计算中实际上成为一个起调节作用的要素（独立的构成要素，它调节着资源配置，对契约的签订起着指导作用），不仅因为它会决定资本由一个投资部门到另一个投资部门的转移，而且因为它对一切销售和包括长期再生产过程的契约来说，都起着调节的作用。就平均利润起这种作用来说，它是一个预先存在的量（被当成预先存在的量），在这个意义上，它实际上和每个特殊生产部门所生产的价值和剩余价值无关，因而更和那些部门内任何一个投资所生产的价值和剩余价值无关。从这种现象来看，平均利润

---

① 价值等价物，应该理解为商品价值，后文也是表述为商品价值。

似乎不是价值分割的结果，相反地，它似乎是在商品生产过程中预先存在的东西，似乎是一个和商品产品的价值无关的、并决定着商品本身的平均价格的量，也就是说，是形成价值的要素（构成商品价值的要素）。

在平均利润之外，剩余价值由于它的不同部分分解为彼此完全独立的形式，也以更具体的形式，表现为形成商品价值的前提（不是看成商品价值分解而来）。平均利润中采取利息形式的那一部分，在职能资本家面前，就是作为商品和商品价值的生产上一个预先存在的要素独立出现的。利息量尽管变动很大，但在任何一个瞬间，对于任何一个资本家来说，总是作为一个已定的量，加入这个资本家所生产的商品的成本价格。农业资本家以契约规定的租金形式和其他企业家以营业场所的租金形式支付的地租也是这样。

剩余价值所分成的这些部分，因为在日常观念中对于单个资本家来说作为成本价格的要素是已定的，所以反而表现为剩余价值的形成要素（似乎剩余价值就是这些部分的加总，它们似乎来自不同的源泉）；它们表现为商品价格的一个部分的形成要素，就像工资表现为商品价格的另一个部分的形成要素一样。

这些由商品价值分割产生的产物，之所以会不断表现为价值形成本身的前提，会产生这样一个迷惑人的秘密，简单来说，就是资本主义的生产方式和任何别的生产方式一样，不仅不断再生产物质的产品，而且不断再生产社会的经济关系，即再生产产品所经过的不同社会环节的经济的形式规定性①。因此，它的结果会不断表现为它的前提，像它的前提会不断表现为它的结果一样。单个资本家正是预先把这些关系的这种不断再生产当作不言而喻的、毫无疑问的事实。只要资本主义生产本身继续存在，新加入的劳动的第一部分就会不断化为工资，第二部分就会不断化为利润（利息和企业主收入），第三部分就会不断化为地租。在不同生产要素所有者之间订立契约时，这是前提，并且不管相对的数量关系在各个场合发生多大变动，这个前提对于契约订立来说总是正确的。互相对立的各个价值部分采取的确定形式被当作生产的前提，因为这个确定形式不断地被再生产出来。

---

① 经济的形式规定性，就是在社会关系或社会过程中形成的社会经济规定。

它不断地被再生产出来，又因为它不断地成为前提（前提和生产出来的结果相互加强，不断重复，以致普通人无法把握真正的因果关系，往往依照经验把结果当成前提）。

诚然，经验和现象也都表明，市场价格（资本家实际上只把市场价格的影响看作价值决定），从量的方面来看，绝不取决于这些预先的东西；市场价格不以契约所定的利息或地租的高低为转移。但是，市场价格只有通过变动才是不变的（市场价格通过变动会发展为稳定的预期）；它们在较长期间内的平均数，恰好提供工资、利润和地租各自的作为不变的、归根到底支配着市场价格的量的平均数。（市场价格虽然是变化的，不会与契约的要求相一致，但是，工资、利润、地租在长时期形成的平均数，总是被当作预先可知的东西调节着生产活动和经济关系，特别是在订立契约时会被预先规定下来。）

另一方面（这一方面把要素决定价格进一步扩展到不变资本），存在这样一种好像很简单的想法：如果工资、利润和地租成为价值的形成要素，是因为它们表现为价值生产的前提，并且是单个资本家的成本价格和生产价格的前提，那么，其价值作为已定量而加入每种商品生产的不变资本部分，也应该是价值的形成要素，而它自身也是以同样方式决定的。

其实，这个想法在逻辑上并不自洽（原文是"但是"）。不变资本部分不外是一些商品的总和，因而不外是一些商品价值的总和。因此，我们就得到荒谬的同义反复：商品价值是商品价值的形成要素和原因。（这里不能不陷入逻辑循环：工资、利润和地租形成商品价值，作为不变资本的商品价值还原为工资、利润和地租，同样成为商品价值的形成要素，这里可以引申出：商品价值形成商品价值，工资、利润和地租决定工资、利润和地租）但是，（尽管这种想法在理论逻辑上存在无法克服的逻辑问题）如果资本家出于某种利益要对这个问题进行思考，——一个资本家思考问题完全是由他的利益和他的利己动机决定，——经验就会告诉他，他自己生产的产品会作为不变资本部分加入其他的生产部门，而其他生产部门的产品，也会作为不变资本部分加入他的产品（这样看来，似乎所有的不变资本都是工资、利润、地租构成的）。因为对他来说，在只涉及他进行新生产的情况下（撇开不变资本），价值的追加（自己的新产品的价值追加）表面看来是由工资、利润、地租的量形成，所以，这也适用于由其他资本家的产品构成的不变部分（通过经验的类比，很容易把自己的不变资本看成别的资本追加工资、利润、地租的产物）。

因此，不变资本部分的价格，以及商品的总价值，最后分析起来，虽然是按照一种有点莫名其妙的方法，都会归结为由几个独立的、按不同规律调节的和由不同源泉形成的工资、利润和地租这些价值形成要素相加而成的价值总额。

（依照构成价值理论，商品价值形成中存在一种荒谬的同义反复，即商品价值是商品价值的形成要素和原因。但是，为了某种利益如进行投资决策，生产当事人往往依照自己的经验把工资、利润、地租等看成他人商品的价值形成要素，从而看成自己的不变资本的形成要素，这样，不变资本和商品总价值，最后都归结为各种要素收入加总的产物。这样，可以根据要素价格比较简便地估算不同投资的回报。）

第四，（处于市场关系和市场竞争中的生产当事人更多地基于成本—收益关系看待自己的实际利益，事实上不关心商品的价值，他们更多地关心各种收入形式作为不同的"成本"对自己收益的影响，不自觉地把各种成本看成商品价格的构成因素，而把利润看成竞争的产物。他们也是根据被当成独立的形成因素的要素价格来决定自己的投资。）

商品是否按照价值出售，因而价值决定本身，就单个资本家来说，是完全没有关系的。价值决定，一开始就已经是某种在他背后，通过各种和他无关的条件来进行的过程，因为在每个生产部门，成为起调节作用的平均价格的不是价值，而是和价值不同的生产价格（在商品与金属货币交换的情况下，如果资本有机构成存在明显差异，生产价格可以看成市场的平均价格）。价值决定本身之所以会使每个特殊生产部门的单个资本家和资本感到兴趣，并对其有决定的作用，不过因为劳动生产力提高或降低时，商品生产上必要的劳动量的减少或增加，在一种情况下，使他按现有的市场价格能够得到额外的利润，在另一种情况下，则使他不得不提高商品的价格，因为已经有更多的工资，更多的不变资本，因而也有更多的利息，加入部分产品或单个商品。价值决定之所以会使他感到兴趣，只是因为对于他自己来说，会提高或降低商品的生产费用，也就是说，只是因为它会使他处于特殊的地位（他真正关心的仅仅是他的产品的个别价值）。

另外，在他看来，工资、利息和地租，不仅对于能使他实现作为职能资本家所得的利润部分（企业主收入）的那种价格来说，是起调节作用的界限，而且对于为使再生产能够继续进行而必须作为商品出售依据的那种价格来说，也是起调节作用的界限（也就是说，工资、利息和地租对市场平均价格和个别资本产品的实际出售价格具有限制作用）。只要在这种价格下，除由工资、利息和地租为他个人决定的成本价格外，还能获得普通的或较大的企业主收入，那么，他在出售时是否已经实现商品中包含的价值和剩余价值，对于他来说是完全没有关系的。因此，撇开不变资本部分不说，工资、利息和地租，在他看来，就是商品价格的起限定作用、因而起创造作用（工资、利息等成本低意味着获利多，在这个意义上起创造作用）和决定作用的要素（它们被看成各自独立的决定因素，因为它们构成了商品生产的成本因素，生产者关心这种成本对收益的影响）。例如，如果他能够成功地把工资压低到劳动力的价值以下，即压低到工资的正常水平以下，按较低的利息率获得资本和在地租的正常水平以下支付租金，那么，他是否低于产品的价值，甚至是否低于一般生产价格出售产品，因而白白地放弃商品中包含的剩余劳动的一部分，对于他来说是完全无关紧要的。以上所说，甚至也适用不变资本部分。例如，如果一个产业家能够低于原料的生产价格购买原料，那么，即使他再低于生产价格出售这种原料制成的产品，他也还是能不受损失。只要商品价格超过各种必须支付报酬并用等价物来补偿的要素而形成的余额保持不变或者增加，他的企业主收入就会保持不变甚至增加。但是，除作为已定的价格量加入他的商品生产中的生产资料价值外，作为起限定作用和调节作用的价格量加入这种生产中的东西，正是工资、利息和地租。因此，在他看来，它们好像是决定商品价格的要素。从这个观点来看，企业主收入也好像取决于那个以偶然的竞争关系为转移的市场价格超过由上述价格要素决定的内在商品价值而形成的余额；或者说，就企业主收入本身作为决定市场价格的要素来说（企业主收入是价格的组成部分），它本身又好像取决于买者和卖者之间的竞争。

在单个资本家之间进行的竞争和在世界市场上进行的竞争中，作为不变的和起调节作用的量加入计算中去的是已定的和预先存在的工资、利息和地租的量。这个量不变，不是指它们的量不会变化，而是指它们在每个场合都是已定的，并且为不断变动的市场价格形成不变的界限（成本价格的界限）。例如，在世界市场上进行的竞争中，问题仅仅在于：在工资、利息和地租已定时，是否能够按照或低于现有的一般市场价格出售商品而得利，也就是说，实现相当的企业主收入。如果一个国家的工资和土地价格低廉，资本的利息却很高，因为那里资本主义生产方式总的说来不发展，而另一个国家的工资和土地价格名义上很高，资本的利息却很低，那么，资本家会根据要素价格来进行投资决策，在一个国家就会使用较多的劳动和土地，在另一个国家就会相对地使用较多的资本。在计算两个国家之间在这里可能在多大程度上进行竞争时，这些因素是起决定作用的要素。

因此在这里，经验从理论方面，资本家的利己打算从实际方面表明：商品价格由工资、利息和地租决定，由劳动的价格、资本的价格和土地的价格决定；这些价格要素确实是起调节作用的形成价格的要素。（这从市场的竞争关系来看是对的，但只是从现象展现出来的联系，内在的本质联系被这些现象遮蔽，要揭示出来是不容易的。）

当然，这里总有一个要素不是预先存在的，而是由商品的市场价格产生的。这就是超过由工资、利息和地租这几个要素相加得出的成本价格（这个成本价格不是生产价格）而形成的余额（利润）。这第四个要素，在每个场合都表现为由竞争决定，在把各个场合加以平均的情况下，则是由平均利润决定。这个平均利润又是由同一个竞争来调节，不过这是在较长的期间内进行的。

第五，（资本主义生产方式的主导地位，促使人们用类比的方式按资本主义的观点看待非资本主义生产方式。）

在资本主义生产方式的基础上，很清楚，体现新加入的劳动的价值会分割为工资、利润和地租这几种收入形式，因此，这个方法（不说我们论述地租时作为例证所举的各个过去的历史时期）在这几种收入形式的存在条件根本就不具备的地方，也会被人应用。也就是说，一切都会通过类比而被包括在这些收入形式中。

如果有一个独立劳动者——假定是一个小农（因为在这里，这三个收入形式即工资、利润、地租都可以应用），他不仅为自己而劳动，并且也出售自己的产品，那么，他首先就会被看成他自己的雇主（资本家），把自己当作工人来使用，其次会被看成他自己的土地所有者，把自己当作租佃者来使用。他把自己当作雇佣工人支付给自己工资，把自己当作资本家支付给自己利润，把自己当作土地所有者支付给自己地租。首先，资本主义生产方式和与之相适应的生产关系既然被假定为一般的社会基础，那么，就这个独立劳动者不是靠自己的劳动，而是靠对生产资料（在这里，生产资料一般已经采取资本的形式）的占有而能占有自己的剩余劳动来说，这种包括方法是正确的。其次，只要他是把他的产品作为商品来生产，因而要依赖于商品的价格（甚至在不是这样的时候，这个价格也还是可以估计的），他能够实现的剩余劳动的总量，不是取决于剩余劳动自身的量，而是取决于一般利润率；同样，可能超过由一般利润率决定的剩余价值部分而形成的余额（相当于地租部分），也同样不是由他提供的劳动量决定，而他能够占有这个余额，只是因为他是土地的所有者。正因为这样，一种和资本主义生产方式不相适应的生产形式可以包括在资本主义生产方式的几种收入形式中（在一定意义上，这样做并不是不正确的），所以，在市场竞争中展现出来的资本主义关系好像是每一种生产方式的自然关系的这种假象，更加具有迷惑作用。

当然，如果我们把工资归结为它的一般基础，也就是说，归结为工人本人劳动产品中加入工人个人消费的部分；如果我们把这个部分从资本主义的限制下解放出来，把它扩大到一方面为社会现有的生产力（也就是工人的劳动作为现实的社会劳动所具有的社会生产力）所许可，另一方面为个性的充分发展所必要的消费的范围；如果我们再把剩余劳动和剩余产品，缩小到社会现有生产条件下一方面为了形成保险基金和准备金，另一方面为了按社会需求所决定的程度来不断扩大再生产所必要的限度；如果我们把那些有劳动能力的人必须为社会上还不能劳动或已经不能劳动的成员而不断进行的劳动，包括到必要劳动和剩余劳动中去，也就是说，如果我们把工资和剩余价值、必要劳动和剩余劳动的独特的资本主义性质去掉，那么，剩下的不再是这几种特定的收入形式，而只是它们的为一切社会生产方式所共有的基础（在这种一般的意义上，资本主义的收入形式似乎确实可以作为不同生产方式的一般的基础）。

此外，这种方法，也为以前各种占统治地位的生产方式如封建的生产方式所固有（任何一个社会的主导的生产方式，都会成为一种普照的光，影响着一切非主导生产方式的认识方式）。那些完全和封建的生产方式不相适应、完全处于这种生产方式之外的生产关系，也被包括在封建关系中。例如，英国的自由农民保有地（与骑士保有地相反）就是这样。其实，这种自由农民保有地只包含货币义务（只是象征性地给封建主交点钱），不过在名义上是封建的（名义上把封建主当做自己的主人）。

第五十一章
分配关系和生产关系

📖 **题解**

本章在唯物史观的基础上，阐明了资本主义的生产关系与分配关系的统一。这与《〈政治经济学批判〉导言》中"生产与分配"的思想完全一致。这里特别强调，商品生产与交换的普遍化是资本主义生产的特征之一，因为它隐含了劳动力成为商品这个资本主义生产的基本前提，而普遍化的简单商品经济是资本主义生产的一般形式，价值规定和价值规律是资本主义生产的特殊规定和特殊规律，是从它的这种一般形式中抽象出来的。正因为如此，马克思指出："在论述资本主义生产方式甚至商品生产的最简单的范畴时，在论述商品和货币时，我们已经指出了一种神秘性质，它把在生产中以财富的各种物质要素作为承担者的社会关系，变成这些物本身的属性（商品），并且更直截了当地把生产关系本身变成物（货币）。"[①] 在这里，马克思把商品和货币首先看成资本主义生产方式最简单的范畴，尽管在一定意义上甚至可以看成一切商品生产的最简单范畴。

以往经济学关于分配的错误认识，就在于没有唯物史观的指导，因而不是从特定性质的生产过程出发来把握经济关系，它们从抽象的市场关系出发看待分配关系，或者是把资本主义生产看成超时空的生产一般，把资本主义生产方式神圣化。因此，不可能把握不同时代生产的本质区别，不可能科学认识资产阶级社会的生产关系与分配关系。

---

① 马克思：《资本论》第3卷，人民出版社1975年版，第934页。

以往经济学在分配关系和生产关系方面的错误认识

经典导读

把生产要素看成收入的最终源泉，把按要素分配抽象地看成自然关系，强调这种分配的一般性，尽管这种看法对于生产当事人来说是通常的看法，但这种抽象的看法脱离了特定的时代背景，是错误的。

把这种分配关系仅仅看成资本主义社会的特殊表现，以此强调资本主义社会的优越性，也是错误的。因为它忽视了这种分配与其他时代的分配关系具有一般共性的一面，不符合正常的逻辑；并且，那些学者的目的是更加顽固地突出资本主义生产是一种合乎人类本性和自然规律的"生产一般"。事实上，正像《〈政治经济学批判〉导言》所揭示的那样，他们对物质生产的一般关系（生产与分配、交换、消费的一般关系）完全缺乏理解。也不理解资本主义的生产关系和分配关系所具有的暂时的历史性质。

基于斯密教条，把全部"年产品"分解为各种收入，由此出发结合三位一体公式看待资本主义社会的分配关系，似乎有些合理性，但是，把事实说成这样是错误的。这种看法忽视了不变资本的存在，忽视了生产资料作为资本与直接生产者的对立，从而离开了资本主义生产的整个基础和生产的特定社会性质。资本主义社会的分配关系以生产要素的分配为前提，是与资本主义生产关系相适应的。是资本主义生产和再生产的反映。

资本主义生产方式是一种特殊的、具有独特历史规定性的生产方式，其生产关系和分配关系具有特定的性质。它们是劳动异化的典型形式，具有历史暂时性。

经典原文

以往经济学在分配关系和生产关系方面的错误认识

可见，由每年新追加的劳动新加进的价值，——从而，年产品中体现这个价值并且能够从总产品价值中取出和分离出来的部分，——分成三部分，它们采取三种不同的收入形式，这些形式表明，这个价值的一部分属于或归于劳动力的所有者，另一部分属于或归于资本的所有者，第三部分属于或归于土地所有权的占有者。因此，这就是分配的关系或形式，因为它们表示出新生产的总价值在不同生产要素的所有者中间进行分配的关系。

按照通常的看法，这些分配关系被认为是自然的关系，是从一切社会生产的性质，从人类生产本身的各种规律产生出来的关系。诚然，不能否认，资本主义以前的社会出现过其他的分配方式，但是，人们把那些方式说成是这种自然分配关系的未发展的、未完成的、伪装了的、没有取得最纯粹表现和最高形式的、具有不同色彩的方式。

这种见解中唯一正确的一点是：在任何社会生产（例如，自然形成的印度公社，或秘鲁人的较多是人为发展的共产主义）中，总是能够区分出劳动的两个部分，一个部分的产品直接由生产者及其家属用于个人的消费，另一个部分即始终是剩余劳动的那个部分的产品，总是用来满足一般的社会需要，而不问这种剩余产品怎样分配，也不问谁执行这种社会需要的代表的职能；在这里我们撇开用于生产消费的部分不说。这样，不同分配方式的同一性就归结到一点：如果我们把它们的区别性和特殊形式抽掉，只注意它们的同区别性相对立的一致性，它们就是同一的。

更有学识、更有批判意识的人们，虽然承认分配关系的历史发展性质，但同时却更加固执地认为，生产关系本身具有不变的、从人类本性产生出来的、因而与一切历史发展无关的性质。

相反，对资本主义生产方式的科学分析却证明：资本主义生产方式是一种特殊的、具有独特历史规定性的生产方式；它和任何其他一定的生产方式一样，把社会生产力及其发展形式的一定阶段作为自己的历史条件，而这个条件又是一个先行过程的历史结果和产物，并且是新的生产方式由以产生的现成基础；同这种独特的、历史规定的生产方式相适应的生产关系，——即人们在他们的社会生活过程中、在他们的社会生活的生产中所处的各种关系，——具有独特的、历史的和暂时的性质；最后，分配关系本质上和生产关系是同一的，是生产关系的反面，所以二者都具有同样的历史的暂时的性质。

在考察分配关系时，人们首先是从年产品分为工资、利润和地租这种所谓的事实出发。但是，把事实说成这样是错误的。产品一方面分为资本，另一方面分为收入。其中一种收入，工资，总是先要以资本形式同工人相对立，然后才取得收入的形式，即工人的收入的形式。生产出来的劳动条件和劳动产品总的说来作为资本同直接生产者相对立这个事实，从一开始就意味着：物质劳动条件和工人相对立而具有一定的社会性质，因而在生产中，工人同劳动条件的所有者之间，并且工人彼此之间，是处在一定的关系中。这些劳动条件转化为资本这个事实，又意味着直接生产者被剥夺了土地，因而存在着一定的土地所有权形式。

如果产品的一部分不转化为资本，它的另一部分就不会采取工资、利润和地租的形式。

另一方面，如果说资本主义生产方式以生产条件的这种一定的社会形式为前提，那末，它会不断地把这种形式再生产出来。它不仅生产出物质的产品，而且不断地再生产出产品在其中生产出来的那种生产关系，因而也不断地再生产出相应的分配关系。

当然，可以说，资本（包括作为资本的对立物的土地所有权）本身已经以这样一种分配为前提：劳动者被剥夺了劳动条件，这些条件集中在少数个人手中，另外一些个人独占土地所有权，总之，就是在论原始积累的那一部分（第1卷第24章）已经说明过的全部关系。但是，这种分配完全不同于人们把分配关系和生产关系对立起来，赋予它以一种历史性质时所理解的分配关系。人们用这种分配关系来表示对产品中归个人消费的部分的各种索取权。相反，前面所说的分配关系，却是在生产关系本身范围内，落到同直接生产者相对立的、生产关系的一定当事人身上的那些特殊社会职能的基础。这种分配关系赋予生产条件本身及其代表以特殊的社会性质。它们决定着生产的全部性质和全部运动。

📖 经典解说

可见，由每年新追加的劳动新加进的价值，从而年产品中体现这个价值并且能够从总产品价值中取出和分离出来的部分，——分成三部分，它们采取三种不同的收入形式，这些收入形式表明，这个价值的一部分属于或归于劳动力的所有者，另一部分属于或归于资本的所有者，还有一部分属于或归于土地所有权的占有者。因此，这就是分配的关系或形式，因为它们表示出新生产的总价值在不同生产要素的所有者中间进行分配的关系。（这是科学理解的分配关系，但是，这种分配关系却受到种种错误的理解。）

按照通常的看法，这些分配关系被认为自然的关系（各种生产要素被看成各种收入的最终源泉，因而是合乎自然的关系），是从一切社会生产的性质（这里的意思是适用一切社会性质的生产即生产一般），从人类生产本身的各种规律（物质生产规律）产生出来的关系（把这种分配关系看成从生产一般、从物质生产规律中产生出来的合乎自然的关系，这是错误的）。在他们看来，尽管不能否认资本主义以前的社会出现过其他的分配方式，但是，那些分配方式只是这种合乎自然的分配关系的未发展的、未完成的、伪装了的、没有取得最纯粹表现和最高形式的、具有不同色彩的方式。（这是资本主义社会的“通常”的看法，他们把这种分配关系看成理所当然，并高度认可。这是资本主义生产方式居于主导地位且具有历史合理性的表现。当时有影响的经济学家，在理论上似乎“超越”了这种通常的看法，他们更多地强调资本主义生产的一般性，把生产看成一般，而把分配看成特殊。他们强调，依照产权进行分配并通过法权加以保障，是资本主义社会不同于以往时代的特殊性，是资本主义社会优越性的表现。《〈政治经济学批判〉导言》集中批判的是后一种观点。）

这种见解中唯一正确的一点：在任何社会生产（例如，自然形成的印度公社，或秘鲁人的较多是人为发展的共产主义）中，总是能够区分出劳动的两个部分，一个部分的产品直接由生产者及其家属用于个人的消费，另一个部分即始终是剩余劳动的那个部分的产品，总是用来满足一般的社会需要，而不问这种剩余产品怎样分配，也不问谁执行这种社会需要的代表的职能；在这里我们撇开用于生产消费的部分。这样，不同分配方式的同一性就归结为一点：如果我们把它们的区别性和特殊形式抽掉，只注意它们的同区别性相对立的一致性，它们就是同一的。

（对于不同社会的分配关系，确实可以撇开不同社会形态的本质区别，抽象出一般的分配规定。就此看来，各个时代的分配关系似乎没有区别，但是，用这种“统一性”无法理解任何一个时代的分配关系，这对于我们把握资本主义社会的经济关系没有意义，仅仅为理论思考提供了一些方便，我们不应看到这种统一就忘记本质的差别。）

更有学识、更有批判意识的人们（主要是当时有声望的经济学家），虽然承认分配关系的历史发展性质（把分配看成特定时代的特殊表现），但同时却更加固执地认为，生产关系本身具有不变的、从人类本性产生出来的、因而与一切历史发展无关的性质（把生产关系当成超时空的一般关系）。（这同样是错误的，它把分配与生产割裂开来，不理解现实经济关系中生产与分配的内在联系。马克思在《〈政治经济学批判〉导言》的第一部分"生产"和第二部分"生产与分配、交换、消费的一般关系"中对此进行了全面、系统的批判，不但揭示了这一看法的错误实质，还通过详细论证，证明这些经济学家根本不理解资本主义生产的一般关系，只是强烈地表达了自己的主观立场而已。）

与这些经济学家的看法相反，对资本主义生产方式的科学分析证明：资本主义生产方式是一种特殊的、具有独特历史规定性的生产方式；它和任何其他一定的生产方式一样，把社会生产力及其发展形式的一定阶段作为自己的历史条件，而这个条件又是一个先行过程的历史结果和产物，并且是新的生产方式能够产生的现成基础；同这种独特的、历史规定的生产方式相适应的生产关系①，即人们在他们的社会生活过程中、在他们的社会生活的生产中所处的各种关系（各种关系应该包含人与自然、人与人的关系），具有独特的、历史的和暂时的性质；最后，分配关系本质上和生产关系是同一的，是生产关系的反面，所以二者都具有同样的历史的、

---

① 对于生产关系、经济基础范畴，似乎有进一步考察的必要。

《〈政治经济学批判〉序言》指出：人们在自己生活的社会生产中发生一定的、必然的、不以他们的意志为转移的关系，即同他们的物质生产力的一定发展阶段相适应的生产关系。这些生产关系的总和构成社会的经济结构（经济基础）。《资本论》第3卷第48章指出，（资本主义的）社会生产过程既是人类生活的物质生存条件的生产过程，又是一个在历史上、经济上独特的生产关系中进行的过程，是生产和再生产着这些生产关系本身……这种生产的承担者对自然的关系以及他们之间的关系，他们借以进行生产的各种关系的总和，就是从社会经济结构方面来看的社会。《资本论》第3卷第51章指出，资本主义生产方式是一种特殊的、具有独特历史规定性的生产方式……同这种独特的、历史规定的生产方式相适应的生产关系，——即人们在他们的社会生活过程中、在他们的社会生活的生产中所处的各种关系，——具有独特的、历史的和暂时的性质。

从这三处来看，对于资本主义社会而言，似乎教科书中的生产关系定义和经济基础定义，都存在一些问题，即突出了社会关系、社会制度，忽略了人与自然的关系，而这种人与自然的关系是基础、是前提。因为社会关系以物质生产过程为承担者，不能把生产关系当成物，也不能离开物质承担者片面看待资本主义时代的生产关系，因为在资本主义时代，生产关系总是表现为物的关系。生产资料作为资本，既是物又是生产关系。

暂时的性质。(理解这个科学论断,应该进一步参看《〈政治经济学批判〉导言》。)

受斯密教条影响,在考察分配关系时,人们首先是从全部年产品(价值形态来看的年产品)分为工资、利润和地租这种所谓的事实出发(把要素收入当作出发点,忽略了不变资本的存在)。然而,把事实说成这样是错误的。产品一方面分为资本(不变资本价值在新产品中的再现),另一方面分为收入。其中一种收入,工资,总是先要以资本形式(可变资本)同工人相对立,然后才取得收入的形式,即工人的收入的形式。劳动者生产出来的劳动条件和劳动产品总的来说作为资本同直接生产者相对立(劳动异化)这个事实,从一开始就意味着物质劳动条件和工人相对立而具有一定的社会性质(生产资料转化为资本),因而在生产中,工人同劳动条件的所有者(生产资料所有者)之间,并且工人彼此之间是处在一定的社会关系中。这些劳动条件转化为资本这个事实,又意味着直接生产者被剥夺了土地,因而存在一定的土地所有权形式。

如果产品的一部分不转化为资本,另一部分就不会采取工资、利润和地租的形式。

另外,如果说资本主义生产方式以生产条件的这种一定的社会形式(生产资料转化为资本)为前提,那么,它会不断地把这种形式(一定的社会关系)再生产出来。它不仅生产出物质的产品,而且不断地再生产出产品在其中生产出来的那种生产关系,因而也不断地再生产出相应的分配关系。

当然,可以说,资本(包括作为资本的对立物的土地所有权)本身已经以这样一种分配为前提:劳动者被剥夺了劳动条件,这些条件集中在少数个人手中,另外一些个人独占土地所有权,总之,就是在论原始积累的那一部分(第一卷第二十四章)已经说明过的全部关系。但是,这种分配(生产要素的分配)完全不同于人们把分配关系和生产关系对立起来、赋予它以一种历史性质时所理解的分配关系(产品的分配)。人们用这种分配关系(后一种分配关系,即产品的分配关系)来表示对产品中归个人消费部分的各种索取权。相反地,前面所说的分配关系(生产要素的分配),却是在生产关系本身范围内,落到同直接生产者相对立的、生产关系的一定当事人身上的那些特殊社会职能的基础（生产要素的分配体现了生产资料所有者与直接生产者的对立关系）。这种分配关系（生产要素的分配关系）赋予生产条件本身及其代表以特殊的社会性质。它们决定着生产的全部性质和全部运动。

资本主义生产的两个特征，分配关系与生产关系的统一

经典导读

劳动产品成为商品是社会生产占统治地位的、决定的生产形式，即商品生产具有普遍意义，商品交换对社会生活起支配作用。这是资本主义生产的第一个特征。只有在资本主义生产的基础上，"商品生产才成为生产的一般形式"，[①] 反过来说，具有普遍意义和现实一般性的商品生产实质上只能是资本主义生产。在全社会具有统治地位和决定意义的商品生产，隐含着资本主义生产的内在规定，价值规定是资产阶级财富最抽象的形式，严格意义的价值规律是资本主义生产的特殊规律。资本主义生产的第二个特征是剩余价值的生产成为生产的直接目的和决定性动机。在阐述这两个特征的时候，都联系资本主义生产，都谈到资本主义社会的生产社会化与私人管理的矛盾，却又各有侧重。因此，这里的说明对于开篇的理解有重要意义。

在分配与生产的关系方面，一定的分配关系只是历史规定的生产关系的表现，分配关系要么是生产关系发展的结果，要么是特定的生产关系的反映，在一定意义上，一定的分配形式甚至直接表现为生产的要素，如利息、平均利润等，或者直接加入生产过程成为生产的成本，或者对生产中的资源配置发挥着直接的调节作用。总的来看，"分配关系和分配形式只是表现为生产要素的背面……分配本身就是生产的产物"[②]，一定社会的分配关系和生产关系具有同样的历史性质，它们都具有历史暂时性。

---

① 马克思：《资本论》第 3 卷，人民出版社 1975 年版，第 997 页。
② 《马克思恩格斯全集》第 30 卷，人民出版社 1995 年第 2 版，第 36 页。

📖 **经典原文**

资本主义生产的两个特征，分配关系与生产关系的统一

资本主义生产方式一开始就有两个特征。

第一，它生产的产品是商品。使它和其他生产方式相区别的，不在于生产商品，而在于，成为商品是它的产品的占统治地位的、决定的性质。这首先意味着，工人自己也只是表现为商品的出售者，因而表现为自由的雇佣工人，这样，劳动就表现为雇佣劳动。根据以上的说明，已无须重新论证资本和雇佣劳动的关系怎样决定着这种生产方式的全部性质。这种生产方式的主要当事人，资本家和雇佣工人，本身不过是资本和雇佣劳动的体现者，人格化，是由社会生产过程加在个人身上的一定的社会性质，是这些一定的社会生产关系的产物。

这种性质，即1.产品作为商品和2.商品作为资本产品的性质，已经包含着一切流通关系，即产品所必须通过并由以取得一定社会性质的一定的社会过程；同样，这种性质也包含着生产当事人之间的一定的关系，这种关系决定着他们的产品的价值增殖和产品到生活资料或生产资料的再转化。但是，即使撇开这点不说，从上述两种性质，即产品作为商品的性质，或商品作为资本主义生产的商品的性质，就会得出全部价值决定和得出全部生产由价值来进行调节。在这个十分独特的价值形式上，一方面，劳动只作为社会劳动起作用；另一方面，这个社会劳动的分配，它的产品的互相补充，它的产品的物质变换，它的从属和加入社会机构，却听任资本主义生产者个人偶然的、互相抵销的冲动去摆布。因为这些人不过作为商品所有者互相对立，每个人都企图尽可能以高价出售商品（甚至生产本身似乎也只是由他们任意调节的），所以，内在规律只有通过他们之间的竞争，他们互相施加的压力来实现，正是通过这种竞争和压力，各种偏离得以互相抵销。在这里，价值规律不过作为内在规律，对单个当事人作为盲目的自然规律起作用，并且是在生产各种偶然变动中，维持着生产的社会平衡。

其次，在商品中，特别是在作为资本产品的商品中，已经包含着作为

整个资本主义生产方式的特征的生产的社会规定的物化和生产的物质基础的主体化。

资本主义生产方式的**第二个**特征是，剩余价值的生产是生产的直接目的和决定动机。资本本质上是生产资本的，但只有生产剩余价值，它才生产资本。在考察相对剩余价值时，进而在考察剩余价值转化为利润时，我们已经看到，在这上面怎样建立起一种为资本主义时期所特有的生产方式。这是劳动社会生产力发展的一个特殊形式，不过，这种劳动社会生产力是作为与工人相对立的资本的独立力量，因而直接与工人本身的发展相对立。这种为了价值和剩余价值而进行的生产，象较为详细的说明所已经指出的那样，包含着一种不断发生作用的趋势，要把生产商品所必需的劳动时间，也就是把商品的价值，缩减到当时的社会平均水平以下。力求将成本价格缩减到它的最低限度的努力，成了提高劳动社会生产力的最有力的杠杆，不过在这里，劳动社会生产力的提高只是表现为资本生产力的不断提高。

资本家作为资本的人格化在直接生产过程中取得的权威，他作为生产的指挥者和统治者的社会职能，同建立在奴隶生产、农奴生产等等基础上的权威，有重大的区别。

尽管在资本主义生产的基础上，对于直接生产者大众来说，他们的生产的社会性质是以实行严格管理的权威的形式，并且是以劳动过程的完全按等级安排的社会机构的形式出现的，——这种权威的执掌者，只是作为同劳动相对立的劳动条件的人格化，而不是象在以前的各种生产形式中那样，以政治的统治者或神权的统治者的资格得到这种权威的，——但是，在这种权威的执掌者中间，在不过是作为商品所有者互相对立的资本家自己中间，占统治地位的却是极端无政府状态，在这种状态中，生产的社会联系只是表现为一种不顾个人自由意志而压倒一切的自然规律。

只是由于劳动采取雇佣劳动的形式，生产资料采取资本的形式这样的前提，——也就是说，只是由于这两个基本的生产要素采取这种独特的社会形式，——价值（产品）的一部分才表现为剩余价值，这个剩余价值才表现为利润（地租），表现为资本家的赢利，表现为可供支配的、归他所有的追加的财富。但也只是由于一部分价值这样表现**为他的利润**，那种用来扩大再生产并形成一部分利润的追加生产资料，才表现为新的追加资本，并且整个再生产过程的扩大，才表现为资本主义的积累过程。

尽管劳动作为雇佣劳动的形式对整个过程的面貌和生产本身的特殊方式有决定的作用，雇佣劳动却并不决定价值。在价值的决定上所涉及的，只是社会一般劳动时间，只是社会一般可以支配的劳动量，而不同的产品在这个劳动量中所吸收的相对量，又在一定程度上决定着它们各自在社会上所占的比重。当然，社会劳动时间在商品价值上作为决定要素起作用的一定形式，是同劳动作为雇佣劳动的形式，以及与此适应的生产资料作为资本的形式有关的，因为只有在这个基础上，商品生产才成为生产的一般形式。

我们再来考察一下这种所谓的分配关系本身。工资以雇佣劳动为前提，利润以资本为前提。因此，这些一定的分配形式是以生产条件的一定的社会性质和生产当事人之间的一定的社会关系为前提的。因此，一定的分配关系只是历史规定的生产关系的表现。

现在我们来谈利润。剩余价值的这种一定的形式，是在资本主义生产形式中新形成生产资料的前提；因而是一种支配再生产的关系，虽然在资本家个人看来，好象他真正能够把全部利润当作收入来消费掉。但他会在这方面碰到限制，这些限制以保险基金和准备金的形式，以竞争规律等形式出现在他面前，并且在实践中向他证明，利润并不只是个人消费品的分配范畴。其次，整个资本主义生产过程，都是由产品的价格来调节的，而起调节作用的生产价格，又是由利润率的平均化和与之相适应的资本在不同社会生产部门之间的分配来调节的。因此，在这里，利润不是表现为产品分配的主要因素，而是表现为产品生产本身的主要因素，即资本和劳动本身在不同生产部门之间分配的因素。利润分割为企业主收入和利息，表现为同一个收入的分配。但这种分割所以会发生，首先是由于资本作为自行增殖、生产剩余价值的价值的发展，由于占统治地位的生产过程的这种一定的社会形式的发展。它从它本身发展出了信用和信用制度，因而也发展了生产的形式。利息等等这些所谓分配形式，是作为决定的生产要素加入价格的。

至于地租，它能够表现为只是分配的形式，因为土地所有权本身在生产过程本身中不执行职能，至少不执行正常的职能；但是 1. 地租只限于超过平均利润的余额，2.土地所有者从生产过程和整个社会生活过程的指挥者和统治者降为单纯土地出租人，单纯用土地放高利贷的人，单纯收租人，这些事实却是资本主义生产方式的独特的历史产物。土地取得土地所有权的形式，是资本主义生产方式的历史前提。土地所有权取得允许实行资本主义农业经营方式的形式，是这个生产方式的特殊性质的产物。人们尽可以把其他社会形式中土地所有者的收入也称为地租。但那种地租和这个生产方式中出现的地租有重大的区别。

可见，所谓的分配关系，是同生产过程的历史规定的特殊社会形式，以及人们在他们生活的再生产过程中互相所处的关系相适应的，并且是由这些形式和关系产生的。这些分配关系的历史性质就是生产关系的历史性质，分配关系不过表示生产关系的一个方面。资本主义的分配不同于各种由其他生产方式产生的分配形式，而每一种分配形式，都会同它由以产生并且与之相适应的一定的生产形式一道消失。

经典解说

资本主义生产方式一开始就有两个特征。

第一，它生产的产品是商品。它和其他生产方式的区别，不在于生产商品，而在于成为商品是它的产品的占统治地位的、决定的形式（原文为性质）[①]（马克思在 1858 年 4 月 2 日"致恩格斯"中提到，《政治经济学批判·第一分册》之所以首先假定"一切不发达的、资产阶级前的生产方式的解体"，理由就是，在那些生产方式中"交换还没有完全占支配地位"。[②]这与《资本论》这里的交代是一致的，即商品生产和交换成为全社会占支配地位的生产方式，实质上只能是资本主义生产方式。正是在这个意义上，马克思明确指出："价值规定只是资产阶级财富的最抽象的形式"[③]，与此相

[①] 这里的"性质"，似乎可以理解为形式。在这一章里，一些场合的"性质""形式""方式"似乎有些混用。马克思有时说的"形式"是"形式规定性"的简化，而"形式规定性"是指社会过程中形成的规定性，在这种场合，"形式"确实是具有特定社会性质的含义。从这个意义来看，涉及社会的形式时，在马克思那里有可能是对两个范畴没有进行严格的区分，但对于翻译和读者来说，基于当代人的思维习惯似乎有进行区别的必要。后文直接在正文用括号注明，脚注中不重复说明。

[②]《马克思恩格斯全集》第 29 卷，人民出版社 1972 年版，第 300 页。

[③]《马克思恩格斯全集》第 29 卷，人民出版社 1972 年版，第 300 页。

应地，价值规律只能理解为资本主义生产的特殊规律，尽管它在此之前有萌芽性、征兆性存在）。

这（劳动产品成为商品是决定性形式）首先意味着，工人自己也只是表现为商品的出售者（劳动力成为商品），因而表现为自由的雇佣工人，这样，劳动就表现为雇佣劳动。根据以上的说明，已无须重新论证资本和雇佣劳动的关系怎样决定着资本主义生产方式的全部性质（大意是这里指出劳动力成为商品就足够了，无须展开说明）。这种生产方式的主要当事人，资本家和雇佣工人，本身不过是资本和雇佣劳动的体现者、人格化，是由社会生产过程加在个人身上的一定的社会性质（他们作为资本家、雇佣劳动者的身份体现着特定社会性质），是这些一定的社会生产关系的产物。

这种形式（原文是性质），即产品作为商品和商品作为资本产品，已经包含一切流通关系，即产品所必须通过并由以取得一定社会性质的一定的社会过程（生产过程与流通过程的统一）；同样，这种形式（原文是性质）也包含生产当事人之间的一定的关系，这种关系决定着他们的产品的价值增殖和产品到生活资料或生产资料的再转化。但是，如果撇开这点不说（暂时撇开具体的资本主义生产过程），从上述两种形式（原文是性质），即产品作为商品，商品作为资本主义生产的商品，就会得出全部价值决定和得出全部生产由价值来进行调节（撇开资本主义生产的具体过程来看，在普遍化的商品交换情况下，严格意义的价值规律才具有现实意义）。

在这个十分独特的价值的形式规定上（作为商品和价值的生产），一方面，劳动只作为社会劳动起作用（作为一般人类劳动起作用，它体现劳动的社会属性，一般人类劳动就是一般社会劳动）；另一方面，这个社会劳动（一般人类劳动）的分配，它的产品的互相补充（发达的分工），它的产品的物质变换（商品交换），它的从属和加入社会机构（决定从事哪方面生产），却听任资本主义生产者（在这种情况下这个生产者形式上表现为独立的商品生产者）个人偶然的、互相抵消的冲动去摆布（存在生产社会化和生产由私人控制的矛盾）。因为这些人不过作为商品所有者互相对立，每个人都企图尽可能以高价出售商品（甚至生产本身似乎也只是由他们任意调节的），所以，内在规律（价值规律）只有通过他们之间的竞争，他们互相施加的压力来实现，正是通过这种竞争和压力，各种偏离得以互相抵消。在这里，价值规律不过作为内在规律，对单个当事人作为盲目的自然规律起作用，并且是在生产的各种偶然变动中，维持着生产的社会平衡。（这里谈价值规律，前提是劳动产品成为商品具有占统治地位的、决定的意义，商品实质上是资本的产品。劳动产品成为商品具有占统治地位的、决定的意义，已经意味着劳动力成为商品，意味着生产过程和流通过程具有资本主义性质，意味着资本主义基本矛盾发挥作用、价值规律成为必然规律。这里一方面把商品交换占支配地位的情况与资本主义生产联系起来，另一方面又撇开资本主义的具体生产过程说明价值规律，剩余价值生产是在后文阐述的内容。商品生产普遍化、价值规律具有现实必然性，可以看成资本主义生产方式的第一个特征。）

再者，在商品中，特别是在作为资本产品的商品中，已经包含作为整个资本主义生产方式特征的生产社会规定的物化和生产物质基础的主体化（在这种形式上暂时撇开资本和雇佣劳动的普遍化的商品经济中，由于商品拜物教和货币拜物教，生产的社会规定即社会关系已经物化，由于商品和货币成为独立的社会力量，体现着人的本质力量的异化，这意味着生产的物质因素的主体化）。

（提示：这对于我们理解《资本论》的开篇具有指导意义，可以与《政治经济学批判·第一分册》的"简单纲要"相互印证。）

第二，资本主义生产方式的第二个特征是，剩余价值的生产是生产的直接目的和决定动机。资本本质上是生产资本，但是，只有生产剩余价值，它才生产资本。在考察相对剩余价值，进而在考察剩余价值转化为利润时，我们已经看到，在这上面怎样建立起一种为资本主义时期所特有的生产方式。这是劳动的社会生产力表现出来的一种特殊形式，不过，这种劳动社会生产力是作为与工人相对立的资本的独立力量（作为异化的以物的形式表现出来的独立的社会力量），因而直接与工人本身的发展相对立。这种为了价值和剩余价值而进行的生产，像较为详细地说明所已经指出的那样，包含一种不断发生作用的趋势，要把生产商品所必需的劳动时间，也就是把商品的价值缩减到当时的社会平均水平以下（相对剩余价值生产集中体现了这一趋势）。力求将成本价格缩减到它的最低限度的努力，成了提高劳动社会生产力的最有力的杠杆，不过在这里，劳动社会生产力的提高只是表现为资本生产力的不断提高。

资本家作为资本的人格化在直接生产过程中取得的权威，他作为生产的指挥者和统治者的社会职能，同建立在奴隶生产、农奴生产等基础上的权威，有重大的区别。

尽管在资本主义生产的基础上，对于直接生产者大众来说，他们的生产的社会形式（原文是性质）是以实行严格管理的权威的形式，并且是以劳动过程的完全按等级安排的社会机构的形式出现的，这种权威的执掌者，只是作为同劳动相对立的劳动条件的人格化（资本家），而不是像在以前的各种生产形式中那样，以政治统治者或神权统治者的资格得到这种权威的，但是，在这种权威的执掌者中间，在不过是作为商品所有者互相对立的资本家自己中间，占统治地位的却是极端无政府状态，在这种状态中，生产的社会联系只是表现为一种不顾个人自由意志而压倒一切的自然规律（资本的逻辑，资本主义生产的规律，成为对个人具有强制力的自然规律）。

只是由于劳动采取雇佣劳动的形式，生产资料采取资本的形式这样的前提，也就是说，只是由于这两个基本的生产要素采取这种独特的社会形式，价值（产品）的一部分才表现为剩余价值，这个剩余价值才表现为利润（或地租），表现为资本家的赢利，表现为可供支配的、归他所有的追加的财富。但也只是由于一部分价值这样（以剩余价值的转化形式）表现为他的利润（属于他的利润），那种用来扩大再生产并形成一部分利润的追加生产资料，才表现为新的追加资本（没有利润，就没有追加的资本），并且整个再生产过程的扩大，才表现为资本主义的积累过程。

尽管劳动作为雇佣劳动的形式对整个过程的面貌和生产本身的特殊方式有决定的作用，雇佣劳动却并不决定价值（劳动作为一般人类劳动才决定价值，雇佣劳动作为劳动的特殊社会形式，仅仅是决定价值采取的社会形式，如各种收入的社会形式规定）。在价值的决定上所涉及的只是社会一般劳动时间（一般人类劳动时间），也是社会一般可以支配的劳动量（一般人类劳动的量），而不同的产品在这个劳动量中所吸收的相对量（特定商品具有的价值量），又在一定程度上决定着它们各自在社会上所占的比重。当然，社会劳动时间（一般人类劳动时间）在商品价值上作为决定要素起作用的一定形式（社会条件），是同劳动作为雇佣劳动的形式，以及与此适应的生产资料作为资本的形式有关的，因为只有在这个基础上，商品生产才成为生产的一般形式（资本主义时代商品生产才成为生产的一般形式，因此，似乎可以倒过来说，商品生产成为生产的一般形式，也就意味着作为生产的一般形式的商品生产，实质上就是资本主义生产）。

（提示：以下阐述分配关系与资本主义生产的内在统一。）

我们再来考察一下这种所谓的分配关系本身。工资以雇佣劳动为前提，利润以资本为前提。因此，这些一定的分配形式是以生产条件一定的社会性质和生产当事人之间一定的社会关系为前提的。因此，一定的分配关系只是历史规定的生产关系的表现。

现在我们来谈利润。首先，剩余价值的这种一定的形式规定，是在资本主义生产方式（原文是形式）中新形成生产资料的前提；因而是一种支配再生产的关系（利润转化为积累、转化为资本，资本主义生产才能抵御风险并扩大再生产）。虽然在资本家个人看来，好像他真正能够把全部利润当作收入来消费掉。但是，他会在这方面碰到限制（消费的限制），这些限制以保险基金和准备金的形式，以竞争规律等形式出现在他面前，并且在实践中向他证明，利润并不只是个人消费品的分配范畴（这些方面都需要通过利润的一定积累来保障，这种保障的需要也就是对消费的限制）。

其次，整个资本主义生产过程，都是由产品的价格来调节的，而起调节作用的生产价格，又是由利润率的平均化和与之相适应的资本在不同社会生产部门之间的分配来调节的。因此，在这里，利润不是表现为产品分配的主要因素，而是表现为产品生产本身的主要因素，即资本和劳动本身在不同生产部门之间分配的因素（平均利润对资源配置起调节作用）。

利润分割为企业主收入和利息，表现为同一个收入的分割。但是，这种分割能够发生，首先是由于资本作为自行增殖的价值、作为生产剩余价值的价值的发展，由于占统治地位的生产过程的这种一定的社会形式的发展。从它本身发展出了信用和信用制度，因而也发展了生产的形式。并且，利息等所谓分配形式，是作为起决定作用的生产要素加入价格的。

至于地租，它能够表现为只是分配的形式，因为土地所有权本身在生产过程本身中不执行职能，至少不执行正常的职能；但是，①地租只限于超过平均利润的余额，②土地所有者从生产过程和整个社会生活过程的指挥者和统治者降为单纯土地出租人，单纯利用土地放高利贷的人，单纯收租人，这些事实却是资本主义生产方式独特的历史产物。土地取得土地所有权的形式（不再是地主自营的生产资料，地主也不再跟直接劳动者打交道），是资本主义生产方式的历史前提。土地所有权取得允许实行资本主义农业经营方式的形式，是资本主义生产方式特殊性质的产物。人们尽管可以把其他社会形式中土地所有者的收入也称为地租。但那种地租和这个生产方式中出现的地租有重大的区别（封建地租向直接的劳动者收取，资本主义地租向农业资本家收取，属于剩余价值的转化形式）。

可见，所谓的分配关系，是同生产过程的历史规定的特殊社会形式，以及人们在他们生活的再生产过程中互相所处的关系相适应的，并且是由这些形式和关系产生的。这些分配关系的历史性质就是生产关系的历史性质，分配关系不过是表示生产关系的一个方面。资本主义的分配不同于各种由其他生产方式产生的分配形式，而每一种分配形式，都会同它据以产生并且与之相适应的一定的生产形式一道消失。

以往经济学家把资本主义生产方式神圣化

经典导读

只把分配关系看作历史关系，把生产关系看作超时空的生产的一般形式，这是资本主义意识形态立场的表现，从自身的价值立场出发，他们试图把资本主义生产方式看成永恒的、和谐的生产方式。这是把抽象一般的物质生产和资本主义生产混为一谈。对于坚持唯物史观的人来说，这是不值一驳的。任何特定的社会形式，都具有历史的暂时的性质，只要它不适合生产力和社会生产的发展，就必然要产生矛盾、冲突，从而让位给更高级的社会形式。

📖 经典原文

以往经济学家把资本主义生产方式神圣化

只把分配关系看作历史性的东西而不把生产关系看作历史性的东西的见解，一方面，只是对资产阶级经济学开始进行的、但具有局限性的批判。另一方面，这种见解建立在一种混同上面，这就是，把社会的生产过程，同反常的孤立的人没有任何社会帮助也必须进行的简单劳动过程相混同。就劳动过程只是人和自然之间的单纯过程来说，劳动过程的简单要素对于这个过程的一切社会发展形式来说都是共同的。但劳动过程的每个一定的历史形式，都会进一步发展这个过程的物质基础和社会形式。这个一定的历史形式达到一定的成熟阶段就会被抛弃，并让位给较高级的形式。当一方面分配关系，因而与之相适应的生产关系的一定的历史形式，和另一方面生产力，生产能力及其要素的发展，这二者之间的矛盾和对立扩大和加深时，就表明这样的危机时刻已经到来。这时，在生产的物质发展和它的社会形式之间就发生冲突。

📖 经典解说

只把分配关系看作历史性的东西，而不把生产关系看作历史性的东西的见解，一方面，只是对资产阶级经济学开始进行的、但具有局限性的批判（有些经济学家如李嘉图，看到了利润和工资的对立关系，对于这些经济学家来说，对资本主义的分配关系有一定的批判意识；有些经济学家强调分配关系的历史性，似乎是要突出资本主义分配的合理性，强调前资本主义分配的不合理性。在《〈政治经济学批判〉导言》中，马克思似乎着眼后者）。另一方面，这种见解建立在一种混同上面，这就是把社会的生产过程，同反常的、孤立的人没有任何社会帮助也必须进行的简单劳动过程相混同（把资本主义生产过程与一般劳动过程混同，把资本主义生产仅仅看成资源配置及其效率问题）。就劳动过程只是人和自然之间的单纯过程来说，劳动过程的简单要素对于这个过程的一切社会发展形式来说都是共同的（抽象一般的生产过程是一切时代的共性，对任何时代同样适用）。但是，劳动过程的每个一定的历史形式（特定的社会生产方式），都会进一步发展这个过程的物质基础和社会形式。这个一定的历史形式（特定的社会生产方式）达到一定的成熟阶段就会被抛弃，并让位给较高级的社会形式。分配关系和与之相适应的生产关系的一定历史形式发展到一定阶段，必然和生产力、生产能力及其要素的发展相矛盾，当这种矛盾对立逐步扩大和加深时，就表明这样的危机时刻已经到来。这时，在生产的物质发展（生产力的发展）和它的社会形式（生产关系及其整个社会关系）之间就会发生冲突。

第五十二章
阶级

📖 **题解**

　　第三卷第七篇为什么以"阶级"章结束？《资本论》原理部分为什么以"阶级"章结束？这是值得思考的问题。这涉及对《资本论》的整体性认识和马克思思想的特色。马克思明确指出，他任《莱因报》主编时就对空想社会主义在德国的"带着微弱哲学色彩的回声"表示质疑①，因此，难以认定马克思存在一个所谓"哲学共产主义"阶段。马克思思想的成熟阶段大致是从 1843 年开始的（1842 年已经有唯物史观的萌芽和对空想社会主义的质疑），那时他初步形成了唯物史观，唯物史观的初步确立是写于 1843 年，发表于 1844 年《德法年鉴》中的两篇论文。对此，马克思在《〈政治经济学批判〉序言》中是明确交代过的。马克思在《德意志意识形态》中也明确指出，《德法年鉴》中两篇论文虽然还使用了当时流行的不少哲学术语，但实质上却体现了一种全新的世界观。这与《〈政治经济学批判〉序言》中的交代是一致的（这个判断适用《1844 年经济学哲学手稿》，"手稿"中的思想不能依照马克思使用的哲学术语用抽象思辨的哲学头脑来解读，不能用那些哲学术语在西方流行的含义来理解，而是需要把"手稿"中用哲学术语表达的思想还原到马克思的唯物史观中解读。"手稿"中的异化问题不再是基于观念的异化，而是历史发展过程中发生的异化）。因此，我们对《资本论》的理解，必须联系马克思"早期"的思想。

　　马克思的社会发展理论是在批判继承黑格尔哲学的基础上产生的，他

---

① 《马克思恩格斯全集》第 13 卷，人民出版社 1962 年版，第 8 页。

把黑格尔的绝对精神转化为实践中的人的精神，转化为使自然不断人化的具有社会性的人类的本质力量。在马克思的社会发展理论中，基于自然前提和人类自身需要的实践活动和人类本质力量的释放具有决定性意义，而伴随自然人化和人的本质力量的释放，人类社会的发展必然经历一个异化和异化消除的过程。《资本论》是以唯物史观和马克思的整个社会发展理论为基础的，在《政治经济学批判》的序言和导言中，马克思既把唯物史观当作《资本论》手稿的核心思想来说明，还将唯物史观和唯物辩证法渗透到政治经济学中，形成独特的政治经济学方法。

从马克思的三阶段社会发展理论来看，资本主义社会是劳动异化或人的异化的典型，在这里，一切带着人的自然感情的人际关系基本都消失了，社会关系（实质是利益关系）通过物与物之间的关系表现出来，即通过商品货币关系和资本逻辑表现出来。在阶级社会里，阶级关系是一个社会的社会性质的集中体现，是社会关系的一般关系。但资本主义社会与此前的阶级社会具有根本差别，此前的社会关系虽然也存在异化问题，但社会关系主要还是体现为人与人的关系，阶级关系通过一部分人对另一部分人的直接统治表现出来；而在资本主义社会，社会关系集中表现为物之间的关系，劳动成果和劳动条件异化为社会化、人格化的统治着一切人的独立的力量。

在《1844年经济学哲学手稿》中，马克思把这种劳动异化区分为劳动产品的异化、劳动过程的异化、社会关系的异化、人的类本质的异化四个方面。与早期著作相比，《资本论》关于劳动异化的理论说明大为减少，但能够看出，它仍然是以社会发展理论、唯物史观、劳动异化为基础。之所以关于劳动异化的理论说明减少，主要是表现理论逻辑的方式有了重大的改进。它把资本主义生产看作一个生命有机体，把资本主义社会典型的劳动异化及其高度异化的社会关系内化为这一社会有机体的“生命机理”。因此，对异化的社会关系的深刻揭示，也就转化为应用科学抽象法对社会有机体的“生命机理”的科学说明。从而将黑格尔的抽象思辨的辩证法在唯物化的基础上进一步科学化了，劳动异化理论因此也取得一种科学的论证方式。

撇开科学化的形式来看，《资本论》依然体现着马克思在1844年的“手稿”中阐明的劳动异化理论，而且是非常完整的体现，因为资本主义生产是劳动异化最典型的形式。资本主义生产的这种典型性表现为：几乎所有劳动者都成为商品生产者，几乎所有产品都成为商品，几乎所有人都处于分工、交换体系之下因而失去了独立性；劳动力成为商品，人成为被机器役使的一种物，劳动者的意志和兴趣被牺牲，完全服从于物质因素展现出来的力量；占有欲成了占统治地位的、具有决定性作用的力量，资本家仅仅是资本的人格化，他作为人的需要和欲望、消费享受的欲望，必须让位于资本保值、增殖的需要，占有财富的欲望和竞争的压力迫使他牺牲自己作为一个人的意志和需要。总之，人的意志、兴趣、需要显得无关紧要，劳动者仅是维持生命的再生产，劳动完全丧失了人的生命活动的意义，人与人的社会关系完全为资本保值、增殖的运动所支配，生产资料所有者和使用者的关系不再是直接的人身支配关系，前者对后者的剥削用于维持个人消费的目的退居非常次要的地位（同样是雇佣别人劳动，封建雇佣关系和资本主义的雇佣劳动具有根本区别，前者是满足自己作为人的生活需要，尽管是奢侈的需要，仍然是作为人的需要，物化劳动与活劳动的交换还是表现为人与人的关系；后者是满足资本自我增殖的需要，劳动者成为物，异化的物质力量统治人，包括资本家本人作为人，都受这种物质力量的统治）。

用这种眼光看待《资本论》，资本主义生产的"生命机理"就是异化劳动的表现形式。开篇具有普遍化的简单商品经济形式，劳动产品成为商品具有统治的、决定性的意义，显示了马克思所说的资本主义生产的两个特征之一，价值的规定和价值规律具有典型的意义。在这里，作为"市民社会"的理想化存在形式，人们虽然作为商品所有者互相对立，人与人之间显示着独立、自由、平等、互利的原则。在这里，劳动异化还没有充分发展起来，但是，由于发达的分工和交换已经实现，人的生命活动已成为谋生手段，基于分工和交换的商品、货币关系已成为一种统治人们的独立的具有主体性的社会力量，人们的劳动成果已成为统治力量。因此，这里显示的是人的类本质异化的情景，由于这种异化，商品、货币被当成神秘力量，整个社会流行商品拜物教和货币拜物教。它虽然保持着表面的"自由人联合体"的面貌，事实上已经发生了劳动异化，正是这种貌似的"自由人联合体"（资本主义意识形态和空想社会主义都把它奉为人类社会的理想状态），为异化劳动充分发展提供了基础。所以，在生产力高度发展基础上实现的"自由人联合体"，既是对这种"自由人联合体"的超越，也是对以往人类全部历史的超越，人类将进入真正意义的 "人的社会"。

《资本论》从第一卷第二篇开始，阐明了资本的剥削、资本的积累、资本的保值和增殖，这是劳动异化的充分发展，这里充分体现了劳动产品的异化，充分显示了劳动过程的异化。在这里，劳动力成为商品，成为物品，资本家作为消费者必须服从资本的逻辑和资本的内在需要；生产资料、生产条件既作为物，又是社会关系的物质承担者，它们主体化、人格化，成为统治人的独立的社会力量；人的占有欲成为占统治地位的、决定性的欲望，并且，人的这种无限的占有欲成为资本的特性，成为物的属性，资本家仅是资本的人格化；一切生产力都成为资本的生产力，即成为充当资本的物质要素的力量，一切财富、一切劳动成果都成了这些物质要素的成果（劳动、劳动力也成为单纯的物的存在形式）。总之，资本成为绝对的统治力量，正因为如此，这种社会成为 "资本主义社会"。这是着了魔的颠倒的社会，生产资料、土地、商品、货币都成为 "社会人物"，成为社会的绝对的统治力量。可见，《资本论》原理部分除开篇外，其余内容主要揭示了劳动产品和劳动过程的异化。

以往的政治经济学理论，除古典经济学基于古典劳动价值论具有一定的科学性外，更多是这种劳动异化的社会关系的反映。它们按照异化劳动的要求和异化劳动的逻辑，把人们的各种收入、整个国民收入的源泉归结为物质的神秘力量，把整个经济关系归结为神秘的三位一体公式。这是对处于典型的异化劳动社会中的异化的社会关系及其人们异化观念的条理化，是异化的现实在理论上的反映。因此，马克思在科学论述资本主义生产的一般形式、本质特征和外在表现形式（经过一定理论抽象的现象形态）之后，需要对三位一体公式以及由此派生出来的斯密教条进行集中的理论批判，以此完成对古典劳动价值论的超越。

从马克思整个劳动异化理论来看，作为劳动异化四种表现之一的社会关系的异化，具有一种特别的意义。它是劳动异化中类本质异化向劳动过程异化、劳动产品异化的必要环节。在类本质异化的基础上，正是社会关系的异化及私有制的产生，导致劳动异化和私有制相互促进、相互加强，最终导致整个社会成为着了魔的、颠倒的关系，导致物质要素完全成为统治人类的独立的主体化、人格化的社会力量。因此，在资本主义社会之前尽管没有达到典型的状态，这种异化的社会关系就已成为普遍的关系。另外，无论社会关系如何表现为物与物之间的关系，如何表现为物质要素作为资本统治人，实质上，物质要素只是社会关系的物质承担者，归根到底，这种物化的社会关系还是异化的社会关系的表现形式。而异化的社会关系在任何阶级社会里，都集中体现为阶级关系。

因此，以"阶级"章结束，一方面是对基于三位一体公式的政治经济学进行批判的需要，因为这个公式和以往的政治经济学理论，是资本主义社会异化的社会关系的反映，这种异化的社会关系集中体现为三大阶级的关系，正是这种阶级关系的存在和阶级利益的内在要求，资本主义生产关系才被当作生产的一般关系，被当作永恒的关系。另一方面是以科学抽象法揭示作为异化劳动典型的资本主义社会的"生命机理"的需要。对于这个最为典型的异化劳动社会，一切社会关系都成为物与物之间的关系，必须依照资本的内在逻辑剖析"物的关系"。但是，这些物的关系毕竟是社会关系的表现形式，物质要素隐含的异化的社会关系是社会关系异化的体现，这种异化的社会关系集中体现为阶级关系。因此，《资本论》的原理部分必须有阶级关系的剖析，《资本论》对最典型的劳动异化社会的科学说明才能达到完美的效果。

当然，这不是说消灭阶级是《资本论》的抽象结论，马克思从来没有通过抽象的思辨得出抽象结论。《资本论》揭示了资本的本质、资本主义生产的特殊规律和资本的逻辑、人类社会发展的一般趋势，但这里的逻辑得不出无条件消灭资本、消灭私有制、消灭阶级的结论。就像农奴制的本质是剥削，从本质意义上讲它是不合理的，却并不能得出结论说，农奴制在历史上不应该存在。它事实上存在过，也具有历史合理性，它在历史上被消灭，是历史发展的结果。马克思在《资本论》中确实说过，"资本主义私有制的丧钟就要敲响了"[1]，那是从资本主义发展的一般趋势而言的，它在历史发展中一旦丧失了历史合理性，它的丧钟就会敲响。因此，资本逻辑和唯物史观的逻辑，只能在资本主义意识形态批判方面得到统一。

---

① 马克思:《资本论》第 1 卷，人民出版社 1975 年版，第 831–832 页。

阶级

经典导读

　　资本主义社会三大阶级的关系，不同于历史上的阶级关系。历史上的阶级关系直接表现为一部分人直接支配、统治另一部分人的关系，这种对别人的支配虽然也是通过对生产条件的垄断来实现，但主要是为了满足生产条件垄断者个人的生活需要，统治者与被统治者的关系主要表现为直接的人身关系。资本主义社会的三大阶级首先也是表现为一部分人对生产条件的垄断，但是，在此基础上，生产的物质要素会成为统治劳动者的具有主体性的独立的社会力量，它们的所有者仅仅是这些生产条件的人格化。因而，这种阶级关系更多地隐含在物质关系中，表现为生产的物质要素对劳动者乃至所有者本身的统治。

　　对于这种独特的阶级关系，马克思在这里没有完整阐述，可以说只是个开头。在本章的最后，我们根据《资本论》的主题和逻辑，进行了非常简略的补充，使它在形式上显得完整一些。

经典原文

阶级

　　单纯劳动力的所有者、资本的所有者和土地的所有者，——他们各自的收入源泉是工资、利润和地租，——也就是说，雇佣工人、资本家和土地所有者，形成建立在资本主义生产方式基础上的现代社会的三大阶级。

　　在英国，现代社会的经济结构无疑已经有了最高度的、最典型的发展。但甚至在这里，这种阶级结构也还没有以纯粹的形式表现出来。在这里，也还有若干中间的和过渡的阶段到处使界限规定模糊起来（虽然这种情况在农村比在城市少得多）。不过，这种情况对我们的研究来说是无关紧要的。我们已经看到，资本主义生产方式的经常趋势和发展规律，是使生产资料越来越同劳动分离，分散的生产资料越来越大量集中成群，因此，劳动转化为雇佣劳动，生产资料转化为资本。另一方面，适应于这种趋势，土地所有权同资本和劳动相分离而独立，换句话说，一切土地所有权都转化为适应于资本主义生产方式的土地所有权形式。

首先要解答的一个问题是：什么事情形成阶级？这个问题自然会由另外一个问题的解答而得到解答：什么事情使雇佣工人、资本家、土地所有者成为社会三大阶级？

乍一看来，好象就是收入和收入源泉的同一性。三大社会集团的成员，即形成这些集团的个人，分别靠工资、利润和地租来生活，也就是分别靠他们的劳动力、他们的资本和他们的土地所有权来生活。

从这个观点来看，例如，医生和官吏也形成两个阶级了，因为他们属于两个不同的社会集团，其中每个集团的成员的收入都来自同一源泉。对于社会分工在工人、资本家和土地所有者中间造成的利益和地位的无止境的划分，——例如，土地所有者分成葡萄园所有者，农场所有者，森林所有者，矿山所有者，渔场所有者，——也同样可以这样说了。

📖 经典解说

单纯劳动力的所有者、资本的所有者和土地的所有者——他们各自的收入源泉是工资、利润和地租，也就是说，雇佣工人、资本家和土地所有者，形成了建立在资本主义生产方式基础上的现代社会的三大阶级。

在英国，现代社会的经济结构无疑已经有了最高度的、最典型的发展。但甚至在这里，这种阶级结构也还没有以纯粹的形式表现出来。在这里，也还有若干中间的和过渡的阶段到处使界限规定模糊起来（虽然这种情况在农村比在城市少得多）。不过，这种情况对我们的研究来说是无关紧要的。（即便在资本主义发展最典型的英国，现代社会三大阶级的关系也还没有以纯粹形式表现出来，还有不少中间色层。）

我们已经看到，资本主义生产方式的经常趋势和发展规律，是使生产资料同劳动越来越分离，分散的生产资料越来越大量集中成群，因此，劳动转化为雇佣劳动，生产资料转化为资本。另外，适应于这种趋势，土地所有权同资本和劳动相分离而独立，换言之，一切土地所有权都转化为适用资本主义生产方式的土地所有权形式（从农业资本家那里获得地租，不再是劳动者的直接剥削者）。（从资本主义的发展趋势来看，资本主义的整个社会关系是向着三大阶级的关系发展。)

首先要解答的一个问题：什么事情形成（资本主义社会的）阶级？这个问题自然会由另外一个问题的解答而得到解答：什么事情使雇佣工人、资本家、土地所有者成为社会三大阶级？

乍一看来，好像（三大阶级的形成）就是（基于）收入和收入源泉的同一性。三大社会集团的成员，即形成这些集团的个人，分别靠工资、利润和地租来生活，也就是分别靠他们的劳动力、他们的资本和他们的土地所有权来生活（这个说法是不科学的）。

从这个观点来看，例如，医生和官吏也形成两个阶级了，因为他们属于两个不同的社会集团，其中每个集团的成员的收入都来自同一源泉。对于社会分工在工人、资本家和土地所有者之间造成的利益和地位的无止境的划分，例如，土地所有者分成葡萄园所有者、农场所有者、森林所有者、矿山所有者、渔场所有者，也同样可以这样说了。

（推测性补充：资本主义生产中三大阶级的形成，应该从生产条件与劳动的分离来解释，只能从生产过程的历史发展来解释。随着劳动异化的发展，劳动产品、劳动条件必然作为异化的力量发展起来，生产的物质要素必然成为主体化、人格化的独立的社会力量，反过来统治劳动者。这时，生产条件的所有者作为物质要素的人格化，必然成为与劳动者对立的力量，成为劳动者的统治者。因此，阶级关系反映着资本主义生产过程中生产条件与劳动的对立关系，必须从这种对立关系加以理解。而劳动的生产条件又分为两个部分，一部分是劳动者创造的物质要素转化为劳动条件，随着劳动异化的发展，这部分财富会集中在一小部分人手中，他们作为资本的人格化，形成资本家阶级；另一部分生产条件主要作为自然条件被一小部分人掌握，这里有资本主义社会之前的历史因素，由于种种原因，随着资本原始积累的发展，劳动者日益与土地分离，成为一无所有的劳动力的出卖者，而土地集中到少数人手中，形成土地垄断权直接制约着资本的生产。这样，三大阶级就形成了。总之，三大阶级关系成为纯粹的关系，正是劳动异化日益发展为典型形式，社会关系表现为物与物的关系的产物。生产的物质要素成为社会关系的承担者，成为主体化、人格化的社会的统治力量，三大阶级关系也就越来越纯粹化。）

《资本论》开篇 [①] 难点解说

"资本主义生产方式占统治地位的社会的财富，表现为'庞大的商品堆积'，单个的商品表现为这种财富的元素形式。因此，我们的研究就从分析商品开始。"（第 1 卷第 47 页）

这里的商品之所以表现为资本主义财富的元素形式，这是因为一方面，"开篇"的普遍化的简单商品经济关系是资本主义生产的一般形式，从现实一般性来看，这里的一般人类劳动只有在资产阶级社会才具有现实意义，才成为"创造财富一般的手段" [②]；并且，基于广泛分工和交换的劳动，不仅具有充分的社会性，还是"类本质"已经异化的劳动，作为具有主体性的异化劳动，它在资产阶级社会才通过物与物的关系来表现基本的社会生产关系，因而具有充分的理论意义；因此，作为一般人类劳动的物化，"这种价值规定只是资产阶级财富的最抽象的形式" [③]。另一方面，这里的普遍化的简单商品经济关系是暂时抽象掉了资本主义生产的本质特征，因此，商品中包含的价值不能区分为不变资本、可变资本、剩余价值，价值规定仅表现为一般人类劳动的物化；因此，它还不是现实的资本主义商品，只是资产阶级财富的元素形式。马克思的研究是从这种商品开始的。

---

① 马克思：《资本论》第 1 卷，人民出版社 1975 年版，第 45-165 页。经典原文加引号，用黑体字。并且保持历史原貌。

② 《马克思恩格斯全集》第 12 卷，人民出版社 1962 年版，第 300 页。

③ 《马克思恩格斯全集》第 29 卷，人民出版社 1972 年版，第 755 页。

此外，在"开篇"，商品并不是现实中的商品，而是具有"标准商品"的内涵，"单个商品是当作该种商品的平均样品"①。比如，"开篇"经常提到的"麻布"，马克思假定："在市场上，全部麻布只是当作一个商品，每一块麻布只是当作这个商品的相应部分……每一码的价值也只是同种人类劳动的同一的社会规定的量的化身。"②事实上，这里还暗含这样的假定，即每块"标准"的麻布都是由某个"简单商品生产者"独立完成。这种商品（包括代表一般商品的货币）以及整个商品货币关系，完全符合价值规律的要求。这种商品对于资本主义生产来说，只具有"种子"的意义。

"交换价值首先表现为一种使用价值同另一种使用价值相交换的量的关系或比例，这个比例随着时间和地点的不同而不断改变。因此，交换价值好象是一种偶然的、纯粹相对的东西，也就是说，商品固有的、内在的交换价值似乎是一个形容语的矛盾。"（第1卷第49页）

交换价值是价值的表现形式，首先表现为一种使用价值同另一种使用价值相交换的量的关系或比例。这种比例关系，就是商品的相对价值形式和等价形式的对立统一形成的价值关系。从价值关系来看，这种比例是由商品价值和作为它的等价形式的另一个商品的价值决定的，它们各自的价值量则是由一般人类劳动决定。因此，不能把这种比例看成交换价值的"定义"。

正因为如此，交换价值是商品固有的、内在的，但是，在现实中的表现似乎是"偶然的""相对的"东西，因为这种比例随着商品价值或等价物的价值量的变化而不断变化，因此，它似乎是偶然确定的。说交换价值是商品固有的、内在的，同时强调它呈现"不断变化的比例"，似乎是相互矛盾的说法。就像是说那只鸟飞快地慢慢向前飞一样。这是把交换价值内涵和它的表现形式混为一谈产生的错觉。

"现在我们来考察劳动产品剩下来的东西。它们剩下的只是同一的幽灵般的对象性，只是无差别的人类劳动的单纯凝结……这些物现在只是表示，

---

① 马克思：《资本论》第1卷，人民出版社1975年版，第52页。
② 马克思：《资本论》第1卷，人民出版社1975年版，第126页。

在它们的生产上耗费了人类劳动力，积累了人类劳动。这些物，作为它们共有的这个社会实体的结晶，就是价值——商品价值。"（第1卷第51页）

商品价值是同一的幽灵般的对象性存在，但也不是纯粹的抽象。这里提到的"无差别的人类劳动""人类劳动力"的耗费和"人类劳动"，都不能理解为通常意义的单纯的抽象劳动，它们是作为"社会实体"，因而是具有主体性、社会性和现实一般性的一般劳动。

"商品中包含的劳动的这种二重性，是首先由我批判地证明了的。"（第1卷第55页）

在亚当·斯密那里，从思维方式来看，劳动一般是依照形式逻辑的要求从各种具体劳动中抽象出来的"共性"。由于他把渔夫与猎人的分工、交换关系假定为理论前提，也就是假定独立、自由、平等、互利的这种分工、交换关系在全社会具有普遍性，因而，亚当·斯密提出的劳动一般，事实上是一般的社会劳动。但是，总体来看，这种劳动一般或者说一般劳动，依然是一个僵化的范畴。而在马克思那里，劳动一般作为一般人类劳动的简称，它不仅具有抽象共性和充分的社会性，还具有主体性和现实一般性，因而是一种"社会实体"，它体现为价值的质。从思想方法来看，这种劳动一般不是从各种具体劳动中抽象地提取出劳动的共同特征，而是资产阶级社会发达的商品生产的理论反映。在这个意义上，劳动二重性是马克思首先证明的。对此，马克思在《〈政治经济学批判〉导言》中进行了系统的说明。

"正如在资产阶级社会里，将军或银行家扮演着重要的角色，而人本身则扮演极卑微围绕劳动这个最简单的范畴的角色一样，人类劳动在这里也是这样。它是每个没有任何专长的普通人的机体平均具有的简单劳动力的耗费。简单平均劳动虽然在不同的国家和不同的文化时代具有不同的性质，但在一定的社会里是一定的。比较复杂的劳动只是自乘的或不如说多倍的简单劳动，因此，少量的复杂劳动等于多量的简单劳动。经验证明，这种简化是经常进行的。一个商品可能是最复杂的劳动的产品，但是它的价值使它与简单劳动的产品相等，因而本身只表示一定量的简单劳动。"（第1

卷第 57—58 页）

在《资本论》中，简单平均劳动是每个没有任何专长的普通人的机体平均具有的简单劳动力的耗费。这个规定具有特殊的意义。在发达的分工条件下，分工很细，劳动越来越简单化、同质化，劳动者转岗培训越来越简单。因此，这种简单平均劳动便成为具有主体性、现实一般性和充分社会性的"社会实体"，成为生产具有现实性的财富一般的现实手段。这就是马克思所说的一般人类劳动，它在异化的资产阶级社会，作为异化劳动扮演着将军或银行家的角色，统治着卑微的劳动者。当然，尽管简单平均劳动占统治地位，在现实生产中，劳动的复杂程度还是存在差别，不同劳动力由于劳动复杂程度的差别，取得的报酬也有差别。复杂劳动还原为简单平均劳动，是在生产者背后由社会过程确定的。

"就使用价值说，有意义的只是商品中包含的劳动的质，就价值量说，有意义的只是商品中包含的劳动的量，不过这种劳动已经化为没有质的区别的人类劳动。"（第 1 卷第 59 页）

这里所说的"劳动的质"就是具体劳动的规定。劳动的量是通过劳动时间来衡量的，它直接规定价值量，但形成价值量的劳动时间，不是个别的劳动时间，应该是简单平均劳动时间，也就是一般人类劳动的耗费时间。随着分工的细化，劳动越来越简单化，个别劳动的具体劳动方式越来越失去质的规定，成为现实的一般人类劳动，因而个别劳动者生产不了使用价值，使用价值的生产依赖于总体劳动。

"商品的价值对象性不同于快嘴桂嫂，你不知道对它怎么办。同商品体的可感觉的粗糙的对象性正好相反，在商品体的价值对象性中连一个自然物质原子也没有……商品只有作为同一的社会单位即人类劳动的表现才具有价值对象性，因而它们的价值对象性纯粹是社会的，那末不用说，价值对象性只能在商品同商品的社会关系中表现出来。"（第 1 卷第 61 页）

使用价值的对象性作为劳动产品是容易把握的，它像"快嘴桂嫂"那样直观。商品作为价值的对象性存在形式，它的产品特性（使用价值）只是价值的物质承担者，人们无法从产品特性来把握商品的价值，因此，人们似乎不知道如何对待它。商品中物化的一般人类劳动，是社会的规定，因此，只有通过两个商品的价值关系即社会关系，商品的价值对象性才能表现出来。

"两个不同种的商品 A 和 B，如我们例子中的麻布和上衣，在这里显然起着两种不同的作用。麻布通过上衣表现自己的价值，上衣则成为这种价值表现的材料……前一个商品的价值表现为相对价值，或者说，处于相对价值形式。后一个商品起等价物的作用，或者说，处于等价形式。"（第 1 卷第 62 页）

x 商品 A=y 商品 B，这里包含不同的规定，这些规定必须厘清。从整体看待 x 商品 A=y 商品 B，就是价值形式或交换价值。如果商品 B 是等价物，处于等价形式，那么商品 A 就是处于相对价值形式。可以这样理解，商品 A 是自身价值的对象性存在形式，它的价值通过商品 B 才能获得相对的表现；商品 B 是表现商品 A 的等量价值的另一种形式，是表现商品 A 的价值的手段，因而是等价形式（有的场合等价形式被翻译为价值形式，阅读文本要注意区分"价值形式"的两种不同含义，有的场合被翻译为"价值形态"，这就不容易与另一种价值形式的含义混淆起来），商品 A 必须通过与商品 B 的交换，才知道自身价值能相对地表现为多少等价物。可见，相对价值形式和等价形式处于等式的两极，它们处于不同的地位。

"要发现一个商品的简单价值表现怎样隐藏在两个商品的价值关系中，首先必须完全撇开这个价值关系的量的方面来考察这个关系。人们通常的做法正好相反，他们在价值关系中只看到两种商品的一定量彼此相等的比例。他们忽略了，不同物的量只有化为同一单位后，才能在量上互相比较。不同物的量只有作为同一单位的表现，才是同名称的，因而是可通约的。"（第 1 卷第 63 页）

首先必须完全撇开这个简单的价值形式中价值关系的量的方面来考察这种关系，就是必须撇开它们的交换比例，思考它们为什么能按这个比例交换，从而把握隐藏在它们背后的价值规定，进而理解一般人类劳动的规定。仅仅考察两个商品按一定比例相交换，停留于量的关系，无法理解商品的价值规定。

"如果我们说，商品作为价值只是人类劳动的凝结，那末，我们的分析就是把商品化为价值抽象，但是并没有使它们具有与它们的自然形式不同的价值形式。在一个商品和另一个商品的价值关系中，情形就不是这样。在这里，一个商品的价值性质通过该商品与另一个商品的关系而显露出来。"（第1卷第64页）

商品价值是一般人类劳动的凝结，这是一种抽象定义。这种定义并不能给商品提供一种外在的价值形式。如果说价值形式首先表现为一个商品和另一个商品的价值关系，在这里，一个商品的价值性质通过该商品与另一个商品的关系而显露出来。这种价值关系中产生一般等价物或货币，某种特殊商品才充当其他一切商品的价值存在形式。这时，商品才具有与它们的自然形式不同的价值形式（价值形态）。这种独立的价值形式（价值形态）是以交换关系为基础的。

"价值表现的秘密，即一切劳动由于而且只是由于都是一般人类劳动而具有的等同性和同等意义，只有在人类平等概念已经成为国民的牢固的成见的时候，才能揭示出来。而这只有在这样的社会里才有可能，在那里，商品形式成为劳动产品的一般形式，从而人们彼此作为商品所有者的关系成为占统治地位的社会关系。"（第1卷第74–75页）

揭示价值表现的秘密需要一定的现实条件，即商品形式成为劳动产品的一般形式（普遍的形式），商品交换在生产和生活中成为占统治地位的社会关系。在这种情况下，人类平等的概念成为国民牢固的成见，这时，价值规定、一般人类劳动的规定才具有严格的理论意义。所以，马克思考察商品和货币时假定资本主义社会之前的一切生产方式都已经解体了。"开篇"中的简单商品经济关系实质上是资本主义生产的一般形式。

"商品的简单价值形式同时又是劳动产品的简单商品形式，因此，商品形式的发展是同价值形式的发展一致的。"（第1卷第76页）

商品的价值形式由简单的价值形式、扩大的价值形式发展为一般的价值形式、货币形式，这种价值形式的发展，反映着劳动产品在什么程度上采取商品形式，两者是相一致的。劳动产品的简单商品形式，表现为劳动者自己所有的产品偶然成为商品，它成为剩余产品才能成为商品，这时，这种商品相交换只能形成简单的价值形式。不过，"开篇"考察的简单的价值形式，不是它的历史形态，它在理论上基于普遍化的简单商品经济关系，严格地体现着价值规律的要求。

"由于商品的价值对象性只是这些物的'社会存在'，所以这种对象性也就只能通过它们全面的社会关系来表现，因而它们的价值形式必须是社会公认的形式。"（第1卷第82页）

商品作为价值的对象性存在形式，它体现的是"社会存在"，商品隐含的价值实质上体现的是一种社会关系（生产关系），因此，在全面的社会关系中商品价值才能得到真正的表现，而表现商品价值的形式即等价形式必须是社会公认的，因而必然发展为一般的等价形式。这里提到的"价值形式"应该是指等价形式。

"把劳动产品表现为只是无差别人类劳动的凝结物的一般价值形式，通过自身的结构表明，它是商品世界的社会表现。因此，它清楚地告诉我们，在这个世界中，劳动的一般的人类的性质形成劳动的特殊的社会的性质。"（第1卷第83页）

这里的"一般价值形式"是指一般相对价值形式与一般等价形式的关系；劳动产品表现为无差别人类劳动的凝结物，指作为商品的劳动产品与一般等价物相对应；"自身的结构"指所有商品与公认的一般等价物交换，这种商品世界的关系反映着人与人的关系，是一种"社会表现"。这种交换关系表明，一般人类劳动是特殊社会性质（在这种社会中人与人的关系表现为物与物的关系）的反映，一般人类劳动不是单纯的抽象劳动，它是具有主体性和现实一般性的社会劳动。

"最初一看，商品好象是一种很简单很平凡的东西。对商品的分析表明，它却是一种很古怪的东西，充满形而上学的微妙和神学的怪诞……桌子一旦作为商品出现，就变成一个可感觉而又超感觉的物了。"（第1卷第87页）

商品之所以很古怪，充满形而上学的微妙和神学的怪诞，就在于商品不仅是一定社会关系的物质承担者，还体现着劳动异化和整个社会关系的异化。因而，它成为一种外在的统治力量……桌子一旦作为商品出现，由于它具有使用价值和价值的二重性，它就变成可感觉而又超感觉的物了。（用脚站立指使用价值，头、脑袋是对价值的形象说法。）

"劳动产品—采取商品形式就具有的谜一般的性质究竟是从哪里来的呢？显然是从这种形式本身来的。人类劳动的等同性，取得了劳动产品的等同的价值对象性这种物的形式；用劳动的持续时间来计量的人类劳动力的耗费，取得了劳动产品的价值量的形式；最后，劳动的那些社会规定借以实现的生产者的关系，取得了劳动产品的社会关系的形式。"（第 1 卷第 88 页）

在普遍化的商品关系中，人类劳动作为一般人类劳动或者说一般社会劳动凝结为以劳动产品为物质承担者的价值，劳动产品作为商品成为价值的对象性存在形式，劳动时间成为价值的量的规定，生产者的社会关系表现为劳动产品的社会关系。这是商品之谜的根源。因此，商品拜物教的谜就在于产品的商品形式。这是劳动异化的表现。

"商品世界的这种拜物教性质，象以上分析已经表明的，是来源于生产商品的劳动所特有的社会性质。"（第 1 卷第 89 页）

在发达的商品经济社会，劳动成为异化劳动，劳动产品、劳动过程及其社会联系都与劳动者对立，成为支配劳动者的个人无法控制的力量。体现这种力量的商品和货币，因而成为人们崇拜的对象。因此，拜物教体现了生产商品的劳动所特有的社会性质。对于"开篇"的普遍化的简单商品经济关系来说，劳动异化虽然没有充分发展起来，但类本质的异化已经得到集中体现，并蕴含了劳动异化全面成长的基因。

"对人类生活形式的思索，从而对它的科学分析，总是采取同实际发展相反的道路。这种思索是从事后开始的，就是说，是从发展过程的完成的结果开始的。给劳动产品打上商品烙印、因而成为商品流通的前提的那些形式，在人们试图了解它们的内容而不是了解它们的历史性质（人们已经把这些形式看成是不变的了）以前，就已经取得了社会生活的自然形式的固定性。因此，只有商品价格的分析才导致价值量的决定，只有商品共同的货币表现才导致商品的价值性质的确定。但是，正是商品世界的这个完成的形式——货币形式，用物的形式掩盖了私人劳动的社会性质以及私人劳动者的社会关系，而不是把它们揭示出来。"（第1卷第92页）

马克思对商品经济的分析是在这样的前提下进行的，那时的人们已经把商品货币关系看成不变的了，基于市场关系的生产和生活被看成"自然形式"，被认为固定不变的。马克思就是在这个前提条件下从商品的价格分析得出价值量的决定，从货币表现确定商品的价值性质，从而揭示了被物的形式掩盖了的私人劳动的社会性质及其真实的社会关系。这种前提条件是发达的商品经济的表现，是"现代社会"的表现，是历史发展的结果，资本主义社会之前不可能存在这种发达的商品经济。所以马克思强调，这种科学分析是"从事后开始的"。

之后，马克思阐明了生产关系物化是发达商品经济的特有现象，它恰好形成资产阶级经济学的各种范畴。对于鲁滨逊式的生产、家长制生产、自由人联合体的生产来说，社会关系不是普遍地以物的关系表现出来，生产和分配都是直接从人出发的，都是简单明了的。

"在商品生产者的社会里，一般的社会生产关系是这样的：生产者把他们的产品当作商品，从而当作价值来对待，而且通过这种物的形式，把他们的私人劳动当作等同的人类劳动来互相发生关系。对于这种社会来说，崇拜抽象人的基督教，特别是资产阶级发展阶段的基督教，如新教、自然神教等等，是最适当的宗教形式。"（第1卷第96页）

在商品货币关系居于主导地位的社会里，互相发生社会关系的"等同的人类劳动"不是单纯的抽象劳动，是具有社会性、主体性和现实一般性的社会劳动。生产者把产品当成商品，当成价值。通过商品和货币这种物的形式，将私人劳动作为"等同的人类劳动"相互发生关系。人类劳动因此通过发达的分工、交换关系取得了间接的社会劳动性质，也就是说，私人劳动通过分工、交换关系成为社会劳动，具体劳动因此成为一般人类劳动。而这种间接的社会劳动因分工和交换逐步发展为全面的异化劳动，劳动成果、劳动过程和劳动的社会联系成为支配劳动者的强大力量。因此，这种社会充满对商品、货币的崇拜，这与崇拜抽象人的宗教是相适应的。

马克思这里提到的"这种社会"是与资产阶级社会相应的。他强调：在古亚细亚的、古希腊、古罗马等的生产方式下，产品变为商品，从而人作为商品生产者而存在的现象，处于从属地位。也就是说，只有资产阶级社会，商品生产和交换才可能处于支配地位。

"诚然，政治经济学曾经分析了价值和价值量（虽然不充分），揭示了这些形式所掩盖的内容。但它甚至从来也没有提出过这样的问题：为什么这一内容要采取这种形式呢？为什么劳动表现为价值，用劳动时间计算的劳动量表现为劳动产品的价值量呢？一些公式本来在额头上写着，它们是属于生产过程支配人而人还没有支配生产过程的那种社会形态的，但在政治经济学的资产阶级意识中，它们竟象生产劳动本身一样，成了不言而喻的自然必然性。因此，政治经济学对待资产阶级以前的社会生产机体形式，就象教父对待基督教以前的宗教一样。"（第 1 卷第 97-98 页）

古典的政治经济学虽然提出了劳动价值论，揭示了商品价值形式所掩盖的劳动的社会性质和社会关系。但是，他们没有追问社会劳动和社会关系为什么采取商品价值的形式且用劳动时间计算价值量，更没有揭示资本主义社会中典型的劳动异化造成的不合理、深刻的矛盾和自我否定的必然性。他们对生产过程支配人的现象没有足够的重视，竟然把它看成与一般劳动过程一样的自然必然性，把资本主义生产看成合乎人类本性的生产。因此，他们就像一种宗教对待另一种宗教一样，绝对肯定自身，而完全否定资产阶级以前的社会生产机体形式。

"我们仔细看一下就会发现，对每一个商品所有者来说，每个别人的商品都是他的商品的特殊等价物，从而他的商品是其他一切商品的一般等价物。既然一切商品所有者都这样做，所以没有一种商品是一般等价物，商品也就不具有使它们作为价值彼此等同、作为价值量互相比较的一般的相对价值形式。因此，它们并不是作为商品，而只是作为产品或使用价值彼此对立着。"（第 1 卷第 104 页）

在物物交换时期，没有一种商品成为公认的一般等价物。这时，对每一个商品所有者来说，都把自己的商品当成处于相对价值形式的价值，把别人的商品当成特殊等价物，试图通过交换获取被他当成等价物且对自己具有使用价值的其他商品，而通过等价交换把自己商品的使用价值转让给别人；反过来，其他商品所有者都把他的商品当等价物，试图通过交换获取这个具有使用价值的等价物，因此，这个商品就成为其他商品的一般等价物。大家都这么想，而事实上没有任何一种商品能够成为公认的一般等价物，因而商品不能取得一般的相对价值形式。因此，所有商品都只能作为使用价值或产品彼此对立着，也就是说，只有互相需要对方的使用价值的时候，才能实现交换（理论上说，从简单商品和简单的价值形式来看，商品之间存在一种价值关系，而实质上仅仅是使用价值的交换）。

"随着劳动产品转化为商品，商品就在同一程度上转化为货币……直接的产品交换一方面具有简单价值表现形式，另一方面还不具有这种形式。"（第 1 卷第 105 页）

商品形式的发展（从简单商品发展为具有扩大的相对价值形式的特殊商品、一般商品）与等价形式（广义的货币）的发展是同步的。产品在什么程度上成为商品，充当货币的商品就在相应的程度上成为货币。直接的产品交换在理论上可以理解为简单价值表现形式，实质上，交易的成功取决于交易双方是否需要对方的使用价值，因而，仅仅是使用价值的交换。因此，也可以理解为这里不存在价值关系。

"在直接的产品交换中，每个商品对于它的所有者直接就是交换手段，对于它的非所有者直接就是等价物，不过它要对于后者是使用价值。因此，交换物还没有取得同它本身的使用价值或交换者的个人需要相独立的价值形式。"（第 1 卷第 106 页）

在直接的产品交换中，商品所有者都把自己的商品当作交换手段，它又是非所有者所持商品的等价物，而交易双方都把对方的商品当作能满足自身需要的使用价值。因此，用于交换的产品必须能够同时满足对方的需要。这样，被交换的物品事实上只是作为产品或使用价值彼此对立着，也跟交易双方的特殊需要联系着，还不存在独立的价值形式（等价形式）。

"既然其他一切商品只是货币的特殊等价物，而货币是它们的一般等价物，所以它们是作为特殊商品来同作为一般商品的货币发生关系。"（第1卷第108页）

货币作为一种特殊商品与其他商品相交换，形成一种扩大的价值关系，那么，其他的商品就成为货币商品的特殊等价物。货币之外的特殊商品把货币商品当作一般等价物，进而当作货币，那么，货币商品就充当一般商品，其他商品与货币商品的交换，就是作为特殊商品来同作为一般商品的货币发生关系。

"困难不在于了解货币是商品，而在于了解商品怎样、为什么、通过什么成为货币。"（第1卷第110页）

要了解商品怎样、为什么、通过什么成为货币，必须理解商品的价值规定及其与使用价值的关系，以及全部的价值规律。这是很困难的。而把货币理解为固定地充当交换手段的特殊商品是比较容易的。金或银适合充当货币的自然特性也是容易说明清楚的。

"在 x 量商品 A=y 量商品 B 这个最简单的价值表现中，就已经存在一种假象，好象表现另一物的价值量的物不通过这种关系就具有自己的等价形式，好象这种形式是天然的社会属性。我们已经探讨了这种假象是怎样确立起来的。"（第1卷第111页）

"这种关系"指作为简单的价值形式的价值关系。在"这种关系"中，金或银似乎天然具有等价形式功能，从而天然具有货币这种社会属性。这种假象在简单的价值形式中已经存在，这种假象之所以确立起来，是不清楚商品的价值规定，不清楚商品交换背后的价值规律，也不清楚交换过程仅使这个商品成为表现其他商品价值的"价值形态"。实质上，交换给予货币商品的"不是它的价值"。货币商品的价值规定同样是在流通之外完成的。

"人们在自己的社会生产过程中的单纯原子般的关系，从而，人们自己的生产关系的不受他们控制和不以他们有意识的个人活动为转移的物的形式，首先就是通过他们的劳动产品普遍采取商品形式这一点而表现出来。

因此，货币拜物教的谜就是商品拜物教的谜，只不过变得明显了，耀眼了。"（第1卷第111页）

在交换居于支配地位的社会中，人类劳动成为典型的异化劳动，生产者受自己的劳动成果和生产的社会关系所支配，劳动成为生产产品的工具或手段，人们在社会生产过程中表现为原子般的关系。人们的生产关系不受他们控制，成为统治生产者的外在化的物的关系（人们的生产关系表现为商品的相互关系这种物的形式）。这种生产关系的物化和异化首先表现为分工和交换使劳动产品普遍采取商品形式，然后通过交换过程才产生货币。可见，货币拜物教的谜就是商品拜物教的谜。

"价格作为商品价值量的指数，是商品同货币的交换比例的指数，但不能由此反过来说，商品同货币的交换比例的指数必然是商品价值量的指数。"（第1卷第119–120页）

商品同货币的交换比例的指数形成市场交换的价格，这种价格有可能大幅偏离商品的价值，甚至没有价值的东西也可能成为商品，具有价格。因此，这种指数可以不是商品价值的货币表现。当然，商品价值的货币表现一定表现为商品同货币的交换比例的指数。

"有些东西本身并不是商品，例如良心、名誉等等，但是也可以被它们的所有者出卖以换取金钱，并通过它们的价格，取得商品形式。因此，没有价值的东西在形式上可以具有价格。"（第1卷第120–121页）

没有价值的东西可以具有价格，作为商品进行交换，是因为社会总价值存在一种市场化再分配的机制。人们拥有作为价值形态的货币或商品，就具有支配货币和商品的权力，他可以根据自己的需要交换别人拥有的东西。被某人拥有却没有价值的东西，如果为他人所需要，那么，只要双方愿意交换，没有价值的东西也可以换取报酬。出让没有价值的东西获取的报酬，类似通过土地垄断权获得的租金收入。他获得的收入，是其他具有价值的商品的总价值的一种扣除。如果考虑现实生活中人们的交换并不是限于当期收入的交换，还有储存的存量价值（积累的财富）参与交换，那么，某些东西的价格，如古老文物通过拍卖的形式，其价格可以大大超出自身的价值。

"人们对这种形式变换之所以理解得很差，除了对价值概念本身不清楚以外，是因为商品的每次形式变换都是通过两种商品即普通商品和货币商品的交换实现的。如果我们只注意商品和金的交换这个物质因素，那就会恰恰看不到应该看到的东西，即形式发生了怎样的变化。我们就会看不到：金当作单纯的商品并不是货币，而其他的商品通过它们的价格才把金当作它们自己的货币形态。"（第 1 卷第 122-123 页）

人们对商品交换（形式变换）理解的很差，是因为人们不理解价值概念，也不理解商品和货币相互交换的实质。因为他们不能理解商品的内在二重性如何转化为相对价值形式与等价形式的对立统一关系，不理解商品价值怎样通过价值关系在交换过程中表现出来。他们只是注意商品和金的交换这个物质因素，看不到其他应该看到的东西。如果像他们一样看待商品交换，我们就看不到商品金是如何在交换的历史过程中成为其他商品的货币形态。金不是天生就是货币，通过广泛的商品交换才成为所有商品的货币存在形式。

"交换过程造成了商品分为商品和货币这种二重化，即造成了商品得以表现自己的使用价值和价值之间的内在对立的一种外部对立。在这种外部对立中，作为使用价值的商品同作为交换价值的货币对立着。另一方面，对立的双方都是商品，也就是说，都是使用价值和价值的统一。但这种差别的统一按相反的方向表现在两极中的每一极上，并且由此同时表现出它们的相互关系。"（第 1 卷第 123 页）

交换过程形成的商品与货币的对立，是商品内在的价值与使用价值的对立关系的外部化表现。事实上，对立的双方都是商品（货币也是一种特殊商品），都具有价值和使用价值。这种差别的统一（对立统一）的不同方面（价值和使用价值）按相反的方向表现在（价值关系的）两极中的每一极上，从而表现为一种相互关系。即相互交换的两个商品以相反的方向同时表现自身的使用价值和价值，同时将内在的对立统一关系转化为外在的价值关系。

"假定市场上的每一块麻布都只包含社会必要劳动时间。即使这样，这些麻布的总数仍然可能包含耗费过多的劳动时间。如果市场的胃口不能以每码 2 先令的正常价格吞下麻布的总量，这就证明，在全部社会劳动时间中，以织麻布的形式耗费的时间太多了。其结果就象每一个织布者花在他个人的产品上的时间都超过了社会必要劳动时间一样。"（第 1 卷第 126 页）

这里涉及社会必要劳动的第二层含义。社会必要劳动的第一层含义是以所有商品供求平衡为前提。在这个前提下，商品生产的社会必要劳动（第一含义）才是真正必要的社会劳动。如果这个前提不存在，供给大于需求，那么，即使按社会必要劳动（第一含义）生产出来的商品，它具有的价值也无法全部实现。因此，所谓社会必要劳动的第二层含义，是社会必要劳动（第一含义）的一个约束条件。

"金能够成为实在的货币，是因为商品通过它们的全面让渡使金成为它们的实际转换或转化的使用形态，从而使金成为它们的实际的价值形态。"（第 1 卷第 128 页）

出售商品获得的金能够成为实在的货币，是因为它代表所有商品的具象化的价值形态，与它对立的是所有商品的使用价值，因此，金作为货币通过商品的全面让渡可以转化为所有商品的使用价值。

"组成一个商品的循环的两个形态变化，同时是其他两个商品的相反的局部形态变化。同一个商品（麻布）开始它自己的形态变化的系列，又结束另一个商品（小麦）的总形态变化。商品在它的第一个转化中，即在出卖时，一身兼有这两种作用。而当它作为金蛹结束自己的生涯的时候，它同时又结束第三个商品的第一形态变化。"（第 1 卷第 131 页）

一个商品循环的两个形态变化，即 W—G，G—W，涉及其他两个商品的相反的局部形态变化。出售这个 W（麻布）获得的 G，是另外一个商品完成第一形态变化获得的，当你出售这个 W 时，同时就是 G 的所有者即另外一个商品所有者完成他的商品的第二形态变化的过程。因此，W—G 是双向的，既是卖，又是买，一身兼有这两种作用。当你用出售商品获得的 G 进行购买时，涉及处于第一形态变化的另外一个商品，也就是你的商品处于购买阶段即第二形态变化时，也就结束了第三个商品的第一形态变化。

这里的买同时就是另一个商品的卖。

　　"有一种最愚蠢不过的教条：商品流通必然造成买和卖的平衡，因为每一次卖同时就是买，反过来也是一样。如果这是指实际完成的卖的次数等于买的次数，那是毫无意义的同义反复。但这种教条是要证明，卖者会把自己的买者带到市场上来。"（第 1 卷第 132 页）

　　卖者会把自己的买者带到市场上来，是萨伊定律的内含，即生产会带来需求。从理论规定来看，这个原理把整个社会的生产假定为鲁滨逊式的自给自足的生产或由众多的自给自足式生产的个人组成，这事实上取消了市场关系。作为一种经验模型，它体现了供求未达到均衡之前的状态，那时，生产获得的财富或者转化为消费需求，或者被积累起来转化为投资需求，因此，供求总是能够相等，并且，随着生产的扩大，整个社会的收入会增加，需求也会增加。在这个限度内，萨伊定律是合理的。但是，一旦生产的扩张超过低水平的均衡即市场自发作用的均衡（这种均衡由于劳动者收入作为成本被限制在最小化水平，社会的消费需求总体上处于最低水平），萨伊定律就会失灵。

　　"货币所以具有流通手段的职能，只因为货币是商品的独立出来的价值。因此，货币作为流通手段的运动，实际上只是商品本身的形式的运动。因而这种运动也必然明显地反映在货币流通上。"（第 1 卷第 135 页）

　　货币作为一般的等价形式（价值的固定化的存在形式），是从商品中独立出来的，商品可以流通，货币也就可以流通，货币流通手段的职能是从商品演化来的。货币作为流通手段的运动，正是商品流通的反映，货币流通是商品流通的另一形式。货币流通中货币只是不断转换所有者，因而只是一种形式的运动。货币与商品的对立统一关系，它们之间的价值关系，是商品的价值与使用价值的内在矛盾关系的外部化表现形式，它们的矛盾运动就是商品内在矛盾运动的表现。商品获得一般的等价形式或货币形式之后，商品流通与货币流通才分化为两种对立统一的流通形式，商品流通才变得顺畅起来，这时，商品流通运动明显地反映在货币流通上。